寛政四年大震図

寛政３年(1791)11月火山活動を開始した雲仙《うんぜん》普賢岳《ふげんだけ》から溶岩が島原市街に向かって流下する様子が描かれる．翌４年(1792) ４月朔日《ついたち》の地震とともに，前山が崩壊，津波が発生し，死者１万5000人を出す近世最大の災害となった．

春日権現霊験記絵

藤原氏の氏神である春日社の創建由来や数々の霊験を描いた『春日《かすが》権現霊験記絵《ごんげんれいげんきえ》』は，延慶2年(1309)に左大臣西園寺公衡《さだいじんさいおんじきんひら》の立願によって作成・奉納されたと伝えられている．巻14第6段には，京都の大火で燃え残った白漆喰《しろしっくい》の土蔵が描かれており，当時から防火の上で有効であることが知られていた．土蔵は柱が土の中に塗り込められた耐火構造をとっており，屋根や扉・庇《ひさし》なども含めて，外観は白一色に塗られている．

◀木曽・揖斐川と締切堰堤

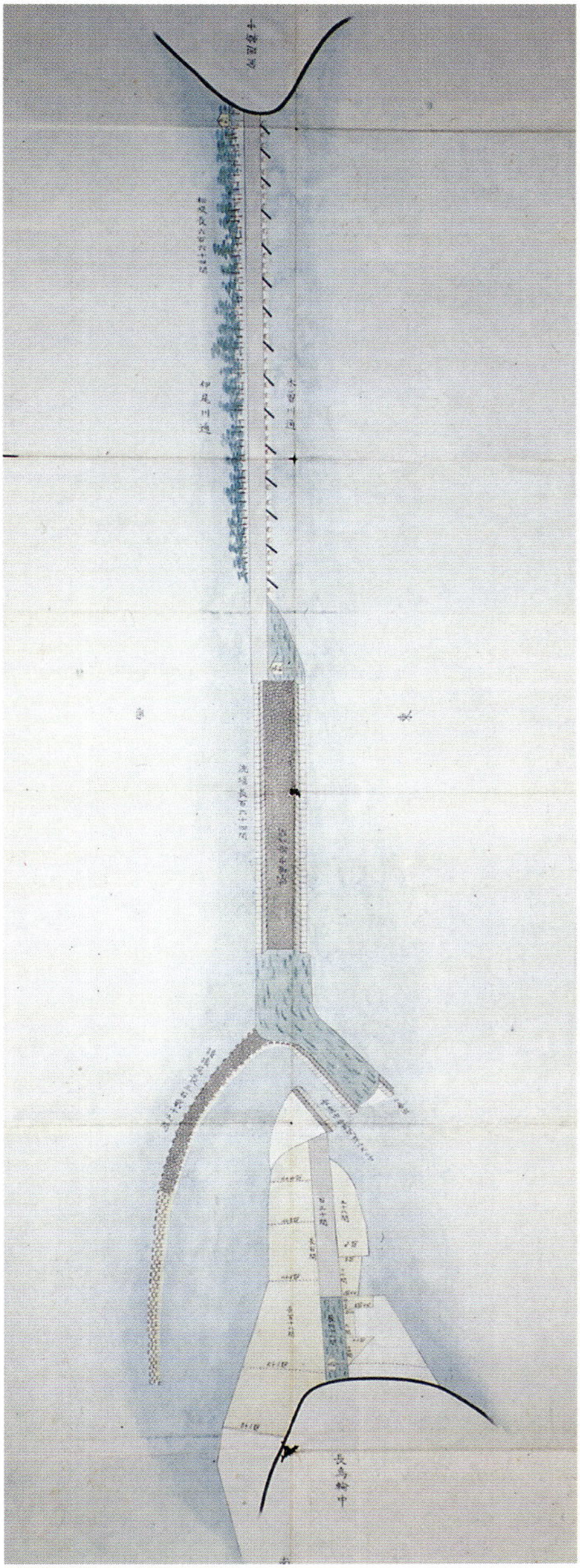

油島地先締切洗堰木曾揖斐喰違図

木曾川(右)，揖斐川《いびがわ》(左)を締切る油島地先《あぶらじまちさき》の宝暦治水後の状況を描いた図．年不詳．締切部は，上流から油島の堤防(長664間)，洪水を越流させる洗堰《あらいぜき》(長164間，幅18間)，その末端に舟運用に開放された喰違部《くいちがいぶ》(幅12間，深さ8尺3寸)が設けられた．喰違部左側の請猿尾は長さ329間．下端の輪中までは残り172間．下図は，現在の油島締切部．千本松原と称される堤防上の松は工事直後に薩摩藩士が植えたと伝える．明治の改修により堤防の右側は長良川となり，右上の築堤で木曾川と分離された．洗堰は堤防化，喰違部は締切られた．油島側の治水神社は昭和13年(1938)建立で工事総奉行の薩摩藩士平田靱負《ひらたゆきえ》を祭神とする．

阪神・淡路大震災ー高速道路の崩壊と復興

倒壊した阪神高速道路３号神戸線．不倒という安全神話は一瞬に崩壊し，16本の橋《きょう》脚《きゃく》が635mにわたり無残な姿をさらした．一本足工法の弱点が指摘され，T字型橋脚で再建された．復元には３年かかるとされたが，インフラ最優先の復興計画により１年８か月で開通した（神戸市東灘区．㊤1995年１月，㊦1996年９月．撮影・米田定蔵）．

日本災害史

北原糸子［編］

吉川弘文館

はしがき――いま災害史を編むことの意義

災害は進化するという。この言葉は災害というそれ自体に意志のないものがあたかも生き物のように表現されていることに、なにか納得させられてしまうところがある。しかし、それは、被害の実相は時代ごとに変わることをいっているにすぎない。つまり、被害を受ける社会そのものが変化しているということだ。こうみてくれば、災害史は当然歴史学の扱う範囲の仕事でもある。これまでの災害史はまずは被害を把握しようと努めてきた。もちろん、それは災害史が行わなければならない基礎作業であるが、ここでは、これまでの成果を踏まえて、災害を受けた人や社会はどのように災害に対応し、自らの生活を回復させていくのかを解明することを目指した。

いうまでもなく、災害史は歴史学だけでカバーできる範囲をはるかに超え、理学・工学などの他の分野の成果を取り込み、あるいは協同で切り拓かなければならない領域である。本書ではコラムにおいて他分野での災害に対する切り口を示していただくに留め、各章の執筆者が必要な範囲で、他分野の成果を援用しつつ、災害を受けた時代ごとの社会対応を明らかにすることに努めた。執筆者は歴史学の専門分野だけでなく、古代史では火山灰考古学の専門家、近世・近代では土木史の研究者、最後の阪神・淡路大震災の項では震災時に新聞報道を担当したジャーナリストを交えた構成である。

本書で扱う災害は自然災害に限られる。とはいえ、古代・中世において災害は個別的社会事象ではなく、むしろ社会総体の危機として存在したのに対して、近世・近代以降で扱う災害は地震・噴火・洪水などの個別的、地域的災害としての事例に傾いている。これは災害に対する社会の対応力が時代を経るごとに増した歴史的経緯を表しているともいえるが、現代のエイズや鳥インフルエンザなどウイルス、あるいは温暖化による環境への影響などは、これまでとは異なる災害への対応が世界的規模で迫られていることを示す。おそらく、災害史は常に書き換えられなければならないほど、これからの課題が多い分野であることは間違いない。本書はそうした試みの一つである。

目次

中世の災害

災害と復興

災害の定義　本書で扱う災害については、すでに述べたように、多少の偏りがある。その理由については、ここでまず述べておくことにしたい。

災害一般の定義として、人や社会が一定の地域内で突発的、あるいは恒常的に受ける集団的な被害を指し、被害を与える源となるものは人工的に造り出されたものである場合もあれば、自然現象に起因する場合もあるといえるだろう。過去の事例からすれば、戦争、公害、コレラやインフルエンザなどの伝染病、飢饉《ききん》、あるいは突発的自然災害としての地震、火山噴火、津波《つなみ》、また台風、洪水、高潮などの気象災害があげられる。最近の事例でいえば、ウィルス感染によるエイズや鳥インフルエンザなど、災害源が新たに生まれ、災害の様態が拡大、多様化する傾向にある。言い換えれば、社会の変化とともに災害自体も変容し続けていることは明らかである。

本書は日本災害史と銘打っているが、こうした広い範囲の災害を扱うものではなく、災害要因となるものを自然災害にやや限定している。その理由は、以下のようなことからである。

日本が災害列島であるだけに、理学・工学系の災害研究はきわめて盛んであるが、この分野の研究は主として地面の下の地質・地学的構造分析であり、また、それらの成果を踏まえて災害を防ぐために有効な方法を開発することに主眼が注がれている。災害というからには人や社会が受けた被害を前提にしているにもかかわらず、人間を排除したところでの災害研究では、これを防ぐ方法についても限界がある。では、社会や人間を対象とする歴史学分野での災害研究はどうだろう。残念ながら、研究すべき対象は多いにもかかわらず、研究が盛んだとはいえない状況だ。

しかしながら、これまで歴史的分野において飢饉などの災害研究は決して少ないとはいえない。飢饉の発生する要因は単純ではないにしても、一定の気象条件が前提となって飢饉に襲われることが多いから、自然災害として把握される面も少なくない。本書でも、古代・中世の災害史では飢饉のもたらす影響は大きく、この時代の災害観の中心を占める問題であったから、多くの頁が割かれているが、近世・近代以降では突発的自然災害が主たる対象となった。これは、突発的自然災害の場合には復旧・復興が行政上の課題として浮上し、この経緯を示す資料がある程度残され、被災地域の回復過程についての見通しを持つことが可能だからである。

このように、本書の扱う対象は限られているものの、災害研究の現状を打破し、人間を主体とした災害史という願いをもって編集した。だから、日本災害史と銘打つものの、災害史の全体像がイメージできるほどに対象を満遍なく扱っているというものではない。しかし、執筆者が共通に抱いた課題は社会や人間の生活回復は災害後どのように果たされたのかという点を可能な限り追究してみようとしたことである。災害の被害を受ける人や社会のあり方を見つめることなく、これから発生するかもしれない災害を防ぐ、あるいは災害からの復興のあり方も説くことはできないのではないかという思いがあるからである。

本書の構成　本書の構成について、あらかじめ多少の説明をしておきたい。

「古代の災害」では、歴史学と考古学の専門家が執筆した。

古代史のなかで災害を対象とすることは、史書の記述の信用度と事実の検証という二重の困難を乗り越えなければならない。そこで、古代の災害を担当した北條勝貴は、古代人の災害に対する心性を問題の中心に据え、災害をもたらす祟る神の存在を災害からの逃避ではなく、むしろ人知を超えた存在へ立ち向かう古代人の主体的心性の表れと看做し、その心性形成の由来を日本古代神話が祖形とした中国の史書に遡及し、実態としての災害がどのようなものであったのかを検証する方法をとった。とくに古代における治水巧者の秦《はた》氏に焦点をあて、ヤマト王権の安定を支えた秦一族の桂川《かつらがわ》治水による嵯峨《さが》野《の》平野の開発行為の伸張は、猛威を振るう自然への畏れが生んだ六、七世紀の祟る神から、開発によって自然の統御が可能となった八、九世紀には神殺しへと推移する神話の変質をもたらしたとして、古代における災害と人との関係性の変容を明らかにした。古代史の領域で災害を扱う難しさと想像力を駆使しなければならない緊張が新鮮である。

しかし、古代災害史は心性というレベルだけでなく、文献を傍証としつつも、考古学の発掘成果による古代村落の生活実態を解明する方法も存在する。火山灰考古学の視点から天仁元年（一一〇八）の浅間《あさま》山《やま》噴火の火山灰に覆われた水田跡発掘について三〇年以上の蓄積を持つ能登健は、火山灰被災の水田が再び条里《じょうり》制《せい》を敷き再開発される地域と水田を復活できなかった地域のあること、その差異は古代国家権力の基盤であった国府《こくふ》周辺とそれ以外の地域との差でもあることを論証する。条里再開発の地割が元の被災水田の畦や水路を踏襲することから、治水技術の当時における限界に規定されることも観察されるという。しかし、被災地域の農民は水田復活をあきらめても、租税《そぜい》負担のない畠の開発で生き延びる道を見出していたことなどを検証して、考古学成果によってこそ可能な被災後の村落生活の実態を明らかにする。

「中世の災害」は中世の災害を環境史の一環として捉えようとする新しい試みを目指すものである。まず、本章を担当する水野章二は中世の戦争を含む六五〇〇件の自然災害を収集した災害データベースの最近の成果に基づいて、中世後期は飢饉と疫病の世紀であったことを紹介しつつ、より広い視野から中世の災害を捉える環境史を提唱する。この分野ではまず環境変遷の枠組みを地形や水系・地質など一〇〇〇年以上のオーダーで変化しない枠組み、沖積《ちゅうせき》平野での微地形レベルの一〇〇年オーダーの環境変遷、次に災害発生などにより短期間で急速に変化する人の自然の関係の変化の三段階を設定する地理学の方法を援用しつつ、中世環境史には荘園《しょうえん》成立期の用水系の骨格が形成される十一世紀後半・十二世紀と、その後の開発に伴う土砂供給による天井川《てんじょうがわ》化などがもたらす新たな灌漑秩序の再編成がみられる十五世紀後半・十六世紀の二つの画期があるとした。とくに、河川災害がもたらす用水管理の混乱を通じて、時に伝説、怨霊などに反映される災害にも触れつつ、災害に対応する権力の衰退と自立度を増す村落連合の形成、また、都市における流入難民への食料施与など、古代社会とは異なる災害への諸社会集団の姿を明らかにする。

「近世の災害」では、まず、この時期の災害を考える場合のいくつかの特徴的な事柄を指摘する。第一には、地震、噴火、津波などの自然災害はある一定の時期を集中的に発生するという特徴がある。たとえば、十八世紀初頭の元禄《げんろく》地震（一七〇三）とそれに続く宝永《ほうえい》地震（一七〇七）、一カ月も経ないうちに起きた富士山宝永《ほうえい》噴火（一七〇七）、そして、約一五〇年後の十九世紀後半に発生する安政東《あんせいとう》海《かい》地震・南海《なんかい》地震（一八五四）と安政江戸《えど》地震（一八五五）、さらにいうならば、それから約一五〇年後の地球が活動期に入ったといわれる現在となる。大規模な自然災害の発生には、一定のパターンがあることがわかる。しかし、長期政権が安定的に続いた近世であっても、その内実の社会はちょうど中間の享保期の前後で社会構造に大きな転換を画する。したがって、被災社会のあり方も一世紀半を挟む前後では大いに異なる。それは、まず、災害に実際に遭った人々、あるいは見たり聞いたりした人々の記録の残り方に如実に表われる。当然、時代を下れば、災害記録が増えるから、こうした記録によれば、災害の様子はある程度わかる。このため、歴史学者ではなく、地震学や噴火などを研究する理学系の学者は、近代の学問体系が形成される時期から、こうした資料を利用して、過去の災害の規模を推定する根拠とした。しかし、被害実態を語る史料からは、復興する社会の姿をフォローすることはなかなかむずかしい。大体において、大規模な突発的自然災害であればあるほど、復興には長い時間が必要だ。

その理由の一つは、地震や噴火、津波などの自然災害は、地震後の火災や大規模な山地の土砂崩壊、あるいは噴火に伴う土石流や泥流災害による河川の溢流、流域地帯の洪水、火山灰の河川への流入に伴う河床の上昇、用水堰の破壊など、自然災害のもたらす影響は複合的だからである。

洪水は地震による堤の決壊や火山灰の流入による河床の上昇などが直接の原因となる場合もあるが、日本の河川の多くは流路が短くかつ急流という地形的制約によって、保水容積が低く、流域地帯への溢流を常態としながら河道が形成された。河川の氾濫は必ずしも災害とは捉えられていない。したがって、近世には、こうした河川の氾濫を統御する知恵が蓄えられていた。近世の河川は、内陸舟運の基本水脈の機能を保持しつつ、洪水からの被害を避けるという、相反する問題を抱えながら、これに相応する治水技術の維持、発展をみた。土木史の知野泰明は、これらの点を踏まえつつ、近世の河川災害と地域社会との関係を述べる。

「近代の災害」では、近代の災害救援・復興は近世期と比べ、どのように変化するのかを考える。

大規模な災害が発生すると、罹災者は食、住、衣に事欠き、一時的に窮民となるため、為政者から食、住などの臨時支給を受ける。こうした救済の姿は、近世も近代も一定の救済基準に基づいて行われたという点では変化はない。もちろん、近代社会は法の前に平等という建前がある以上、法が敷かれれば、それを受ける権利が生ずるという点で、近世のようなお上のお恵みという救済享受の大原則が一八〇度転換する。社会インフラの復旧、復興策においても、近世は幕府自身が負担するのではなく、時々の政治的判断を加えつつ、封建《ほうけん》的強制をもって諸藩に命じたお手伝い普請で災害復旧を図った。これらの点が近世と近代で大きく変化する。明治維新以降は、国民からの租税を基本に成り立つ近代法治国家としての統一的な基準に基づいて、救済法や災害土木費補助の基準を編み出し、これを適用する政治的必要に迫られた。そこで、この章では、近代の災害救済の法治体系について見通しをつけた。

社会インフラの復旧を目的とした近代技術の導入には、まず、大規模な予算の獲得が必要となる。これをめぐる攻防は帝国議会が開かれたことにより、国民の眼差しの届くところで行われる。こうした情報は新聞や官報で広く公開される。こうした記録のあり方も含め、近世とは異なる災害メディアのあり方にも多少言及した。

河川行政は、明治初期は基本的には近世期と変わらない技術段階であったが、やがて鉄道による内陸交通策が施行されると、それまでの河川管理体系の再編成を迫られた。また、舟運は姿を消し、ダムの設置が日本の河川全体を覆う時期に入り、さらには河川が人々の直接的な監視から離れる今日に至るまでの一世紀以上に及ぶ流れを土木史の立場から知野泰明が記述した。

そして、最後に、近代の都市災害としての関東大震災を横浜の事例でみることにする。従来、東京における大震災の実態については写真や体験記など数多く刊行されているが、ここでは、横浜の被害と復興に関する問題を寺嵜弘康が執筆した。

さて、最後に、現代日本の大都市で六四三四人という信じられない多数の犠牲者を出した「阪神・淡路大震災」について、当時渦中にいたジャーナリスト中元孝迪が執筆する。

昨年のアメリカ、ニューオリンズの台風災害の例を引くまでもないが、災害は社会の深部を抉り出すという言葉は震災後一一年となる阪神《はんしん》・淡路《あわじ》大震災についてもいえる。この震災は、すでに社会の深部で進行していた家族の分散と高齢者の孤独を社会の表面に露呈させた。災害史研究に携わるものでなくとも、これからの日本が抱える問題の深刻さを先取りしたこの災害について、被災者の生活回復に高い関心が寄せられた。

本論の執筆者中元は、実際に被災地でこの地震を体験し、当時『神戸新聞』の論説委員を務めていた。その中元は阪神・淡路大震災の体験を踏まえて、「災害は社会の深部を抉り出す」として、震災を通して明らかになった時代の矛盾や不合理な状況を直視し、克服することが復興への道筋をつけることだと述べている。

災害の被害そのものではなく、災害からの復旧や復興を主題とした本書を貫く基本的な姿勢もこの言葉に尽きる。

古代の災害

1 環境と災害の心性史

災害の心性史へ　二〇〇四年十二月二十六日。スマトラ島北西沖約一六〇キロのインド洋で、マグニチュード九・三にも及ぶ巨大地震が発生した。地球の自転速度や地軸の位置をも変えてしまうほどのエネルギーは、東はアメリカ大陸、西はアフリカ大陸にも至る大津波を引き起こし、推定死亡者五〇万人ともいわれる大惨事をもたらした。連日報道される深刻な被害情況に全世界は震撼し、地震・津波の発生過程の科学的な究明と、迅速な救援・復旧対策、危機管理の必要性が叫ばれた。一方、その災害の意味を科学とは異なる次元で解釈し、納得しようとする心的営みも、思想や宗教の領域でさまざまに行われていたらしい。そこには、人間と災害との関係を考えるうえでの、重要な手がかりが含まれている。

たとえば、現在アメリカ合衆国では、保守的な福音派のキリスト教が勢力を増しており、地球の歴史を『聖書』に従って解釈する傾向が、国民の間でも非常に強くなってきているという。『ニューヨーク・タイムズ』紙の行った二〇〇四年の世論調査では、人類誕生を神の造化と考える人が全体の五五％、神の関与を認める人が二七％を占めたのに対し、進化論に基づいて理解している人は一三％程度しかいなかった。学校教育にも天地創造説が採り入れられ、同種の展示を行う博物館も増加、反対に進化論的説明が排除されつつあるらしい。近年日本でも、戦前の教育へ逆行するような〈歴史修正主義〉が問題になっているが、アメリカで起きている現象は、どうやらそれ以上に深刻なようだ。今回のスマトラ沖の地震・津波に関しても、とある福音派キリスト教団体のホームページが、ノアの洪水と結びつけて説明したとのことである（以上、二〇〇四年一月二十一日付『朝日新聞』掲載、「神の国（アメリカ）から」第二回）。私自身、そのサイトを確認していないので詳しくは論じられないが、ノアの洪水は、地上の悪徳をリセットすべくもたらされたいわば〈神罰〉である。同時期には、ニューヨークのFMラジオ局WQHT（HOT97）が、津波の被害にあったアジア人、アフリカ人を〈神の怒り〉に触れた者と揶揄する替え歌を繰り返し流し、激しい抗議の標的になるという事件も起きている。背景に、キリスト教とイスラム教との二項対立を先鋭化しようとする、諸々の政治的思惑が作用していたことは確かだろう。心身に大きな傷を負った地震・津波の被害者、遺族たちが、今後、どのように悲惨な災害経験を克服していくのか。残念ながらその道程には、政治や社会、経済をめぐる問題が複雑に絡み合っており、容易な解決を許してはくれそうにない。

地球物理学や古生物学の最新の成果によれば、地球上では、巨大隕石《いんせき》の衝突による全海域蒸発からアイス・ボール化、マントル・プルームの噴出に至るまで、想像を絶する過酷な環境変動が幾度となく繰り返されてきたという。「それに比べれば、近年の災害や温暖化など、大した出来事ではない」、そのような発言を耳にすることもある。しかし、四六億年に及ぶ生命の歴史からするとたった一秒にも満たない、短いスパンしか生きられない私たち人間の心には、微妙な気候の変化さえ巨大な爪痕として刻印されることになる。災害を契機に発生した多様な言説空間が、その物質的な痕跡の消失した後も、被害者を取り巻き苦しませ続けるとしたらなおさらであろう。地球環境全体を捉えるマクロな視点と、人間の心性の細やかな揺れを追うミクロな視点。二つの視野を自在に往き来しながら、その関係を解析していくことこそ、人文科学的な災害史の重要な課題であるといえよう。

自然科学的データと文献史料　最近の古気候学、環境考古学などの取り組みによって、古代日本の自然環境を構成する大まかな枠組みが明らかになってきた。簡単に整理してみると、縄文《じょうもん》時代（前一万三〇〇〇年ごろ～前六世紀）は全体を通じて温暖湿潤であり、晩期には気温が低下してくる。弥生《やよい》時代（前五世紀～後三世紀前半）は、前半はほぼ温暖だが、後半はやや寒冷な状態が続く。次の古墳《こふん》時代（三世紀後半～六世紀）は寒冷多雨となり、飛鳥《あすか》時代（七世紀）も含めて〈古墳寒冷期〉と把握されるが、奈良時代（八世紀）にはしだいに気温も上昇、そのまま平安時代（九世紀～十二世紀）を経て〈中世温暖期〉につながっていく。[2]で詳しく触れるが、〈古墳寒冷期〉は古代国家の成立を考える枠組みに変更を迫り、〈中世温暖期〉は大開発時代の幕開けに新たな視点を提供している。安田喜憲氏などは、政治史の画期をなす事件の背景に気候変動の影響を読み取るが、自然科学的データは、計測・算出の仕方によって大きな偏りを生じることもある。また、スパンが大きくなりすぎて、心性の細部に迫れない憾みも伴う。安易な援用は避けなければならないが、ミクロ／マクロの結節点を探るうえでは無視できない。災害の姿を具体的に書き留める文献史料と、比較対照して考察していくことが重要であろう。

明治期の小鹿島果編『日本災異志』（小鹿島・一九八二）は、二一三種にも及ぶ書物から抽出した災害関係記事を、飢饉、大風、火災、旱魃《かんばつ》、霖雨《りんう》（長雨）、洪水、疫癘《えきれい》、噴火、地震、海嘯《かいしょう》（津波）、蟲《ちゅう》害《がい》、彗星《すいせい》、に類別して掲げている。最後の彗星を除けば、（多少の整理はできるにしろ）現代にも通用する分類である。本書をインデックスに古代の諸史料を検索してみると、寒冷期／温暖期を問わず旱害や飢饉があいつぎ、台風や洪水の発生も頻繁に見受けられる。地震や火山噴火の記録もあり、『日《に》本書紀《ほんしょき》』（以下、『書紀』と略記。日本最初の官撰正史。天武《てんむ》朝より開始された修史事業の成果で、養老四年〈七二〇〉の成立）天武《てんむ》天皇七年（六七八）十二月是月条にみえる筑紫国の大地震、同十三年十月壬辰条に載せる、いわゆる〈白鳳《はくほう》大地震〉などは有名であろう。前者には、丘の上の家宅が地滑りにあい、そのまま倒壊せずに麓まで移動したとの興味深い記述がある。筑紫国府《つくしこくふ》跡で確認された液状化や断層、地割れ、山川前田遺跡で発見された活断層の痕跡などによって、発生が考古学的に立証されている点でも注意される（寒川・一九九六）。後者には、広範囲の激震による官衙《かんが》・寺社・家屋の倒壊、死傷者の続出、土左《とさ》国（現高知県）における海面下への地盤沈降などが克明に記され、津波による被害もあったらしい。一〇〇年周期で発生する南海トラフ巨大地震と推定されており、やはり同日条に記載のある伊豆大島の噴火とあわせ、再来周期や長期予測の資料としても重視されている（伊藤・二〇〇二）。また、長野県・群馬県の県境に位置する浅間山《あさまやま》や、鹿児島県の開聞岳《かいもんだけ》などでは、噴火災害の地域的様相と具体的な復旧の様子が、考古・文献の両面から克明に研究されている（能登・二〇〇二、下山・二〇〇五など。4を参照）。疫病の大流行もしばしば確認でき、『書紀』では三輪《みわ》大物主《おほものぬし》神の祟りにつながる伝説的記事（崇神《すじん》天皇五年条）、仏教公伝と崇仏論争に伴うもの（欽明《きんめい》天皇十三年〈五五二〉十月条）、『続日本紀《しょくにほんぎ》』（『書紀』に次ぐ、文武《もんむ》天皇元年〈六九七〉～延暦十年〈七九一〉の正史。光仁《こうにん》朝より段階的に編纂され、延暦十六年〈七九七〉に完成）では、天平九年（七三七）、時の権力者藤原四子（律《りつ》令《りょう》国家の基礎を築いた藤原不比等《ふひと》の息子、武智麻呂《むちまろ》・房前《ふささき》・宇合《うまかい》・麻呂。いずれも優れた文人・政治家であり、長屋王《ながやのおう》を謀殺して政権を掌握した）さえも次々と死亡させた「疫瘡《えきそう》」の大流行などがよく知られていよう。

度重なる開発の弊害として引き起こされた、人的な災害も看過できない。周知のように、淀川水系の上流部にあたる大和平野、京都盆地では、藤原《ふじわら》京・平城《へいじょう》京・長岡《ながおか》京・平安《へいあん》京と、歴代の都城《とじょう》が長期にわたり営まれてきた。都市の建設と都市生活の維持には、建材や薪炭材として多くの樹木が必要とされる。それらは都城周辺の山々より伐り出され、山の保水量を低下させて土砂流出を促進、かつては生駒《いこま》山系の麓近くまで迫っていた大阪湾を、徐々に埋没させていった。平川南氏は、延暦三年の難波《なにわ》京廃止、同八年の難波津停止の背景を以上のように説明する（平川・一九九六）。太古の姿を伝えているかのようにいわれる列島の自然環境も、弥生時代以来の大規模な開発行為によって、大きくその姿を変貌させてきたのである。近年の考古学的研究でも、低地帯全域に成立していた縄文時代の森林が、稲作の拡大に伴い急激に消失したことが確認されている（辻・一九九六）。河川の氾濫に伴う土砂堆積、火山噴火に伴う噴出物降積への対応や復旧作業が、地域独自の文化や景観を構築していく場合もある（下山・二〇〇五。4を参照）。災害も、自然から一方的にもたらされるものとしてではなく、人間との相互関係のなかで捉え直していく必要があるだろう（宮瀧・二〇〇二、北條・二〇〇三）。

古代史料で災害を扱う難しさ　しかし、古代における災害史の研究には、史料の質・量においてさまざまな困難が伴う。まず第一に、いくら文献資料が残っているといっても、その内容は、中世以降の記述の豊かさとは比べるべくもない。さらには、そうした数少ない史料にみえる災害の様子も、すべてが現実の出来事とは限らないのである。

それは、災異が神の祟りや凶事の予兆、あるいは天の譴責として扱われ、王の治世を評価する常套表現となっているためにほかならない（②を参照）。『書紀』などは典型的で、一般に事実性が高いと考えられている推古《すいこ》紀以降の記述にも、さまざまな仕掛けが施されている。たとえば、すでに指摘のあるように、推古天皇三十四年（六二六）六月〜同三十六年（六二八）三月条には、霖雨・飢饉（三十四年三〜七月）・季節はずれの降雪（六月）・陸奥《むつ》国で狢《むじな》が人と化して歌う怪異（三十五年〈六二七〉二月）・信濃《しなの》国で巨大な塊となった蠅が上野《こうずけ》国へ飛来する怪異（五月）・日蝕（三十六年三月）が連続して記され、天皇の発病（三十六年二月）と崩御（三月）へ直結している。中国的な災異思想に基づく意図的な配列で（津田・一九九九）、いずれも実際の出来事とは思われない。また、持統《じとう》天皇六年（六九二）閏五月乙未朔丁酉条には、「大水。遣レ使循二行郡国一、稟下貸災害不レ能二自存一者上、令レ得レ漁二採山林池沢一」（洪水が起きたので、使者を各地に派遣して視察させた。災害にあって自活できなくなった者には、官稲を借りることを許可し、また山林で木を伐らせ、池沢で魚を捕らせた）とあるが、この記事は、『後漢《ごかん》書《じょ》』（後漢の正史で南朝宋《そう》の范曄《はんよう》撰。元嘉九年〈四三二〉ごろの成立）和帝紀の「（永元十年〈九八〉）夏五月、京師大水。……十一年春二月、遣レ使循ニ行郡国一、稟下貸被ニ災害一不レ能ニ自存一者上、令レ得レ漁ニ采山林池沢一」を援用して作成されたものらしい（榎本・二〇〇四）。続く『続紀』以降の正史でも、災害の取り上げ方は書物や巻数によって偏りがあり、編纂者集団の主観性が濃厚に反映されていて、近代的＝客観主義的な歴史叙述にはなりえていない（細井・一九九七／二〇〇〇／二〇〇二、安田・一九九六／二〇〇一／二〇〇四など）。文献への安易な依拠は、私たちの過去への視線を、かえって大きく歪めてしまう危険性がある。しかし主観的であることとは、古代人の災害に対する考え方、感じ方を、強く反映しているということでもあろう。とすれば、その主観性を排除するのではなく、逆に注目し対象化していくことで、災害に対する古代的心性を浮き彫りにすることもできるのではなかろうか。

　いまだ手探りの状態ではあるが、読者の皆さんの想像力をお借りして、自然と人間の織りなす災害の心性史へ分け入っていくことにしたい。

２　災害と環境

神と災害　人間の力ではどうにもならないような過酷な気候情況、大規模な自然災害に見舞われたとき、古代の人々は、そこに荒ぶる神の姿を見出したようである。たとえば、皇祖神アマテラスの弟として有名なスサノヲは、常に「泣き叫ぶ」性質を持ち、それによって「地上に住む人々は寿命をまっとうできず、緑豊かな山々は枯れ山に変わってしまった」という（『日本書紀《にほんしょき》』神代《じんだい》巻上／第五段本文）。台風の猛威を思わせる描写だが、古代的心性においては、吹きすさぶ暴風雨の音が神の泣き声に聞こえたのかもしれない。科学至上の価値観を共有する現代人には、こうした認識、思考様式は原始的であり、自然の脅威に対する古代人の無力さを象徴するようにみえるだろう。しかし、本当にそう断言してしまっていいのだろうか。

『古事記《こじき》』（舎人稗田阿礼《とねりひえだのあれ》の誦習した、天武天皇による「帝紀《ていぎ》」〈歴代大王の記録〉・「旧辞《きゅうじ》」〈神話・伝説〉の削偽定実作業を、和銅五年〈七一二〉に至って太安万侶《おおのやすまろ》が叙述・構成した内廷的な史書）上巻によると、右に触れたスサノヲは、その傍若無人な振る舞いを咎められ、高天原《たかまのはら》を追放されて根国《ねのくに》へ赴く。よく知られているように、その途中、出雲《いずも》国の肥河《ひのかわ》（現斐伊川《ひいがわ》）上流で手名椎《てなづち》・足名椎《あしなづち》・櫛名田比売《くしなだひめ》親娘の危難を聞き、怪物八俣《やまた》ノ遠呂知《をろち》を退治することになるのだが、このヲロチなどは、災害の形象化の典型といっていいだろう。

その目は鬼灯《ほおずき》のように赤く、胴一つに頭と尾が八つずつある。①また、体中に蘿《ひかげ》（筆者注―ヒカゲカズラ。シダの一種）や檜、杉が生えている。身体の長さは八つの谷、八つの峰に及ぶほどで、②腹は常に血が爛《ただ》れたようになっている。

傍線部①からすれば、ヲロチが、草木の生い茂る斐伊の峡谷をモチーフに造形されていることは明らかだろう。ヲロチとは「峡《を》の霊《ち》」であり、峡谷に宿る神霊とみてよい。傍線部②は、鉄によって川が赤く変色している状態ともいわれるが、「爛れる」は、山林の荒廃を示す表現として『書紀』にもみえる（たとえば斉明《さいめい》天皇元年〈六五五〉十月己酉条に、「小墾田《をはりだ》に宮闕《おほみや》を造り起てて瓦覆《かわらぶき》にせむとす。また深山広谷にして、宮殿に造らむとする材、朽ち爛れたるもの多し。遂に止めて作らず」とある）。山を崩して砂鉄を採り、樹木を伐って薪炭とする製鉄作業が、その原因であるかどうかはわからない。しかし、山林の荒廃は鉄砲水を生じ、峡谷の出口である扇状地に深刻な水害をもたらしただろう。手名椎・足名椎はそれぞれ「手撫《な》づ霊《ち》」「足撫《な》づ霊《ち》」で、櫛名田比売を慈しむ手・足の精霊である。当の櫛名田は「奇《く》し稲田」、すなわち霊妙な稲田を意味するから、親娘三人で水田耕作を象徴していると考えられる。ヲロチに対して行われる人身供犠《じんしんくぎ》は、扇状地における農耕の安全と豊穣の獲得を祈願し、女性シャーマンが神霊を鎮めるべく臨んだ神婚の祭祀にほかなるまい。人間を神への生《い》け贄《にえ》とするような行為が実際に日本で行われていたのかどうか、学界でも多くの議論があり定説をみていない。ただし、古代的心性において、自然に対する畏怖や災害の脅威が、身命を賭《と》さねば向かい合えないほどに巨大であったことは確かだろう。そこで古代人の蒙昧さを嗤《わら》い、哀れむのは現代人の傲慢であり、むしろ（もちろん供犠を肯定するわけではないが）、人知を超えた存在になんとか立ち向かおうとする主体性、能動性を見出したい。

ラストシーンでヲロチの尾から出てくる剣は、いうまでもなく神霊の依代《よりしろ》、物実《ものざね》である。ヲロチが退治されてスサノヲが剣を手にするくだりは、扇状地の祭祀対象が、自然環境を直接祭祀する段階から、英雄神を通じて間接的にコントロールする段階へと移行したことを意味しよう（三浦・一九九八）。このような祭祀の転換は、災害を未然に防いで豊かな生活を手に入れようとする、古代人の心的営みの結果なのではないだろうか。

(1)〈祟り〉の発生と古墳寒冷期

〈祟り〉と災害の認識　災害に神の形をみることは、必ずしも受動的・消極的な態度ではない。不可知のものに形を与えて対処を可能にするという、主体性・積極性を導く前提ともいえるのである。

ところで、「災害と神」と聞いてすぐさま思い浮かぶのは、神が怒って人間に災厄をもたらすという〈祟り〉のあり方である。『古事記』中巻／崇神《すじん》天皇段には、その典型的な伝承をみることができる。

（前略）この天皇の治世に、疫病が大流行し、人民は次々と死んでいった。天皇はこれを愁い嘆き、潔斎《けっさい》して神託《しんたく》を得るための床についた。すると、三輪山《みわやま》に鎮座する大物主神《おほものぬし》が夢に現れ、「この災害は私の意志である。わが子孫である意富多々泥古《おほたたねこ》を探し出し、私を奉祀させよ。そうすれば神の気も起こらず、国も安泰となるだろう」と告げた。そこで、駅使を四方に派遣して意富多々泥古を探し求めたところ、河内《かわち》国美努《みぬ》村で見出され、天皇のもとへ送り届けられた。天皇は、「お前は誰の子か」と尋ねた。意富多々泥古はこれに答え、「私は、大物主大神が、陶津耳《すえつみみの》命《みこと》の娘・活玉依毘売《いくたまよりびめ》を娶って生んだ子、名は櫛御方命《くしみなかたのみこと》の子、飯肩巣見命《いいかたすみのみこと》の子、建甕槌命《たけみかづちのみこと》の子です。私は、意富多々泥古です」と申し上げた。天皇は大変喜び、「天下は平穏となり、人民は栄えるだろう」と詔《みことのり》して、彼を神主にして三輪山で大物主神を祭祀させた。これによって、疫病は終息し、国は安泰となった。

このように、(a)災害の発生（神との関係の悪化）→(b)$_1$卜占《ぼくせん》による災害の要因（神の〈祟り〉）と鎮静方法（祭祀方法）の察知／(b)$_2$祭祀者の探求→(c)あるべき祭祀による災害の終息と恩恵の再獲得（神との関係の回復）といったプロットを持つ伝承群を、ここでは〈祟り神〉言説と呼んでおきたい。近世のおどろおどろしい怪談に慣れ親しんだ私たちには意外なことだが、タタリの語源タツにはマイナスの意味はなく、単に神、または神の意志が現れることを指示していたらしい。原因不明の解決困難な事態に直面したとき、古代人は夢占《ゆめうら》、亀卜《きぼく》、易占《えきせん》といった卜占を行い、隠された超越的な意志のありかを感知しようとした。〈祟り〉こそはその問いに対する神の回答であり、不可知の事柄に論理と一貫性を構築し、原因と対処法を与えて社会不安を取り除く一種の防衛規制だったのである。右にあげた『古事記』の伝承でも、なす術もない疫病の大流行に、崇神天皇の夢占が〈大物主神の祟り〉という原因を構成し、同神の末裔・意富多々泥古を中心とする新たな奉祀体制を準備している。〈祟り〉を鎮めるための祭祀者・祭祀方法の設定の仕方には、社会的通念として一定の選択基準（たとえば子孫を名のる一族など、奉祀対象について豊富な知識を持つもの。もしくは渡来人など、中国大陸や朝鮮半島に由来する最新の祭祀技術を持つもの）があったと思われるが、それに沿った祭祀の更新こそ〈祟り神〉という形式の核心であろう。災異が鎮静化するまで更新は不断に繰り返され、功を奏した体制が、次なる〈祟り〉の発現まで維持されることになるのである。

このようなシステムが、言説形式、伝承の内部だけでなく、現実の古代社会においても機能していたことは、次の天理図書館蔵宝亀三年（七七二）十二月十九日官符に引かれる、同年九月二十五日付武蔵国司解《むさしこくしげ》によって確認できる。

（前略）今月十七日、入間郡の正倉《しょうそう》四宇に火災がありました。焼亡した糒穀は計一〇五一三斛《こく》で、すべてが灰となってしまいました。また、百姓《ひゃくせい》一〇人が突然重い病に臥し、うち二人が頓死しました。そこで卜占を行ってみますと、兆に、郡家《ぐうけ》の西北の角に鎮座する出雲伊波比《いわひ》神の祟りと出て、「近年、朝廷から支給されるべき幣帛《へいはく》が滞っている。そこで、郡家の内外にある雷神たちを率い、この火災を起こしたのだ」と託宣がありました。（後略）（田中・一九九三）

当時、東国《とうごく》で頻発していた原因不明の正倉火災〈神火《じんか》〉をめぐって、武蔵国司が太政官《だいじょうかん》へ上申した文書の一節である。「卜占」とは、ここでは、亀甲を焼く亀卜か鹿の肩胛骨を焼く鹿卜《ろくぼく》で、「兆」とは、神意の現れるひび割れの形である。神祇官に所属する卜部《うらべ》は亀卜を行う専門職だが、東国（とくに鹿島《かしま》周辺）には鹿卜を踏襲する祭祀集団もあったらしく、武蔵国衙《こくが》に奉仕していたのがどちらであるのか、はっきりとは決めがたい。しかしいずれにしろ、同国では神火の原因を究明するために卜占を用い、〈出雲伊波比神の祟り〉という物語を生み出しているのである。じつは神火は、郡司職をめぐる抗争や官物横領の偽装だったのだが、一時期、朝廷もこの武蔵国司の報告を信用し、神祇官へ班《はん》幣《へい》の徹底を指示していた。すなわち、卜占とそれによって創出される〈祟り〉が、災害を説明する方法として、一定の信頼性をもって機能している点が重要なのである。

〈祟り神〉の誕生と古気候　〈祟り神〉言説は、古代人が災害に向き合い、自然環境に適応していくなかで、不可欠の物語として定着していったと思われる。ではそれは、いつ、どのようにして形成されたのだろうか。この問題を考えるうえで重要な伝承が、『本朝月令《ほんちょうがつりょう》』（十世紀半ばの年中行事書。惟《これ》宗公方《むねのきんかた》の撰）に引く『山城国風土記《やましろのくにふどき》』逸文に見出せる。現在も京都市北部に鎮座する賀茂《かも》神社（八世紀前半までは、上《かみ》社・下《しも》社に分離しておらず一体であった）の重要な祭祀、走馬《そうま》神事の由来について伝える縁起譚である。

志貴島宮御宇天皇《しきしまのみやにあめのしたしろしめししすめらみこと》（筆者注―欽明《きんめい》天皇）のご治世のこと、国中で風雨が打ち続き、人民は悲嘆に暮れていた。そこで、卜部の伊吉若日子《いきのわかひこ》に悪天候の原因を卜わせてみたところ、賀茂神の祟りであるとの奏上があった。よって四月の吉日を選び、馬には鈴を掛け、人は猪の仮面をかぶって走るという祭祀を行い、賀茂神へ丁寧に祈願をした。すると天候が回復し、五穀も豊かに実って国内は安定した。祭日に馬に乗ることは、このときから始まったのである。

卜部の亀卜を通じて語り出された〈賀茂神の祟り〉によって、天候不順を矯正する新たな祭祀が発明されるという、典型的な〈祟り神〉言説の一つである。注意したいのは、その始修の年代が、欽明天皇の治世に掛けられていることである。『書紀』欽明天皇二十八年（五六七）条には、「各地に洪水が起こって人民は飢え、人が人を殺して食べるような惨状を呈している。郡に蓄えられた穀物を供出し、飢民の救済にあてた」との記事があり、右の傍線部の天候描写と共通する点も多い。しかし、この部分は以前から、中国前漢の正史『漢書《かんじょ》』（建初八年〈八三〉ごろ、後漢の班固《はんこ》の撰）の一文を援用して書かれたものであることが指摘されている（『書紀』の原文は「郡国大水、飢。或人相食、転二傍郡穀一以相救」、対応する『漢書』元帝紀／初元元年〈前四八〉九月条には、「関東郡国十一大水、饑。或人相食、転二旁郡銭穀一以相救」とある。小島・一九六二、三三一頁）。当然、これらを無批判に事実とみなすことはできず、賀茂社の縁起が『書紀』（もしくは同書が依拠した記録や伝承）に基づいて作られた可能性も想定しておかなくてはならない。ただし、[1]でも少々言及したように、近年の古気候学や環境考古学の成果からは、この時期を寒冷・多雨と想定する有力な学説が提出されている。〈祟り神〉の誕生の問題とも関わるので、以下にやや詳しく紹介しておくことにしよう。

古墳時代温暖説への批判　古墳《こふん》時代を大まかに三世紀末〜六世紀半ばと設定した場合、従来の定説では、この期間はおおむね温暖であったと考えられていた。たとえば山内清男《やまのうちすがお》氏は、歴史記録に基づくピアスンの海面変動曲線やC_{14}測定法に基づくフェアブリッジの海面変動曲線を参考に、北欧のダンケルク第二海進と同様の海進を、日本列島の三〜四世紀にも想定している。登呂《とろ》や瓜郷《うりごう》といった海岸付近の弥生集落が同時期に消滅していること、倭《わ》の五王の出現が治水工事の達成によると考えられることなどが、その傍証としてあげられている（山内・一九六九）。このような古気候復原に基づいて、温暖化により稲作の生産性が高まり余剰が発生した結果、社会的格差が拡大して巨大権力が成立していくという、古代社会論の通説的な枠組みが構想されるに至ったのである。

しかし、一九七〇年代後半より、花粉分析や年縞《ねんこう》分析といった調査方法の進化・精密化に伴って、古墳時代が前後の時代よりも寒冷・湿潤であった可能性が浮上してきた。まず山本武夫氏は、『書紀』仁徳《にんとく》紀に記された国力の安定ぶりと大規模な治水工事、応神《おうじん》・仁徳陵をはじめとする中期古墳の巨大さなどから、このころの列島社会は生産力が充実していたと考えた。そのうえで『書紀』の紀年研究から、仁徳即位年（三九三年に設定）を中心とする半世紀（三六八〜四一七年）、その前後の半世紀（三一八〜三六七年、四一八〜四六七年）を『三国史記《さんごくしき》』（一一四五年に成立した新羅《しらぎ》・百済《くだら》・高句麗《こうくり》三国の史書）の気象関係記事（旱魃・冷夏・洪水）と比較、旱魃が多く冷夏・洪水の少ない仁徳即位年中心の半世紀を、「小高温期」の一頂点と位置づけた。これは、フェアブリッジによるポスト・ローマ海進期の、四〇〇年を中心とするピークに対応するものという（図1a〜d）。さらに、その前後の海退期、とくに二世紀のローマ・フロリダ海退を「前古未曾有」の寒冷期と捉え、一八四年に中国で勃発した黄巾《こうきん》の乱、二世紀後半の日本列島における「倭国大乱」などを、かかる気候変動を契機に生起したものではないかと推測した（山本・一九七八）。また吉野正敏氏も、中国・日本の諸資料を総合的に検討

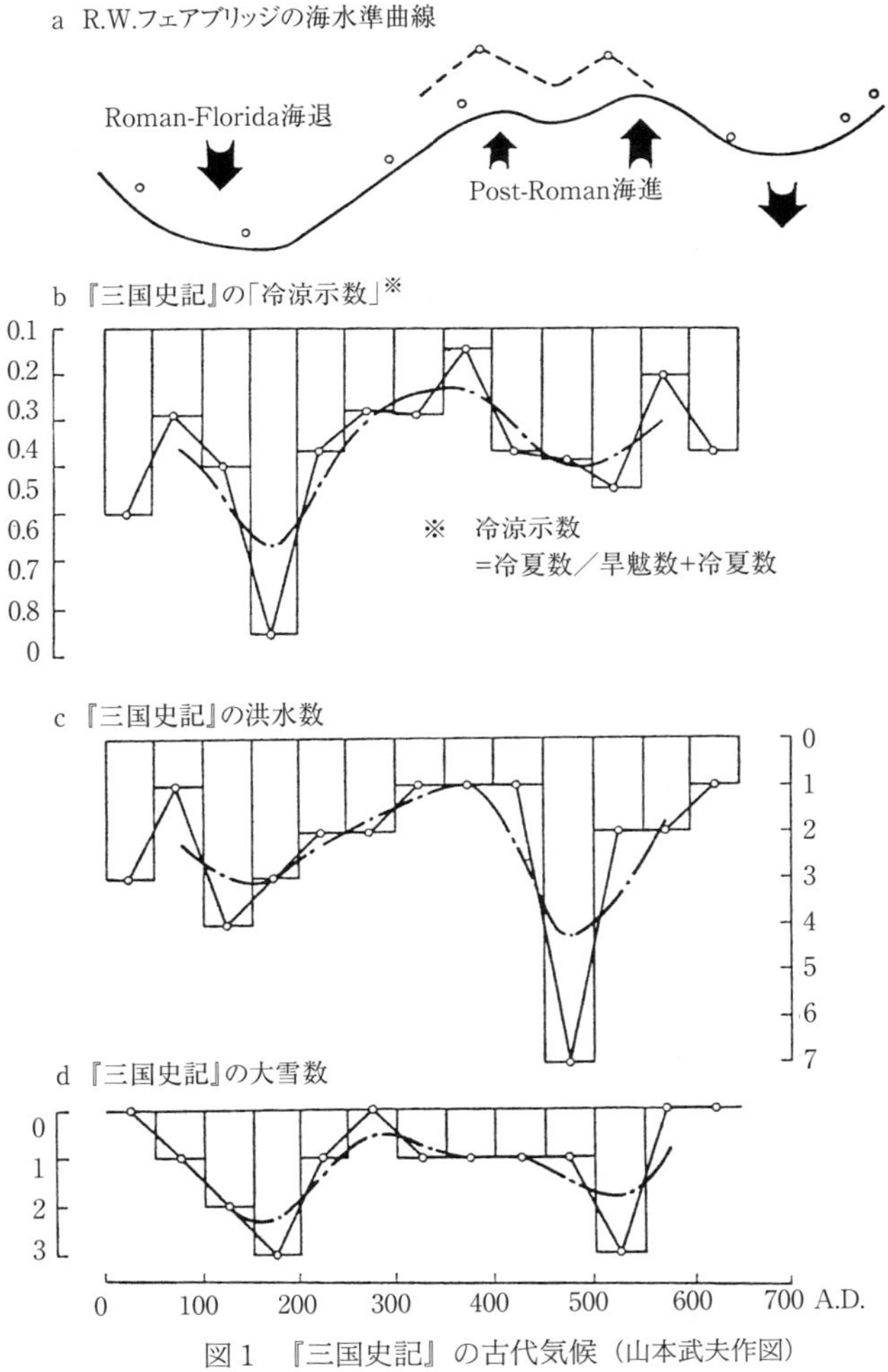

図1 『三国史記』の古代気候（山本武夫作図）

して両者の古気候を復原・比較し、弥生《やよい》後期〜古墳時代を相対的に寒冷であったと想定している（図2a。吉野・一九八二）。

〈古墳寒冷期〉論の枠組み　これらの復原案は、互いに類似の傾向を帯びており、通説の再検討を促す説得力もある。しかし、質・量ともに不均等な文献資料を数値化し、一定の傾向を導き出すという方法は、データ自体の信頼性に根本的な問題を抱えていた。それに対して、尾瀬ヶ原《おぜがはら》の泥炭柱という比較的均質な素材を見出し、毎年堆積するハイマツ、ヒメコマツの花粉量から、明確な古気温曲線を算出したのが阪口豊氏であった（図2b。阪口・一九八四／八九）。尾瀬のマツ林は上部の森林限界と下部の広葉樹林に挟まれており、毎年の気温の変動によってその生息域を消長させる。そのため、湿地帯に降り注ぐ花粉量は気温の高低によって増減し、年ごとに異なる幅をもって水底に堆積していく。これを慎重に計測することで、相対的な気温の変動を導き出すことができるのである。そして、阪口氏が算出したこの変動曲線でも、古墳時代は明らかな寒冷化を示し、氏によって初めて〈古墳寒冷期〉と名づけられるに至った。氏の記述によれば、「BC三九八年に始まる弥生温暖期は一七年に至って急に寒冷化し、一七〜二四〇年の移行期を経て七三二年に至る長い寒冷期を迎える。この寒冷期は、三九〇年の一時的な中休みによって二期に分けられ、気温は前期で二七〇年、後期では五一〇年頃にもっとも落ち込む。とくに前者の落ち込みは著しい。七二〇年を過ぎると気温は急昇し、七八〇年でそのピークに達する」（阪口・一九八四、三一頁）という。この結果は山本・吉野両氏の見解ともよく一致するが、阪口氏はさらに、弥生後期〜古墳時代に住居の破壊や泥炭地を埋没させる洪水が

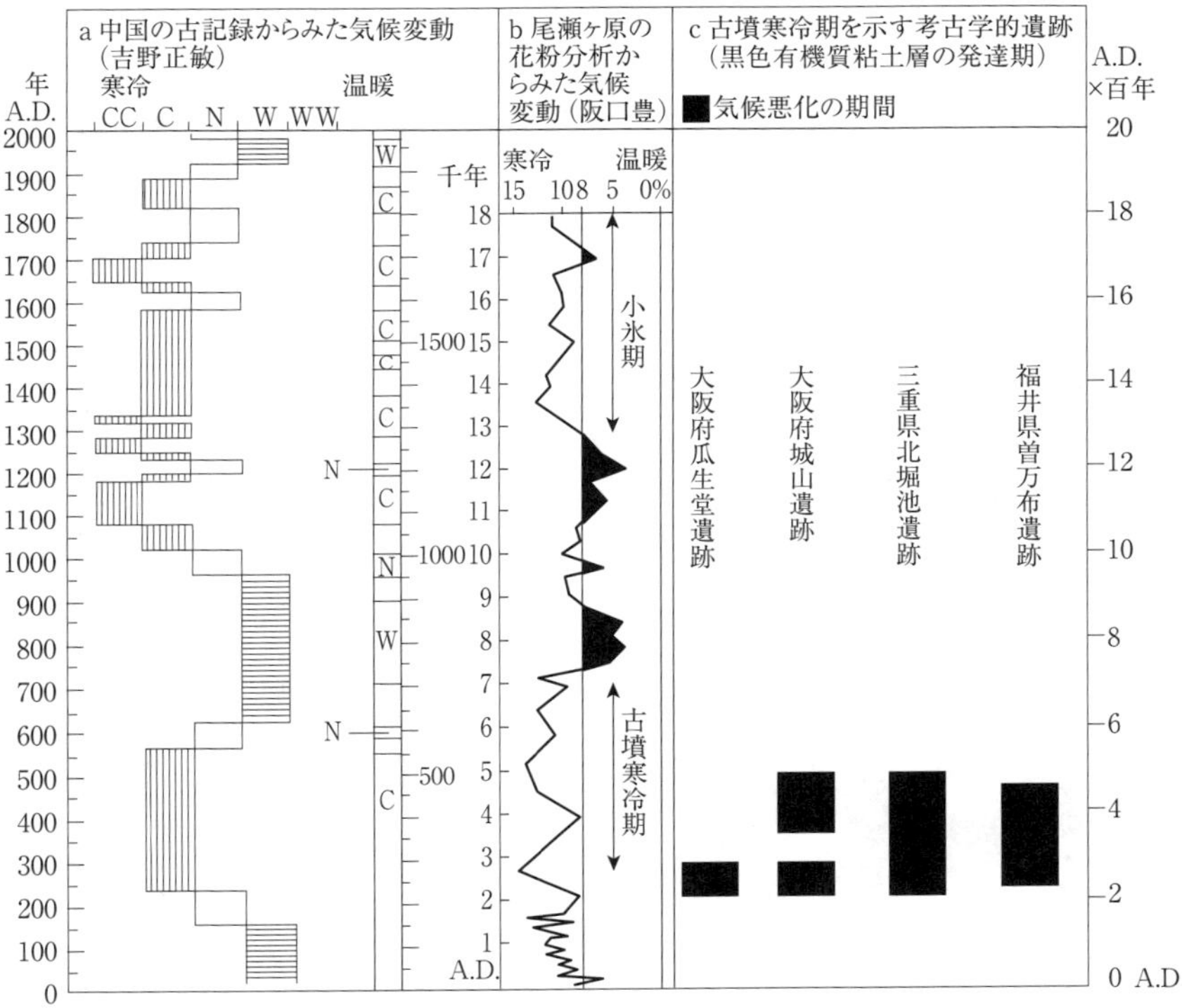

図２　弥生時代後半から古墳時代にかけての気候悪化（安田喜憲作図）

頻発した痕跡を指摘し、「古墳時代に入ると、低温化のみならず多雨化が始った」と推測している（阪口・一九八四、三一〜三二頁）。山本氏は中間の小高温期を重視、古墳時代の生産力を評価するが、阪口氏はこれを「中休み」にすぎないとして、同時期の稲作の不安定さを強調する。そして、従来の定説的な社会発展論を、次のように大きく塗り替えていくのである（阪口・一九八四、三五〜三六頁。適宜要約して掲げた）。

（イ）二五〇年以降の寒冷化で稲の収量は全体的に低下、生産の地域格差を増大させた。分立していた小国家間の富の差も増大、弱者の併合によって稲の低収量がカバーされ、国家の統一が進んでいく。

（ロ）稲作への気候の影響を軽減すべく大陸から新たな農業技術が導入、列島独自の技術開発・改良も積極的に行われ、その一部は古墳の造成にも利用された。

（ハ）古墳が棺を高所に置くマウンド形式を採るのは洪水を避けるためで、周溝も権力者による洪水克服を象徴的に表現している。中間の温暖期に一致する古墳文化最盛期、古墳が低地に多く造られるのは、洪水の頻度が一時的に減少したためと考えられる。

（ニ）古墳時代は中国北部でも気候が悪化しており、その地域からの圧力が半島を介して列島へ及び、大陸よりの渡来人の流れを生み出した。

〈古墳寒冷期〉論の問題点　以上のような構想は歴史学へはほとんど受容されていないが、たとえば〈環境考古学〉の提唱者のひとり安田喜憲氏は、政治史・文明史の解釈枠として阪口説を積極的に援用し、気候悪化一般をあらゆる古代国家の成立の背景に置いている。また、山本氏が『三国史記』から推測した二世紀末と五世紀の洪水・豪雪多発期に、冷涼・湿潤の気候下に形成される黒色有機質粘土層〜黒泥層が河内《かわち》平野に発達していることなど、多くの事例やデータでこれを補完している（図2c。安田・一九九〇）。このほか、諸資料・報告を総覧し、世界各地の古気候を世紀単位で復原・記述した鈴木秀夫氏も、古墳時代が寒冷・多雨であることを認めている（鈴木・二〇〇〇）。もはや、〈古墳寒冷期〉論は定説化したかにみえるが、その反証となるような報告がないわけではない。たとえば藤井昭二氏や藤則雄氏は、北陸地域の調査を通して、古墳前期の小海進で海水準が現在位に達したこと、気候も現在に近い状態へ温暖化してきたことなどを指摘している（藤井＝藤・一九八二、藤・一九八四など）。また、近年の置田雅昭氏による総括では、阪口説の方法論が批判され（阪口氏の対象としたP73泥炭柱には、四世紀の浅間山噴火の軽石、六世紀の二ツ岳噴火の火山灰が検出されており、上空に滞留した火山ガスが、地域的な気温低下をもたらした可能性がある）、「古墳時代の気候についてはよく分からないのが実状」と性急な結論付けを避けている（置田・一九九六、五一頁）。確かに、古気候学者による史料の安易な読み方には留保を付すべきだし、解釈の枠組みとしてそのまま援用できるかどうかも、慎重に検討する必要があるだろう。たとえば、『書紀』崇神天皇六十二年七月丙辰条に初見する狭山池《さやまいけ》は、近年の発掘で推古《すいこちょう》朝の築造であることが確認されており、応神・仁徳朝にみえる大規模土木工事も、重複記事のある推古朝にまでしか遡りえないとの見方もある（荒井・一九九八）。治水の達成は王朝の成立を謳いあげる中国的粉飾の一パターンであり、『書紀』や『古事記』の治水関係記事も、応神天皇や仁徳天皇を〈聖帝〉化する仕掛けにすぎないかもしれない。中国最初の王朝とされる夏の始祖禹《う》は、治水のため大陸全土を巡り歩き、「身命を賭して労苦に耐え、一三年間も帰宅せずに働き、自宅の前を通っても休息しようとさえしなかった。衣食を節約して鬼神への供物を篤くし、宮室を質素にして灌漑工事の財源に充てた」（『史記』巻二／夏本紀第二）という。仁徳の〈徳治〉にも通じる記述であり、『書紀』や『古事記』の作為性は否定しがたい。しかし、複雑な要因の作用する海水面変動には局地的な差異も認められるだろうし、データによっては多少の齟齬が生じる場合もあるだろう。史書の編纂意図の向こうに、寒冷多雨の原史料、洪水の記憶を想定することも不可能ではない。阪口氏の古代社会発展論はともかく、多くの分析結果が示す古墳時代の寒冷・多雨については、（検証の努力を続けていくことは当然として）条件付きで肯定しておいてもよいのではなかろうか。

欽明朝の祭祀制度整備と亀卜の導入

〈古墳寒冷期〉を以上のように理解してよいとすれば、古代国家形成前夜の気候悪化が、〈祟り神〉誕生の契機になったと考えられよう。この時期、神祭りに関する諸制度に大きな変革があったとみられることも、その想定を裏づける傍証となる。前方後円墳《ぜんぽうこうえんふん》を典型とする古墳の築造形式・祭祀形態が、ヤマト王権から一定の規制（規格・技術供与）を受けていたように、各地で発生し多様な形態を持っていた神祭りの形式にも、全国一律的な傾向が認められるようになるのである。祭祀遺跡における出土遺物は、五世紀中葉前後まで、古墳の副葬品とも共通する実物の宝器（鏡・武器・玉類）、剣、刀子・斧・鎌などの農工具、鏡とその簡略形である有孔円板、勾玉《まがたま》などの滑石製《かっせきせい》模造品が主流であったが、五世紀後半〜六世紀初めには、模造品のなかでも剣・有孔円板・勾玉・臼玉に固定化していく。農工具主流の副葬品と、剣・鏡・玉の模造品主流の祭祀遺物とが、明確に分離するのである。ここに神祭りの画期が見出されるわけだが、その背景には、原材料の供給から模造品の製造までに一括して関与する、統一的権力の存在がうかがわれよう。すなわちこの時期、ヤマト王権内部には、神祭りの形式を整備・浸透させるなんらかの仕組みが存在した可能性が高い。文献史学では、欽明《きんめい》朝に〈祭官制〉の成立を認める説がある。これは、継体《けいたい》朝以降の王権内部の動揺、新羅／百済の対立による朝鮮半島の動乱などから、王統の確認と王権の政治・軍事的、思想・宗教的強化を意図して組織化された中央祭祀制度という。中央における祭祀氏族《しぞく》（中臣《なかとみ》氏や忌部氏）の成立と祭官任用、地方における日祀《ひまつり》（奉）部《べ》・日置部《ひおきべ》の設置などが具体的内容とされるが、右に述べた祭式の統一にも関わりがあるかもしれない。

　また、このような動向と関連して、『書紀』欽明天皇十四年（五五三）六月条に、百済に「卜書《ぼくしょ》」の送付を申請した勅《ちょく》がみえることには注意しておきたい。いうまでもなく、物語としての〈祟り〉を創出する卜占の導入が図られているわけである。同時期の中国隋《ずい》朝では、陰陽《いんよう》五行説《ごぎょうせつ》に則した亀卜法（五兆卜《ごちょうぼく》）の書『亀経《ききょう》』が重視され、五行説の集大成である『五行大義《ごぎょうだいぎ》』にも引用されていた。唐代の官職をまとめた『大唐六典《だいとうりくてん》』（唐の玄宗《げんそう》による勅撰。開元二十六年〈七三八〉成立）には、卜占を担う太卜令《たいぼくれい》の職掌の解説において、隋代の官制と比較しながら『亀経』が用いられている。そしてこの同じ『亀経』が、平安中期に成立した卜部《うらべ》氏の氏文『新撰亀相記《しんせんきそうき》』にも引かれているのである。列島における亀卜の痕跡は、古墳中期より、対馬《つしま》・壱岐《いき》・南関東の海浜部など、朝鮮半島・中国大陸と交渉のある地域に限定的に確認される。令制《りょうせい》神祇官に所属する卜部もこれらの地域より編成されるが、彼らの駆使した亀卜法は、欽明朝の祭祀制度整備の一環として、隋代の五兆卜が半島経由で輸入されたものではなかろうか（北條・二〇〇六）。亀甲の調達には広域的権力の保護が必要であるから、技術の移植自体に王権が関与した可能性は高い。

古代中国の卜占・祟・神　このように考えてみると、〈祟り神〉言説の中国的特徴も明らかになってくる。そもそも「祟」という文字―概念は、中国殷《いん》代の卜辞《ぼくじ》・甲骨文《こうこつもん》に淵源を持つ。殷王朝においては、最高の巫祝でもある聖王と卜者＝貞人《ていじん》たちが、王の日常生活の一挙手一投足にわたって詳細に占いを立てていた。牛の肩胛骨や亀の甲羅に特定の凹みを穿ち、それを局所的に熱することで生じたひび割れ＝卜兆をみて、問いを立てた事柄＝卜問《ぼくもん》の吉／凶を占断するのである。それぞれの内容は命辞・繇辞《ちゅうじ》などとして甲骨に刻まれた。「希」や「壱」はそこで作成・使用された文字で、王に降る災を意味している。「祟」もその一つで、呪霊を持つ神獣として毛深い獣の形で表現されており、『説文《せつもん》解字《かいじ》』では、「神禍なり。示に従う、出に従う」と説明される（白川・二〇〇〇）。卜占は次代の周《しゅう》王朝にも継承され、卜兆の読み取り方にもいくつかの系統が発生、実践の各過程を担う固有の卜官が生まれて制度的にも複雑化していく。王朝の歴史を記述する史官は卜官より分かれたといわれ、史書や経書の文章表現でも、卜占―祟のセットが一般化することになった。〈祟り神〉言説の記述形式は、明らかにそれを踏襲するものである。また、祭祀を要求して災害を繰り返すという神の性格自体、中国六朝の志怪《しかい》小説などから、言説・思想双方のレベルで影響を受けた可能性がある。たとえば、『捜《そう》神記《しんき》』（東晋の干宝《かんぽう》による志怪小説集。四世紀後半の成立）五巻九十二話には、『三国志』で有名な呉《ご》の孫権《そんけん》に自らの奉祀を求め、それが実現されるまで災厄をふりまき続ける蔣山廟《しょうざんびょう》の神がみえる。疫病を流行させ、人の耳に入る小虫を大発生させて多くの民の命を奪い、ついには大火災を巻き起こして「わがために祠を立つべし」と迫る様子は、『旧約聖書』出エジプト記のヤーウェ神を連想させる。もともと神／神意の出現を指すにすぎなかったタツが、「祟」字で表現されマイナスの意味を表すようになるのは、中国の祭祀制度・神観念と融合したためと考えざるをえない。

欽明朝の祭祀改革は、中央集権的な政治体制の形成のみを契機とするのではなく、気候の寒冷化や風水害の多発に対応するという緊急の目的も帯びていた。朝鮮半島を介して輸入された卜占と〈祟り〉は、その現実的成果の一つであったといえよう。

(2) 〈祟り〉から〈神殺し〉へ

交通災害への対応　ところで、〈祟り神〉言説には二つの類型がある。これまでみてきたのは、『古事記』『書紀』『山城国風土記』逸文に収められる形式で、気候悪化や飢饉、疫病に対応した〈自然災害型〉とでも呼ぶべきものであった。一方、『常陸国風土記《ひたちのくにふどき》』『播磨《はりま》国風土記』『肥前《ひぜん》国風土記』などに収められる形式は〈交通災害型〉と呼びうるもので、山野河海における遭難事故を説明する役割を果たしていたらしい。次に掲げるのは、『肥前国風土記』基肄《き》郡姫社《ひめこそ》郷条に、社の鎮座の由来譚として記されている伝承である。

（前略）昔、山道《やまぢ》川の西に荒ぶる神がいて、通行人を多く襲っており、半数は助かったが半数は命を奪われた。あるとき、なぜ祟るのかを卜してみたところ、兆に「筑前国宗像郡の人、珂是古《かぜこ》にわが社を祀らせよ。もし私の求めるところにかなったなら、荒ぶる心は起こすまい」との託宣が現れた。そこで、珂是古なる人物を探し出して社を祭祀させた。彼は幡《ばん》を捧げて祈り、「本当に私の奉祀を求めるなら、幡よ、風のままに飛んで、私を欲する神のところに落ちよ」といって、幡を高く掲げ風の吹くままに放した。そのとき、幡はどんどん飛んでいき、御原《みはら》郡の姫社の社《もり》に落ち、また飛び帰ってきて、山道川のほとりの田村に落ちた。珂是古は、自然と神の坐す場所を知った。その夜、彼は、舞い遊びながら出てきた臥機《くつびき》と絡垜《たたり》に、体を押さえつけられて驚く夢をみた。機織の道具が現れたことから、神は織物の女神であるとわかり、社を立てて祭祀を行った。それ以降、通行人が殺されることはなくなった。よって、この神の社を姫社といい、今でも郷の名としている。

交通災害型の場合、被害を「半分が助かり、半分が殺された」と表現すること、地名起源伝承になっていること、自然災害型に比べ物語的な自由度の高いことなどが特徴である。右の伝承は、先に述べた基本プロットのうち(b)[2]に重点が置かれ、内容が拡充されている。傍線部では卜占と祟りの関係も明確に踏襲されているが、他の事例では曖昧になってしまっているものも多い。自然災害型が主に中央の書物、交通災害型が地方の書物にみえることからすれば、この自由度は地域的多様性の発現と捉えられるかもしれない。前項で自然災害型の成立を六世紀後半と推定したが、交通災害型は七世紀後半～八世紀初め、古代国家の成立に伴う交通網の整備とともに必要とされた物語だろう。安全な陸路・海路、河川の渡渉地点などが設定される過程で、多くの遭難事故が生じたであろうことは想像にかたくない。そのさい、直道や船息の設置、架橋といった現実的施策とともに祭祀も行われ、前代より定着しつつあった〈祟り神〉形式が援用されたのだろう。

〈神殺し〉と災害観の変質　冒頭において、災害に神の姿をみることは必ずしも受け身的・消極的な態度ではない、と述べた。しかし、〈祟り神〉言説にみる古代的心性が、災害として現れる神の意志に逆らうことなく、これと人間の行為との協調のみに注意を払っていたことは否定できない。ところが、交通災害型の〈祟り神〉言説が喧伝されていたほぼ同じ時期に、このような神観念、災害観に大きな変質が生じ始めるのである。『書紀』仁徳天皇六十七年是歳条には、次のような伝承が載せられている。

吉備《きび》の中の国にある川嶋河《かわしまがわ》の川俣《かわまた》（筆者注―川道の分岐点）に、巨大な虬《みづち》がいて人々を苦しめていた。道行く人がこの場所を通ろうとすると、必ず虬の吐く毒の被害に遭い、死亡する者も多く出た。ここに、笠臣《かさのおみ》の祖先で県守《あがたもり》という人がおり、勇敢で力も強かった。彼は川俣の淵に三つの瓢簞《ひょうたん》を投げ込み、「お前は、しばしば毒を吐いて道行く人を苦しめている。そこで、私はお前を殺そうと思うが、お前がその瓢簞を沈めることができれば、命は助けてやろう。しかし、もしできなければ、お前を斬り殺してしまうぞ」と叫んだ。すると、虬は鹿の姿に化け、瓢簞を水に引き込もうとしたが、ついに沈めることはできなかった。そこで、県守は剣を抜いて水に飛び込み、その虬を斬り殺した。さらに、淵の底の洞穴に満ちていた虬の仲間も皆殺しにしたため、その血で河の水が赤く変わってしまった。よってその淵のことを、県守の淵というのである。

語り口は微妙に異なるが、この伝承も先にあげた『肥前国風土記』基肄郡姫社郷条と同じく、渡河点における行路者の遭難を神のなす災禍と捉えるものである。「虬」と表記すると蛇の化け物のようにしか思われないが、ミヅチとは「水《み》つ霊《ち》」であり、河に宿る精霊、河の神と呼んでもいい存在である。川嶋河は、古くから洪水を繰り返してきた現高梁川に比定されており、虬の毒は水害の形象とも考えられる。瓢簞は湧水での祭祀に用いられたようで、三重県の城《じょ》之《の》越《こし》遺跡、群馬県の三《み》室《むろ》間《あい》ノ谷《や》遺跡に出土例がある。穂積裕昌氏は、首長が瓢簞の浮沈によって神意を問う祭祀を行い、神の保証を得た施策が人々の前に示されたのではないかと推測している（穂積・一九九四）。『書紀』には、同じ仁徳天皇の十一年十月条にも瓢簞による卜占がみえるが、やはり河神の権威を奪う方法として用いられている。ただし、右の伝承で三つの瓢簞が使われることは、中国殷代の三卜《さんぼく》制（三枚の甲骨による多数決で最終的な占断をなす制度）に始まり、『尚書《しょうしょ》』（『書経』。堯《ぎょう》・舜《しゅん》・禹《う》から夏《か》・殷《いん》・周《しゅう》までの政道について記した書物）周書／洪範に「三人が占い、そのうちの二人の言に従う」と明記される、卜占における「三」の重視につながっている（高木・二〇〇三）。自然災害型の〈祟り神〉言説に属する『書紀』崇神天皇七年二月辛卯条、八月己酉条でも、神の祟る理由と鎮祭の方法は、卜部の亀卜、倭迹《やまとと》々《と》日百《ひもも》襲姫命《そひめのみこと》への託宣を経て、三度目である天皇の夢占《ゆめうら》において初めて告知されている。さらに、倭《やまと》迹速神浅茅原目妙姫《とはやかむあさぢはらまくはしひめ》・大水口宿禰《おほみくちのすくね》・伊勢麻績君《いせのをみのきみ》の三人が同じ夢をみたと知り、天皇は夢告の内容を確信するに至るのである。すなわち、右の伝承も〈祟り神〉言説の系譜に連なるものと考えられるが、前者が後者と大きく異なるのは、荒ぶる神的存在が英雄によって退治されてしまう〈神殺し〉が描かれている点であろう。

〈神殺し〉は右の県守の伝承のほか、『書紀』仁徳天皇十一年十月条・推古天皇二十六年（六一八）是歳条、『常陸国風土記』行方《なめかた》郡条などにみることができる。いずれも祖先を顕彰する氏族伝承の形を採っており、開発の推進の結果、それを妨害する神的存在を斥ける展開となっている。右の伝承も、吉備氏の枝族である笠臣《かさのおみ》の祖、県守が、川嶋河の治水に成功したことを伝えていると考えられる。県とは、四～五世紀、ヤマト王権に服属した地方集団を再編成した行政単位であり、吉備には三野《みの》・苑・波区芸《はくぎ》・上道《かみつみち》・川嶋の五県が置かれていた。これらの地域には、王権の保有する最新の知識、技術が投下され、大規模な開発が推進されていったはずで、川嶋河の治水もその一環であろう。県守が川嶋県、もしくは波区芸県（『書紀』応神天皇二十二年九月庚寅条で、笠臣の始祖鴨別《かもわけ》が封じられている）の首長的存在とすると、これらの事業を主導する立場にあったとみられる。自然環境を改変する人間の力が向上するなかで、畏怖すべき神の権威も低下し、ついには退治される存在となっていくのである。

ただし、『書紀』仁徳紀にこの伝承が収められているのは、先にも触れたように、やはり同天皇を聖帝化するレトリックであろう。事実、そのすぐ後のくだりには、このときになって、平和な治世にもようやく災いの陰が差し、叛乱を企てる者も出始めた。そこで天皇は、朝は早く起き夜は遅くに休み、租税を軽くして人民を安心させ、徳と恵みを施して困窮する人々を救済した。また、死者を弔い病者を見舞い、寡夫・寡婦の面倒をみた。これによって政令が行き渡り、天下は泰平となって、二〇年余りなにごとも起きなかった。

との文章が謳うように記されているのである（もちろん事実ではなく、『淮南子《えなんじ》』〈前漢の劉安《りゅうあん》撰。諸家の学説を集成した思想書〉よりの引用である）。県守の伝承自体も、表現的には漢籍の言説に由来しており、五世紀成立の志怪小説『異苑《いえん》』（宋《そう》の劉敬叔《りゅうけいじょ》撰）三巻四話に酷似の伝承がみえる。荊州沔水《べんすい》の隈潭（川道が折れ曲がって淵になっている場所）に住み、沐浴や水汲みに来る人を殺していた蛟が、襄陽《じょうよう》太守の鄧遐《とうか》によって退治される。内容ばかりでなく、「素勇健」「抜レ剣入レ水」「流血水丹」など類似の字句もあり（対応する『書紀』の原文は、「為人勇捍而強力」「挙レ劔入レ水」「河水変レ血」）、筆録のさいに参考資料として用いられたことは明らかである。この伝承が『書紀』にみえる内容を持ったのは、その編纂からさほど遡らない時期であり、条里《じょうり》制《せい》敷設をはじめとする大規模な環境改変が国家的に推進される、七世紀末〜八世紀初めにかけてのことであろう。

再び、神と災害について　〈祟り神〉言説の展開を跡づけながら、災害に神をみる古代的心性の変化を概観してきた。祭祀を通じて働きかけることしかできなかった神的存在は、人間の目的・利益の前に、しだいに退治され、克服されるべきものへと変わっていった。深刻な環境問題に直面する現代の私たちには、このような変化を、もはや単純に〈進歩〉と呼ぶことはできない。しかし、気候悪化

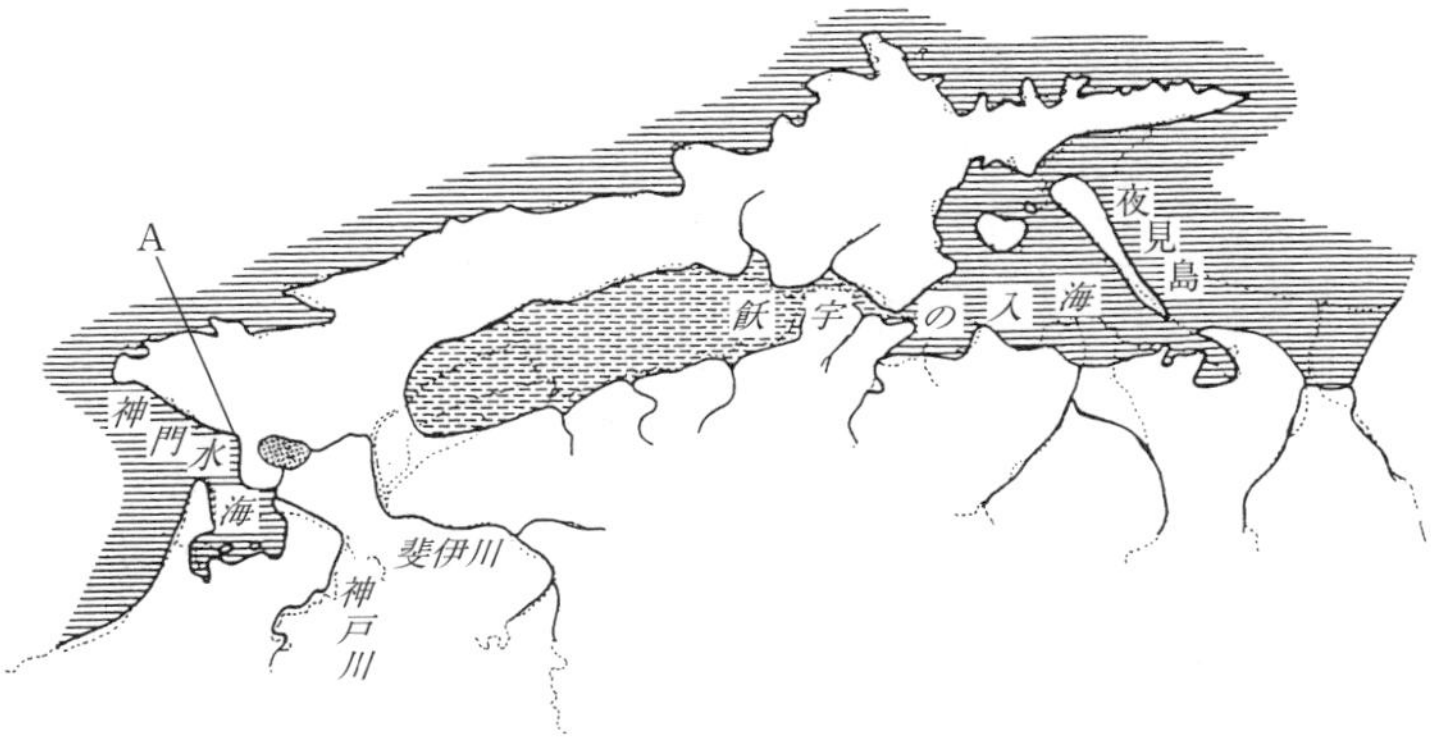

図3　中海・宍道湖を中心とした約1,200年前（奈良時代）の古地理

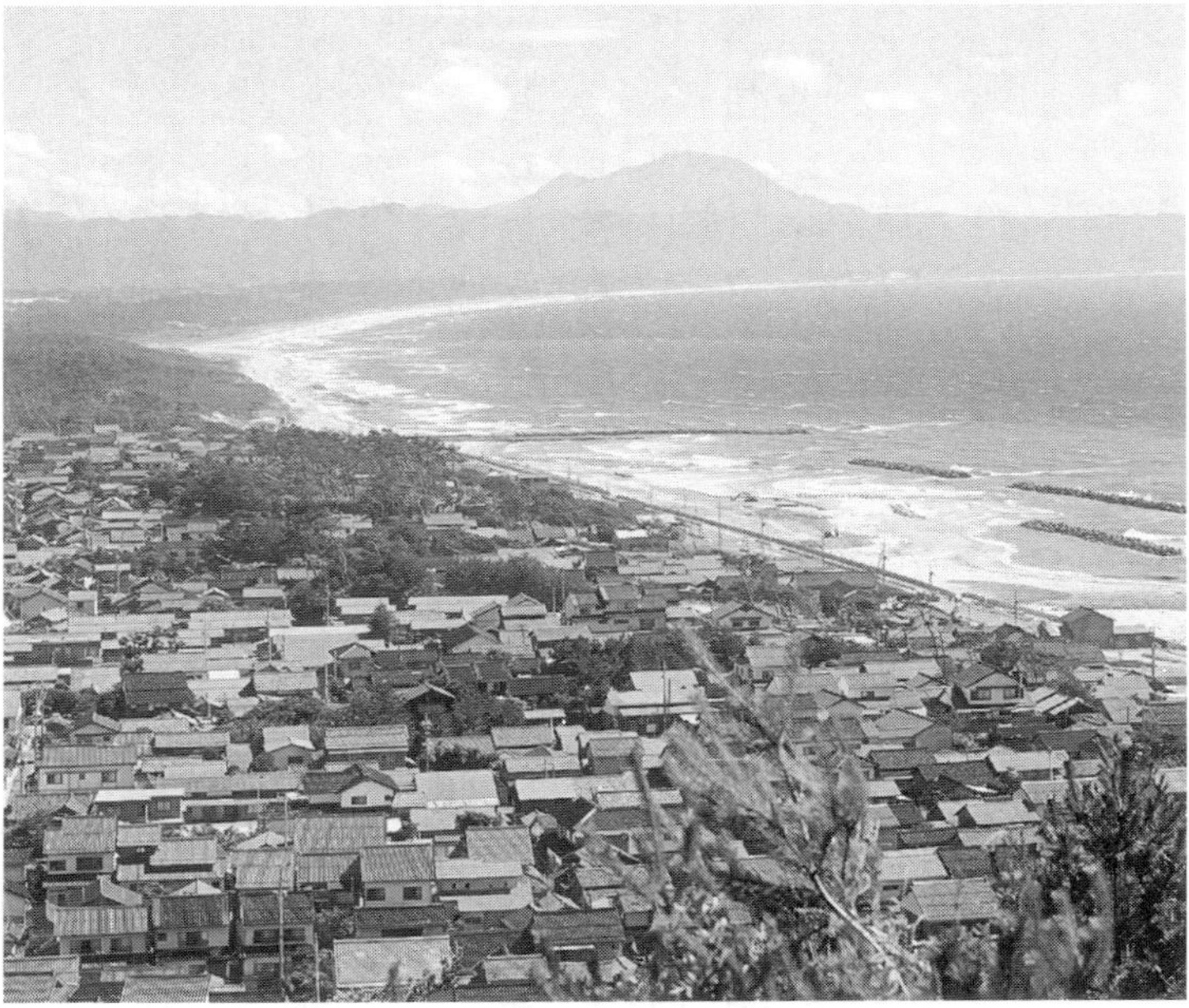

図4　大社町稲佐浜（図3A付近）より南方三瓶山を望む

による飢饉や風水害、疫病の流行などに対し、なす術もなく命を落とさざるをえなかった古代の人々には、選択しうる唯一の道だったのかもわからない。

ところで、『出雲国風土記』意宇《おう》郡条に載る〈国引き神話〉は、八束水臣津野命《やつかみづおみつののみこと》なる神によって、朝鮮半島や能登半島からいくつかの土地が引きつながれ、ついには島根半島の成立に至るという国土形成の一大叙事詩である。神田典城氏はこれについて、斐伊川・神戸《かんべ》川・日野《ひの》川などの氾濫に伴う土砂の堆積の結果、元来本州と並行して点在していた島嶼間の海が徐々に埋まり、狭小な国土が刻々と成長していく様子を語り継いだものと解釈している（神田・一九七九）。河川の造陸作用に対する、数世代にわたる出雲人の記憶の蓄積が、国引き神話の生成の母胎だというのである。そこには、郷土の成り立ちに対する誇りと、壮大な自然の営みへの感歎の意識が読み取れる。しかし冒頭に触れたように、斐伊川の洪水は、『古事記』においては恐ろしいヤマタノヲロチとして形象化されている。国引き神話とヲロチ神話、その成立の先後関係は明らかではないが、災害への認識が生々しいのは後者であろう。同じ現象をモチーフにした物語であっても、視点のあり方や伝承のされ方によって、全く異なるニュアンスを持つことになる。忌避すべき災害も、人間のこころのなかで、さまざまに姿を変えていくのである。

3 神話・説話・記録にみる災害

メディアとしての神話・説話・記録　高度に情報化された現代社会に生きる私たちにとって、神話や説話は、荒唐無稽なおとぎ話を伝える一種の娯楽にすぎないかもしれない。反対に記録の方は、きわめて客観性の高いデータ的記述、という印象がある。しかし古代という時代には、このような区別は必ずしも当てはまらない。1でも述べたように、正史の災害記録が全く実態を伴わず、漢籍の引き写しにすぎない場合もある。逆に神話や説話が、人々の記憶に強烈に印象づけられた災害のありさまを、明確に伝承している場合もあるのである。ここでは、九世紀に起こったある事件を手がかりに、さまざまなメディアに交錯する災害の表象を跡づけながら、平安京《へいあん》と近郊の住民たち——とくに、遷《せん》都《と》以前から嵯峨野に展開していた秦《はた》氏の人々——の災害をめぐる心性について考えていきたい。

(1) 樹木と洪水の連環

葛野郡家前の槻の伐採　仁明《にんみょう》朝（八三三〜八五〇）の正史『続日本後紀《しょくにほんこうき》』（以下、『続後紀』と略記）によると、承和十四年（八四七）六月三日、平安京《へいあん》は大規模な暴風雨に襲われたらしい。強風は家々の屋根を吹き飛ばし、木々をなぎ倒すほどの威力であった。十二日にも、やはり滝のような豪雨があり、二十一日には、霖雨《りんう》（長雨）がようやく止んだとの記述がある。数週間にわたって平安京を襲い続けたこの風水害を、都に暮らした人々は、どのように受けとめていたのだろうか。六月条の末尾には、次のような短い記録が載せられている。

これより以前、左相撲司《ひだりのすまいのつかさ》が、葛野郡家《かどのぐうけ》（筆者注—郡役所）前の槻樹《つき》を伐って大鼓を作ろうとしたところ、祟《たた》りがあった。そこで、幣帛《へいはく》と鼓を松尾《まつのお》大神に捧げて祈り、お詫び申し上げた。

相撲司とは、毎年七月に行われる宮中の年中行事、相撲節会《せちえ》を準備・執行する臨時の機関で、参議《さんぎ》や侍従《じじゅう》が左右二司に補任・編成された。『儀式《ぎしき》』（平安前期の公的儀式書）相撲節儀によれば、この節会には楽人《がくじん》が四〇名も参加し、大鼓が一〇面使用されたらしい。右の記事にみえる大鼓は、そのうちの一つとして新調されたものだろう。郡家前の槻は、その胴体部を削り出すために伐採されたと考えられる。『続後紀』の書きぶりからすると、二十一日まで降り続いた霖雨が松尾神の祟りと認識され、それを引き起こした原因として導き出されたのが、かかる槻の伐採であったということになろう。

[2]でも述べたとおり、祟りは、神祇官《じんぎかん》の亀卜《きぼく》や陰陽寮《おんみようりよう》の式占《しきせん》を通じて発現し、その原因は、過去の適当な事象と結び合わされることで遡及的に創造される。人々は、そうして示された物語がいかに説得的であるかによって、自らを襲った不幸を納得していく。問題は、背景にいかなる論理が働いて、二つの出来事が結節されるかである。山城国《やましろ》葛野郡は清滝川《きよたき》～桂川《かつら》流域の山城国西北部、おおむね今の京都市北区西部～右京《うきよう》区北部にあたる地域で、郡家は旧郡里《こおり》（現右京区西京極《にしきようごく》郡町）に置かれ

ていたと推測されている。この時期の郡領は、古墳《こふん》時代後期（五世紀後半〜六世紀初めごろ）に渡来して以来、嵯峨野《さがの》の地を開発し勢力を扶植してきた秦氏の本宗《ほんぞう》、秦忌寸《いみき》によって独占されていた。松尾神は、平安遷都に伴い京域全体の守護神へと格上げされたが、元来は秦氏の氏神であった。また、槻は欅《けやき》の古名で、こんもりした枝の広がりが神の坐す場とも考えられたらしく、天神地祇《てんじんちぎ》を勧請《かんじょう》する〈斎槻（イツキ、ユヅキなどと読む）〉の語は『書紀《しょき》』や『万葉集《まんようしゅう》』に見受けられる。右の槻も、松尾神と関わるような、神聖な意味を付されていたのかもしれない。

十世紀半ばの年中行事書『本朝月令《ほんちょうがつりょう》』（惟宗公方《これむねのきんかた》撰。以下、『月令』と略記）は、当時の口伝として、右の『続後紀』の記事の背景をやや詳しく語ってくれている。

（前略）深草《ふかくさ》天皇のご治世に、葛野郡家の四隅に生えた槻木を伐って、相撲司で使う大鼓を作った。しかし、この行為に松尾明神が怒り、「これは、私が時折来遊する樹である。決して伐採してはならない」などと託宣《たくせん》した。伐採を担った囚人たちの多くが死に、作業を統括した行事官人も、馬から落ちて大けがをした。当時の人々は、「嘉祥元年（筆者注―八四八）に洪水があったが、あれも、大鼓の材木を流すために起こされた災禍だろう」と噂し合った。松尾神の祟りはなお収まらず、さまざまに示現がなされたため、ついに件の大鼓が神社へ奉献されるに至った（後略）。

この記述によると、やはり郡家前の槻は、松尾神の憑依《ひょうい》する神木《しんぼく》と認識されていたようである。郡領氏族秦忌寸が、氏神松尾神を郡家に勧請する依代《よりしろ》であったとする見解もある（今泉・一九九三）。しかし、祭祀の対象となるような樹木の伐採を、郡領秦氏が容易に納得するだろうか。右の記事からは、そうした軋轢の痕跡はうかがえない。確かに、楽器の材料としてあえて神聖な樹木を選ぶという心性もある。たとえば『古事記』中巻／仁徳《にんとく》天皇段の〈枯野《からの》伝承〉では、老朽化した高速船〈枯野〉より千里に響く琴が造られるが、そもそもこの船は、樹影が高安山《たかやすやま》から淡路島《あわじしま》まで及ぶような巨樹を素材としていた。神木とする認識が後付けかどうかはわからないが、いずれにしろ、伐採に従事した人々が次々に不幸に遇い、死亡者まで出るような事態となったことが記録されているのである。

樹木が伐採になんらかの形で抵抗するという民間伝承は、沖縄から北海道まで列島全域に広がっている（北條・二〇〇三）。そこでは樹木が、伐り口を再生させたり、人間と同じように血を流したり、あるいは伐採者に怪我をさせる、病気にするなど、さまざまな形で妨害や報復を行う。たとえば、次に掲げる昭和初期横浜市鶴見《つるみ》区の伝承は、右の『月令』の記事とどことなく似通っている。

市の電気局が、生麦《なまむぎ》車庫引込線工事の関係で、幕末の生麦事件碑を取り巻くように生えている、古松二本と榎《えのき》一本を伐採したときの話である。初め計画が発表されると、史蹟を尊重する地元の人々が激しく反対運動を展開したが、それもやがては霧消して、当局は計画どおり、鋭利な斧を二本の古松に当てることになった。しかしながら奇妙なことに、依頼を受けた二人の者が、木を伐り倒して間もなく原因不明の熱病にかかり、四、五日の間に前後して死んでしまった。そのことだけでも恐怖を呼び起こすのに充分であるのに、この仕事を監督した技手も同じ病の床に臥した。また、県から並木貰い下げの交渉をした主事も病気となり、伐採後の道路を整理した運転手も、足に大怪我を負うことになったのである（栗原・一九三〇より）。

また、祟りと位置づけられている水害の発生は、『続後紀』と『月令』とでは一年の相違がある。冒頭で触れたように、前者が承和十四年の長雨と記すのに対し、後者は嘉祥元年の洪水を当てているのである。これは未曾有の大水害であったようで、『続後紀』同年八月辛卯条によると、人も家畜も流されて命を落とし、淀川水系に設置された河陽《かや》橋・宇治《うじ》橋・茨田《まんだ》堤が、それぞれ損壊してしまったという。おそらくは後者の印象が強かったため、松尾神の祟りも、のちに大洪水の方へ結びつけられてしまったのだろう。

神木を伐ると水害が起きる　旧葛野郡松尾（現西京《にしきょう》区嵐山宮《あらしやまみや》町）に鎮座する松尾大社には、大山咋《おほやまくいの》神《かみ》と市杵嶋姫命《いちきしまひめのみこと》という一対の男女神が祀られている。前者は日吉《ひよし》大社（現滋賀県大津《おおつ》市坂本《さかもと》）にも奉祀される山の神であり、後者は宗像《むなかた》大社（現福岡県宗像市田島《たじま》）に祀られる三女神の一柱、沖《おき》ノ島《しま》の神格化である。このような人格神としての造型には、〈秦氏〉として総括された集団をはじめとする渡来系諸氏族の移動と定住、相互のネットワークが作用していたと考えられる。しかし、葛野周辺の人々が捉えていた松尾神のイメージとは、やはり京都盆地の古神である賀茂《かも》神、乙訓《おとくに》神などと同様、農耕の豊穣を保証する山神＝水神＝雷神であったろう。事実、松尾社に祈雨《きう》や止雨の奉幣《ほうべい》が行われた記録は多く、のちに十六社・二十二社（平安中期〜中世半ば、朝廷が特別に崇敬した京周辺の神社。祈雨や祈年穀の奉幣を受けた）にも組み入れられていく。とすれば、暴風雨や洪水が、松尾神の引き起こしたものと認識されてもなんら不思議ではない。だが、ここで注意しておきたいのは、中国から伝来して列島に定着した民間伝承に、「木を伐ると水害が起きる」というパターンを持つものが存在することである。

中国の六朝《りくちょう》時代には、怪異な伝説や世間話を集めた志怪《しかい》小説が多く作成された。東晋の干宝《かんぽう》撰『捜神記《そうしんき》』は、そのうち比較的初期に成った書物で、後世に与えた影響も最も大きい。収録された四六〇以上の怪異譚のなかには、日本の昔話へ受け継がれた話型も多くみえる。次に掲げるエピソードも、いわゆる〈大木の秘密型〉伝承の原型の一つと考えられるものである。

春秋の秦《しん》の時代、武都《ぶと》郡の故道に〈怒特祠《どとくし》〉という祠廟《しびょう》があり、その傍らに梓《あづさ》の巨樹が生えていた。秦の文公《ぶんこう》の二十七年（前七三九年）、人夫を派遣してこれを伐採しようとしたところ、突然天候が悪化して暴風雨となった。不思議なことに、幹の傷跡も合わさって消えてしまい、数日しても伐り倒すことができなかった。文公は動員する人数を増やし、斧を持つ者は四〇人にも及んだが、やはり伐り断つには至らなかった。人夫たちは疲れきって帰途についたが、男がひとり足に怪我をして動けず、樹下で横になっていた。すると、どこからか鬼霊がやって来て、樹神に問いかける声が聞こえてきた。

「戦って疲れただろう」

「何の疲れることがあろうか」

「秦公はきっと諦めない。どうするのか」

「秦公など、私をどうすることもできまい」

「秦公が、ざんばら髪の士卒三〇〇人に赤い衣を着させ、幹に赤い糸をめぐらし、灰を塗ってから伐れば、あなたも困るのではないか」

鬼霊にそういわれた樹神は、答えることができず黙ってしまった。翌朝、樹下にいた男は、昨夜耳にした会話を文公に報告した。そこで、人夫にみな赤い衣を着せ、伐り口に灰を塗りながら斧を打たせていくと、ようやく梓を伐り断つことができた。すると、幹から青色の牛が飛び出してきて、豊水泉《ほうすいせん》のなかに逃げ込んだ。しばらくして、再び青牛が豊水泉から出てきたので、騎兵に攻撃させたが歯が立たなかった。なかには馬から落ち、また這い上がろうとする者もいたが、髻《もとどり》が解けてざんばら髪となってしまった。しかし、牛はこれをみて畏れ、水中へ退いて遂に出てこなかった。よって、秦ではこの後、魔除けの〈旄頭騎《もうとうき》〉(頭髪が牛の尾の毛先のようになった儀仗兵)〉を設けるようになった(巻十七第四一五話)。

前漢の歴史書『史記《しき》』(司馬遷《しばせん》撰、武帝の征和二年〈前九一〉成立)の秦本紀(始皇帝《しこうてい》に至る秦国主歴代の記録)には、文公の二十七年、「南山の大梓・豊・大特を伐った」とある。これらは南山に拠った戎《じゅう》(異民族)の呼称だが、樹木と誤解されるなかで、右のような伝承が生じていったものだろう。魏《ぎ》の文帝《ぶんてい》撰という『列異伝《れついでん》』、六朝の『録異伝《ろくいでん》』『玄中記《げんちゅうき》』にも同様の記事があったようで、唐《とう》の張守節《ちょうしゅせつ》による『史記正義《せいぎ》』(『史記』の注釈書。開元二十四年〈七三六〉成立)は文公二十七年の記事に後者の逸文を引き、梓の巨樹が南山に聳えていたこと、怒特祠に祀られているのは梓の牛神であることなどを伝えている。伐採への抵抗は暴風雨として現れているが、梓の生えていた場所が山であること、幹から現れたのが牛であること(水神が牛形をとることは、広く東・南・西アジア地域に確認できる。石田・一九九四、など参照)、逃げ込んだ先が池であることからもわかるとおり、梓の樹神には山神や水神、雷神などの性格が習合していたと考えられる。松尾神のイメージにも近い。現在に至る日本の民間伝承のなかにも、神樹伐採が水害につながるような事例はある。しかし、それらはおおむね山村で語られ、木々の減少に伴う保水力の低下の結果、鉄砲水が生じるなどの経験的知識に基づくことが多い（笹本・一九九四、を参照）。葛野郡家前の槻は、明らかにそうした環境に生えていた木ではない。この槻の伐採と水害を結びつけた心性には、漢籍を通じて摂取された、中国の神話・伝説世界が大きな影響を及ぼしているのではないか。そう考えて、葛野の古代文化をよくみなおしてみると、中国的要素のきわめて強いことに気づかされる。その担い手となったのが、古墳時代以来の葛野の中核的勢力、秦氏なのである。

(2) 秦氏の開発と葛野大堰

秦氏の嵯峨野開発　葛野郡の中心をなす嵯峨野一帯の本格的開発は、秦氏の渡来と定着によって始まったといえる。同地域の地勢をみてみると、北方丹波《たんば》山地の末端が清滝《きよたき》川の谷を越えて南東に続き、約一〇〇メートルの等高線以南で洪積層《こうせき》・沖積層《ちゅうせき》に埋没する形となっている。標高二五〜一〇〇メートルの範囲に広がる低地のうち、北部の段丘面と御室《おむろ》川・有栖《ありす》川の扇状地は、傾斜も大きく高燥な地質で水田耕作に適さず、平安期に至るまであまり開発が進まなかった（西山・一九九六）。一方、南西部に広がる桂川の氾濫平野は、土地も低く傾斜も緩やかだが、東岸には頻発した洪水の痕跡が色濃く残されている。山城盆地中央部・南西部には弥生《やよい》時代から集落が展開、とくに後者の向日《むこう》・樫原《かたぎはら》丘陵には、早くから前方後円墳《ぜんぽうこうえんふん》が出現し、盆地最大の政治勢力が形成されていた。淀《よど》川水系を遡ってきた秦氏は、それら既存の諸集団との衝突を避け、新来の土木技術と強固な組織性をもって、高燥な嵯峨野の地へ入植したと考えられる。彼らが一大勢力となりうるかどうかは、繰り返される桂川の氾濫をいかに防ぎ、灌漑用水として利用できるかにかかっていたといえる。その記念碑的事跡が、〈葛《かど》野《の》大堰《おおい》〉の築造であった。

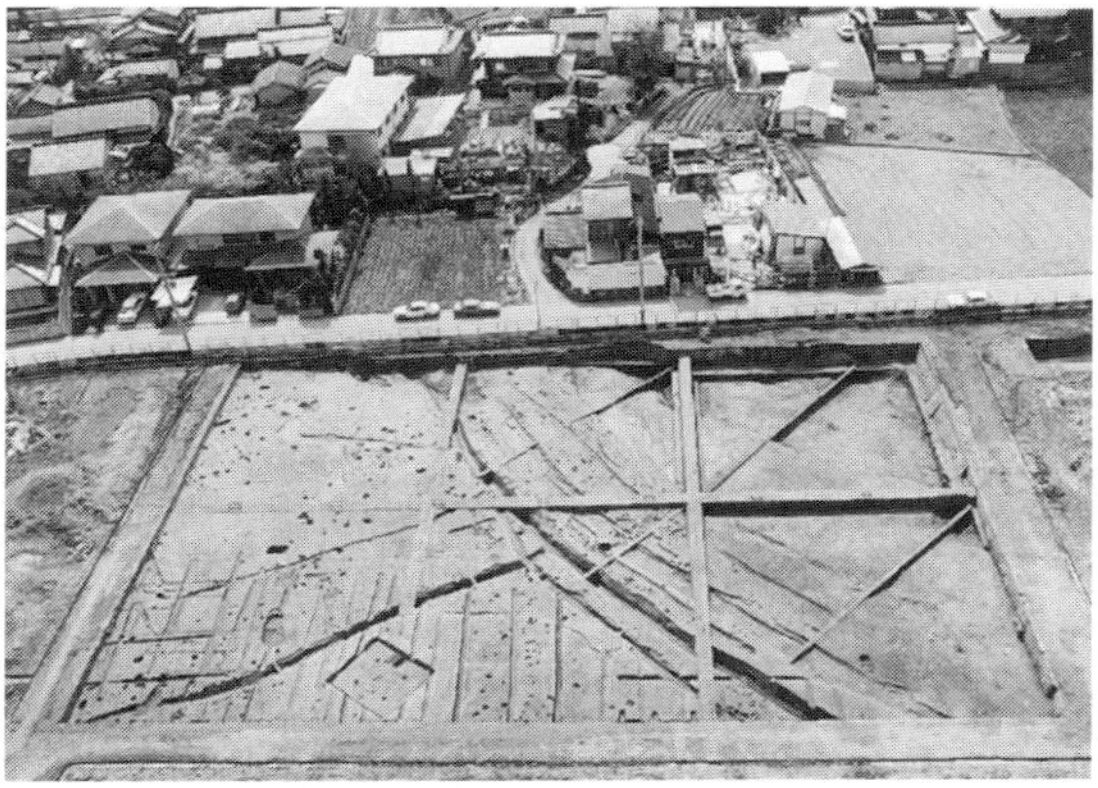
図5　松室遺跡水路遺構

葛野大堰と都江堰　葛野大堰は、古墳《こふん》時代後期までに、現在の嵐山《あらしやま》、渡月橋《とげつきょう》付近に設置されたと考えられている。昭和五十九年（一九八四）に発掘された松室《まつむろ》遺跡（図5。現西京区松室中溝《なかみぞ》町・北河原《きたかわら》町）は、確認された最大幅が約一五メートル、最深部が一・六メートルにも及ぶ大規模な水路遺構で、大堰から桂川西岸に引かれた灌漑用水路である可能性が高い（京都市埋文研・一九八五）。下層の暗茶色シルト（粒が砂より細かく、粘土より粗い堆積物）からは、鉄製U字型鋤先が発見されている。土木工事の能率を飛躍的に高めた道具だが、京都盆地での出土例はごくわずかで、古墳後期のものならば最古の部類に属するという（京都市埋文研・一九八七）。秦氏の技術力の高さをうかがわせる遺物である。

『養老令《ようろうりょう》』（天平勝宝九歳〈七五七〉、藤原仲麻呂《ふじわらのなかまろ》の主導により施行された行政法）雑令《ぞうりょう》取水漑田条では、水路や堰の修築は「用水の家」が担うものと規定されているが、同令の私的注釈書『令集解《りょうのしゅうげ》』（惟宗直本《これむねのなおもと》撰。九世紀前半の成立）の引用する「古記」（『大宝令《たいほうりょう》』の注釈書。天平十年〈七三八〉ごろの成立）は、民間では修理しえない大規模な施設として「葛野川堰」をあげている。天平期（七二九～七四八）に多くの交通施設・灌漑施設を造営し、布教と民衆救済に奔走した行基《ぎょうき》集団も、大井院・河原院《かわらいん》を葛野に置き、大堰の維持・管理に協力したらしい。行基の主要な弟子には秦氏の出身者もおり、集団の活動のあり方は、出身氏族間のネットワークに支えられていたと考えられる（北條・一九九七）。「古記」の撰者は入唐請益生《にっとうしょうやくしょう》秦大麻呂《おおまろ》と推測されており（青木・一九七七）、行基の事績を記録した『大菩薩遊行事一巻』は、大堰を連想させる複姓を持つ秦堀河君足《ほりかわのきみたり》によってまとめられている。律令体制下における公営化の後も、葛野大堰の維持管理には、秦氏の力が大きく働いていたのだろう。いずれにしろ彼らは、大堰の設置によって桂川の用水権を掌握し、下流の政治勢力に対しても優位な立場を築きえたものと考えられる。列島各地に展開した秦系諸氏族のうち、嵯峨野の集団が本宗に位置づけられていくのも、大堰の成功と無関係ではないだろう。

惟宗（令宗《よしむねの》）允亮《ただすけ》の編んだ政要の書『政事要略《せいじようりゃく》』（藤原実資《さねすけ》の依頼による。長保四年〈一〇〇二〉に一応の成立をみるが、允亮は晩年まで増補を続けた）は、「秦氏本系帳《はたうじほんけいちょう》」なる書物を引き、大堰の由緒を次のように伝えている。

葛野大堰の造営は、天下に並ぶもののないほどの偉業であり、秦氏が、一族の力を結集して造り上げたものである。昔、秦の昭王《しようおう》は、満々たる河川を堰き止めて水路を通し、水田一万頃《けい》を開発した。そのことによって、秦の財政は数倍に富み膨らんだ。故事にいう鄭伯《ていはく》の沃《よく》、衣食の源である。今にみる大井堰は、昭王の業績に倣って造られたものである。

戦国秦の昭王（第二十八代、始皇帝の曾祖父）が築造した堰とは、現在も成都《せいと》郊外（四川盆地西部）にその威容を誇る〈都江堰《とこうえん》〉を指すと考えられる。『史記』には、黄河《こうが》の氾濫と水路掘削の歴史が「河渠書《かきよしよ》」としてまとめられており、「蜀《しよく》では国守《こくしゆ》の李冰《りひよう》が、離碓《りすい》を鑿って沫水《まつすい》による水害を回避し、成都県内に二つの水路を開削した」と、短くはあるが都江堰についても言及している（『漢書《かんじよ》』もほぼ同文）。「離碓」は、現灌《かん》県西南の地名とする説もあるが、岸辺を掘削して造られた中ノ島であろう。「沫水」は、岷江《びんこう》の支流青衣水《せいいすい》をいうこともあるが、これは灌県より一六〇キロ以上も西を流れているので、ここでは岷江そのものを指すと考えていい。成都県内に開かれた二つの水路とは、郫《ひ》江と検《けん》江のことらしい。巴蜀《はしよく》を占領した秦は、岷江の形成する川西平原扇状地（成都平原）の扇頂部、ちょうど岷山から平野部へ水が流れ出す地点に「離碓」を築いた。それにより、川の流れを内江／外江に分けて水量を調節、前者を運河や灌漑用水として使用したのである（大川・二〇〇二）。〈鄭伯の沃〉についても「河渠書」に記載があるが、これもやはり、中国史上きわめて有名な二つの水路に関する故事を指す。一つは、秦の財を削ろうという韓の陰謀によって派遣された水工の鄭国が、涇《けい》水から洛水に至る三〇〇余里を掘削して完成させた大水路で、かえって関中を沃野《よくや》に変え、秦の国勢を一気に強めたという。もう一つは、漢の武帝のころ斉人の水工徐伯が開通させた、長安から終南山麓の黄河に至る三〇〇余里の大水路で、やはり周辺の水田を潤し、ますます関中を豊かにしたと記されている。通常鄭渠と並称されるのは、やはり武帝期の趙中大夫白公による「白渠」だろう。「本系帳」の記載には混同がみられるが、いずれにしろ、都江堰や鄭・伯の水路が秦・漢を富ませたのと同様、葛野大堰も秦氏の勢力を拡大させたと主張したいものと思われる。

考古学の森浩一氏は、中ノ島を築いて分水を行う葛野大堰／都江堰共通の構造に注目、秦氏を漢人《かんじん》遺民と推定したうえで、かかる川灌漑の方法を同氏の伝統的技術と位置づけている（森・一九八三）。時間的・空間的に大きく隔たった戦国秦の巴蜀開発を、秦氏の桂川治水へ直結させてよいかどうかは疑問である。しかし、「本系帳」の記述が、葛野大堰を都江堰に準えていたことだけは間違いない。

(3) 神話の創出による治水

秦氏の神話と惟宗氏　では、そもそもこの「秦氏本系帳」は、いつ、誰によって作成されたのだろうか。六国史《りっこくし》には、以下の二つの契機が確認できる。一つは、『日本後紀《にほんこうき》』（延暦十一～天長十年〈七九二～八三三〉の正史。承和七年〈八四〇〉成立）所載の延暦十八年十二月戊戌勅で、多様化し本／枝の区別も困難になった氏姓を整理すべく、始祖や別祖の名を記した「本系帳」の提出を命令したものである。その作業は『新撰姓氏録《しんせんしょうじろく》』（弘仁五年〈八一四〉成立。氏族を皇別・神別・諸蕃に分け、その始祖を明らかにしたもの）の編纂に結びついていったらしい。二つ目は、『日本三代実録《にほんさんだいじつろく》』（以下、『三代実録』と略記。天安二～仁和三年〈八五八～八八七〉の正史。延喜元年〈九〇一〉完成）元慶五年（八八一）三月二十六日条で、五畿七道《ごきしちどう》諸国の「諸神祝部《はふりべ》氏人《うじびと》」に、三年に一度「本系帳」を上申することが義務づけられている。こちらは、その氏族が神職を務めるに至った由来、系譜などを記したものだろう。『本朝月令』に引く「秦氏本系帳」には、市杵嶋姫命の松尾鎮座と秦氏による奉祀の由来を語る記事、賀茂社の縁起を借りて松尾祭の由来を説く記事があるが、これらは後者に対応するものと考えられる。葛野大堰に言及する『政事要略』所引の「本系帳」は、前者を受けて作成されたものである可能性があろう。

　ところで、ここで注目したいのは、葛野大堰に言及する『令集解』や『政事要略』、そして「秦氏本系帳」の逸文を多く収める『月令』が、すべて直宗・直本・公方・允亮ら、惟宗氏一統によって編纂されていることである。惟宗朝臣《あそん》の改賜姓は、『三代実録』元慶七年（八八三）十二月二十五日条によると、下野権介秦宿禰永原、大判事《だいはんじ》兼明法博士《みょうぼうはかせ》秦公直宗《きみなおむね》、音博士《おんはかせ》秦忌寸《いみき》永宗《ながむね》、主計大允《しゅけいだいじょう》秦忌寸越雄《こしお》、右衛門少志秦公直本ら男女一九人を対象に行われ、続けて「秦始皇帝の十二世の子孫、功満王の子、融通王の苗裔」を自称する始祖伝承が載せられている。ここに、直宗・直本兄弟の名がみえることは重要である。彼らはもともと讃岐《さぬき》国を本貫とする秦公であるが、元慶元年（八七七）には右京へ移管され、本宗の秦忌寸とも交流を持っていたものと考えられる。氏姓は、氏族と王権との関係を定位するものである。よって改姓の申請は、その氏が辿ってきた歴史の確認作業と、それに伴って生

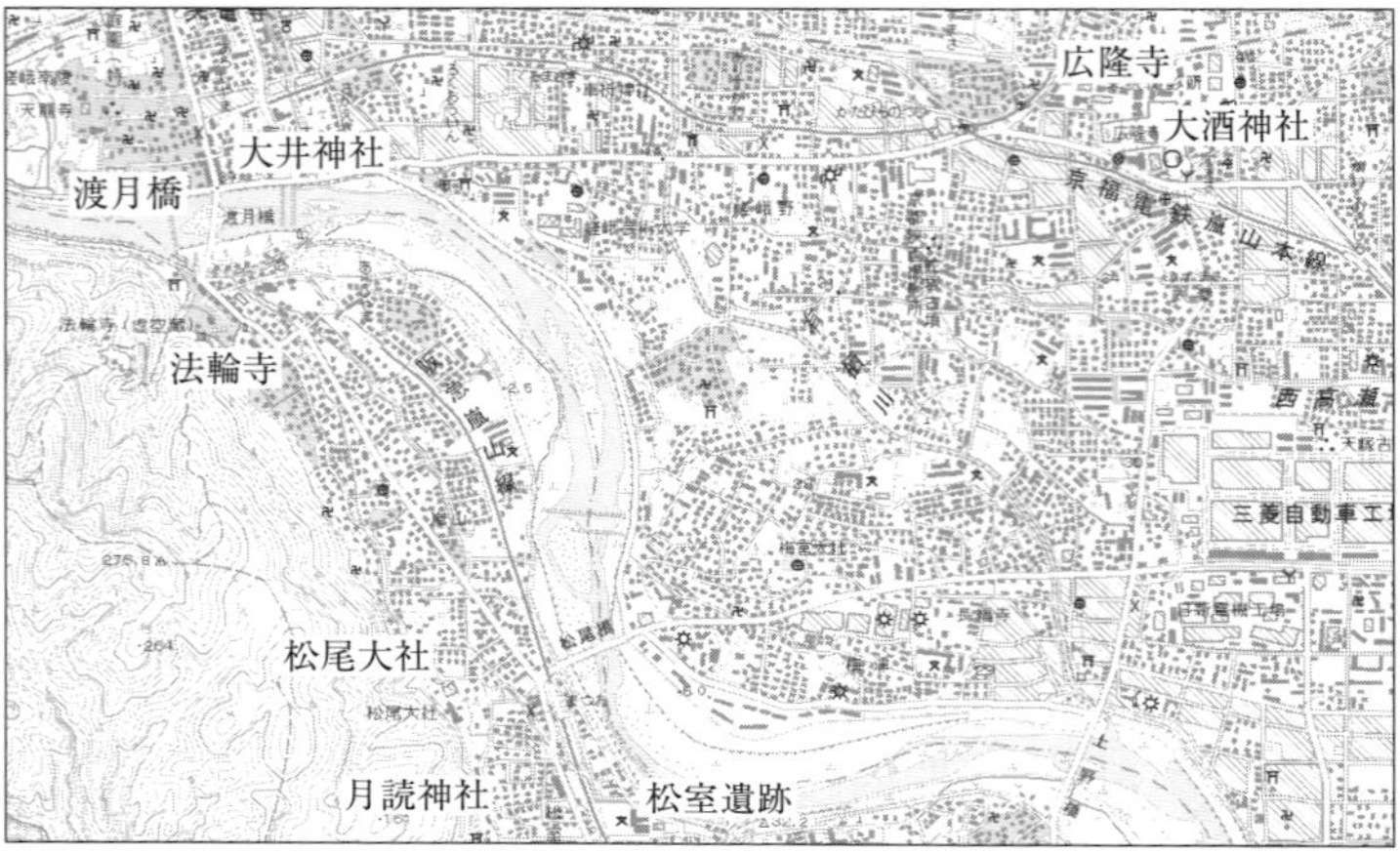

図6　現，松尾～太秦周辺図

じた問題意識に裏づけられていたと考えられる。『月令』に引く「本系帳」が元慶《がんぎょう》度の作成とすれば、それは惟宗氏の改姓とも密接に関わっており、直宗・直本らが編纂に関与した可能性も高い。『書紀』にみえる秦氏の始祖「弓月君《ゆづきのきみ》」を「融通王」に作り、始皇帝の血胤に結びつける操作は、『新撰姓氏録』の段階から確認できる。『政事要略』所引の「本系帳」がいつ作成されたかは不明だが、葛野における秦氏の地域文化を中国秦をめぐる言説で粉飾する作業は、九世紀初頭から始まっていたのだろう。その痕跡は、嵐山周辺の神社・寺院の性格づけにもうかがえる（図6）。

治水と神殺し　秦氏に関連する嵐山《あらしやま》周辺の古社のうち、古代の祭神が不明である大酒《おおさけ》神社、大井《おおい》神社は、ともに葛野大堰に関連する治水神・開発神であった可能性がある。前者は、現在の松尾神と同じく酒の神にみえるが、律令の施行細則である『延喜式《えんぎしき》』（延長五年〈九二七〉完成、康保四年〈九六七〉施行）の「神名帳」（朝廷からの幣帛を受ける官社の基本台帳）には「元は大辟神《おおさけのかみ》と名づく」とある。井上満郎氏は、川水を割き取る水の支配に結びつけているが（井上・一九八七）、具体的には、『史記』河渠書に記された前掲の文章「沫水の害を辟く」に由来すると考えられる。すなわち、水路掘削によって河川の水量を減らし、洪水の害を避ける意であろう。後者は、『三代実録』貞観十二年（八七〇）十一月十七日条に「堰」神とあり、葛野大堰の比定地にも近接している。森浩一氏は、大堰と同社との位置関係を都江堰と二王廟のそれに倣うものと推測しているが（森・一九八三）、この指摘は、二社の祭神を考察するうえで重要な視角を与えてくれる。

都江堰の傍らに立つ二王廟は、李冰とその息子二郎を治水神として祀る神廟である。李冰に関する記述は、前掲『史記』河渠書の一文が最古であり、そこには、彼を神格化するような描写は見出せない。しかし鶴間和幸氏によると、その後、後漢～魏晋南北朝に展開した巴蜀の水利事業が李冰へ結びつけられ、多くの伝説を生み出していったという（鶴間・一九九五）。次に掲げる『風俗通義《ふうぞくつうぎ》』（後漢末の応劭《おうしょう》撰。古文献に基づき事物に関する俗説を正した書）の逸文は、多くの異伝を持つその代表的な事例である。

秦の昭王は、李冰を蜀守に任命し、成都県内に二江を開発して、広汎な水田を灌漑させた。岷江の神は、娘二人を差し出させて婦としていたが、李冰は自分の娘を使って神と婚姻を結ぼうとした。彼は、祠に至って酒杯を捧げたが、酒は一向に減る気配をみせない。怒って神の無礼を責めると、たちまちその姿がかき消えた。するとしばらくして、二頭の蒼《あお》い牛が、岷江の岸辺で戦っているのがみえた。そのうちの一頭は李冰の変身した姿であり、やや間をおいて戻ってきた彼は、配下に、「私はもう戦い疲れてしまった。どうか助力をしてくれ。南に向かっている牛の腰のあたりが白ければ、それは私の印綬である」と教えた。そこで主簿は、北に向かっている牛の方を刺し殺した。岷江の神はついに死んだ。

先に紹介した『捜神記』の四一五話と同じく、ここでも川神は牛の姿で現れるが、とくに注目されるのは、李冰自身が牛と化して岷江の神と戦っていることである。これは、川を治めた英雄である李冰が、新たな岷江の神として崇められたことを意味しよう。実際の祭祀形態に即して考えると、川神を祀って河川の暴威を回避しようとしていた段階から、それをコントロールしうる英雄神を奉祭《ほうさい》する段階への変化、自然神から人文神への奉祀対象の転換がみえてくる。『史記』滑稽列伝には、戦国魏の文侯の治世、鄴《ぎょう》の県令に任命された西門豹が河伯《かはく》に婦を捧げる祭祀を廃止、一二の溝渠を開いて黄河の治水と灌漑に成功した様子が描かれている。李冰の都江堰建設にも類似の出来事があり、それが伝承形成の契機になったのかもしれない。②で触れたように、日本古代でも、スサノヲによるヤマタノヲロチ退治など、同じようなケースを想定できる。

右の『風俗通義』逸文は、先に秦文公の梓樹伐採記事を紹介した『史記正義』の、「河渠書」部分に引用されている。傍線部は、漢文では「秦昭王使㆘李冰為㆓蜀守㆒、開㆓成都県両江㆒、溉㆗田万頃㆖」と書かれるが、『政事要略』に引く「秦氏本系帳」の都江堰言及部分にも、類似の表現が見出せる（傍点の文字は共通）。「鄭伯の沃」も「河渠書」に説明されており、「本系帳」が、『史記正義』河渠書を参照して書かれた可能性は高い（しかし同書は、貞観十七～寛平三年〈八七五～八九一〉に成立した漢籍目録、藤原佐世《すけよ》撰『日本国見在書目録《にほんこくげんざいしょもくろく》』には記載がない。この時期、『史記正義』が伝来していないとすれば、その記事の典拠にもなっている『括地志《かっちし》』〈唐の李泰《りたい》等《とう》撰。貞観十六年〈六四二〉成立〉あたりが利用されたのかもしれない）。森氏の想定するように、大酒社・大井社の創建あるいは再編成が、李冰神話を背景に行われたことも十分ありうる。とすれば、秦氏が、李冰に匹敵する治水英雄として祀ったのは誰だったのだろうか。

まず思い浮かぶのは、始祖である弓月君＝融通王である。葛野坐月読《かどのにいますつくよみ》神社、松尾祭における桂（中国には、桂を月に生える樹木＝再生の象徴とする考え方がある。『酉陽雑俎《ゆうようざっそ》』巻一天咫条第三三、月で永久に桂を伐らされる呉剛の伝説などを参照）に代表される月信仰も、始祖の尊崇に結びついているとみられよう。葛野郡家前の槻も、弓月＝斎槻の音通と関係があるのかもわからない。しかし、それ以上に注意されるのは、（やや短絡的かもしれないが）「川への勝利」を名に冠する秦造《みやつこ》河勝《かわかつ》である。『書紀』や聖徳太子伝に載せられた彼の事績には、治水に関係するものを見出すことはできないが、葛野は彼の時代に〈族長の居所〉として確立したと考えられる（加藤・一九九八a）。さらに、彼が創建し、葛野の文化的中心ともなっていった広隆寺《こうりゅうじ》には、桂川の洪水を抑制する機能が期待されていたようなのである。

広隆寺と桂川治水　承和三年（八三六）、広隆寺の別当に就任した道昌《どうしょう》は、空海の高弟であり、自身が讃岐国秦氏の出身でもあった。『三代実録』貞観十七年（八七五）二月九日条に載せる卒伝《そつでん》（卒去に際してまとめられる伝記）によれば、承和年中に葛野大堰が決壊した折、詔を奉じてその修築にあたったのが彼であり、工事が終了したときには、古老から「行基菩薩の再来」と讃えられたという。決壊の時期については特定できないものの、冒頭に紹介した承和十四〜嘉祥元年（八四七〜八四八）の暴風雨、洪水のさいの出来事であった可能性もある。そこには、松尾神の祟りとしての水害を鎮める、真言僧としての道昌の姿がみえてくる。応永二十一年（一四一四）成立の『法輪寺縁起《ほうりんじえんぎ》』には、この点で、きわめて示唆に富む伝承が載せられている。

（前略）このとき、大井河（桂川）が氾濫し、その流れが宮城へ達しかねない事態となった。皇室の危機として、これを堰き止めるべく造堤工事が行われたが、すでに人の力ではどうすることもできない情況であった。そこで群臣が協議し、「道昌に薬師如来《やくしにょらい》へ祈願させよ」との勅が発せられた。そうして、道昌が多年の修行の成果をもって薬師仏に祈請すると、大雨が続き洪水が起こっても、河水は遠く南へ流れ宮城は平安であった。天皇は大変喜び、諸臣は感歎した。（後略）

追塩千尋氏は、『法輪寺縁起』の文脈から、右の出来事を貞観六〜十年に比定している（追塩・一九九四）。登場する薬師如来像は、元来は広隆寺の仏像ではなく、道昌が他寺から迎えて本尊に据えたものらしい。その由来には諸説あるが（川尻・一九八九、北・一九九四、などを参照）、他の寺院で信仰を集めていた著名な霊像を、おそらくは広隆寺復興事業の一環として譲り受けたものだろう。明応八年（一四九九）成立の『広隆寺来由記』では、右とほぼ同内容の記述に続き、道昌が大井川の流れを割き分けて「広隆寺井手」なる水路を造り、次なる水害に備えたことが記されている。若き道昌が

図7　「太秦牛祭」

虚空蔵《こくうぞう》求聞持法《ぐもんじほう》を学んだという法輪寺は、もと葛井《かどのい》寺《でら》と号し、葛野大堰に付属する寺院であった可能性もある（井上・一九七六）。広隆寺が創建の時点から治水の機能を期待されていたかどうか確証はないが、道昌以降、葛野の地域環境や平安京都市民の願望との関係から、その方向への性格付けが強化されていったものと考えられよう。

京都三大奇祭の一つに数えられる広隆寺・大酒社の牛祭は、麻多羅《またら》神を祀るもので、除疫・除厄の疫神祭的な性格を帯びている（図7）。しかし、広隆寺や大酒社に治水の役割を読み取るとき、先に掲げた秦文公や李冰の伝説のように、牛が水神の化身であることは看過できない。臆測になるが、かつては桂川の河神に対する祭祀が存在し、それが広隆寺や大酒社によって解体・変容され、現在の牛祭として定着したのではないだろうか。

災害に対する心性と中国的修飾の意味　以上のよ

うに、桂川の治水によって嵯峨野を本格的に開発、山城盆地最大の政治勢力となっていった秦氏は、九世紀半ばから十世紀にかけて、その氏族文化を中国的に修飾・整理していった。すでに九世紀初めには、「本系帳」の上申命令に応じ、自らの出自を秦始皇帝に接続する操作が行われていた。九世紀後半〜十世紀に活躍した惟宗氏は、その方向性をさらに押し広げ、道昌らが発展させた葛野大堰をめぐる宗教的世界を、秦昭王や李冰の伝承世界にまで展開させていった。かかる作業の中核に、渡来系氏族における政治的優位を保とうとする意図のあったことは間違いない（加藤・一九九八b）。しかし単にそれだけではなく、自然環境と二〇〇〇年にも及ぶ交渉、格闘を続けてきた中国の知識を学び、援用・体現することで、災害を防ぎ、開発を推進していこうという意識も強く働いていたのではなかろうか。古代日本で中国史の基本図書とされた『史記』『漢書』『後漢書《ごかんじょ》』は、統一秦の横暴を批判し、漢の建国を正当化する歴史意識で貫かれている。そのなかで、あえて秦氏が始皇帝の血胤《けついん》に連なることを標榜したのは、先に触れたような文公の水神鎮圧、都江堰設置をはじめとする李冰伝説の意味が大きかったものと思われる。『史記』始皇帝本紀によれば、始皇帝自身にも、湘山《しょうざん》の山林伐採や之罘《しふ》における大魚射殺など、山神・水神殺しのエピソードが確認できる（文公の梓伐採を、始皇帝の所業とする伝承もある）。本章の冒頭で触れた、水害を槻樹伐採の祟りと認識するような心性の背景には、以上のような複雑な文化的コンテクストが隠れていたのである。

　読者が太秦や嵐山を訪れ、桂川周辺に点在する壮麗な神社仏閣の姿を目にしたなら、それは、秦氏が嵯峨野に築きあげた独自の〈災害文化〉と思っていただきたい。

4　天仁元年・浅間山噴火

天仁元年の噴火　平安時代の天仁元年（一一〇八）に浅間山《あさまやま》が大噴火を起こし、上野国《こうずけ》（群馬県）のほぼ全域が大量の火山灰で覆われるという激甚災害が発生した。いまから九〇〇年前のことである。

浅間山は長野県と群馬県の県境にあるが、火山測候所が群馬県側にあることから群馬の山という意識が強い。ところが、古代にあってはどうやら信濃《しなの》国（長野県）に属していたと思われる。古代の官道である東山道《とうさんどう》の駅路をたどってみると、京からの人々は浅間山を左に見ながら碓氷坂《うすい》（入山峠）を越えて上野国に入る。その景観からは浅間山が信濃国の山であるとの意識になる。このことは、古代にあっては浅間山が信濃国の歌枕として詠まれていることからも当時の意識として理解されよう。しかし、群馬県内では浅間山をどこからも望むことができることから、群馬県民は浅間山が群馬の山であるとの意識になっている。天仁元年の浅間山噴火が記載されている『中右記《ちゆうゆうき》』に上野国の「国中に高山あり麻間峯と称す」とあるように、当時も上野国内では信濃国ではなく自国の山として認識されていたのだろう。とにかく、浅間山の噴火は古代の群馬県内に甚大な被害をもたらしたのだ。

一方、群馬県下の発掘調査をしていると、浅間山を給源火山《きゆうげんかざん》とする浅間B層と呼ばれる火山灰層が見つかることが多く、年代の基準層として考古学的な注目を集めていた。この火山灰は群馬県下の

図8　浅間B層の堆積断面（上から2層目）

平野部一帯に堆積している（図8）。

『中右記』天仁元年九月五日の条に「左中弁《さちゅうべん》の（藤原）長忠《ながただ》が陣頭における談」として浅間山の噴火が、「近日上野国司《こくし》より解状を進めていう。国中に高山あり麻間峯と称す。治暦間に従って峰中に細煙ができたが、その後微々なり。今年七月二十一日に従って、猛火が山嶺を焼き、その煙は天に属し沙礫が国に満ちた。煨燼が庭に積もって、これによって国内の田畠はすべて滅亡した。一国の災いいまだかくのごとき事あらず。希有に依りて記し置く所なり」と詳述されている。

これによると、浅間山は治暦年間（一〇六五～六九）には噴煙が上がっていたという。天仁元年から四〇年も前のことである。その後も少しずつは噴煙がたなびいていたが、天仁元年七月二十一日になって突然に大噴火を起こした。その噴煙は空高く上がり火山噴出物が上野国一帯に及んだ。これによって上野国の田畠がことごとく埋まってしまった。その報告を知った藤原宗忠《ふじわらのむねただ》は、一国のなかでのこのような出来事はいまだ聞いたことがなかったので（自分の日記である『中右記』に）書き残した、というものである。

当初、尾崎喜左雄氏は、群馬県内一帯に堆積する浅間B層の降下年代を本居宣長《もとおりのりなが》が書き残した『古《こ》八一）六月二十六日としていた。しかし、その後に山本良知氏の提唱した天仁元年に訂正した。その経緯は、天仁元年説の根拠になった『中右記』天仁元年の記事を山本氏から示された尾崎氏は、これこそが群馬県下に堆積している浅間B層による被災状況に照合しうるものであると考えてのものだった。

しかし、考古学的には浅間B層の年代の確定は未だになされていないとする見解もある。これは、発掘調査ではこの時期の遺構や遺物が明確ではないために、この火山灰層の年代確定が難しいことに起因している。しかし、『中右記』に記述されている火山灰の降灰状況の内容と浅間B層の堆積状況に一致することが多いことや、被災時の水田面の状況が「土用干し」と呼ばれる八月ごろに行われる農作業の状況と一致することなどから、大方の研究者間では天仁元年説がとられている。

一方、県内における浅間B層の堆積状態は新井房夫氏によって火山学的な視点による調査が行われている。その結果は、浅間B層は給源である浅間山から群馬県内を貫いて東方に向かって堆積しており、その延長は霞ヶ浦《かすみがうら》を越えて太平洋にまで達しているという。群馬県下の平野部では前橋《まえばし》・高崎《たかさき》周辺で一〇〜二〇センチの厚さで堆積している（図9）。しかし、これらの堆積厚は現状での計測値であり、火山灰層の上面は後世の耕作によって鋤き込まれていることから、その二倍程度の堆積厚があったと思われる。さらに、雨水の浸透による沈下や後世の土圧などによって圧縮されたことを想定すると、降下直後には最大値で四〇〜五〇センチ程度の厚さの堆積を考えることができるだろう。その

史伝《しでん》』の中にある「追分《おいわけ》・小諸《こもろ》より南四里あまりの間砂灰ふり……」の記事をもって弘安四年（一二

噴火規模および被災範囲において、歴史上では国内最大規模の火山災害ということになる。

ところで、火山噴出物には火口から直接的に噴出する火山灰・軽石・岩砕物・火砕流や河川に入って泥流《でいりゅう》化するものなどがあり、それを総称してテフラと呼んでいる。浅間B層は正式には浅間B降下スコリア・軽石層といい、そのほとんどはサラサラとした砂状を呈した透水性の高い岩砕物である。ここでは、考古学用語である「浅間B層」を用い、一般用語として従来の呼称である「火山灰」の用語を使用している。

浅間B層による災害の範囲と状況　地理学に「時の断面」という用語がある。これは、同一時間面の把握による空間構造の解明を目的にしたもので、空間軸の分析を中心にする地理学の基本原理になる。これに対して、歴史学の基本原理は時間軸を中心にするが、考古学はその時々の地域構造を時間軸と空間軸を駆使して考えていく。県内各地で検出される浅間B層に覆われた被災当時の地表面を集めていくと、まさしく地理学における「その時」の空間的な広がりになり、広域的に発生した火山災害の被災状況が把握できることになる。そして、歴史学における時間の経過を追うことは、「その後の動き」としての被災後の復興動向を把握することになる。

浅間B層の考古学的な調査は昭和四十八年（一九七三）の群馬県高崎市にある下小鳥《しもことり》遺跡から始まった。この遺跡では浅間B層に埋まった水田跡が見つかり、火山災害史の視点による水田研究がスタートしたのである。そして、この遺跡の発掘調査からは空間軸の視点から被災地域の範囲を、時間軸の視点から被災後のプロセスを追究する時空軸の視点が固まっていった。

それから三〇年を経過し、その間に群馬県下では浅間B層によって被災した水田遺跡の調査例は三〇〇遺跡を超えた。これらの遺跡のすべてが被災当時の同一時間面を構成していることになり、天仁元年の浅間山噴火の空間的な被災の実態がわかり始めてきた。

図9には浅間B層に埋まった水田の検出された主要な遺跡と火山灰の堆積厚の範囲が示してある。埋没水田が検出された遺跡の分布を見ると群馬県の平野部全域に及んでいることがわかり、まさに『中右記』の「国内田畠依之已以滅亡」を如実に示しているものといえよう。なお、発掘地点の偏りは開発に伴う遺跡発掘の頻度を示している。

高崎市と前橋市の近辺は上野国の国府域《こくふ》にあたり、広域な水田地帯でもある。この地域は浅間B層の堆積の主軸にあたり水田はことごとく埋没している激甚災害地域である。浅間山から最も遠い邑楽《おうら》町の藤川堰遺跡は火口から直線距離で一〇〇キロもある。現在までのところ、この遺跡が浅間B層による被災遺跡の東端にあたり、ここでは浅間B層は約三センチの堆積が確認されている。なお、この藤川堰《ふじかわせき》遺跡の水田跡は浅間B層と水田面の間に洪水砂の堆積があることから、浅間山の噴火以前に耕作放棄があった可能性もある。埼玉県西部にも本庄《ほんじょう》市今井条里《いまいじょうり》遺跡と岡部市砂田前《すなだまえ》遺跡・岡部条里《おかべじょうり》遺跡の三遺跡で調査事例がある。被災遺跡は群馬県域を越えて埼玉県域にも及んでおり、被災地の南端を示している。

これらの地域では、その上層にも水田が営まれていることから、被災後のいつかの時点で水田経営が復活し継続したことを意味している。その時期が被災直後であれば復旧されたことになり、時間的

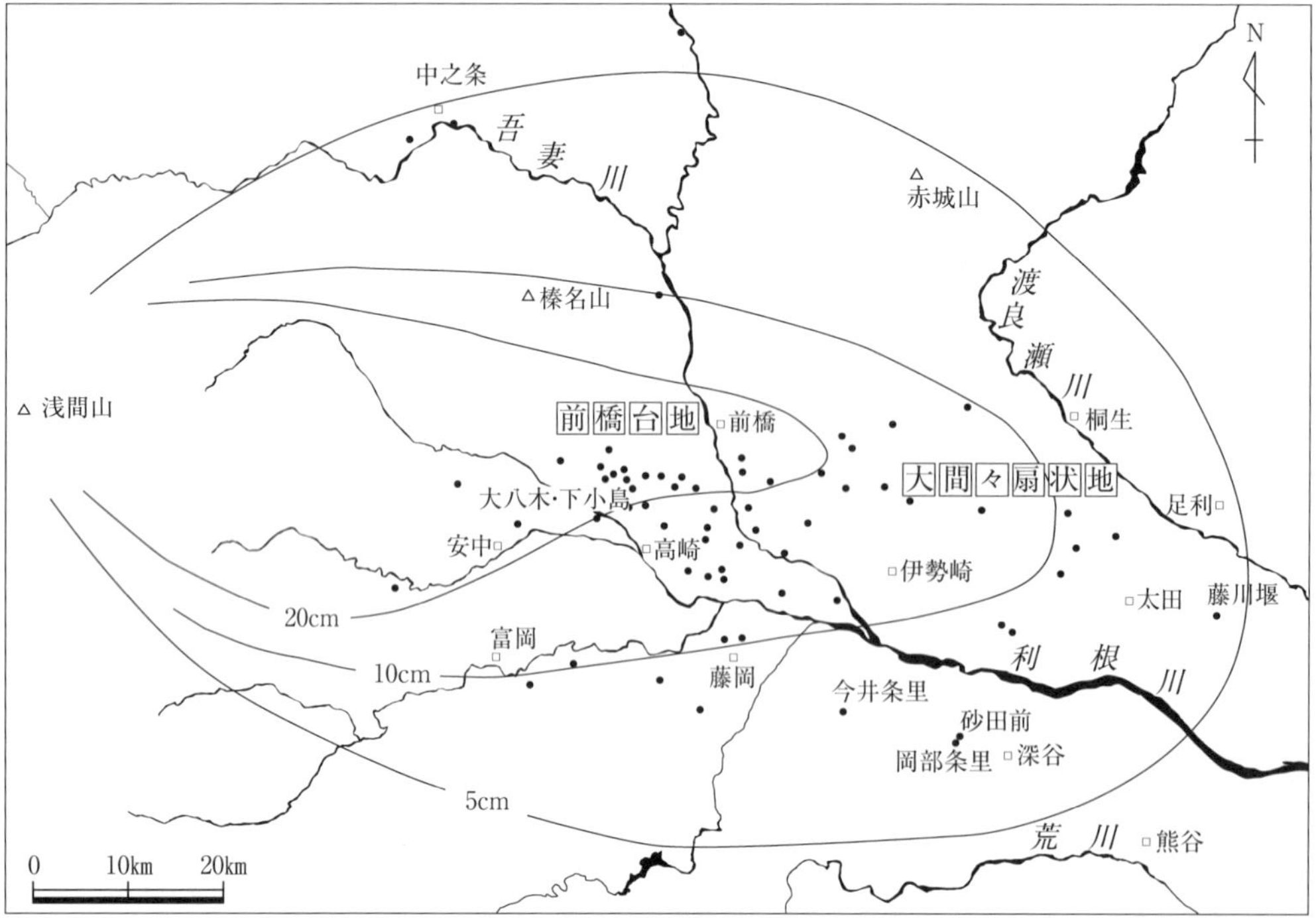

図9　浅間B層の堆積厚の範囲と発掘遺跡の位置図

な間隔があれば再開発されたことになる。

当然のこととして水田跡が検出されたすべての遺跡は浅間B層に埋まって見つかっていることから、少なくとも災害復旧や再開発の手段として、水田面に積もった火山灰の除去作業が行われていなかったことを示している。前橋・高崎地域では、降り積もった火山灰の上に条里制地割の水田が復元されていた。これに対して伊勢崎《いせざき》東部から太田《おおた》西部の地域では条里制地割が残されていない。そして、さらにその遠方にあたる太田東部地域には条里制地割が残されている。これらの条里制地割の残存の有無は、浅間山の噴火災害後の動向の違いを示しているのだろう。発掘調査事例が増加するに従って、群馬県下という限られたなかにおいても復旧や再開発のプロセスは小地域ごとによって異なっていることがわかってきた。

下小鳥遺跡と大八木水田遺跡の発掘調査　高崎市下小鳥遺跡の発掘調査は昭和四十八年（一九七三）から翌年にかけて行われた（群馬県教育委員会『上越新幹線地域埋蔵文化財発掘調査概報』）。この遺跡の発掘は上越新幹線の建設に伴って群馬県教育委員会によって実施されたもので、発掘地点は前橋台地の水田地帯にあたっている。この地域は榛名山《はるなさん》の山麓から流れ出ている中小河川の浸食作用などによって広大な沖積地が形成されており、そこは群馬県下で最大規模の水田地帯になっている。また、発掘当時のこの地域には整然とした条里制地割が残されていた。下小鳥遺跡の発掘調査では浅間B層で埋まった水田跡が見つかっているが、この水田は被災直後に復旧されていたこともわかりだした。調査を担当した石川正之助・長谷部達雄両氏と筆者らは、試掘調査によっておおよそ一五センチの

図10　浅間B層に埋まった下小鳥遺跡の水田跡

厚さで堆積している浅間B層を検出したことから、調査の主眼を〝条里制耕地の被災状況とその後の経過の分析〟においた。三人の間で、おそらく浅間B層に埋まった水田跡が検出されるだろうという想定の下に、それにもかかわらず現在の地表面には条里制地割が残されていることへの疑問が議論されたからである。

発掘調査は新幹線の工事幅である一二メートル幅で、長さ三五〇メートルの限られた範囲のなかで行われた。予想どおり、浅間B層の直下からは火山災害で被災した水田跡が見つかった（図10）。調査は火山学の新井房夫氏の指導によって行われ、浅間B層は堆積時のままの状態であることも確認された。すなわち、直下で見つかった水田は火山灰に埋まったままであったのだ。

一方、浅間B層で埋まっている水田跡からは畦と水路が検出されているが、これらの遺構はその一部が現在の地表面に残されている条里制地割を持つ水田と同一位置にあることもわかりだしてきた。このことにより、火山灰で被災した水田はその後に条里制地割が復元されていた可能性が高まった。

昭和五十二年（一九七七）になって、下小鳥遺跡の周辺は広域にわたって実施される圃場《ほじょう》整備事業に伴って高崎市教育委員会による発掘調査が行われた。この事業範囲は大字大八木《おおやぎ》地内の全域に及んでおり、小字名をとって命名された下小鳥遺跡はそのなかに吸収され、新たに大八木水田遺跡となっていった（高崎市教育委員会『大八木水田遺跡』）。

このときの調査では、下小鳥遺跡で見つかった浅間B層に埋まった水田跡の地割の復元に主眼が置かれた。調査は、できうる限り畦を掘り出すためのトレンチ（溝掘り）調査と地割の交点を見つけ出すためのグリッド（坪掘り）調査が併行して進められた。その結果、水田区画は半折型の条里制地割を示していることが確定した（図11）。しかも、基本となる畦は現在の地表面に残されている条里制地割とほぼ一致していることも追証されていった。これら、下小鳥遺跡・大八木水田遺跡の発掘結果は、火山灰の降下によって埋まった条里水田はそれらの火山灰を除去することなく、その上に条里制地割が復元されていたことを示していた。

問題は地割の復元の時期、すなわち火山災害を被ったこの地域の復興計画についての時期である。下小鳥遺跡の発掘では調査者の一人である石川正之助氏は、浅間B層は火山灰や岩砕物の互層になっていることから、天仁元年に限らず、史料に書き残された天永三年（一一一二）や天治元年（一一二四）の噴火も浅間山に関連したものと考え、このときの堆積物も重なっているものであろうとした。そして、一連の噴火が終息した後に耕作土となりうる腐植土壌が生成されたころになって復元されたものだと考えた。そうだとすると、復旧の時期は、天仁元年から天治元年に至る一六年間に腐植土壌の生成された時期が加算される年月ということになる。大八木水田遺跡の調査結果もこの見解を踏襲していた。さらに、両者の水田地割が同一地点で重なることについては、「灌漑技術、既存の権利関

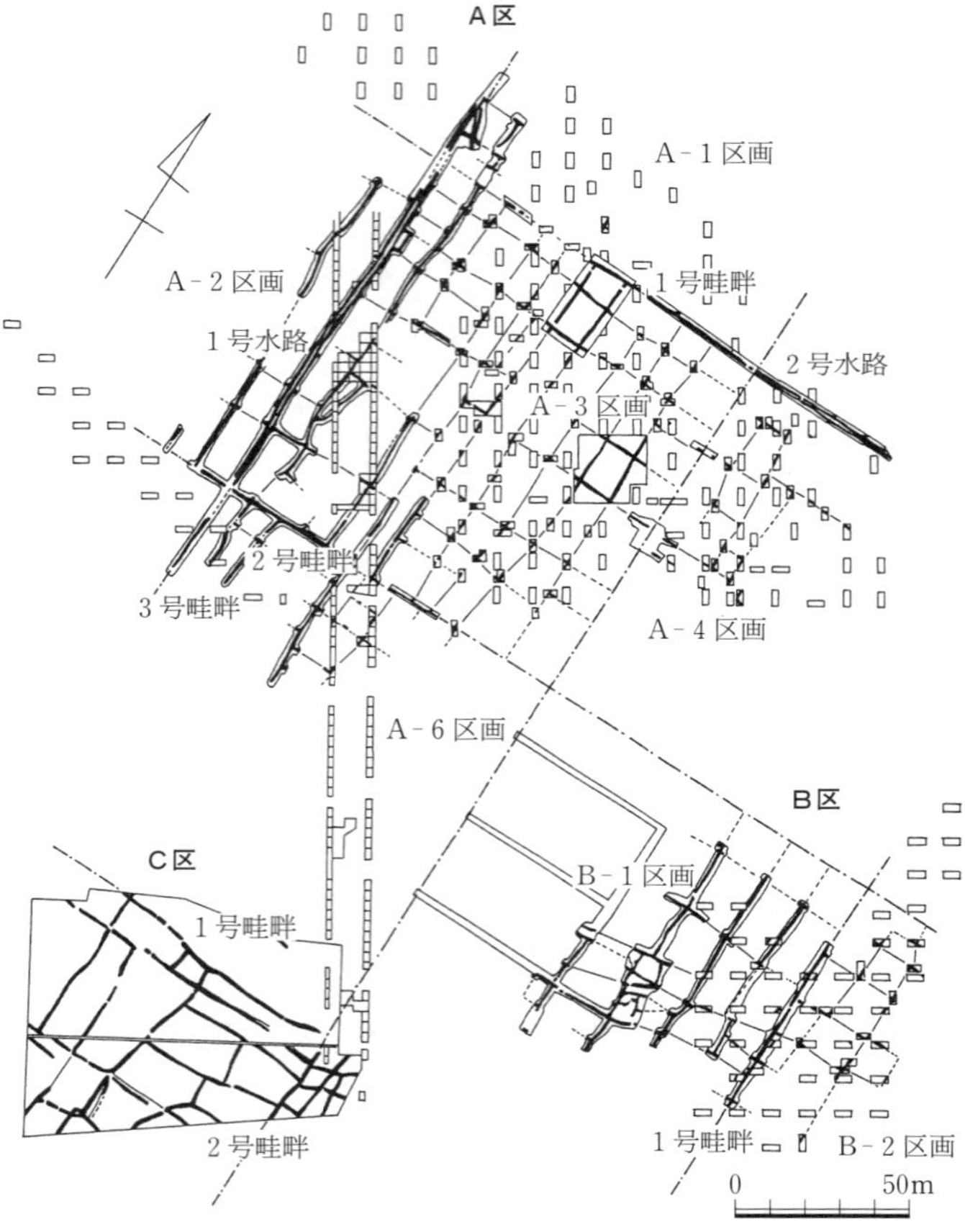

図11　大八木・下小鳥遺跡で検出された浅間B層で埋まった条里制地割の水田

係その他の制約によって、その恣意的変更は不可能であった」からであると推論した。

これに対して筆者は、堆積層が間断なく連続していることから浅間B層は天仁元年に限った一連の噴火活動のものであり、条里制地割の復元を前提にした水田耕地復興事業の着手はさほどの長期的な間隔を経てはいなかったのではないかと考えた。なお、石川氏の唱えた天永三年の噴火は現在では伊豆海上の噴火だとされている。さらに、浅間B層で埋没した水田地割の復元は、浅間B層を挟んだ上下の畦や水路にはその位置が重なるものが多いことから、埋没した地割が記憶にある段階、すなわち災害直後の短期間で行われたものであろうと考えた。前者の石川氏の見解が時を隔てた再開発説であるならば、後者の筆者の見解は被災直後の復旧説になる。

図12　発掘された女堀

女堀の発掘調査　女堀《おんなぼり》は水田耕地の再開発を目的に開削された農業用水路の跡であり、浅間B層による火山災害の再開発を考えるための重要な遺跡である。

女堀は赤城山《あかぎさん》の南麓末端地域を、ほぼ標高一〇〇メートルの等高線に沿って、幅二〇～三〇メートル、長さは約一三キロの規模で開削されていた長大な溝であった（図12）。大方の研究者は農業用水路の跡であろうと考えていたが、現在は通水されていない謎の用水堀とされていた。発掘調査は、女堀の開削目的と当時の農業土木技術の解明をめざして、昭和五十四年（一九七九）から四年間にわたって行われた。その結果、天仁元年の浅間山噴火からおおよそ半世紀たった十二世紀中ごろに農業用水路を目的として開削されたが工事は中断され未完成に終わっていたことが判明した。このことから、女堀の開削は、浅間B層の堆積で疲弊した地域の再開発を目的に計画されたものだろうとの視点が高まった。また、発掘調査が行われた赤城南麓地域での浅間B層についての詳細なデータが得られたことから、この地域での災害対応策についての実態もわかってきた（群馬県埋蔵文化財調査事業団『女堀』）。

まず、女堀の開削目的について考えてみよう。女堀の取水点は前橋市上泉《かみいずみ》町で、終末点は佐波《さわ》郡東《あずま》村田部井《ためがい》である。この用水は終末点送水の構造をとっていると思われ、完成していた場合の用水受益地は大間々《おおまま》扇状地扇端低地の西半部にあたる境町周辺の早川《はやかわ》流域が想定できる。この受益地域でも浅間B層に埋まった水田跡が見つかっており、早川流域一帯も天仁元年浅間山噴火の被災地域であることが理解できよう。もし、この地域に通水ができていたならば少なくともこの地域で二五〇町歩前後の水田の再開発が可能であったろう。女堀の開削目的はこの地域の再開発にあったと考えてよさそうである。

次に、女堀受益地域における農耕環境についてみてみよう。この地域は大間々扇状地扇端低地にあたり、水田耕作の用水確保は扇状地末端に湧き出る湧水群を主としていたところである。国府周辺地域にあたる前橋台地の古代水田の経営は、榛名山麓から流下する中小河川による河川灌漑を中心にして、榛名山麓末端に点在する豊富な湧き水を利用した湧水灌漑も多用することによって構成されていた。これに対して、大間々扇状地扇端低地はそのほとんどを扇状地の扇端部に点在する湧き水による湧水灌漑のみに依存している。この違いは被災後の水田経営においては給水量の確保という点で大きなものである。すなわち、河川灌漑では水量の増減調節が可能であるが、湧水灌漑は水量は少なく一定量であることにより増減調節ができないことが大きく異なるのである。

大間々扇状地の扇端低地の地域に堆積した浅間B層はおおよそ一〇センチ前後である。そして、この地域でも浅間B層の直下で埋没水田が検出されている。しかし、堆積厚は前橋台地の半分程度であるにもかかわらず、従来の湧水灌漑のみでは堆積している火山灰層の中に染みこんでしまい水不足をきたすことになる。しかも、復旧に際しては近くに依存できる河川もないために給水量の増加を求めるための河川灌漑への転換もできないところである。女堀の受益想定地内に流れている早川はこの地域で唯一の自然河川であるが、この河川とて流水量が不安定であり、昭和時代になっても早川下流域は〝群馬で最も田植えが遅い地域〟といわれていた。浅間山の噴火災害に対して、用水確保という点で復旧不可能な地域になったのであろうことは想像にかたくない。

この女堀の開削者には、大別して国衙《こくが》勢力によるものと荘園《しょうえん》立荘に伴った秀郷《ひでさと》流藤原氏《ふじわらし》の武士団連合によるものとの二説がある。そして、その目的はどちらの説も浅間山噴火災害に際しての被災地の再開発を想定しているものと思われる。国衙説は開削計画が広域であることから地域勢力ではありえないという論理で構成されている。これに対して武士団説は、その取水地点から終末点までの通過地点全域が秀郷流藤原氏の同族武士団の支配地であることと、受益地域が同族の渕名荘《ふちなのしょう》内の一部にあたっていることを大きな根拠としている。どちらも想定可能な論理である。しかし、当時の政治状況は知行国主《ちぎょうこくしゅ》によって任命された国司は任地に赴くことなく、現地には代理人としての目代《もくだい》が配置されていた。そして、この目代を中心とした国衙の運営組織は、実質的には地域の有力豪族などによる在庁官人で構成されていた。このような状況下では現実的には国衙勢力と武士団勢力が一体化していたとも考えられることから、はたしてこの論争が有効であるのかという疑問も残る。

この論争で論じられていないのが、未完成であったことへの合理的な説明である。考古学的な見解は、発掘調査によって女堀の掘削行程にはそこかしこに設計ミスや測量ミスが見られたことによって、女堀の開削計画の失敗は指揮系統の混乱にあったという技術的なものであった。一方、武士団説を唱える歴史学者の峰岸純夫氏の大きな根拠は、女堀の通過地点が同族の支配地であることと、受益地が特定地域であることにあった。そして、峰岸氏によって開発主体者と想定されている足利俊綱《あしかがとしつな》・忠綱《ただつな》が寿永二年（一一八三）の野木宮《のぎみや》合戦で滅亡したことを示して未完成であることの要因の一つとした。

筆者もこの説に興味を持っている。じつは、女堀の年代観は女堀の掘削排土で埋まっていた畠の土壌の観察から導き出されていた。すなわち、この畠は浅間B層を多量に含んだ砂状の耕作土であり土壌化が進んでいないことから、浅間B層の降下時期からさほど時間を経ていないころに埋まったものであると考えたのである。もし、この野木宮合戦が女堀開削の中断の契機となったのならば、女堀開削の年代は十二世紀中葉との見解が後半に変更され、再開発の時期がさらに遅れることになる。

復旧・再開発の政治的背景　大間々扇状地扇端低地は東側が古代新田郡《にった》にあたり、新田荘の中心地にあたる。また、西側は古代佐位郡にあたり、新田荘に接して渕名荘が立荘されたところである。どちらも一郡一荘の規模を持つ辺境地型の大荘園であるが、この扇端低地は生産基盤である水田耕地の集中したところであった。この地域は、ともに肥沃で保水性の高い良好な耕土が分布する地域であり、水量は少ないが安定した湧水灌漑に依拠した良好な水田地帯であったからである。この良好な水田地帯での被災後の動向についてさらに詳しくみてみよう。

この地域は、新田荘の成立に関わる仁安三年（一一六八）の譲り状では「こかんの郷ごう」と表現されている。「こかん」とは空閑であり、文字どおりに解釈すれば、多くの郷が荒れ果てていたことになる。新田荘は疲弊した郷そのものの再開発によって立荘したことになる。そして、嘉応二年（一一七〇）の新田荘の田畠在家目録によると、天仁元年から六二年後のこの地域には在家の総数二四八宇の集落が点在していたことが記されている。これらの集落は古代集落遺跡の分布と同じ地点にあることから、疲弊して逃散《ちょうさん》した後の人口の再流入というよりは、被災した農民が畠を中心とした生活を続けていたと考えるのが妥当だと思われる。そのように考えるならば、「こかんの郷ごう」とは水田のない畠だけの地域ということになる。そして、新たに勃興した武士団によって水田耕地が再開発されつつ荘園が形成されていったと考えたい。

このことを想定できる事象が、女堀通過地点の一つである前橋市東大室《ひがしおおむろ》地区の発掘調査で得られている。女堀の通過地点は赤城山南麓地域にあたり、この地域に開析された谷筋は群馬県下でも有数の谷水田地帯である。そのために、ここでの発掘では浅間B層の堆積による谷水田の被災状況の解明

図13　女堀で見つかった畠跡

に主眼が置かれていた。その結果、この地域では被災後に水田の復旧が行われずに代わりに広大な畠がつくられていたことを確認することができた（図13）。この畠は耕土に多量の浅間B層を含んでいることから、同層の降下まもないころに出現したものだろう。一般的に水田が被災し放棄されれば、農民たちは移住すると考えられがちであるが、実際は水田を畠に換えて生活が継続されていたことを示している事例である。国衙《こくが》の経済基盤である口分田《くぶんでん》が全く存在しなくなった地域こそがまさしく「こかんの郷ごう」なのであろう。ところで、この地域の開析谷は多くの場合河川を伴っている。このことは、技術的には復旧困難ではないことになり、復旧の放棄は技術的な側面のほかにその背景を考えなければならない。

大間々扇状地の扇端低地は湧水灌漑であったために水田の復旧が難しかったとも思われるが、おそらくここでも水田が畠に換えられて農民たちの生活は継続していたのだろう。この地域の水田復旧には用水路の開削による大量の水補給が必要であった。東部分の新田荘地域では現在は渡良瀬《わたらせ》川からの新田用水によって水補給が行われている。その用水路の開削時期は不明であるが新田荘がその後長く歴史に登場することをみれば、仁安三年の譲り状に該当する地域が早川流域であったことはこの地域で唯一の河川灌漑による再開発を示しているし、新田荘の中心地域が渡良瀬川からの河川灌漑による再開発の成功によるものだとすれば、その開削時期は立荘時に限りなく近いのかもしれない。

先にあげた嘉応二年の目録には、九六三反の畠と三〇〇〇反を上回る水田の記載がある。この水田は、被災後の六〇年の間に河川灌漑による用水路の導入による再開発の成功を意味しているのだろう。これに対して、女堀の受益地はそのうちの西半部にあたることから渕名荘の地域にあたる。そして、この渕名荘地域は女堀開削に失敗している。渕名荘が短期間で歴史から消え失せている理由がここにあるのかもしれない。同じ地域にあって、このような違いが見られるのは、河川灌漑の導入に成功した地域と失敗した地域を如実に表しているのだろう。

朝廷の復興対策　『中右記』によると、浅間山噴火で上野国が被災した報告が朝廷にもたらされた直後の九月二十三日の条には「今日の午時ばかり軒廊にて御卜《みうら》あり」とある。上野国司から被害報告のあった浅間山噴火について朝廷内では吉凶を占う御卜が行われたことが記されている。この記事からは朝廷の狼狽ぶりが感じ取れるが、その前後には現地に対する具体的な対策は記されていない。ふつう御卜神事は改元に伴うものが多い。しかし、この噴火では改元《かいげん》に及ばなかった。じつは、浅間山が噴火したときは嘉承三年であったが、この年は噴火直後の八月三日に鳥羽天皇の即位を理由に天仁に改元されている。改元直後であったためなのだろうか、とにかくこの噴火が改元を促すほどのものとは考えなかったのであろう。しかし、現地の上野国内では農業生産構造としての田畠のほとんどが壊滅状態にあったのである。この落差をどのように考えたらよいのだろうか。

史料には残されていないが、とりあえずこの災害に対して具体的な政策が示されていたに違いない。『長秋記《ちょうしゅうき》』の大治四年（一一二九）二月二十九日の条に次の記事が見え、ここには上野介《こうずけのすけ》顕俊《あきとし》朝臣《あそん》からの申請に対して「権大納言《ごんだいなごん》内大臣《ないだいじん》いう。かの国の損亡の聞こえ高くは神社仏寺済物を除くのほか、免除せらるること何事あらん……上野の条事のことは済物を免ぜらるること、前年の灰砂その隠れなきといえども当時の凋弊は暗にもって知りがたし」として、貢納免除に関する論議が記されている。これによると、上野国では大治四年にも火山災害があったようである。そして、その対策の一つとして上野国司から貢納免除の申請があった。ここでいう「前年に灰砂が降ったことは隠れなきこと」と記された火山災害は、大治四年から五年前の天治元年の噴火とも二一年前の天仁元年の噴火ともとれる。しかし、どちらにしてもこの文面からは火山災害に対して減免措置があったことが読み取れよう。

また、上野国ではこの災害に先立つこと約三〇〇年前の弘仁九年（八一八）に大地震に見舞われている。『類聚国史《るいじゅうこくし》』災異部には、そのときの対策について「今年の租調《そちょう》を免じ、民夷を論ぜず正税《しょうぜい》をもって賑恤《しんじゅつ》を与えよ。屋宇を助修して、圧没之徒は速やかに斂葬をなせ」と命令している。このときの地震は関東地方一帯で七月に発生している。そして、八月になって朝廷は被災した諸国に使者を派遣した結果として、貢納免除をするとともに、身分を問わず被災者には食料援助や家屋の修理を行い、死者の丁重な埋葬などが命じられていることになる。

このように考えてみると、当時の復興対策はすべての面にわたっていたと思われる。おそらく、天仁元年にもこのような緊急的な対策が講じられたのだろう。しかし、天仁元年の火山災害に際して、水田の復旧は上野国全域には及んでいなかった。その理由には一つとして技術的なものが考えられるが、むしろ二つ目としての政治的・社会的な側面も浮かび上がってくる。

被災からみえる社会動向　天仁元年の浅間山噴火に伴って被災した上野国の復旧過程からは、弛緩した律令《りつりょう》社会の実態がみえてくる。ここでは、復旧に際してみられた朝廷・国司・農民の三者三様の価値観について考えてみよう。

上野国府による耕地の復旧事業は国府周辺のみに限られており、周縁地域や遠隔地域では実施されていなかった。しかし、これらの遠隔地域は国府周辺地域に較べて被災程度が軽いところであり、復旧可能な地域であったはずである。これは、明らかに復旧放棄であろう。朝廷としては律令体制下での上野国一国の災害復旧には真剣味がみられなかったのだろうか。それとも、上野国にあっては復旧政策の放棄こそが土地制度の崩壊期にあった在地勢力の優位な展開であったのか。そこには、当時の朝廷と上野国司そして在地勢力の政治的な価値観の相違がみえているとも思える。

天仁元年の火山災害では、浅間B層の堆積厚によれば古代一四郡のうち群馬郡・那波《なは》郡・佐井郡・勢多《せた》郡・新田郡などが激甚災害地域にあたっている。国府は群馬郡に所在していた。そしてこれらの地域のうち群馬郡・那波郡では条里制地割の復元による水田復旧が行われていた。これに対して、国府の周縁地域にあたる勢多郡と国府からは遠隔地域の佐井・新田郡は条里制地割の復旧がみられていない。見方を変えると、復旧されているところは国衙領の多く分布する地域であることと、復旧放棄されたところがのちに一郡規模の大荘園が成立する地域であるとの政治構造の大きな違いがあることも今後の重要な検討課題になるだろう。

それでは、農民たちの動きはどうだったのだろうか。復旧地域の農民たちは、その復旧作業に駆り出されたに違いない。一方で、復旧を放棄された地域の農民たちは国府によって放置された水田（口分田）を横目で見ながら、公租対象外の畠をつくっていたのだろう。そこからは、したたかに生きる農民たちの生活感もみえてくる。〝こかんの郷ごう〟とは、まさにこのような律令社会の中にぽっかりと穴のあいた無税地帯の状況を示しているのだろう。

天仁元年の浅間山噴火は旧暦の九月五日である。新暦に置き換えると現在の八月二十九日にあたり、水田耕作は現在の農事暦によれば「土用干し」のころにあたっている。発掘調査では、水田面には農作業に伴う素足の足跡が浅い状態で残されていることから耕作土はやや堅く締まっており、水が張られていなかったことを示していると観察された。このころは、稲作の登熟期にあたり、稲穂は稔る前であった。当然のこととして、その年の稲の収穫は見込めないほどの壊滅状況であっただろう。発掘調査の結果からは、飢餓に苦しむ農民たちの様子も想像できるだろう。

また、復旧された水田は分厚い火山灰の上にあることから、まさに砂上の水田で復旧当初は漏水《ろうすい》の激しいザル田と呼ばれるものであったろう。河川灌漑による大量の給水が可能であったとしても、湛水が可能な水田の広さはきわめて少なかっただろう。想定できる工夫の一つに流水客土《きゃくど》がある。これは、水田に泥水を引水することによって耕土に目詰まりを起こして漏水を防ぐ工夫である。しかし、それを証明する発掘事例はまだない。

考古学による災害史としての視点はいまだ道半ばである。今後、さらなる発掘や分析視点の醸成によって、より詳細な過去の災害についての自然的・社会的な実体解明に迫れる日が来るだろう。

コラム1　九州の火山と日本神話

日本は火山国である。この小さな島国の中に一〇八もの活火山がひしめいていることが、数年前に気象庁の委員会で明らかにされた。一〇八という数字は除夜の鐘の数であり、煩悩と奇しくも一致した数であるのがたいへん興味深い。火山は日本列島に住む私たちの先祖に、生きている大地のイメージを与えてきた。それは火山のふもとで暮らしてきた人々の信仰に如実に現れている。

たとえば、日本有数の火山地帯である九州・阿蘇《あそ》山では、噴火のたびに神社の宮司の力が増すという現象がみられた。この地域の豪族阿蘇氏が祀《まつ》ってきた阿蘇神社は、たびたび起きる噴火を鎮める重要な機関として平安時代以降に機能してきた。実際には、火山学的には平安以降の噴火は小規模の灰噴火と呼ばれるものであり、約一〇年ほどの周期でマグマを噴出するようなものであった。

阿蘇中央火口丘《かこうきゅう》群の一つである中岳《なかだけ》火口の湯だまりが消失した後、しばしば真っ赤なマグマが噴泉のように噴き上がった。これはストロンボリ式噴火と呼ばれるもので、火砕流《かさいりゅう》や火砕サージに比べると危険性は格段に低い。

おそらく致命的な大噴火には至らない現象に対して、阿蘇氏は古代中世を通じて、神の御加護によって御神火《ごしんび》を鎮めることを期待されたのであろう。これによって阿蘇神社はしだいに影響力を持つ鎮護《ちんご》国家の役割を担う神社となり、近代では官幣《かんぺい》大社としての地位を得た。

古代人は、自然界で遭遇する人間をはるかに超える現象に対して、畏《おそ》れと尊敬の二つの気持ちを持っていた。それが神へ連なっていくことは、想像にかたくない。しかしながら、火山学の観点からこのような神と人との交流を探る作業は、全く未知の領域といってもよい。

火山と神の心象風景は、時代を遡ってさらに古い時代の神話からも読み取ることができる。以下では、日本神話に書かれた大和民族に流れる源流を眺めてみたい。

かつて国文学者の益田勝実氏が、『古事記《こじき》』に書かれている国造りの神オホナムヂは、火山の作った穴に由来する、という説を出した（『火山列島の思想』ちくま学芸文庫）。さらに、原始以来の神の名前として用いられている「ナ」はすべて穴に通し、『出雲風土記《いずもふどき》』に出てくるオオナモチもこれと密接に関連するのではないか、と氏は解釈する。

新たな神さまの出現にあたり「大穴持」と呼んだのである。益田氏は、〝これは、ただの山の崇拝ではない。「穴」への懼《おそ》れであった。火を噴く穴へのおののきであった〟と記している。なお、「ナ」を土地と解し、オホナムチを地に宿る尊貴な霊を指すとする説もある。

火山学的にみると、火を噴く穴とはマグマを噴出する火口、もしくはカルデラと呼ばれる巨大な穴を意味する。「大穴持」と呼ばれるようなものは、明らかにカルデラのサイズに相当するであろう。たとえば、阿蘇カルデラや、鹿児島湾をつくっている始良《あいら》カルデラは、直径二〇キロに及ぶ巨大な穴である（図14）。

　姶良カルデラは、二万五〇〇〇年前に高温の火砕流を噴出し、九州の南半分を見わたす限りの焼け野原に帰してしまった。それだけではない。これに伴って噴出した火山灰は遠く近畿、関東、東北地方にまで達している。日本中が灰まみれになった噴火事件が、日本民族の心に何も残さなかったはずがない。

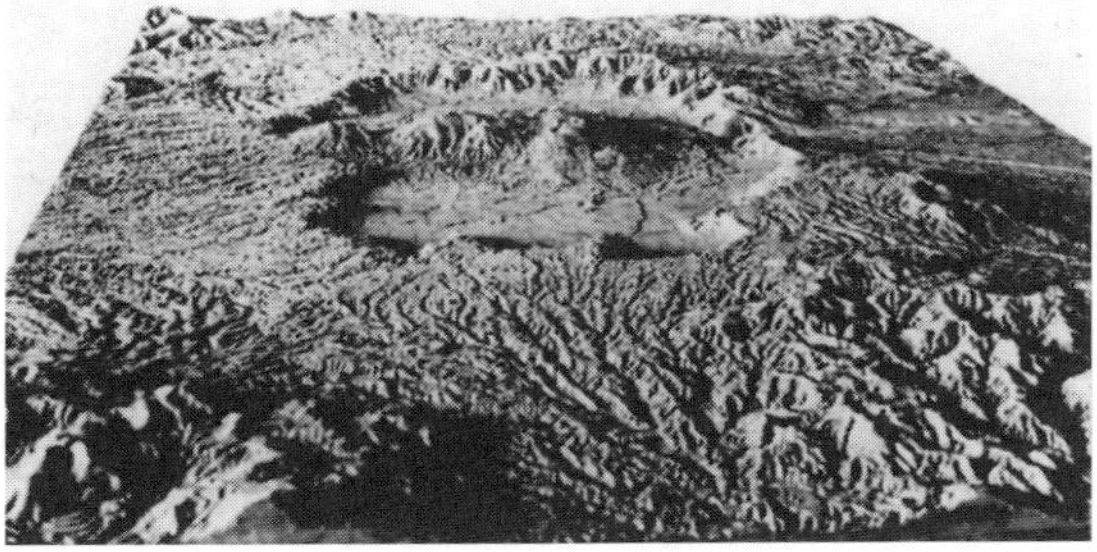
図14　阿蘇カルデラの模型

　歴史書に残されることのなかった古い火山活動を調べるさいに、地質学は物質科学的な観点からたくさんの成果をあげてきた。一方で、神話に残された心象風景から火山活動を探るという手法は、きわめて新しい発想ではないだろうか。
　先の益田氏は、柳田国男の民俗学が樹立した方法論を援用し、一回きりの歴史事件よりも、民の中で連綿と受け継がれてきた事実に着目してゆく手法を提唱した。日本人が火山と共生してきた中で産み出した神話に、そのような常民《じょうみん》の思想が読みとれるはずなのではないか。
　おそらく神話の記述を現代の火山学と照らし合わせることで、われわれの祖先がいかにして火山活動と向き合ってきたかの実態を浮かび上がらせることができるだろう。まさに文理融合型の研究が必要とされる所以《ゆえん》でもある。

神話の中には、噴火現象に関するなんらかの痕跡だけではなく、もっと深いところに横たわる心象風景と思想を汲みとることも可能なのではないか。日本列島の防災に携わる科学者にとっても、きわめて重要な課題であると考えられる。

中世の災害

1 災害と環境への視点

これまで中世の災害研究は、噴火や地震、飢饉《ききん》などの個別事例が検討されることはあったものの、災害を総体的に扱う災害史というジャンルは存在していなかったといってよい。関連史料も多く、また開発や居住形態などにも大きな影響を与えた水害は、荘園《しょうえん》史の一部に解消され、飢饉などの問題も被害が集中的に現れることなどから、都市論の中で扱われることが一般的であった。しかし近年は中世の災害をめぐる研究状況も大きく変化している。まず中世の災害研究の状況を整理しておこう。

(1) 災害研究の現状

災害史研究への関心 従来の中世史研究においては、人間の優位性を前提に、自然や自然災害に強い関心が向けられることは少なかったが、近年の環境に関する関心の高まりの中で、災害史もしだいに注目を集めつつある。日本列島の地核構造に起因する地震・津波・噴火や、気象に関わる台風や霖《りん》雨《う》(長雨)による風水害、旱魃《かんばつ》・冷害などの気象災害の実態とそれを契機に引き起こされる各地域のさまざまなレベルの紛争・内乱との関係などが問題となってきたのである。これまでにも中世後期は、気候が寒冷化して生産条件が悪化し、全国的な規模の戦乱・一揆《いっき》が発生する時期とされてきたが、風水害や冷害・旱害《かんがい》・虫害などによって不作・凶作がもたらされ、それが飢饉を引き起こし、栄養失調から抵抗力が低下した人々に疫病が蔓延していく状況などが明らかになってきたのである（峰岸・二〇〇一）。

とくに近年の中世後期研究では、戦争とともに飢饉・飢餓の問題が関心を集めており、家・村落・領主から国家に至るさまざまなレベルの危機管理のあり方が議論されている。鎌倉・室町期には三～五年に一回、戦国期には二年に一回のわりで、どこかで飢饉と疫病が発生していた。鎌倉・室町期には、養和《ようわ》・寛喜《かんぎ》・正嘉《しょうか》の飢饉や応永《おうえい》・寛正《かんしょう》の飢饉など、一〇年から五〇年ほどの間をおいて、大飢饉が集中的・継続的に起こったが、戦国期には飢饉と疫病がほとんど慢性化していたのである。飢饉の原因となるのは旱魃・長雨などであるが、とりわけ長雨によるものが圧倒的に多いという（藤木・二〇〇一）。

災害史料の収集については、明治二十七年（一八九四）の小鹿島果編『日本災異志』などの先駆的な著作をはじめ、自治体などでも地道な作業が続けられたが、とくに自然科学の研究者を中心とした、地震・噴火や気象災害などに関するデータの集積が継続的に積み重ねられてきた。最近では文献史学の側からも、災害や飢饉などのデータベース作成が精力的に進められている。たとえば平成十二年（二〇〇〇）二月刊行の科学研究費研究成果報告書『日本中世後期・近世初期における飢饉と戦争の研究』（研究代表者佐々木潤之介）では、中世後期から近世初頭を中心に、風損・水損・虫損・旱魃・

飢饉・疫病に関する情報が約六五〇〇件収録されており、それを増補した平成十五年三月刊行の科学研究費研究成果報告書『日本中世における民衆の戦争と平和』(研究代表者外園豊基)に至っては、九世紀から十七世紀に対象を拡げ、約一万三〇〇〇件の災害情報が収集されている。

文献史料の限界　このように飛躍的に史料収集が進み、研究の条件は大きく前進した。しかし文献に現れる災害史料は、とりわけ中世前期においては、京都などの荘園領主《りょうしゅ》・寺社に伝えられた文書・記録に拠っているケースが多い。自然災害の被害は必ずしも広範囲であるとは限らず、たとえ個々の災害発生の事実・伝聞は記されていても、具体的な災害実態が詳細に記述されることはけっして多いとはいえない。京都周辺などで発生した災害については関連史料が豊富であっても、遠く離れた地域を襲った災害に関しては史料が乏しいことはごく普通であり、史料の多さと被害の大きさは、必ずしも比例しない。とくに大災害の場合、当初より現地には史料が残らないといってよく、のちの伝承に頼らざるをえないこともある。たとえば明応七年(一四九八)八月二十五日地震の津波で壊滅した遠江《とおとうみ》橋本《はしもと》や伊勢安濃津《いせあのづ》では、直接的な史料はほとんど残されていないのである(矢田・二〇〇二)。また文献史料では不明であった地震や噴火、洪水などの被害の広がりや実態が、考古学の成果などによって、初めて明らかになることもある。近年では噴砂《ふんさ》などの液状化現象跡が示す地震の痕跡が各地で確認されるようになり、地震の考古学的検討が進められている(寒川・一九九二)。このように史料の残り方に特徴を有することもあり、災害史研究においては、より総合的な視点からの検討が不可欠となる。

(2) 中世の環境と災害

中世の人々は、地震・津波・噴火、台風や旱魃・霖雨などの災害と闘い続けた。現在多くの人間が居住する沖積平野、あるいはその中での分類である扇状地や三角州、自然堤防といった地形は繰り返し起きた洪水の所産である。水田適地は同時に洪水常襲地でもある。具体的な災害の姿を検討する前提として、まず中世に生きた人々が直面した環境がどのようなものであったのかを、以下、水環境を検討できる近江の事例などを中心に簡単にみておきたい。

人と自然の関係の枠組み　中世における人と自然の関係を考える場合、とりあえず㈠国郡制的秩序など、長期間持続する枠組み、㈡水利や集落の立地形態など、ある程度長く維持されたうえで集中的に変化する枠組み、㈢地震・水害など、短期間で急速に変化する枠組み、の三つのレベルに整理することができる（水野・二〇〇二／〇三）。

㈠の長期間持続する枠組みの前提となるのは、地形や水系・地質などの地理的条件である。従来の地質学・自然地理学が捉えてきたのは、一〇〇〇年・一万年レベルでの地形発達史であり、一〇〇年レベルの地形環境の変遷が議論に上ったのはごく近年のことである。たとえば高橋学氏は、氾濫や噴火堆積ごとの地形発達史に対応する極微地形、一〇〇年オーダーの地形発達史に対応する微地形、一〇〇〇年オーダーの地形帯、一万年オーダーの地形面、一〇万年オーダーの地形域という五段階のレ

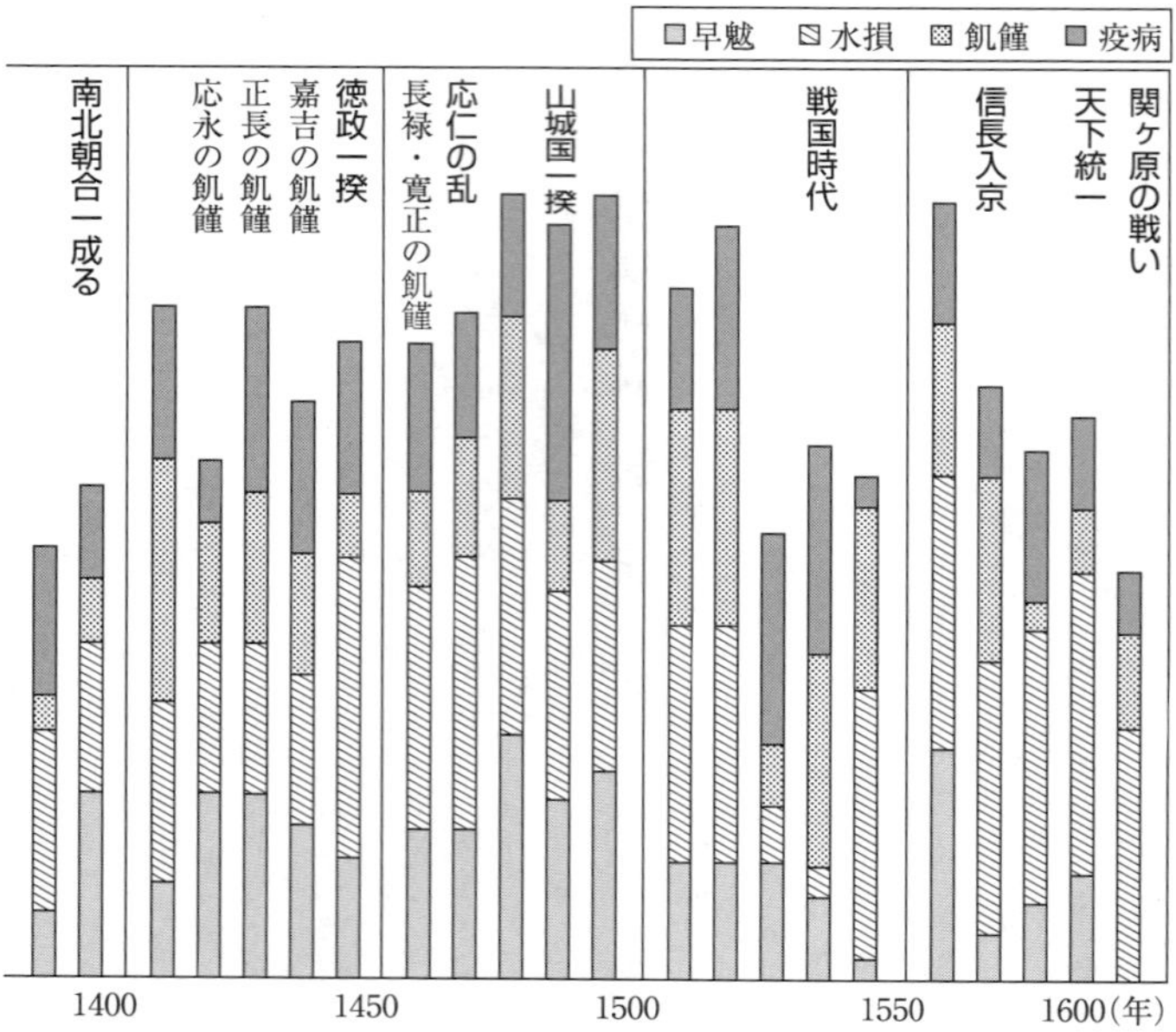

災害発生状況

ベルに地形を分類する。沖積《ちゅうせき》平野は地形面レベルの平野分類であり、三角州帯・扇状地帯は地形帯、自然堤防・旧河道などは微地形レベルに対応する分類である（高橋・二〇〇三）。地形分類そのものはこれまでにも多くの蓄積があるが、これは地形と時間のレベルを明確化したもので、環境史を考えるさいの参考となる。

一〇〇〇年オーダー以上の、短期間では大きくは変わらない地理的条件とある程度対応し、長期間持続する枠組みとして考えねばならないものとしては、国郡制的領域の問題などがある。たとえば近江《おうみ》国の領域は、琵琶湖《びわこ》集水域とほとんど一致し、現在の滋賀県の県域と重なり合う。また郡域は原則として国境の山

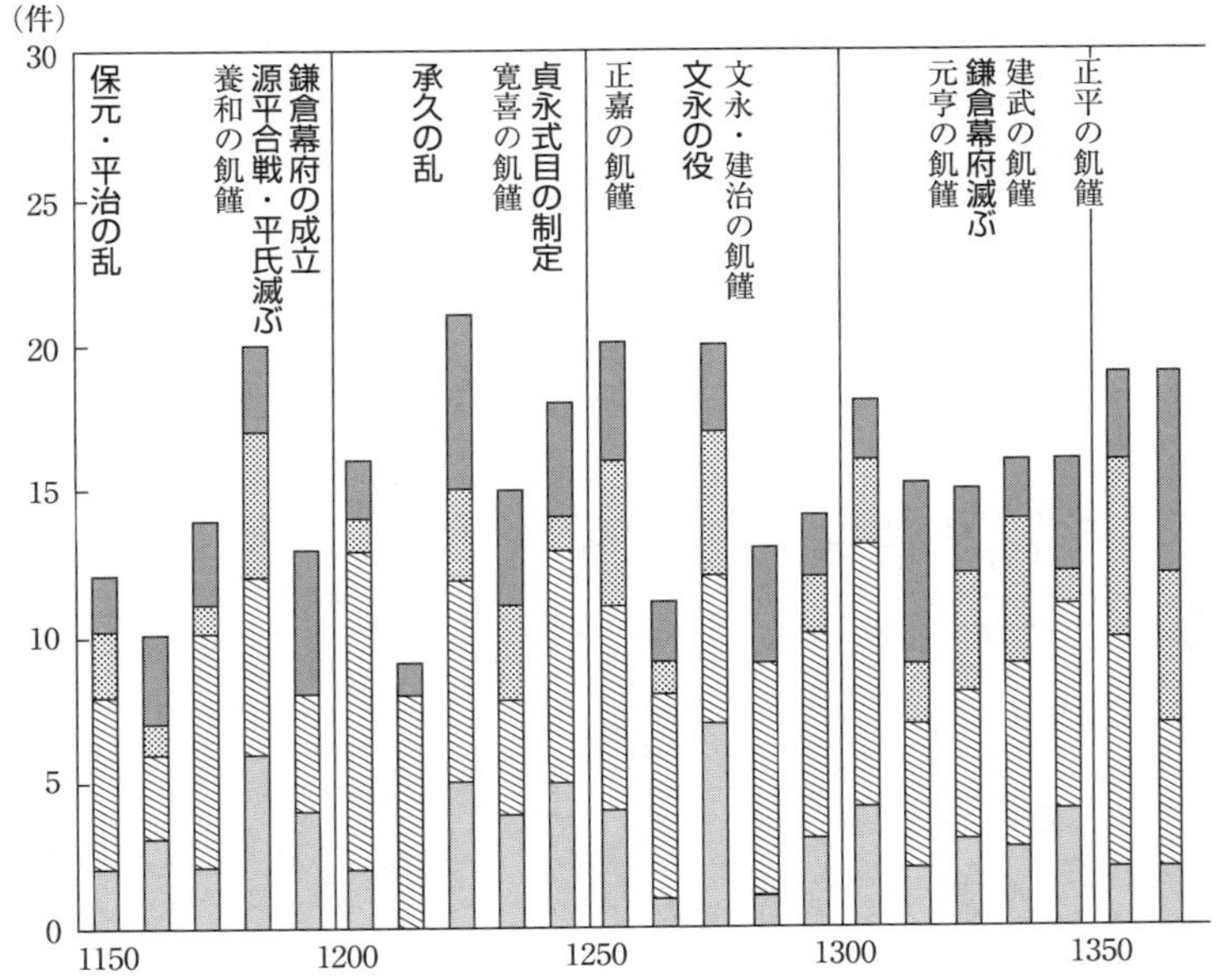

図15　中世の

地・平野・琵琶湖をセットに、琵琶湖を中心に放射状に切り分けるように設定されている。国郡の領域は、河道変化による境界の移動など、さまざまな変容を受けるものの、単なる所領や支配の単位ではない強靭な生命力を持つ。

日本列島の地核構造に起因する地震・噴火や、気候変動などの長期的な気象変化も、長いタイムスケールの中でその運動を捉えなければならないが、発生した個々の災害そのものは、㈢の短期間で急速に変化する人と自然の関係の中に位置づけることが可能である。

㈠が中世という時代を超えた枠組みであるのに対し、㈡の枠組みは具体的な開発や水利の形態、集落立地、山野河海の利用システムなど、ある程度長く維持されるものの、時として集中的に変化し、時代の画期を形作る関係である。中世という時代に即していうならば、十一世紀後半・十二世紀と十五世紀後半・十六世紀の二つの画期を指摘することができよう。

十一世紀後半・十二世紀の画期　十一世紀後半から十二世紀は相対的に気温の高い時期であり、旱害や祈《き》雨《う》奉幣《ほうべい》などに関する史料が頻出しているが、一方で水害史料も多くみられる。畿内周辺では、十一世紀後半から十二世紀にかけて成立する中世集落遺跡がきわめて多く、中世村落成立の画期とみなすことができる。また現在見られる条里《じょうり》地割《じわり》が深く浸透した時期であり、荘域と条里界・村（大字）界が密接な関係を有しているケースも確認される。たとえば尊勝寺《そんしょうじ》領近江国江部荘《えべのしょう》域（現野洲《やす》市）を灌漑する祇王井《ぎおうい》は、『平家物語《へいけものがたり》』の祇王に由来し、荘域内村落だけの専用水という特権を保持している。条里里界にほぼ沿う祇王井と旧家棟川《やむねがわ》に囲まれた範囲が荘域となるように、用水の開削や河川の流路付け替えも、江部荘が成立する十二世紀前後と推定されている（水野・二〇〇〇）。荘域と用水系が密接な関係を有する荘園は各地で報告されており、十一世紀後半・十二世紀ごろに、現在に至る用水系の骨格が形成される地域は多い。

　また降雨量の増大に起因する河川の浸食力増加によって、十世紀末〜十二世紀初頭に段丘化が進んだ結果、段丘面上では地形環境は安定化し、土地は高燥化する一方、現氾濫原面には洪水が集中するようになり、三角州帯が成長し、大規模な自然堤防が形成されることが指摘されており（高橋・二〇〇三）、この十一世紀後半・十二世紀の変化と、密接な関連を有する可能性がある。中世荘園はこの

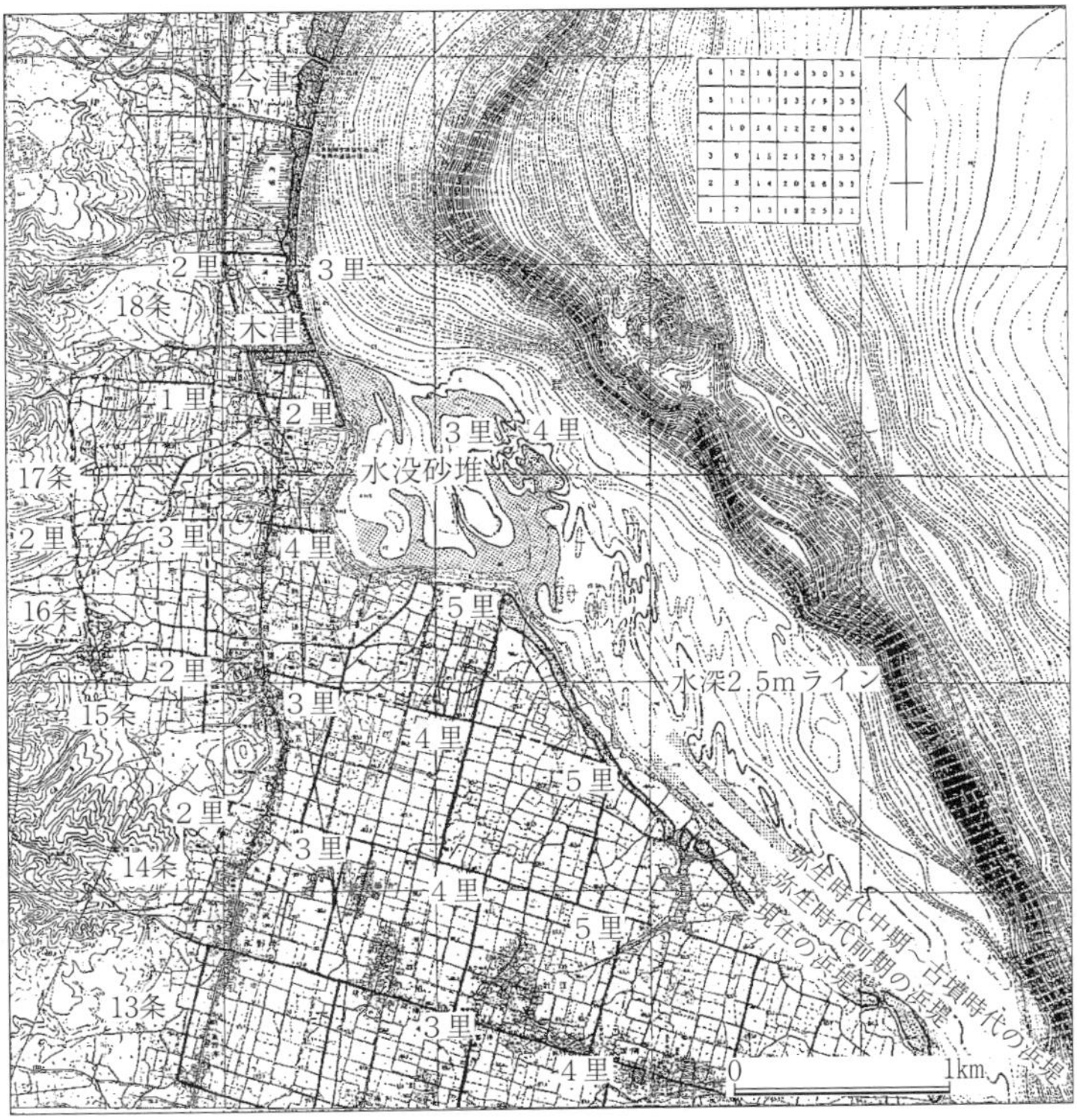

図16　木津荘域の条里と水没砂堆（数詞条里の記載里が木津荘域）

ような状況の中で確立していくのである。

十五世紀後半・十六世紀の画期　それに対し十五世紀後半・十六世紀は、寒冷化による生産条件の悪化により、凶作・飢饉が頻発する時期とされている（峰岸・二〇〇一、藤木・二〇〇一）。琵琶湖の水位は水害などに直接関わると同時に、灌漑・水利や湖岸の土地利用、水運・港湾立地など多くの問題に影響を与えるが、地殻の傾動運動や活断層の動き、降水量や流出量変化などの多様な要因によって変動する。湖底遺跡の分析などから、平安期ごろの琵琶湖の水位は低く、中世後期にはしだいに上昇していったことが推定されている。たとえば近江湖西の木津荘《こづ》（現高島市《たかしま》）は、保延四年（一一三八）に成立した天台座主《てんだいざす》直轄の重要荘園であり、木津は十一世紀後半には琵琶湖交通上の要衝として姿を現す。しかし中世後期には水位が上昇して、室町初期の帳簿などに記載されていた耕地の一部は現在は湖中に沈んでおり、津の立地を支えた内湖も水没してしまう。琵琶湖の水位は季節的にも一メートル前後は変動するため、湖岸は固定されたラインではなく、湖岸一帯には、水界と陸界を繰り返す推移帯（エコトーン）の領域が広がっていた。集落立地もその影響を強く受けており、湖岸近くの水田では、稲作に漁撈が内部化された生業複合が広く展開していた（水野・二〇〇四）。

十五世紀以降には、天井川の形成が進んでいくことも知られている。後述するように、近江湖東の野洲川北流堤《つつみ》遺跡（現野洲市）の発掘により、野洲川北流は人工河川で、十五世紀に築堤されて河道を固定してから、二、三世紀の間に九メートルもの天井川化が進んだ事実が明らかになった（辻・二〇〇二）。兵庫県・岡山県でも、十五〜十六世紀に芦屋川《あしや》・住吉川《すみよし》や足守川《あしもり》が急速に天井川化《てんじょうがわ》したことが指摘されている。天井川化は、連続堤防が築造されて河道が固定され、土砂の堆積が河道内に集中するようになるとともに、上流山地の過度の山林開発と山林被覆状況の変化が進行し、花崗岩《かこうがん》などの崩壊と流出が激しくなったことと深く関わる。河道の固定は、開発対象地・居住地を拡大させるが、その結果として破堤による新たな災害を増加させる。またこの時期には、大規模河川の灌漑秩序が再編されて、広域的な用水システムが新たに作り出されていくが、それは用水需要の増大だけでな

図17　横江遺跡の位置と写真

く、河川状態の変化とも無関係ではない。

河内《かわち》平野の中央部に位置する池島《いけじま》・福万寺《ふくまんじ》遺跡（現大阪府八尾《やお》市）では、縄文《じょうもん》時代後期以降およそ三〇にのぼる旧地表面が発掘調査の対象となっており、洪水によって頻繁に地表面が埋積されたことが知られる。とくに十五世紀から十六世紀にかけて、洪水の頻度が高く、自然堤防が活発に形成されるなど、土砂供給量が増加するという（河角・二〇〇〇）。

なお畿内《きない》周辺部などでは十三・十四世紀ごろに集村化が進み、鎮守・村堂あるいは領主居館を核に強靱な村落結合が生み出され、現在の村落景観の原型が形作られていくが、その過程で環濠《かんごう》を有する集落も出現する。近江湖東の境《さかい》川の自然堤防上に位置する横江《よこえ》遺跡（現守山市）では、十三世紀後半から十四世紀末の、土塁を伴わず、深さ一メートル・幅四メートルほどの堀で各屋敷地を囲った集落跡が確認されている（木戸・二〇〇四）。このようなタイプの環濠は防衛機能は弱く、灌排水機能とともに舟運のための役割や、洪水時の水流コントロール機能を有していたと思われるのである。

2 中世の災害観

現在、災害は一般的に、地震・台風などのように自然現象によって起こり、人為的に避けにくい天災と、火災・事故などのように人間の不注意や怠慢が原因で起こる人災に区別されることが多いが、中世に生きた人々にとって、災害とはどのようなものと意識され、どのように対処されたのであろうか。

(1) 神仏と災害

古代の災害観 中国では前漢のときに、天変地異の諸現象は天子の不徳などにより天が下す警告であるとする災異《さいい》思想が儒教《じゅきょう》の教説と一体化して展開する。「災」とは旱魃・洪水・飢饉・蝗害《こうがい》・火災・兵乱などの災害、「異」とは日食・地震・寒暑の変節や動植物などの異常を含む怪異・変異現象のことで、災異は支配者の不徳・失政に天が感応して支配者に対する忠告、あるいは懲罰として下されたものと解釈された。災異は政治的な問題として位置づけられ、それに対して支配者は徳治・善政をもって応じるべきと考えられていた。このような災異思想を、日本の支配層も律令《りつりょう》国家の形成とともに継承するが、日本の場合、さまざまな災害を為政者の不徳に基づく天譴《てんけん》とする一方で、神や霊の祟り・怒りとする観念も強く、頻繁に神社へ奉幣を行うとともに、さまざまな護国経典を読誦《どくじゅ》することによってこれを除こうとした（山下・一九九六）。

日本においては、災異が発生すると天皇が責任をいったん吸収し、徳政的対応をとるとともに、君臣をあげて神仏に災異消伏を祈願することによって政治批判をかわす。災異を神霊に対する不誠敬を原因とする祟りと解釈することによって、発生の原因を天皇を含む政界上層部の不徳・失政から、祭り方の問題へと限定して、災異思想から政治批判の要素を抜き取っていったのである（松本・二〇〇〇）。仏神による災異の消除は鎮護《ちんご》国家実現の重要な手段であった。

十世紀ごろに登場し、南北朝期に至るまで実施された「新制」と呼ばれる法令も、天変・地震・飢饉・疫病などを天皇の徳の衰微と捉え、災異を消除するために実施される徳政の一環であり、仏神事興行が新制の中心条項であった（稲葉・一九八七）。天変地異に対して、天皇は公家新制を発し、徳化の諸政策と仏神事の興行を令し、神の威徳・仏力によって、災異を消除しようとしたのである。また九世紀までは天皇の治世を嘉《よみ》する白雉・白鹿などの祥瑞《しょうずい》出現を機に改められることの多かった年号も、十世紀以降は天変や疫疾などによる改元《かいげん》へと変化していく（峰岸・二〇〇一）。重大な災害が発生すると、諸社奉幣や顕密の諸大寺を動員して仏神事につとめ、改元・大赦《たいしゃ》・賑給《しんごう》や新制発布などの徳政的措置が講じられていくのである。

中世人にとっての災害　中世になると仏教の世俗への浸透がさらに進み、現世における人間の善悪の行為を、冥界《めいかい》における善神・悪神の対決に連動させて理解し、冥界における戦いが現世における自然現象を左右すると考えるようになる。現世に生きる人々は冥界における「善」を力づけるべく、宗教的作善行為に励まねばならないのである。こうした仏教的解釈によって、刀兵（戦乱）・疾疫・飢饉を「三災」と位置づけ、人々は中世の厳しい自然現象に対処し、事態を改善すべく力を尽くした（久野・二〇〇一）。

　たとえば日蓮《にちれん》の『立正安国論《りっしょうあんこくろん》』は、地震や大風などの天変地異や飢饉・疫癘《えきれい》が次々に起こる理由を、世の人々が皆正法《しょうぼう》に背いて悪法に帰依《きえ》したため、善神がこの国を捨てて退去し、聖人も立ち去って帰ってこないので、国土には魔（悪鬼《あっき》・外道《げどう》）が満ちあふれ、災難がうち続くことになったと説いている。その論拠として金光明最勝王経《こんこうみょうさいしょうおうきょう》・仁王経《にんのうきょう》などの四つの経典から、「日月失度難《じつがっしつどなん》」（太陽や月の異変）・「衆星変怪難《しゅしょうへんげなん》」（星の異変）・「諸火焚焼難《しょかふんしょうなん》」（火災）・「諸水漂没難《しょすいひょうもつなん》」（洪水）・「大風数度《だいふうすうど》難《なん》」（大風）・「天地亢陽難《てんちこうようなん》」（旱魃）・「四方賊来難《しほうぞくらいなん》」（外国からの侵略）の七難や、「穀実」（飢饉）・「兵革」（戦乱）・「疫病」の三災などの災難を列挙する。この著作は正嘉元年（一二五七）から文応元年（一二六〇）に、鎌倉《かまくら》で大地震や洪水・飢饉・疫病などの災害を体験した日蓮が、その原因を経典から探し出し、悪法を広める諸宗の根絶を求めて、執権北条時頼《しっけんほうじょうときより》に提出したもので、日蓮の災害観が如実に示されている。

　人々は災害の前兆・予兆にも、細心の注意を払っていた。星や月・太陽、空の光やさまざまな気象現象、寺院や神社・塚での異変、動植物の怪異などを災害予兆と捉え、陰陽師や僧侶・神主らがそれぞれの方法で読み取り、解釈した。中世では、朝廷・幕府をはじめ、地域社会のさまざまなレベルに、変異を読み解く陰陽師《おんみょうじ》らが配置されていたのである（笹本・一九九六）。僧侶や陰陽師らは、国土の災害や人々の受ける災難の原因を探るとともに、経典に解決法を求め、神仏に祈禱《きとう》することによって消除しようとした。災害・災難への対応から、多種多様な信仰が生まれたのであり、災害の歴史は神仏に対する信仰創出の歴史でもあったのである（今堀・二〇〇五）。

大般若経・仁王経　災害消除の代表的な経典としては大般若経や仁王経などがあるが、国家レベルで行われた法要が、中世という時代を通じて少しずつ変容しながら、村落レベルの除災儀礼として浸透していく。大般若経は大宝三年（七〇三）三月に初見し、神亀二年（七二五）閏正月には宮中で災異を除くために読誦され、天平七年（七三五）五月には災害を消除し、国家を安穏にするために、宮中および大安《だいあん》・薬師《やくし》・元興《がんごう》・興福《こうふく》の四寺で転読されている（『続日本紀《しょくにほんぎ》』）。やがて疫神《えきじん》・御霊《ごりょう》の鎮撫《ちんぶ》や祈雨《きう》など、仏の力による除災・疫癘消除のため、朝廷・国家から広く民衆の間へと浸透していく（鶴岡・一九六五）。鎌倉幕府においても、寛喜《かんぎ》の飢饉の最中である『吾妻鏡《あずまかがみ》』寛喜三年（一二三一）五月十七日の条に、「此間炎旱旬《えんかん》に渉る。疾疫、国に満つ。仍つて天下太平国土豊稔の為に、今日、鶴岳八幡宮に於て、供僧已下三十口の僧をして、大般若経を読誦せしむ」とあり、旱魃と疫病の対策として鶴岡八幡宮で、大般若経が読誦されていたことが知られる。文応元年（一二六〇）六月十二日条でも「国土安穏疾疫退治」のために、各国守護《しゅご》に対して、諸国寺社で大般若・最勝・仁王経などの転読を命じている。大般若信仰は現在に至るまで、正月・疫神はらい・虫送り・雨乞などのときに大

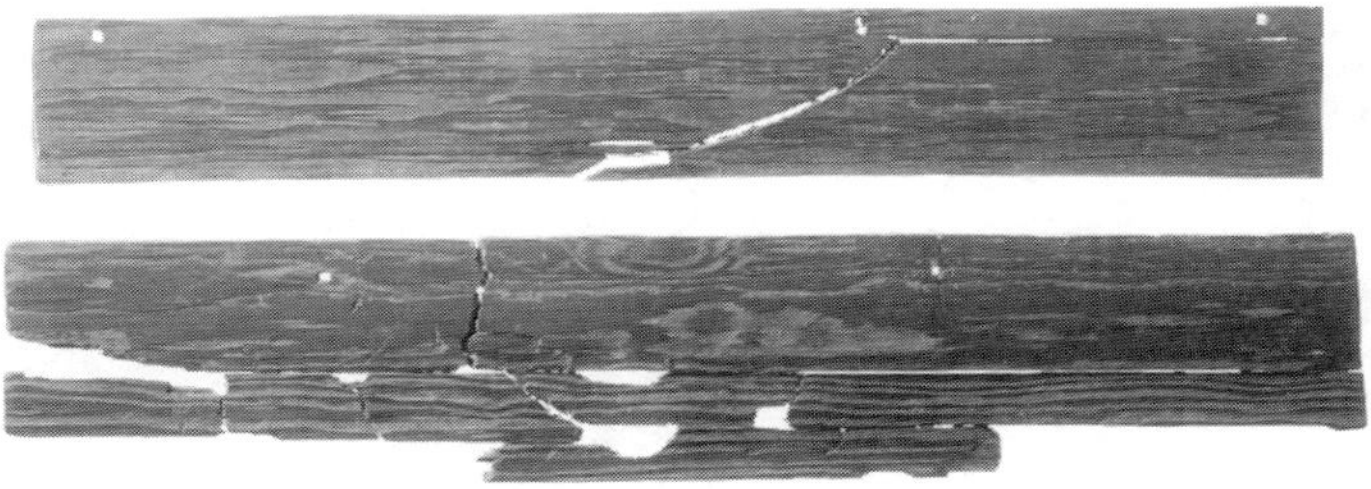

図18　巻数板（金沢市堅田Ｂ遺跡出土）

図19　福井県若狭大島の勧請板

般若経を転読し、村境に大般若経転読の祈禱札を立てたり、各家の戸口に祈禱札を貼るなどの民俗行事として生き続けている（水野・二〇〇〇）。

また仁王経も斉明六年（六六〇）以降、鎮護国家のため宮中や諸大寺で年中行事として仁王会が行われるとともに、旱魃・霖雨《りんう》・疫病・恠異《かいい》などに際して読誦された。鎌倉幕府においても、仁王経の読誦は頻繁に行われている（井原・二〇〇四）。なお兵庫県の木梨・北浦遺跡からは、天禄三年（九七二）の仁王経や金剛般若経《こんごうはんにゃきょう》・般若心《はんにゃしん》経《ぎょう》などを読誦したことを示す木簡が、金沢《かなざわ》市の堅田《かただ》Ｂ遺跡からは、般若心経の全文を墨書した弘長三年（一二六三）の巻数板《かんずいた》と般若心経・仁王経・金剛般若経などの読誦経典の巻数を記した建長三年（一二五一）の巻数板が発掘されている。堅田B遺跡は周囲に濠をめぐらした屋敷跡であり、発掘された巻数板はその入り口に掛けられたものと考えられ、仁王経の信仰も広く展開していたことが確認できる（藤沢・二〇〇二）。

境界儀礼　古代社会では都城をさまざまな災厄から守る重層的な祭祀儀礼が実施されていたが、平安京では十世紀以降、疫病などを流行させる鬼気（疫神・疫鬼）を、陰陽道《おんみょうどう》によって宮城《きゅうじょう》と山城《やましろ》国の二重の境界で追却し、侵入を防ぐ四《し》角《かく》四堺《しかいのまつり》祭が営まれるようになる。このような祭儀は『吾妻鏡』元仁元年（一二二四）十二月二十六日条に、「此間、疫癘流布す。武州殊に驚かしめ給うの処、四角四境の鬼気祭を行われ、対治すべきの由、陰陽権助国道之を申し行う。謂ゆる四境とは、東は六浦、南は小壺、西は稲村、北は山内と云々」とあるように、鎌倉でも導入されたが、村落空間を結界して、外からやってくる邪霊を払うとともに、村落空間を豊饒《ほうじょう》ならしめる道切り行事カンジョウカケ（カンジョウツリ・カンジョウナワ・ツナカケ）は、それを村落レベルで実施したものである。カンジョウカケ行事のさいには、村内安全・災疫除去などのために、大般若経・仁王経などを読誦した旨を記した木札を縄に吊り下げたり、柱の根本に立てることも多く、また単独で道路に札が立てられる場合もある。

応永十四年（一四〇七）成立の仏教説話集『三国伝記《さんごくでんき》』三巻第一二話「灌頂《かんじょう》卒塔婆《そとうば》功徳《くどく》の事」はカンジョウカケに関する興味深い伝承を伝えている。「中比、天下に飢渇《きかつ》疫癘《えきれい》発《おこ》って、死亡する者巷《ちまた》に多し。然《しかる》に一国の中に庄を境い郷を雙べても富有無病の里あり。或人思ひけるは、衆生の貧福は先業の所感、国土の災難は、荒神の瞋《いか》る故也。況《いわん》や今聖徳乾坤《けんこん》に普《ひろ》く、君恩雨露深し。何ぞ一国の中に栄《えい》枯《こ》の地異に、蒼生《そうせい》禍福《かふく》同ならずと疑つて、江州石山寺に参籠して大悲観音に此の事を示し賜へとぞ祈りける。七日に満じて指せる験《しるし》も無くて、下向《げこう》しけるが、瀬田の橋に望みける処に、行脚《あんぎゃ》の僧一人行き合て、空につりたる灌頂と云ふ物と橋爪なる卒塔婆とを教へて、彼《か》の謂《いわ》れや知りたると問ふ。知らずと答へたりければ（中略）、之に依て諸の行疫・鬼霊・非人・鬼神・魔障の類《たぐ》ひ是を見て遠離し、是に触れて消滅す。故に七難即滅《しちなんそくめつ》して七福即生《しちふくそくしょう》す。爰に以て正月初八日に仁王経を講じ、彼の灌頂を荘《かざ》り人々の門に懸け、卒塔婆を立て諸天を信敬《しんぎょう》すべし。（中略）今の世にも是を信じて修せしむ者は福を得、修せざる者は禍に遇ふと云玉ひて、即ち童男《わらわおとこ》の形を現じて一片の雲に乗じ三朱の羽衣を翻し、石山寺へ飛去り玉ふ。彼人さては如意輪観世音の国土の災患を払ひ村里の冥福を示し給へるなりと貴く念《おも》ひ奉り、又彼の寺に参詣し悦びの法施を捧げけりと云々」。

「空につりたる灌頂」とは当然カンジョウカケのことであり、「卒塔婆」とはこの場合、仁王経の祈禱札のことと思われる。『三国伝記』では、荒神の怒りにより飢渇疫癘などの国土の災難が起こるが、その被害がなぜ平等でないのかと悩む僧に対し、正月八日に仁王経を読み、人々の家でカンジョウカケを行い、卒塔婆（祈禱札）を立てて信仰すれば、諸々の行疫・鬼霊・非人（人にあらざる霊魂）・鬼神・魔障の類は遠くに離れて消滅し、七難は即滅して七福が生ずると如意輪観音が教えたとある。国土や村里の安全を守るための儀礼が仏教的に意味づけられ、広く社会に浸透していく姿が描き出されているのである。

(2) 災害と怨霊

伊吹弥三郎　次に災害をもたらす怨霊の姿を具体的にみていこう。近江の北東部、伊吹《いぶき》山の麓　柏《かしわ》原《ばら》（現米原《まいばら》市）周辺に醍醐寺円光院領《だいごじえんこういんりょう》柏原荘が位置した。円光院は上醍醐に建てられた白河院中宮《しらかわいんちゅうぐう》賢子《けんし》発願の御願寺《ごがんじ》で、応徳二年（一〇八五）八月に落慶供養《らっけいくよう》が行われ、その寺院経済を支えるために柏原荘が立荘《りっしょう》された。鎌倉初め、この柏原荘において大きな事件が起きる。『吾妻鏡』正治二年（一二〇〇）十一月一日条には、「相模権守《さがみのごんのかみ》并びに佐々木左衛門尉定綱《さだつな》等の飛脚《ひきゃく》、京都より参着す。去月廿二日、頭弁公定朝臣《とうのべんきみさだあそん》奉行《ぶぎょう》として、近江国住人柏原弥三郎《やさぶろう》を追討すべきの由宣下せらる。是近年事に於て帝命に背くの故なりと云々」、同四日条には「今日渋谷次郎高重《しぶやじろうたかしげ》、土肥先次郎惟光《どひせんじろうこれみつ》、使節として上洛す。是柏原弥三郎を追討の為なり。各先ず相模国の所領に到り、彼国の所々より進発すべしと云々」とある。「帝命」に背いたとして柏原弥三郎追討の宣旨《せんじ》が下され、渋谷・土肥といった関東武士が追討に向かったのである。しかし攻撃に失敗して、弥三郎は逃亡してしまい、翌建仁元年（一二〇一）五月になって、守護《しゅご》佐々木定綱の子息信綱《のぶつな》がようやく弥三郎討伐に成功する。信綱はその功績により地頭職を与えられたと思われるが、京極《きょうごく》家の祖となる信綱の子氏信《うじのぶ》は柏原荘に本拠を置いたらしく、荘内清滝《きよたき》に京極氏の菩提寺徳源院《とくげんいん》を建立する。

この柏原弥三郎の討伐事件は後世にも大きな影響を与えた。『三国伝記』巻六第六話では、「伊吹弥三郎殿の事」として信綱の二代後の頼綱《よりつな》が勅命を受けて弥三郎討伐にあたったことになっている。頼綱は弥三郎の探索を続け、「彼の盗賊を伺ふに、高時河《たかとき》の河中にして近付会ひ、忽に彼を誅戮《ちゆうりく》し、四海の白波を静め一家の名誉を播せり。其の後、彼が怨霊毒蛇と変じて、高時川の井の口を碧潭《へきたん》と成して用水を大河に落したり。是に依て多の田代枯澇《こはつ》して、青苗黄枯れ、飲水忽に尽民間悉く窮渇《きゆうかつ》せり。人九年蓄はへ無れば、飢饉死亡の者其の数を知ず。之に依て、其の所に祠を建てて悪霊を神と崇め、井の明神と号す。礼典を儲て如在の儀を致す故に、生ての怨も死しての歓と毒心を改めて、井の口の守護神と成り玉ふ。所以に風雨天の時に随、水津地利を潤せり。然に九夏三伏の比、猶一年に一度伊吹の禅定に上りて、昔の路に彷徨《ほうこう》す。其の時に晴天俄に曇て、霹靂《へきれき》空に動ひて凍霰《とうさん》地に降る。見る者、あはや例の弥三郎殿の禅定に通ひ給ふはとて、惶怖《こうふ》せずと云ふ事なし」とある。

殺害された弥三郎の怨霊は毒蛇となって、高時川の井の口を淵に変え、用水を落した結果、水田は荒廃して飲料水にも事欠くこととなり、人々は飢饉に襲われる。そのために弥三郎の悪霊を高時川の井口に祀り、守護神としたのである。神と祀られてのちも、年に一度は伊吹山の禅定（頂上）に上って彷徨したが、そのときには天候が変わって霹靂が轟き、人々は「弥三郎殿が伊吹山に通っている」と恐怖した。ここでは弥三郎は水や水源を支配する水神・山神として意識されているが、そのイメージは湖北の暴れ川高時川とも重なる。御伽草子《おとぎぞうし》「伊吹童子」では、八岐大蛇《やまたのおろち》の化身とされる伊吹大明神に仕える伊吹弥三郎は、飲酒や殺生を好む獰猛《どうもう》な人物で、妻の父大野木殿《おおのきどの》によって謀殺されてしまう。その後に生まれたのが、よく酒を飲むゆえに酒呑童子《しゆてんどうじ》と呼ばれ、悪行を事とする異形の子供であった。そのため山に捨てられるものの、獣に育てられ、神通力を得て猛威をふるう。この伝承はやがて、伊吹山から同じ修験《しゆげん》の霊場で京都の境界に位置する大江山《おおえやま》に舞台を移し、凶賊退治の武将も(佐々木)頼綱《よりつな(ライコウ)》から、音が近く、知名度も圧倒的に高い清和源氏の(源)頼光《よりみつ(ライコウ)》へと変わり、御伽草子などによく知られた酒呑童子の物語が生まれていくのである(佐竹・一九七七)。

柏原弥三郎にまつわる恐怖の記憶が伊吹弥三郎の伝承を生み出し、そこにさまざまな要素が付け加わっていくのであるが、現在でも伊吹山周辺では、伊吹弥三郎に関するさまざまな伝承が伝えられている。明暦二年(一六五六)刊行の『江源武鑑《こうげんぶかん》』巻一八、元和七年(一六二一)十一月条には、「廿一日大風、近国の山木半吹倒す、弥三郎風と云」とあり、強風が「弥三郎風」と呼ばれていたことが知られる。

旱魃・洪水と怨霊　高時川は、伊香《いか》郡の北端、福井県境の栃ノ木《とちのき》峠に発し、郡内を南流して、やがて姉川《あねがわ》に合流し琵琶湖に注ぐ。現在高時川流域で井明神という名で祀られている神社は、伊香郡尾山《おやま》村(現高月《たかつき》町)の井明神社、および井口《いのくち》村(同)の井ノ神社(井之明神)の二つである。後者は現在は日吉《ひよし》神社と一体化しているが、次のような伝承を残している(伊香郡教育会・一九〇三)。文永七年(一二七〇)、日本武 尊《やまとたけるのみこと》が退治した伊吹山の大蛇の霊が蒲生《がもう》郡で大蛇として現れ、人々を殺害したため、佐々木頼綱と一族の東条経方《とうじようつねかた》が射殺する。そうしたところ翌八年には近江一国は大旱魃となったが、それは先年殺害した大蛇の神霊が原因であったため、井口大明神として、佐々木頼綱・東条経

図20　富永荘周辺図

図21　井明神社

方の子孫が氏子《うじこ》となって国中の井口に祀ったところ、霊神はたちまち怒りを静めて守護神になった。そして経方の子孫は井口を姓として、井口の城主になったという。

前者の尾山村井明神社は、高時川が山間峡谷から平地に出る地点に位置しており、そこは絶好の取水地点で、多くの用水井堰《いぜき》が集中する。なお地元には、人力では造成不可能であった尾山の井堰を、庄屋の娘を嫁にするという条件で伊吹弥三郎に造らせ、完成時に謀殺したという伝承が伝えられている。この地は高時川が形成する扇状地の扇頂にあたるが、扇状地面には条里地割を乱したいくつもの流路跡が分布しており、高時川が何度も氾濫した事実を示している。

この二つの神社はともに山門領富永《とみなが》荘域に含まれる。富永荘は山門の寺務機構である寺家が管理・運営する千僧《せんそう》供料《くりょう》荘園《しょうえん》で、荘域は高時川が山地を出て平野に流れこむ現在の伊香郡高月町の大部分および木之本《きのもと》町の東南部と推定され、荘域の中核井口村（中世では井口郷）には同荘の鎮守山王権現社（日吉神社）が勧請されている。高時川は富永荘域の主要用水源で、井口はその名のごとく、高時川から取水する上水井《こうずいゆ》・大井《おおゆ》・下井《しもゆ》などの井組の井頭《いがしら》であった。また井口には浅井《あざい》氏の家臣《かしん》井口弾《だん》正《じょう》のものと伝える城館跡も残る。井明神は本来は取水点に祀られていたものが、やがてその管理権を有する井口の影響が強く及ぶに至って、このような複合した二つの立地と伝承を生んだのであろう。

伊吹弥三郎の怨霊が河川や用水システムを破壊し、災害をもたらしたのに対し、それを神として祀ることによって怒りを鎮め、災害を封じ込める。高時川流域では、しだいに伊吹弥三郎の名は後景に退き、代わって現実に用水を支配した中世後期の在地土豪井口氏の存在がクローズアップされていく。不足ならば旱魃となり、過剰ならば洪水となってすべてを押し流す川の霊力が、水神＝蛇神としてイメージされ、一方で暴力の権化であり、伊吹山の八岐大蛇の化身ともされる伊吹弥三郎のイメージと重なりながら、一部が脱落あるいは付加・強調されるなどして変化を遂げ、地域の歴史に組み込まれていったのである。

3 開発と災害

地震や噴火などのように発生周期が長く、被災体験が継承されにくい災害とは異なり、洪水は反復的で繰り返し起きる現象であり、その意味で普通いうところの自然災害とは少々性格を異にしている。そのため一定程度の予知と対策も可能であり、集落立地なども密接な関係がある。また中世の災害の中では、復旧過程などについても比較的史料が残されており、従来より荘園《しょうえん》史や灌漑史の一齣として扱われることが多かった。開発の進行が生活・居住空間を拡大させ、その結果、洪水被害の危険性を増大させていったのであり、人が自然に働きかける過程での反作用という側面を有している。近年は発掘による考古学的史料が増加しており、山林伐採と天井川化の問題も議論されるなど、新しい視点からの研究が進められている。

(1) 水害とその対応

美濃国因幡川の洪水 『今昔物語集《こんじゃくものがたりしゅう》』二六巻第三話「美濃国因幡河出水して人を流せる語」には、平安《へいあん》期に起きた美濃《みの》国因幡《いなば》川の洪水の状況が描かれており、堤防が造成される前段階における洪水常襲地域での災害対応のあり方を知ることができる。

今昔、美濃国に因幡河と云大なる河有り。雨降て水出《いづ》る時には、量《はか》り無く出る河也。然れば、其河辺に住む人は、水出る時に登て居る料とて、家の天井を強く造て、板敷の様に固めて置て、水出れば其の上に登て、物をもして食などしてぞ有《あん》なる。男は船にも乗り、游《およぎ》をも掻《かき》などして行けども、幼き者・女などをば其の天井に置てぞ有ける。下衆《げす》は其の天井をば□とぞ云ける。而るに、此《かく》て二十年に成ぬ。其の因幡河量無く出たりける時、其の天井の上に女二三人、童部四五人を登せ置たりける家の、水の宜《よろし》き時にこそ柱の根も不浮《うか》で立てりけれ、天井も過て遙《はるか》に高く水上にければ、残る家無く皆流れて、多の人皆死にける中に、此の女・童部の登たる家の天井は、此の家共の中に強く構《かまえ》たりければ、柱は不浮で、屋の棟と天井との限り、壊れ不乱《みだれず》して水に浮て、船の様に流れて行ければ、（中略）其に力を得て捜《さぐり》ければ、木の枝也けりと思へければ、其の枝を強く引《ひか》へて有る程に、其の河は出るかとすれば疾《と》く水落る河にて、漸《ようや》く水の干《ひ》けるまゝに、此の引へたる木の只出来ニ出来れば、枝の胯の出来たりければ、其の胯に直く居て、（中略）夜明て漸く日出《いづ》らむ程に、見下りしければ目も不及、雲居《くもい》に為たる心地にしければ、何《いか》なる事ぞと思に、吉《よ》く見下《みおろ》せば、遙なる峰の上より深き谷に傾て生たる木の、枝無くて十丈許《ばかり》は上《あがり》たらむと見ゆる木の、細き小枝の有るを引《ひか》へて居たる也けり。（後略）

美濃国の大河である因幡川（長良川《ながらがわ》の古称）は大雨になれば、はかりしれない大洪水を発生させる川であったので、沿岸に住む人々は洪水が起これば登って避難するために、家屋の天井を頑丈に作り、板敷のように木材で固めておいて、洪水時にはそこで調理や食事をしていた。男は船に乗ったり、泳いだりして出かけていくが、幼い子供や女性たちはその天井にいたという。このような姿は平安期だけのものではない。近年まで木曾《きそ》・長良・揖斐《いび》の木曾三川《さんせん》下流の輪中《わじゅう》地帯では、住居は壁を少なくして、洪水のときに水の流れに逆らわないようにするとともに、天井に根太《ねだ》を張りめぐらせ、その上に厚い板を置き、頑丈な踏み天井にしていた。洪水のときは天井は避難場所となり、建具や畳は天井裏に運び上げ、水が引くまで家族が暮らし、また上《あ》げ舟《ぶね》といって、洪水時の避難用の舟を常時玄関口などに吊っていたのである。このような屋根裏を一般に「ツシ」と呼んでいるが、洪水に対応した家屋の造作《ぞうさく》という意味では、すでに平安期から確認できるのである。

しかし数十年に一回という大洪水が起き、天井をも超える出水のため、大多数の家は流され、多くの人が水死してしまう。その中でとくに頑丈に造作してあった家は、棟と天井がバラバラに壊れることもなく浮かび、二、三人の女性と四、五人の童を乗せて船のように流れていったが、やがて食事のために起こされた火が燃え上がり、水に飛び込んだ十四、五歳の少年だけが焼死を免れる。少年は流される途中で木の枝が触わったため、しっかりと掴んでいたところ、この川は急速に増水する一方で、水位が下がるのも早いため、現れた木の股で待っていた。夜が明けて見たところ、高い峰の上から深い谷に傾いて生えた、枝もない一〇丈余りの大木の細い枝にすわっていたことに気づく。少年は結局、事情を知って集まってきた人々が張った網の上に飛び降りて命が助かるが、『今昔物語集』の編者は観音信仰によって火難・水難・墜落死を免れた宿報譚としている。

家レベルの洪水対応　因幡川は「出るかとすれば疾く水落る河」とあるように、急に洪水を起こすとともに、一晩で水が引くのであるが、それは文中に堤・堤防という言葉がないように、河道が固定されていないこととも関係があろう。洪水常襲地ではあるが堤防はなく、人々はそれぞれが家屋を頑丈にして、水害に対処している。家屋は一般的には自然堤防などの微高地上に位置しており、洪水時には後背湿地が遊水池としての機能を果たすため、通常の水害にはこのような個別の家レベルで対応できたはずであるが、この事件は数十年に一回という予測を超えた大洪水であったために起きたのであった。なお『吾妻鏡《あずまかがみ》』建久元年（一一九〇）八月十七日条には、「甚雨、夜に入つて、暴風人屋を穿《うが》ち、洪水河岸を頽《くず》す。相模河辺の民屋一宇河尻に流れ寄る。宅内に男女八人、皆以て存命し、各棟の上に居ると云々」とある。この記事の民屋も、洪水常襲地域において家屋を頑丈に作っていたケースかもしれない。

『続日本紀《しょくにほんぎ》』神護景雲三年（七六九）九月八日条によれば、美濃国各務《かがみ》郡と尾張《おわり》国葉栗《はぐり》郡の境界をなす鵜沼《うぬま》川は、同年の大水のために河道が変化して、葉栗・中島《なかじま》・海部《かいふ》三郡百姓の田宅に毎日被害を与えており、また下流に位置する尾張国府《こくふ》や国分《こくぶん》寺・国分尼寺《にじ》が年月を経れば必ず被災するとして、旧河道を開掘することが認められている。また『三代実録《さんだいじつろく》』貞観七年（八六五）十二月二十七日条および八年七月九日・二十六日条は、かつて美濃国に向かっていた広野《ひろの》川の河口が近年塞《ふさ》がって流路が変わり、雨が降るたびに尾張側に大きな被害が出るため、尾張国司《こくし》が太政官《だいじょうかん》の許可を得て、元に戻す河口掘開工事を実施したところ、美濃側の各務郡司《ぐんじ》・厚見《あつみ》郡司らが武力で妨害し、死傷者を出すという事件を伝えている。これらの河川はのちに木曾川として固定されていくが、木曾三川のような大規模河川の本格的な洪水対策は古代・中世では至難であった。

美濃国大井荘　揖斐川の水系に属する東大寺《とうだいじ》領大井《おおい》荘（現大垣《おおがき》市）も、のちに古大垣輪中が形成されるように、洪水に悩まされてきた地域である。東大寺は聖武《しょうむ》天皇の勅施入による成立とするが詳細は不明で、十世紀半ばにはその存在が確認される。十一世紀後半の国衙《こくが》との度重なる争いを経て、十二世紀初めに中世荘園として確立し、その年貢は東大寺の重要法会華厳会《けごんえ》・法華会《ほっけえ》の料足に宛てられた。十二世紀初めまでの関係史料では、安八《あんぱち》郡条里《じょうり》に従った記載がなされていたが、荘園確立後は一条一里一坪から開始される大井荘独自の条里プランによって表記されるようになる（金田・一九九三）。この大井荘の鎌倉《かまくら》期の状況を示すものに、永仁三年（一二九五）六月大井荘実検《じっけん》馬上《ばじょう》取帳案《とりちょうあん》（『鎌倉遺文《いぶん》』一八八五三・四号文書）が存在する。

金田章裕氏は永仁三年の土地利用を整理し、現地の微地形条件との対応関係を検討している。総面積は四一〇町余、その約六〇%が田、二七・八%が畠、一一・四%が竹などであり、相対的に畠の多いところが自然堤防、田の多いところが後背湿地に対応し、微地形条件に規制された土地利用状況であったとされる。とくに田畠の混在の程度は著しく、一筆一筆の耕地が水田と畠地に分けられて、入り混じって分布する島畠景観が出現しており、自然堤防の中核部分には大きな畠が立地し、その縁辺には小さな自然堤防を利用したり、洪水堆積物を集めたりしてできた大小さまざまな島畠が分布していたと推定している。

図22　大井荘周辺図

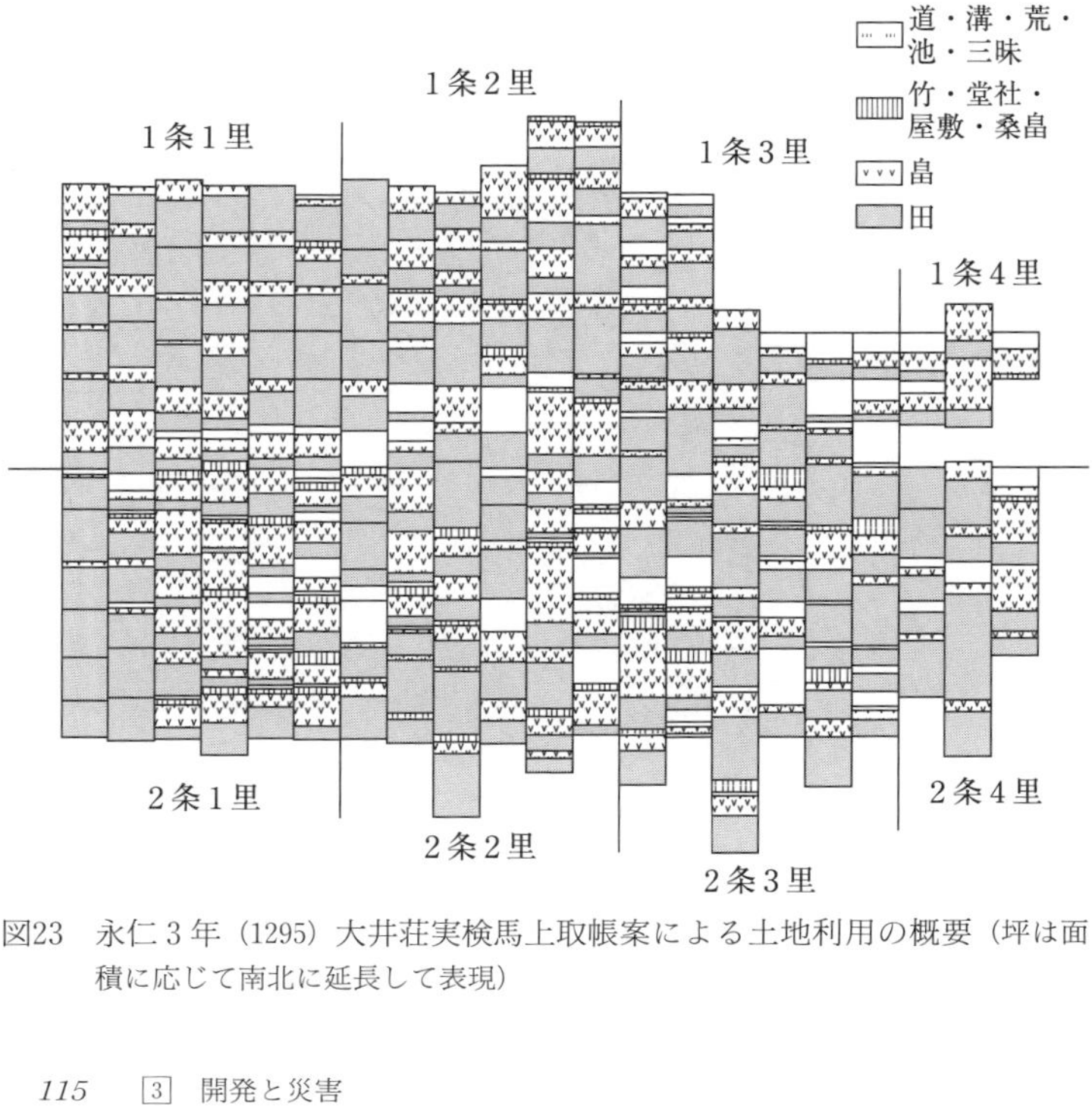

図23　永仁３年（1295）大井荘実検馬上取帳案による土地利用の概要（坪は面積に応じて南北に延長して表現）

竹と屋敷　ここで注目しておきたいのは、検注帳《けんちゅうちょう》にみえる竹の記述である。他の荘園の検注帳には、これほどまとまった形で竹の記述が現れることはない。東大寺が竹を年貢・公事《くじ》などとして大井荘から徴収した形跡もないのである。実検取帳の二条一里二九・三〇坪の部分を示そう。

廿九坪五段（竹小　田一反六十歩　畠三反半）　百松住
同〻　三段六十歩（已畠）　同人自
卅〻　四段三百歩（田三百歩　畠二反　竹二反）　弥松住
同〻　三段（畠二反半　竹半）　同人

竹はこのように所在坪や面積が詳細に注記されているが、ほとんどは隣り合う二ヵ所以上の坪にまとまって分布しており、堂・社などの記載がある坪には、近接して竹がみられる。「百松住」「弥松住」のような住記載と竹も密接な関連がある。永仁三年（一二九五）六月の大井荘有司間人検注名寄帳案（『鎌倉遺文』一八八五六号文書）の「百松」「弥松」の除分記載をそれぞれ見ておこう。

一、百松　□次郎殿
已上二丁九反四十歩（田一丁小　畠一丁六反三百四十歩　竹一反三百歩）
除二丁（田一反小　畠一丁八段大）　屋敷加竹定

（以下略）

一、弥松　小法師殿

已上一町八段六十歩 田九反三百歩 畠五反三百歩 竹二反半

除一町 田三反 畠四反半 竹二反半　已屋敷

（以下略）

面積一町八段六〇歩の弥松名では、屋敷一町分（田三反・畠四反半・竹二反半）が年貢の除分と認められていたが、前述の「弥松住」の二条一里三〇坪二筆分合計の竹二反半・畠四反半は、この屋敷分の畠・竹面積と完全に一致し、それに含まれると判断できる。面積二町九反四〇歩の百松名でも、田畠二町に竹を加えて屋敷とされており、そこには「百松住」の二条一里二九坪の「竹小」なども含まれているとみてよい。屋敷として除分が認められるのは下司《げし》・公文《くもん》・田所《たどころ》などの荘官の名だけで、百姓の名には竹はあっても、屋敷記載はない。大井荘の帳簿に現れる屋敷は、居住地を包摂するものの、田畠を含めて年貢除分とされており、本来の意味での屋敷地ではない。逆に竹の記載と居住地とがかなり近い関係にあるのである。ではなぜ大井荘において、竹記載が居住地と重なってくるのであろうか。

水防林の機能　大井荘域は前述したように洪水常襲地域であり、のちには集落や耕地を洪水から守るために周囲に堤防をめぐらした輪中を成立させるが、後述するようにこの段階では、まだ部分堤が存在していたにすぎない。竹は『日本書紀《にほんしょき》』景行《けいこう》天皇五十七年九月条に、大和《やまと》国坂手池《さかていけ》を造り、堤の上に竹を植えたという記事があるのをはじめ、堤防の補強や水害防備林（水防林）として、高い有効性を発揮した樹種である。水防林は洪水の流勢を減じ、土石や流木などの衝突を和らげ、石礫を堆積させるなど、洪水の破壊性を取り去る目的を有しており、樹種としてはアカマツ・竹・ヤナギなどが選ばれる。竹は浅根性だが、密生して生え、柔軟性に富むため、多数の竹幹や根・地下茎が流速を削いだり、水濾《こ》し・土留《どど》めの作用を持つなど、水防効果は大きい。洪水は流失や破壊の被害を減少させることができれば、肥沃な土壌が堆積するという客土《きゃくど》効果も存在する（上田・一九五五）。また竹は大地に広く根・地下茎を延ばすことから、土砂崩れ防止や地震対策などの機能を有する。『山槐記《さんかいき》』元暦二年（一一八五）七月九日条によれば、元暦《げんりゃく》大地震が発生したさいに家中の男女が竹原に逃げたという。

大井荘で寺社や居住地と竹が密接に関連して史料に登場するのは、微高地上の家屋・集落を洪水などの被害から防御するために植えめぐらされた竹林が、景観的にも無視しがたい特徴となっていたからではあるまいか。部分堤しか存在しない段階において、洪水に対応するための方策として、荘園領主からもある程度認知されていたのであろう。のちに至るまで、輪中地帯の集落には水防のための竹林が多いのである（伊藤＝青木・一九七九）。

国衙と堤防修理　正治元年（一一九九）八月から九月にかけて、畿内《きない》周辺の広い地域で大雨の被害が出る。貴布禰《きふね》社などの一〇社に止雨奉幣使《しうほうべいし》が遣わされ、東大寺・興福寺《こうふくじ》・延暦寺《えんりやくじ》に命じて仁王経《にんのうきよう》の転読が行われた（『大日本史料』四編之六）。大井荘周辺でも被害は大きく、美濃国衙《こくが》は堤の修固《しゆうこ》を国内の荘園公領に命じた。しかし正治二年（一二〇〇）閏二月の東大寺五師三綱等解案《ごしさんごうらげあん》（『鎌倉遺文』一一二二号文書）に、「当国防河の堤、連々損壊すといえども、国衙修固せしむるの時、当庄全く其役を勤めず。元暦・建久両度の堰堤の役に至りて、始めて当庄に切り課すといえども、寺家旧例を引き、事の由を奏聞するの日、共に以て免除せらる。（中略）、なかんずく華厳会・法花会此両会は、是寺家厳重の法会なり、件両会色々用途、大井庄ひとえにこれを勤む。若し堰役を免ぜられざるにおいては、大会用途の進済叶うべからず」とあるように、堤が損壊して国衙が修理する場合でも、東大寺はこれまで堤役を免除されてきたと拒否し、認められなければ華厳会・法華会という鎮護《ちんご》国家の法会《ほうえ》の費用負担が不可能になると主張した。同年四月の東大寺三綱等重申状案（『鎌倉遺文』一一三五号文書）でも、大井荘が水害を受けているのになぜ防御策に協力しないのかという国衙在庁官人の主張に対して、やはり東大寺は荘園成立以来いくら洪水によって被害を受けても、大井荘が国衙の堤防修理に動員されたことはないと拒否を繰り返し、結局後鳥羽《ごとば》上皇より免除が認められる。

問題となっていた堤は「笠縫堤《かさぬいつつみ》」と呼ばれており、「彼堤に懸かる国領地は、僅かに十余町、大井庄は数百町なり」（『鎌倉遺文』一一三七号文書）とあるように、大井荘数百町を灌漑する用水とも密接に関わる堤であった。笠縫は大井荘域北西隅にあたり、現在は杭瀬川《くいせがわ》の左岸域に位置するが、当時はそれが揖斐川の主要流路であったと思われる。また中世鎌倉街道の重要な宿駅として、阿仏尼《あぶつに》の

『十六夜日記《いざよいにっき》』などにも登場する。大井荘域はほぼ北西から南東へ傾斜しており、「笠縫堤」は荘域への水の流れをコントロールする役割を有していたと推定されるのである。

なお永仁六年（一二九八）三月の下司《げし》大中臣則宗《おおなかとみのりむね》を訴えた東大寺衆徒《しゅと》等訴状案（『鎌倉遺文』一九六三五・六号文書）によれば、則宗の祖である大中臣則親は御家人《ごけにん》の号を掠《かす》め募ろうとして、免除を認められているにもかかわらず、「杭瀬河畦堤・多芸《たぎ》荘横堤等、修固すべし」として、東大寺に無断でその役に従ったという。ここでいう「杭瀬河畦堤」が「笠縫堤」であり、在地領主化をめざす大中臣氏は東大寺とは全く異なる判断を有していたのである。また八条院《はちじょういん》領多芸荘は現大垣市多芸島町（杭瀬川東岸）を中心とする広い地域で、大井荘の南部に位置しており、やはり「多芸荘横堤」も杭瀬川に関する堤防だったのであろう。

永仁四年（一二九六）九月二十五日の関東御教書案《みぎょうしょあん》（『鎌倉遺文』一九一五〇号文書）では、「津布郎《つぶら》庄堤」の修固について、守護代《しゅごだい》より大井荘に対して動員がかけられており、翌五年六月三日の大井荘政所に宛てた書状（『鎌倉遺文』一九三八六号文書）には、「津布良・墨俣《すのまた》両所の堤の事により、談じ申すべき事等候。今月□日早朝、墨俣宿へ御寄合有るべく候」とあり、津布良（郎）堤・墨俣堤の修築のための寄合に大井荘も参加した事実が知られる。当該地域は河道の変遷が激しく、当時の河道を確定することは困難であるが、津布良（郎）は現在の岐阜市津《つ》村（揖斐川西岸）で大井荘の北東にあたる。一方、墨俣（現大垣市墨俣町）は、大井荘の東、長良川と木曾川が合流する国境の渡河点に位置し、承和二年（八三五）六月二十九日の太政官符《だいじょうかんぷ》（『類聚三代格《るいじゅうさんだいきゃく》』巻一六）で渡船や布施屋の設置が定められたのをはじめ、何度も歴史上に登場する東西交通の要衝である。

荘園領主の災害対応　これらの堤は重要拠点に築造された部分堤で、洪水時に河岸の水衝部《すいしょうぶ》を激流の直撃・侵入から防ぐための堤防であったと思われる。しかし少しずつではあるが堤防の整備が進んでおり、やがて近世初頭には完全囲堤の懸廻《かけまわし》堤が造成され、古大垣輪中が形成されるのである（安藤・一九八八）。鎌倉期の大井荘では、家屋や集落の周りに水防林として竹林を造成し、水害に備える家・村落レベルの対応とともに、国衙主導による部分堤の修理・築造という荘園を越えた対応も試みられていた。荘園はそれぞれ明確な公的役割を与えられて立荘され、それゆえに荘園領主は人と土地を支配する権限を分割・継承できたのであるが、大井荘の場合、東大寺の華厳会・法華会の経費を捻出する荘園と位置づけられており、両会の用途進済に影響を与えない範囲でしか対応できないため、国衙への協力拒否という結果となった。しかし水害へより積極的な対応をみせる幕府や在地領主の動きもあり、荘園の枠を越えた堤防の増強などの対策が顕在化していくが、それは荘園領主東大寺の支配体制を超えて展開していくのである。

永仁の検注帳では、百姓の名《みょう》には新田や桑畠が多い。同じく東大寺領である美濃国茜部荘《あかなべのしょう》（現岐阜市）では荘域の南を「尾張《おわり》河」（古木曽川）が流れていたこともあり、大井荘以上に洪水に苦しめられる。永治二年（一一四二）十月茜部荘住人等申状（『平安《へいあん》遺文』二四六九号文書）においては、茜部荘では立荘以来数百年の間に、国境である尾張河が荘側に頽《くず》れ寄ったため、旧河跡をしだいに桑原としたところ、旧河と新流間の河成桑原を尾張国分にされてしまったとその返還を訴えている。氾濫原の微高地には、桑が栽培されるなどの土地利用が行われていたのである。なお茜部荘では大井荘とはやや異なり、地頭が置かれて築堤などの主導権を握っていたが、やはり洪水の被害に翻弄されていた。

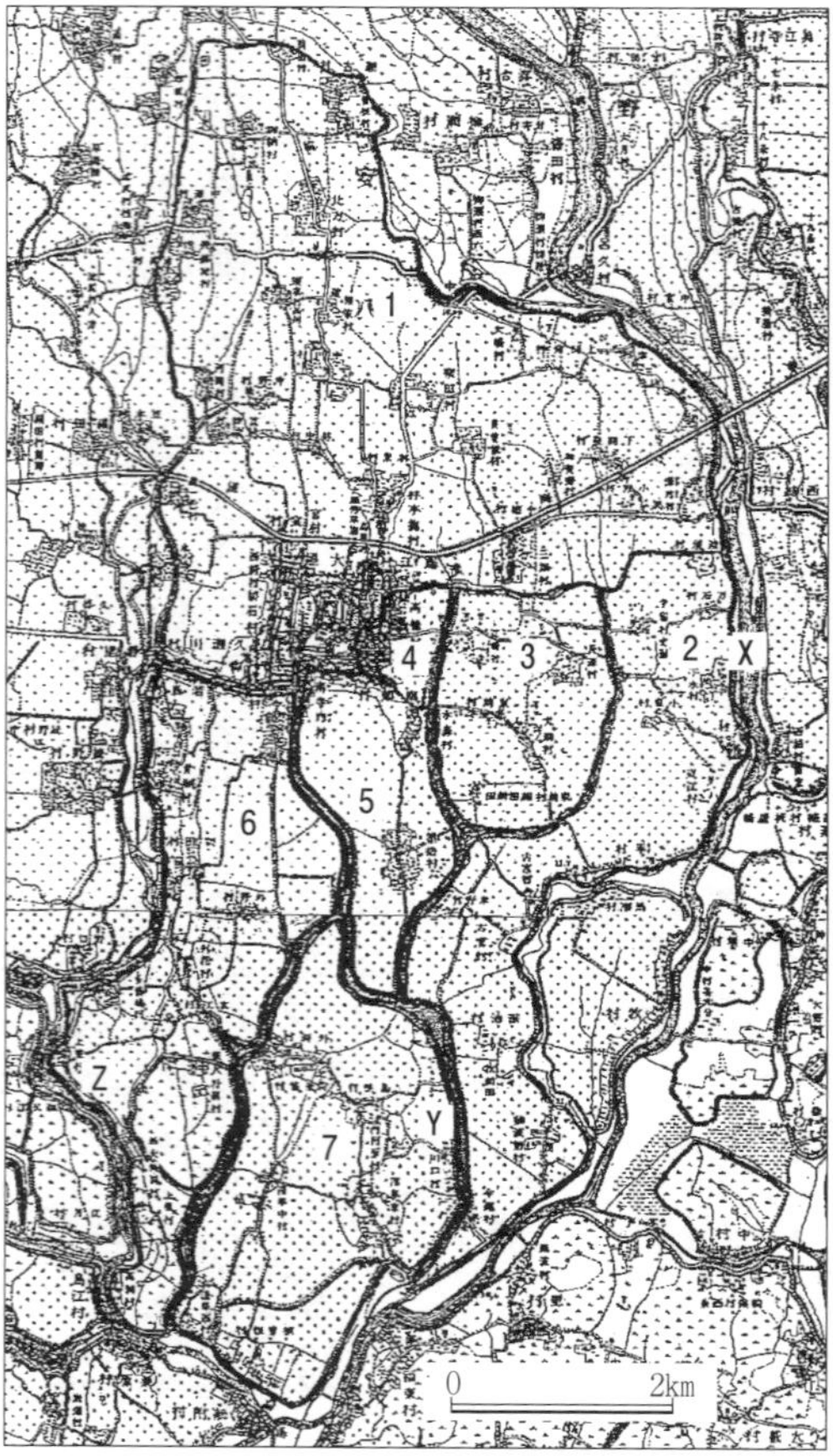

図24　城下町・大垣と大垣輪中分布図（明治22年測図）　1：古大垣輪中，2：古宮（東中之江）輪中，3：西中之江（中之江）輪中，4：伝馬町輪中，5：禾森輪中，6：今村輪中，7：浅草輪中，X：揖斐川，Y：水門川，Z：杭瀬川．

(2) 水害からの復旧

伊勢国大国荘　次に水害とその復旧のあり方について、東寺《とうじ》領伊勢《いせ》国大国《おおくに》荘の事例について触れておきたい。大国荘は桓武《かんむ》天皇皇女布施《ふせ》内親王の墾田《こんでん》の一部が、弘仁三年（八一二）に夜燈日供毎年七月十五日施《せ》瓫料《ぼんりょう》として、東寺に勅施入されて成立し、本田数は一八五町九段一八〇歩であった。荘域は櫛田《くしだ》川が中流の丘陵・河岸段丘地帯から離れ、やがて祓川《はらいがわ》を分流させる現多気《たき》町北西部から松阪《まつさか》市南東部に及ぶ地域一帯で、荘田は櫛田川・祓川に挟まれた松阪市法田《ほうた》・横地《よこち》・伊勢場《いせば》などの地区を中心に分布しており、「当御庄本より田数狭少の上、大河の左右に散在」（『平安遺文』一九五〇号文書）という立地の荘

図25　伊勢国大国荘周辺図

園であった。

大国荘を貫流する櫛田川が、承和十四年（八四七）に西北へ一里ほど移流したため、郡界をめぐって両郡間で紛争が起き、多気郡が新流を、飯野《いいの》郡が古河を郡界としたことによって、その二流の中間地帯は、両属状態に置かれることになった。両郡の郡界認識の相違からの両属関係は、同一の土地が両郡の異なった条里で表示される関係＝条里の重複として史料に現れている。櫛田川はこのように何度となく氾濫と流路変動を繰り返しており、大国荘もその影響を免れなかった。兄国《えぐに》より下流域、とくに祓川との分流点以東は、櫛田川の氾濫原にあたり、条里地割はほとんど見られない。この地域は自然堤防がよく発達しており、兄国や河田《かわだ》・法田などの集落が立地する。櫛田川と祓川に挟まれた横地・伊勢場などの地域では、祓川の井堰による灌漑が行われ、祓川以南の兄国・朝長《あさおさ》・弟国《おうぐに》などの地域では、佐奈《さな》川の井堰とともに山麓の溜池が用水源となっている（水野・一九九三）。

保安二年の伊勢湾台風　保安二年（一一二一）八月二十五日、伊賀《いが》・伊勢地方一帯は大きな台風の被害を受け、伊賀国黒田《くろだ》荘では名張《なばり》川の洪水で本荘内の土地が崩れ失われたため、居住地がない杣工《そまく》らが国衙領へ出居し、相論が発生する（『平安遺文』二〇〇七号文書）。伊勢神宮では外宮《げくう》正殿で深さ二尺まで水があふれ、大国荘においても「山岳は頽落して平地の如し。田畠作物は流失して、河底と成る」（『平安遺文』一九五〇号文書）というありさまであった。その被害状況は、大国荘流出田畠注進状（『平安遺文』一九二三号文書）によれば次のようである。

一、御庄内麻生曽村田一町、桑畠四段

一、大井川原片畠二町　已白川原
一、兄国川原同畠一町五段の中、五段桑畠　已白川原
一、大川原同畠三町一反半の中、一反半桑畠　已白川原
一、大国村田三町八段半、畠一町一段の中、五段桑畠　已損□
一、横道村田八町四段半、桑畠二町二段三百歩
一、御正作田一町、穎稲五佰束を苅り、御倉に納むといえども、湿朽して藁の如し
一、流失在家七家、道房・友行・守次・□末・得重・公元・頼清
一、流死女一人、同じく斃死牛馬十疋の中、馬二疋・牛八頭

田畠・桑畠の所在地として、麻生曽村（現朝長）・大国村（現弟国）・横道村（現横地）の名が見えるとともに、櫛田川の河原に桑畠と不安定な畠地と考えられる片畠が立地していたことが知られる。これらの田畠などは、「或いは崩失、或いは流失、或いは土高二三尺ばかり置き埋まり、或いは砂石流居して、白川原と成り、永く損亡する所なり。そもそも纔《わず》かに流れ残る所の田は、往古の堰溝流出」という状態で、洪水を受けて田地や用水施設が流出したり、土砂が堆積して河原のような姿となった。なお耕地や在家の被害に比べて、死者が一名だけと少ないのは、洪水がある程度予測できたことを示しているのであろう。このときの耕地の被害は、大国荘田三二町四段一八〇歩のうち一三町三段が損田、畠二四町一六〇歩では損畠は一〇町三段半に及んでおり、四割を超える田畠が被害を受けたため（『平安遺文』一九四九号文書）、その再開発が緊急の課題として浮上してくる。

洪水被害からの復旧　保安三年（一一二二）三月十一日の大国荘専当解（『平安遺文』一九五九号文書）によれば、洪水で破壊された用水施設の再建には、広さ・深さが各八尺の用水溝を新たに十町掘るための人夫が一段につき五、六十人あるいは四、五十人、古い溝十余町を掘り直すためには、一段についてその二倍の人夫が必要で、大国荘ではそのうちの新旧六町分が該当する。また洪水土砂で埋まった耕地の復旧にも、一段につき二、三百人に及ぶ人夫が必要になるという。荘官《しょうかん》や田堵《たと》住人らは、これら過重な復旧作業の負担に対し、荘園領主東寺の「人夫功労」（労賃給付）支給がなければ、旧作田は放棄され、荘園は荒廃すると訴えているのである。

　このように用水路の開削や土砂の除去など、災害復旧に要する労働力・経費は膨大な量に上った。堰溝の修理にあたっては、「ややもすれば水損に遇うといえども、堰溝少破の時に於いては、嘆きながら本家に言上せず、田堵修固の勤を致す」とあるように、少破のときは田堵が修固するものの、大破のさいは「領主等或いは人夫食料を宛給い、各田堵相共に彼の堰溝の役を勤めしめ、或いは所当の年貢を免除し、彼の堰溝料を募らしむ」として、領主が人夫食料・堰溝料を支出し、修理財源とする慣行が存在していた。当然それは「将来の年貢の弁を存ぜんが為」である（『平安遺文』一九五〇号文書）。また人夫も荘園単位の夫役《ぶやく》徴収ではなく、近隣諸荘の協力による雇用労働が想定されるのである（大山・一九七八）。

　しかし大国荘財政の枠を超えた出費に耐えられないと判断していたためであろうが、東寺はその費用負担を渋っており、またどこに溝を掘り直すかについても、周辺の稲木《いなき》村刀禰《とね》住人らとの利害対立が顕在化し、強引に大国荘内に大溝が掘られて、荘田一町三段が損失してしまう。天治二年（一一二五）九月に大国荘はまた洪水に襲われ、用水施設に大きな被害を受ける。同年十一月大国荘専当時光解（『平安遺文』二〇五四号文書）によれば、大国荘堰長末久は専当らのプランを無視し、稲木・横道の住人らと結託して本家正作田に溝を掘り通し、一町余歩の熟田《じゅくでん》を掘損せしめたという。災害復旧をきっかけに再生産をめぐる秩序の再編成が図られていくが、それは東寺の関与の外で展開していくのである。十二世紀半ば以降、大国荘は史料を激減させ、具体的事実の追跡がしだいに困難になるが、断片的ながらも十四、五世紀まで東寺文書中にその名を見出すことができる。徳治二年（一三〇七）五月十三日の大国荘済物《さいもつ》注文（『鎌倉遺文』二二九六六号文書）では、東寺が年貢を徴収できる田数は一三町余に減少し、正嘉二年（一二五八）・正安三年（一三〇一）など、大国荘が繰り返し洪水被害を受け続けていたことが確認できる。

大国荘では、軽微な被害は田堵の自己負担、ある程度の被害は年貢よりの控除を基本財源とする荘園領主の負担という原則があったが、それでは大規模な災害には対応しきれず、新たな地域秩序の中で復旧と再開発が進行した。荘園領主的勧農の範囲内では、東寺は在地で進行する事態に対応できなくなっていくのであるが、その一方で、現在の村落名につながる村々が史料に登場する。このような村落とその連合、およびそれを背景とした新たな地域権力が、東寺に代わって自然との闘いの前面に立つのである。

(3) 水害と堤防

古代・中世の堤防　堤防に関しては、『日本書紀』仁徳《にんとく》天皇十一年十月条に河内《かわち》国の茨田堤《まんだのつつみ》を築かせたとあるのをはじめ、古くから溜池や河川の堤防は史料に表れる。養老営繕令《ようろうえいぜんりょう》近大水《きんたいすい》条には、「凡そ大水近くして、堤防有らん処は、国郡司、時を以て検行せよ。若し修理すべくは、秋収り訖《おわ》らん毎に、功の多少を量りて、近きより遠きに及ぼせ。人夫を差して修理せよ。若し暴水汎溢して、堤防を毀り壊りて、交《にはか》に人患為せらば、先ず即ち修営せよ。時の限に拘らず。五百人以上役すべくは、且役し且申せ。若し要急ならば、軍団の兵士も亦《また》通いて役すること得む。役せむ所は五日に過すこと得じ」とあり、大水のさいの国司・郡司の堤防管理責任と修理を規定しているが、小規模の工事ならば自分たちで修理する慣行が在地社会に存在していたと思われる。平安期以降も国家は堤防管理に一定の配慮をしているが、修築などの労働力の徴発には国衙が大きな役割を果たしており、本格的な中世荘園が成立すると、国衙の権限は荘園領主に継承される。それは荘園内における災害復旧の役割も荘園領主が引き継ぐということであった。

中世の河川堤防は、規模に差はあるものの連続堤ではなく、自然堤防などを利用した部分堤であったと考えられているが、施工法などについては十分には解明されていない。考古学の調査事例によれば、常時近くに水がある池堤防の場合、盛る土砂を厳選し突き固めているのに対し、増水時のみ機能する河川堤防では土砂をあまり限定せず、加圧されていないという。また中世の河川堤防は、土や砂礫《されき》を盛り上げたり、河原の自然堆積を堤体に利用しているケースだけでなく、杭や木組みを多用したものなども確認されている（畑・二〇〇三）。

大国荘では被災した用水の復旧が大きな課題となっていたものの、櫛田川・祓川の堤防修築はほとんど問題とはなっておらず、堤防が存在していなかった可能性が高い。大井荘においては、堤防修築の負担が荘園領主と国衙の対立点であったが、東大寺は堤防の存在を前提にしなければ大井荘が存続しえないとは認識していない。また複数所領にまたがる堤防としては、淀川《よどがわ》水系の摂津国神崎川《かんざきがわ》の三国《みくに》堤が春日社領榎坂《えさか》郷など四所領の共同負担で維持されていたことが知られるが、十五世紀初めには、東寺領垂水《たるみ》荘が荒廃を理由に堤料を下行せず、修築が困難になっていた（島田・一九六六）。

東国における築堤　一方、東国《とうごく》では、異なった状況が見受けられる。『吾妻鏡』貞永元年（一二三二）二月二十六日条によれば、「武蔵《むさし》国榑沼《くれぬま》堤大破の間、修固せしむべきの由、便宜の地頭に仰せらるべきの旨定めらる」として、関係する地頭の責任で、武蔵国内の「諸人領内百姓」を一人も漏《も》らさず動員する体制がとられた。また建久五年（一一九四）十一月二日条の「武蔵国大田庄堤修固の事、明年三月以前に功を終わるべきの旨、仰せ下さると云々」、あるいは建長五年（一二五三）八月二十九日条の「下総《しもうさ》国下河辺《しもかわべ》庄の堤、築き固むべきの由沙汰《さた》ありて、奉行人《ぶぎようにん》を定めらる」などの古利根川の河川堤防に関すると思われる記事がみられ、東国における幕府の積極的な姿勢がうかがえる。

十三世紀初め成立の鴨長明《かものちようめい》による仏教説話集である『発心集《ほつしんしゆう》』巻四第九話「武州入間川《いるまがわ》沈水の

事」には、入間川の破堤の状況が描かれている。「武蔵の国入間川のほとりに、大きなる堤を築き、水を防きて、其の内に田畠を作りつつ、在家多くむらがり居たる処ありけり。官首と云ふ男なん、そこに宗とあるものにて年比住みける。ある時、五月雨日比になりて、水いかめしう出でたりける。されど、未だ年比の堤の切れたる事なければ、さりともと驚かず。かかる程に、雨沃《い》こぼす如く降りて、おびたたしかりける夜中ばかり、俄《にわか》にいかづちの如く、世に恐しく鳴りどよむ声あり。此の官首と家に寝たる者ども、皆驚きあやしみて、こは何物の声ぞと恐れあへり。官首、郎等《ろうとう》を呼びて、堤の切れぬると覚ゆるぞ。出でて見よと云ふ。即ち、引きあけて見るに、二三町ばかり白みわたりて、海の面とことならず。(中略) 船求めて、まづ浜の方へ行きて見るに、すべて目を当てられず。浪に打ち破られたる家ども、算を打ち散せるが如し。汀《みぎは》に打ち寄せられたる男女・馬牛の類ひ、数も知らず。其の中に、官首が妻子どもをはじめとして、我が家の者ども十七人、ひとり失せでありけり。泣く泣く家の方へ行きて、見れば、三十余町白河原になりて、跡だになし。多かりし在家、たくはへ置きたる物、朝夕よびつかえし奴、一夜の内にほろび失せぬ。(後略)」。

堤防に守られた入間川畔の村落を襲った悲劇である。大雨が降っても、堤防の強度を信じ込んでいた官首であったが、破堤して家屋が流され、自分だけはなんとか溺死を免がれたものの、家族は一人残らず死亡してしまう。村落があった地は河原となり、家屋や財産・従者など一夜ですべてを失ってしまったのである。ここには堤防を前提とした村落のあり方と、破堤した場合の被害の大きさが描かれている。この堤防がどのようなものであったかははっきりしないが、埼玉県杉戸《すぎと》町では鎌倉期まで遡る可能性が高い古利根川《ことねがわ》の人工堤防が確認されており、盤層からの高さは七・二メートル、底辺は三〇メートル、長さは数キロに及ぶという。この人工堤防は農民の過酷な負担で、領主の強権的な主導により築かれたものであった（原田・一九九九）。

関東においては、幕府の存在がこのような工事を可能とさせたのであろうが、それとともに忘れてはならないのが、関東と近畿周辺とでは平野のあり方が大きく異なるという問題である。東日本の平野、とくに関東平野は、上流域に山地のない地域が広がっていることや、造盆地運動の中心がきわめて内陸にあることなどの理由から、扇状地帯の面積が狭い。また更新世《こうしんせい》段丘面の発達はよいものの、縄文《じょうもん》海進最盛期には群馬県に達するほど内陸まで海域となったため、沖積平野、とくに三角州帯の形成が遅く、きわめて低湿な状態であった（高橋・二〇〇三）。また浅間山《あさまやま》の天仁元年（一一〇八）の噴火による大量の土砂が利根川に流され、鎌倉時代にかけての短期間に自然堤防や河畔砂丘が発達する（久保・二〇〇四）。古利根川筋などの河川では、後背湿地には広大な湖沼・沼沢地帯が広がっており、出水や降雨状況などによってかなりの変動が生じるため、安定した灌漑区域の整備には、ある程度の洪水防御が必要だったのである（松浦・一九九七）。これらの条件により、大規模な人工堤防の造成が早くから開始されたのであるが、一部の西遷地頭は、関東で培われたこのような技術を新天地での新田開発に導入したであろう。

築堤と洪水被害の増大　畿内《きない》周辺などでは、水害とある程度共存しながら開発が進められ、初めは個別の対応やせいぜい洪水激流の直撃を防ぐだけの部分堤しかない段階からスタートして、しだいに堤防を伸張させていった。生産や生活の基盤が拡大し、災害の危険性が高い地域にまで利用や居住が進む中で、築堤などの対策が不可避となったのである。一方、関東などでは、大規模開発の前提として築堤などの大土木工事が実施されることがあったと考えられる。なお平安末期の東大寺領摂津《せっつ》国猪《い》名《な》荘では、潮が出入する江を閉めきって開田するために、二〇町に及ぶ築堤が計画された（『平安遺文』三六七二号文書）が、これは大規模な開発を目的としているものの、洪水対策の築堤とは性格が異なっている。塩堤による開発は、中世の西日本において多く確認できる（黒田・一九八四）。畿内周辺と関東とでは、直面する災害と開発の課題が異なっており、それは荘園制のあり方にも影響を与えていたと思われる。

中世における堤防の問題については、旧木曾川下流部に位置し、のちには立田輪中を成立させた東寺領尾張国大成《おおなり》荘（現愛知県立田《たつた》村周辺）の事例もよく知られている。十四世紀後半の大成荘では、大洪水による堤防決壊・百姓逃散《ちょうさん》という事態の中で堤を築き直し、現地を維持・再建することが地《じ》頭《とう》の主導で行われ、領家《りょうけ》側は受動的に対応するに止まっていたが、注目すべきは、次のような慣習法の存在がうかがえることである。自領の堤と連繋する堤を他領内に築くことが必要で、他領の側も共通の利益が得られるにもかかわらず築堤工事がなされない場合は、他領内であっても工事を行ってよい。そして工事によって利益を得ることになった他領側は、工事に要した費用の相応分を、工事を行った側に負担せねばならない（村岡・一九八九）。この慣習法は築堤への意欲を支え、個別の荘園領主の意志をも規制したはずである。

1でも触れたように、西日本では十五世紀以降に、上流で山林開発が進行して花崗岩などの崩壊・流出が激しくなるとともに、下流で連続堤防が築造されて河道が固定され、土砂の堆積が河道内に集中することによって、天井川が形成されていく。近江湖東の野洲川《やすがわ》北流では、基底幅約七メートル、高さ二メートル余りの台形の堤防跡が、川底幅約一八メートル余りの左右に検出され、十五世紀に人工的に河川を固定して以降、短期間に天井川《てんじょうがわ》が形成されたことが確認された。このような築堤は同時に破堤による大被害をもたらした。野洲市安治《あわじ》区有文書中の「いろいろ帳」によれば、明応五年（一四九六）八月および同六年一月の「つつみきれ」（堤切）によって、野洲川下流域の兵主《ひょうず》一八郷のうち、一三郷が水に漬くという被害を受ける。当該地域では、十四世紀後半以降、将軍家御料所代官《ごりょうしょだいかん》井口《いぐち》氏によって兵主神社の再興が図られるとともに、水路網の整備などの再開発が進み、十五世紀末には周辺の村落が統合され、兵主一八郷が成立したという（橋本・二〇〇四）。このような村落連合が、連続堤を造り上げていく原動力となったのである。

図26　堤遺跡台形堤防跡

　下鴨社領近江国邇保《にほ》荘（現近江八幡市《おうみはちまん》）では十四世紀末・十五世紀半ばごろに、日野川《ひのがわ》上流の桐原《きりはら》郷との間で用水相論

図27　里井Ｂ遺跡周辺図（一町方格記入坪が邇保荘条里図の範囲）

が断続的に行われており、その過程で取水状況などを示す邇保荘条里図（同江頭《えがしら》区有文書）が作成された。十一世紀後半から十三世紀後半にかけてと十五世紀後半から十六世紀前半にかけての二時期にピークを持つ集落遺跡里井《さとい》B遺跡は、荘域東南部に位置するが、十六世紀前半以降に南側を流れる日野川（現在は天井川）からの洪水砂によって一気に埋まってしまう（滋賀県教育委員会・二〇〇五）。当時の堤防の状況は不明であるが、条里図には「上ツ、ミ」「ツ、ミ」など、日野川堤防を示す坪名が確認できる。開発の進展や堤防の整備は新たな生活・居住の空間を拡大させるが、同時に災害の危険性を高めることにもなるのである。

図28　里井B遺跡

前述したように、洪水は繰り返し発生する災害であり、中世においては洪水はある程度許容され、共存しながら、社会が組み立てられていた。荘園領主も井料田などの恒常的な財源を確保し、堤防や用水施設などの管理・修築の体制を整えていたが、それは個別の荘園支配を前提としており、大規模災害や災害の頻発という事態には対処しきれないのである。大成荘で確認される新たな慣習法は、このような限界を突破するきっかけとなりうるものであり、各地では従来の支配体制の枠組みを超えるさまざまな動きが現れてくる。中世を通じて広がる請負制は、荘園領主の負う災害リスクを回避するものであるが、それは同時に在地社会から遊離することでもあった。このような過程を経ながら地域保全の新たなシステムが作り出されていくが、その担い手となったのが地域的な村落連合であり、それと密着した土豪《どごう》・国人《こくじん》たちであった。

都市水害　最後に都市水害についても触れておきたい。京都においては早くから防鴨河使《ぼうかし》・防葛野河使が置かれ、度重なる洪水に対処してきたが、防河の実効はなかなか上がらなかった。『中右記《ちゅうゆうき》』承徳二年（一〇九八）六月二日条には「去月十九日より、今朝に及び、霖雨《りんう》、鴨河泛溢し、河原人家等を押し流す」、同じく長承三年（一一三四）五月十七日条には、「世間河水大いに出、河原小屋皆もって流損す。京中堀川西洞院《ほりかわにしのとういん》、河水大いに出、流死の者有りと云々、近代、此の如き洪水、未曾有と云々、鴨川《かも》・桂河《かつら》汎々、人全く渡らざるなり」とある。鴨川などの洪水により京都は大きな被害を出したが、「河原人家」「河原小屋」が真っ先に被害を受けているのである。なお安貞二年（一二二八）七月二十日の洪水では「六波羅《ろくはら》西門大水により顚倒、仮屋流ると云々」（『大日本史料』五編之四）とみえるように六波羅の被害が知られるが、院政期《いんせい》に平氏《へいし》一門の邸宅が築かれ、のちに鎌倉幕府の京都における拠点となった六波羅は、そのほとんどが鴨川の現氾濫原面にあたっており、鴨川の氾濫によって容易に被災する場所であった。古代末から中世初頭の京都における武家の社会的地位を暗示するものである（高橋・二〇〇一）。

事態は鎌倉でも同じである。『吾妻鏡』建暦二年（一二一二）五月二十七日条には、「雨降、凡そ此間洪水、河瀉辺の人家水底となると云々」とあり、同じく寛喜二年（一二三〇）年八月六日条に「甚雨、晩に及びて洪水、河辺の民居流出し、人多く溺死す」、文応元年（一二六〇）六月一日条でも、「疾風暴雨洪水、河辺の人屋大底流失す。山崩れ、人多く磐石のために圧死す」とあるように、河川に沿った家屋の被害が顕著である。洪水のように経験的に予測しうる災害においては、被害は居住形態に規定される部分が大きくなる。河原は処刑や芸能の場であり、飢饉時などには死体を捨てる場でもあった。京都・鎌倉のような都市においては、居住形態には身分・階層の差が明確に現れ、河原およびその近辺に住む下層民の家屋が、真っ先に洪水被害を受けたのである。

4 都市災害

本章ではこれまでとは視点を変え、京都における災害の姿をみていく。都市という人口集中地がもたらす災害の実態や認識を確認するとともに、その特質を考えていきたい。素材とするのは、鴨長明《かものちょうめい》の『方丈記《ほうじょうき》』である。長明は若いころに京都で体験した大火・辻風《つじかぜ》・都遷《みやこうつ》り（福原遷都《ふくはらせんと》）・飢渇（飢饉《ききん》）・地震という五つの災厄＝「世の不思議」をその中で描いているが、これだけまとまった都市災害の描写はほかにはなく、またその内容もきわめて的確である。なお京都の都市機能を突然に断絶・麻痺させた福原遷都は一種の人災－政治的災害といってよいであろうが、ここでは辻風・地震などの自然災害と並列されており、現在のように人災と天災を区別する意識はみられない。では順次その具体的内容をみていこう。

安元三年（一一七七）大火

去安元三年四月廿八日かとよ。風烈しく吹きて、静かならざりし夜、戌の時ばかり、都の東南より、火出できて、西北にいたる。はてには、朱雀門《すざくもん》・大極殿《だいごくでん》・大学寮《だいがくりょう》・民部省《みんぶしょう》などまで移りて、一夜のうちに、燼灰《じんかい》となりにき。火元は、樋口富《ひぐちとみ》の小路《こうじ》とかや。舞人を宿せる仮屋より出で来たりけるとなん。吹き迷ふ風に、とかく移り行くほどに、扇をひろげたるがごとく末広になりぬ。

遠き家は煙にむせび、近きあたりはひたすら焔《ほのお》を地に吹きつけたり。空には、灰を吹き立てたれば、火の光に映じて、あまねく紅《くれない》なる中に、風に堪へず、吹き切られたる焔、飛ぶが如くして一二町を超えつつ移りゆく。その中の人、うつし心あらんや。或は煙にむせびて、倒れ伏し、或は焔にまぐれて、たちまちに死ぬ。或は身ひとつからうじて逃るるも、資財を取り出づるに及ばず。七珍万宝さながら灰燼となりにき。そのつひえ、いくそばくぞ。そのたび、公卿《くぎょう》の家十六焼けたり。まして、その外、数へ知るに及ばず。すべて都のうち、三分が一に及べりとぞ。男女死ぬるもの数十人、馬牛のたぐひ、辺際を知らず。

出火日時・強風という気象条件・火事の延焼方向・火元および火災の状況などが、簡潔ながらもきわめて明晰に描かれている。火災は人災的側面が強く、また天候・風向きなどの条件が被害規模に大きな影響を与えるのである。『玉葉《ぎょくよう》』の同日条は、大極殿以下の八省院は一切残らず焼失し、公卿も関白以下一四人の家が焼亡したとその被害を書き上げている。また直後から「死人すでに京中に満ち、穢気又天下に遍ず」として、七日間・三〇日間の「焼亡穢」「死穢」をどのように適用すべきかの議論が開始され、結局卜占《ぼくせん》によって決定されたことなどが知られる。

この大火は『平家物語《へいけものがたり》』巻一「内裏《だいり》炎上の事」にも描かれている。「二十八日の夜の戌の刻ばかり、樋口富の小路より火出で来つて京中多く焼けにけり。(中略) はては大内に吹き付けて、朱雀門より始めて、応天門《おうてんもん》・会昌門《かいしょうもん》・大極殿・豊楽院《ぶらくいん》・諸司八省・朝所《あいたんどころ》、一時が内に皆灰燼の地とぞなりにける。家々の日記・代々の文書・七珍万宝、さながら塵灰となりぬ。その間の弊いかばかりぞ。人の焼け死ぬる事数百人、牛馬の類数を知らず」とあり、死者数に数十人と数百人の開きがあるものの、『方丈記』の記述とも相まって、火災のすさまじさを伝えている。なお注意したいのは、『平家物語』において、この火災の原因を「山王《さんのう》の御咎《おとが》め」として、「比叡山《ひえいざん》より、大きなる猿どもが、二三千おり下り、手々に松火をともいて、京中を焼くとぞ、人の夢には見えたりける」とあるように、この大火災を日吉《ひえ》山王の意志によるものとしていることである。

木造家屋が密集する都市においては火災は時として大災害となる。平安京においても何度も大火を経験しているが、安元大火《あんげんたいか》は最大規模のものであり、大極殿はその後再建されることはなかった。京都の民衆はこの大火を「太郎焼亡」、続いて治承二年（一一七八）に起きた大火を「次郎焼亡」と呼んだという（京都市・一九七一）。なおこの大火により、年号は治承と改元《かいげん》される。

この時期における消防は破壊消防によって重要な場所への延焼を防ぐか、人を集めて火を打ち消すしか方法がなかった。院政《いんせい》期には京中の火災は検非違使《けびいし》が対応していたが、鎌倉期以降は内裏焼亡でも、幕府方・朝廷方を問わず早く駆けつけることのできた武士などが消防活動を担っており、貴族の場合は家組織を中心に消火にあたった。上位者の火災に対しては下位者はいち早く駆けつけ、一方、下位者や友人の場合は、即座に必要な消防要員や多様な物資が火事見舞いとして送られた。火災時には、天皇家では三種《さんしゅ》の神器《じんぎ》などの天皇に付属すべき物、貴族では文書が最初に持ち出されたが、鎌倉《かまくら》後期になり天皇家でも文書による相続が成立してくると、文書が取り出されるようになるという（大村・一九九六）。

火災の原因は、失火・放火、自然発火など多様であるが、中世では兵火によるものも多い。火災が大規模災害となるのは密集した都市環境によるものであり、貴族たちは重要文書を郊外の倉に納めたり、倉を瓦葺にして壁板の上に石灰を塗り、池や溝をめぐらすなどの防火対策をとることもあった。延慶二年（一三〇九）に左《さ》大臣西園寺《さいおんじ》公衡《きんひら》の立願によって作成されたと伝えられる『春日《かすが》権現《ごんげん》験記《げんき》

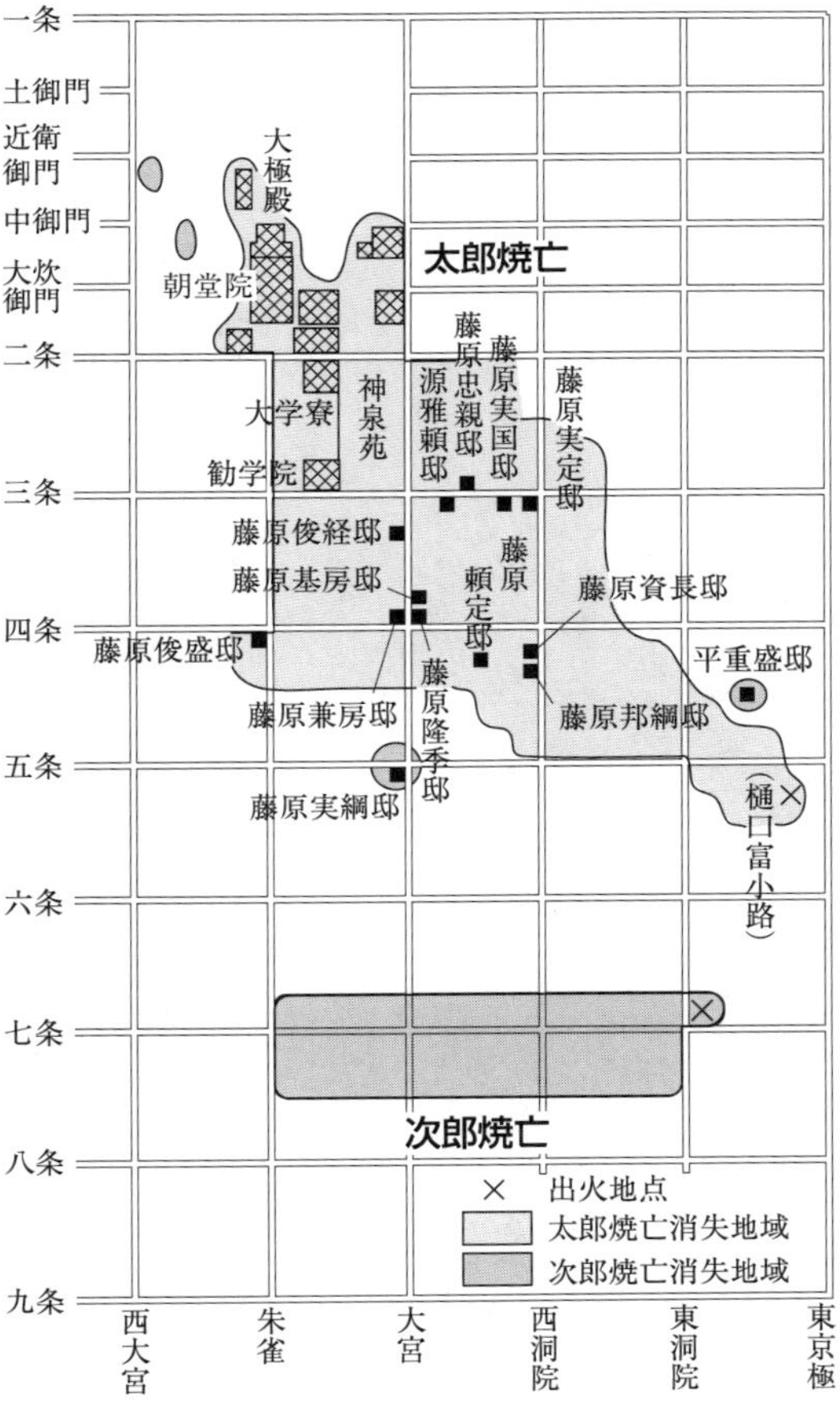

図29　太郎焼亡と次郎焼亡

絵《え》』には、火災で燃え残った白漆喰《しっくい》の蔵が描かれており、防火上有効であることが知られていた。しかし大火に対してはほとんど無防備に近く、普段から文書などを文車に納めて持ち出しに備えるしかなかったのである。また鎌倉期の都市鎌倉も頻繁に火災に襲われており、やはり破壊消防で対応するしかなかったが、若宮大路《わかみやおおじ》が消防帯としての機能を有していたと推定されている（福島・二〇〇四）。

治承四年（一一八〇）辻風

治承四年卯月のころ、中御門《なかみかど》京極《きょうごく》のほどより、大きなる辻風おこりて、六条わたりまで吹ける事侍りき。三四町を吹きまくる間に籠れる家ども、大きなるも小さきも、ひとつとして破れざるはなし。（中略）いはんや、家のうちの資財、数をつくして空にあり、檜皮《ひわだ》・葺板《ふきいた》のたぐひ、冬の木《こ》の葉の風に乱るるが如し。塵を煙の如く吹き立てたれば、すべて目も見えず、おびたたしく鳴りとよむほどに、もの言ふ声も聞えず。かの地獄の業の風なりとも、かばかりにこそはとぞおぼゆる。家の損亡せるのみにあらず、これを取り繕ふ間に、身をそこなひ、かたはづける人、数も知らず。この風、未の方に移りゆきて、多くの人の嘆きをなせり。

やはり発生場所・移動方向や被害状況などが的確に記される。強風が一時的に渦巻きをなして立ち上がるのがつむじ風・旋風であるが、直径一〇〇メートルほどの規模になると竜巻と呼ばれ、中心部の気圧が低くなり、地上の樹木や家屋などを瞬時に巻き上げて被害を及ぼす。『玉葉』同年四月二十九日条には、「廻飄忽ち起こり、屋を発し木を折る。人家多もって吹き損ずと云々。又同時に雷鳴し、七条高倉《しちじょうたかくら》辺に落つと云々、（中略）又白川《しらかわ》辺に雹《ひょう》降る。又西山方同然と云々」とあり、「廻飄」（つむじ風）とともに落雷があり、降雹があったことも知られる。五月二日条には、「一昨日暴風、すでに朝家の大事として、御祈已下の事何様に行なわるべき哉、（中略）辻風常事たりといえども、いまだ今度の如き事有らず。仍って尤も物怪たるべき歟」とあり、この辻風の異常さが語られている。

『平家物語』巻三「つじかぜの事」では、「京中につじ風おびただしう吹いて、人屋多く顛倒す」として、その被害のさまを描くとともに、「これただ事にあらず、御占あるべしとて、神祇官にして御占あり。今百日の中に、禄を重んずる大臣の慎、別しては天下の大事、仏法・王法共に傾き、並びに兵革相続すべしとぞ、神祇官《じんぎかん》・陰陽寮《おんみようりよう》ともに占ひ奉る」とある。台風・大風の記事は日記などに頻繁に表れ、その被害も広範囲に及ぶ。それに対し旋風・竜巻はその局地的性格から記録類にはさほど多くは見えないが、その中でも治承の旋風は特筆されるもので、これらの記述以外に『明月記《めいげつき》』『百錬抄《ひやくれんしよう》』『古今著聞集《ここんちよもんじゆう》』などにもその恐怖が記されている。過密都市京都で発生した通常レベルを超える旋風は、仏法・王法が傾き、戦乱が続く前兆とみなされたのである。なお『方丈記』においても、「辻風はつねに吹くものなれど、かかる事やある。ただ事にあらず。さるべきもののさとしかなどぞ、疑ひ侍りし」と述べて、神仏の人間への警告と受け止めている。

治承四年（一一八〇）都遷り

治承四年水無月のころ、にはかに都遷り侍りき。いと思ひの外なりし事なり。おほかた、この京のはじめを聞ける事は、嵯峨《さが》の天皇の御時、都と定まりにけるより後、すでに四百余歳を経たり。ことなるゆゑなくて、たやすく改まるべくもあらねば、これを、世の人安からず憂へあへる、実にことわりにもすぎたり。されど、とかく言ふかひなくて、帝《みかど》より始め奉りて、大臣・公卿みな悉く移ろひ給ひぬ。世に仕ふるほどの人、たれか一人ふるさとに残りをらん。官・位に思ひをかけ、主君のかげを頼むほどの人は、一日なりともとく移ろはんとはげみ、時を失ひ、世に余されて、期する所なきものは、愁へながら止まりをり。軒を争ひし人のすまひ、日を経つつ荒れゆく。家はこぼたれて淀河《よどがわ》に浮び、地は目の前に畠となる。人の心みな改まりて、ただ馬・鞍をのみ重くす。牛・車を用とする人なし。西南海の領所《りょうしょ》を願ひて、東北の庄園《しょうえん》をこのまず。

平清盛《たいらのきよもり》は仁安三年（一一六八）に出家したのちは摂津《せっつ》福原に住み、大輪田泊《おおわだのとまり》の整備を進めて日宋《にっそう》貿易に乗り出す。しかし親密であった後白河《ごしらかわ》法皇との関係がしだいに悪化し、治承二年（一一七八）十一月には軍兵を率いて上京し、院政を停止して権力を完全に掌握する。同四年五月に以仁王《もちひとおう》が平氏《へいし》打倒の兵を挙げるが、乱の鎮圧直後、清盛は周囲の強い反対を押し切り、突然福原遷都を断行した。六月二日には安徳《あんとく》天皇・高倉《たかくら》上皇・後白河法皇の遷幸があり、それに随って公卿たちの多くが福原へ向かう。『玉葉』の同日条には、「緇素《しそ》貴賤、仰天をもって事となす。只天魔朝家を謀滅す。悲しむべし悲しむべし」とあり、驚きと嘆きが記されている。しかも福原は、「所の有様を見るに、その地、ほど狭くて、条里を割るに足らず、（中略）なほ空しき地は多く、造れる屋は少し。古京はすでに荒れ、新都はいまだ成らず」という状態であった。それでも道路整備と宅地の班給《はんきゅう》が始まり、内裏が新造されて、十一月に安徳天皇が移るが、頼朝《よりとも》の挙兵など東国での内乱が激化する中で、十一月末には天皇・清盛以下は京都に還るという経過をたどったのである。

これは平氏政権が権力の維持のために実施した政策であり、普通いう災害とは全く異なるが、政治過程から疎外されている大多数の京都住民にとっては、突然の都市機能麻痺と混乱が続いたのであり、理解を超える災難というほかはなかったであろう。

養和（一一八一・八二）飢渇

養和のころとか、久しくなりて、たしかにも覚えず。二年があひだ、世の中飢渇《けかつ》して、あさましき事侍りき。或は春・夏ひでり、秋・冬、大風・洪水など、よからぬ事どもうち続きて、五穀ことごとくならず。むなしく春かへし、夏植うるいとなみのみありて、秋刈り、冬収むるぞめきはなし。これによりて、国国の民、或は地を捨てて境を出で、或は家を忘れて山に住む。さまざまの祈りはじまりて、なべてならぬ法ども行はるれど、さらにそのしるしなし。京のならひ、何わざにつけても、源は、田舎をこそ頼めるに、たえて上るものなければ、さのみやは操《みさお》もつくりあへん。念じわびつつ、さまざまの財物、かたはしより捨つるがごとくすれども、さらに目見立つる人なし。たまたま換ふるものは、金を軽くし、粟《あわ》を重くす。乞食路のほとりに多く、愁へ悲しむ声耳に満てり。前の年、かくのごとく、からうじて暮れぬ。明くる年は、立ち直るべきかと思ふほどに、あまりさへ疫癘《えきれい》うちそひて、まさざまに、跡かたなし。世の人みなけいしぬれば、日を経つつ、きはまりゆくさま、少水の魚のたとへにかなへり。はてには、笠うち着、足ひき包み、よろしき姿したるもの、ひたすらに、家ごとに乞ひ歩く。かくわびしれたるものどもの、歩くかと見れば、すなはち倒れ伏しぬ。築地のつら、道のほとりに、飢ゑ死ぬるもののたぐひ、数も知らず。取り捨つるわざも知らねば、くさき香世界に満ち満ちて、変りゆくかたち有様、目もあてられぬ事多かり。

すさまじいばかりの飢饉の状況である。大火や辻風が京都だけの局地的災害であったのに対し、養和の飢饉は広く全国を覆った。きっかけは旱魃であった。前年より旱魃は継続していたが、内乱と重なり、いよいよ危機的状況に突入する。『玉葉』治承五年（一一八一）二月二十日条によれば、京中在家を調べ、「富有之者」に兵粮米《ひょうろうまい》などを負担させる政策が立てられる。それは「是天下飢饉の間、富を割き貧に与えるの義」とあるように、飢餓による京中の混乱を救うことを副次的な目的としていたが、救済が実際に行われたかは不明である。このとき平氏の軍は、食料不足から戦闘不能の状態に陥っており、「筑前国司《ちくぜんこくし》貞能《さだよし》申し上げて云く、兵粮米すでに尽きおわんぬ、今に於ては計略なしと云々」「在美乃《みの》（濃）追討使等、一切粮料無きの間、餓死に及ぶべしと云々」（同閏二月一日・三日条）という状況であった。筑前国司の平貞能は清盛の腹心で、肥後菊池《ひごきくち》氏鎮圧のために九州へ下向していた。『源平盛衰記《げんぺいじょうすいき》』巻二八に、「西海運上の米穀、国衙《こくが》庄園を云はず、兵粮米のために貞能点定しけり。東国北国西海運上《とうごくほっこくさいかいうんじょう》の土貢、悉く京都に通はさりければ、老少上下を云ず、餓死する者、道路に充満せり、群盗放火の事、連夜に絶ざりければ、貴賤安堵の心ぞなかりける」とあるように、戦乱による兵粮米の徴収や交通遮断などによって各地からの物流が停止したため、京都では飢餓が加速され、群盗が横行する。しかも「明年はさりとも立直る事もやと思し程に、今年は又疫癘さへ打副て、飢えても死、病でも死ぬ」（同巻二七）というように、翌治承五年（養和元年）には栄養失調で抵抗力の衰えた飢民に疫病が襲いかかった。

旱魃《かんばつ》対策としては、神仏への祈禱《きとう》がなされた。旱魃のさいの恒例のものであるが、同年六月十五日には、室生《むろう》龍穴《りゆうけつ》で祈雨《きう》読経《どきよう》が、十六日には法印権大僧都《ほういんごんのだいそうず》信円《しんえん》によって五日間の仁王経《にんのうきよう》転読が行われて甘雨《かんう》が祈請《きしよう》され、同時に神泉苑《しんせんえん》でも七日間、祈雨の孔雀経《くじやくきよう》読経がなされたが（『玉葉』『吉記《きつき》』）、飢饉はひどくなるばかりであった。嬰児が道路に捨てられ、死骸が街衢《がいく》に満ちていく。

『吉記』養和二年（一一八二）二月二十二日条に、「伝え聞く。五条河原《ごじようかわら》辺、卅歳ばかりの童死人を食うと云々。人、人を食う。飢饉の至極歟、定かなる説を知らずといえども、珍事たるにより、愁いに之を注す。後に聞く。或る説、其の実事なしと云々」とあるように、人肉を食べたという噂が流れ、「近日強盗火事連日連夜の事なり。天下の運すでに尽きる歟、死骸道路に充満す。悲しむべし悲しむべし」（同三月二十五日条）と、治安も全く保たれていない状況となる。なおこのとき、仁和寺《にんなじ》の隆暁《りゆうぎよう》法印が死者の額に阿字を書いて数を数えたところ、四月・五月の二ヵ月間で、京中だけでも四万二千三百余人に及んだというが、数字そのものは信憑性には欠ける。

飢饉により人々は食を求めて移動を始めたが、『方丈記』などによる限り、その行き先は「山」などで、必ずしも都市ではなかったようである。『百錬抄』寿永元年（養和二年）十月二日条に「京中人屋、去夏より之を壊ち、沽却す。ほとんど人家無きが如し」とあるのをはじめ、家々が壊され薪として売却された事実が諸記録に表れる一方、流入民についての記述は見えない。律令《りつりよう》国家は飢民・被災者に対して米などを支給する賑給《しんごう》を実施していたが、律令国家の衰退に伴ってしだいに形骸化し、賑給は朝廷の恩恵を示す年中行事になっていった。それでも元永元年（一一一八）や長承四年（一一三五）の飢饉においては、白河院《しらかわいん》や鳥羽院《とばいん》は賑給を行っているが、養和飢饉ではそのような対応も確認できない。この後、飢饉や疫癘・兵革《へいかく》を理由に寿永へと改元された。

なお寛喜《かんぎ》の飢饉（一二三一）のときは、朝廷で改元や賑給・読経・棄子制止などの飢饉対策が評定されたが、賑給も「百石五十石といえども、相構て恤給すべき歟。先例に叶うべし。天心に答うべし」（『民経記《みんけいき》』寛喜三年五月三日条）として、飢民救済の実効よりも天譴に対して徳政で答えるという性格が強いものであった。

元暦二年（一一八五）大地震

また、同じころかとよ。おびたたしく大地震《おおない》ふる事侍りき。そのさま、よのつねならず。山はくづれて、河を埋《うづ》み、海は傾きて、陸地をひたせり。土裂けて、水涌き出で、巌割れて、谷にまろび入る。なぎさ漕ぐ船は波にただよひ、道行く馬は足の立ちどをまどはす。都のほとりには、在在所所、堂舎塔廟、一つとして全からず。或はくづれ、或はたふれぬ。塵灰立ちのぼりて、盛りなる煙のごとし。地の動き、家のやぶるる音、雷にことならず。家の内にをれば、たちまちにひしげなんとす。走り出づれば、地割れ裂く。羽なければ、空をも飛ぶべからず。竜ならばや、雲にも乗らん。恐れの中に恐るべかりけるは、ただ地震なりけりとこそ覚え侍りしか。

この地震は元暦二年七月九日午刻に発生したもので、京都盆地北東部を震源に、マグニチュードは七・四と推定されている（宇佐美・一九九六）。この地震は多くの記録類にみえるが、最も詳細な記録を遺しているのが中山忠親《なかやまただちか》の日記『山槐記《さんかいき》』である。同日条には「又美濃伯耆《ほうき》等国より来るの輩曰く、殊の大動にあらず」と追記されており、美濃・伯耆では大した揺れではなかったことから、直下型地震と推定されている。

忠親はまず人を遣わして法勝寺《ほっしょうじ》の状況を確認させている。「法勝寺九重塔頽落重々、垂木《たるき》以上皆地に落ち、毎層柱扉連子《れんじ》相残らる。露盤《ろばん》ハ残り、其の上に折落つ」とあるように、院政期の強大な王権のシンボル法勝寺九重塔は倒壊には至らなかったものの、大破していた。忠親は次に、兄の花山院忠雅《かざんいんただまさ》邸に安否を尋ねる使者を送って被害を見聞させ、法成寺《ほうじょうじ》の被害状況も確認した。それとともに、摂政基通邸や閑院内裏《かんいんのだいり》の情報も入手する。また東隣の松殿基房《まつどのもとふさ》や北隣の少将公衡《しょうしょうきんひら》にも使いを送る。このように地震直後には被害状況の把握のために、各所に使者が派遣され、情報の収集と被害に応じた対応が求められたのであり、場合によっては救援や扶助が行われたのであろう。なおその夜は一晩中余震がひどく、忠親は「目眩《くら》み頭痛み、心神違乱して、乗船の様に消《に》る」と記す。後白河法皇《ごしらかわほうおう》は竹屋を庭中に造ってすごしたという。『山槐記』にはこれ以後も、詳細な余震の記事が続く。

『玉葉』同日条には、「午刻、大地震、古来大地動く事有りといえども、いまだ人家を損亡するの例聞かず。仍つて暫く騒がざるの間、舎屋忽ち壊崩せんと欲す。仍つて余の女房等を乗車せしめ、大将之に同じく庭中に引立て、余独り仏前に候」とあるように、地震で家が壊れることはないと思っていた九条兼実《くじょうかねざね》であったが、地震のあまりのひどさに家族らを車に乗せて庭に出し、自分は一人で仏前にいた。兼実邸はかなりの被害を受けたが、その後は法勝寺をはじめとする京中や延暦寺《えんりゃくじ》などの被害情報の収集に努め、院や八条院《はちじょういん》へも使者が送られる。なお「大地所々破裂し、水出涌くが如し」とあるように、地割が走り、液状化によって水が涌き出したという。『山槐記』には、「近江《おうみ》湖水北に流れて水減り、岸より四五段、或いは三四段、後日に元の如く岸に満つと云々、同国三町、地裂け淵となると云々」とあり、琵琶湖《びわこ》でも一時的に水位が下がるなどの異変がみられた。

中山忠親は地震の被害状況を調査するとともに、過去の大地震の例を調べ上げ、改元が多くなされていることを知るが、今回においても年号は文治と改められる。なおこの地震においては、寺社や貴族の建物被害の記録は多いが、死者についての具体的な記事は乏しい。庶民の家屋は屋根なども軽く、築地の崩壊などに巻き込まれなければ、死者はそれほど出なかったと推定されている（西山・二〇〇一）。

『方丈記』を素材に平安《へいあん》末の京都で起きた火災・辻風・飢饉・地震などの災害をみてきたのであるが、これらは都市だけで発生するものではなく、過密した都市であるがゆえに被害が拡大し、増幅されたのである。正確な死傷者数などは不明というほかはないが、火災・地震などの人的被害はそう多くはないようである。それに対して飢饉の死者数は群を抜く。しかし権力の中枢にいた右《う》大臣九条兼実の日記『玉葉』では火災や地震などの被害は詳細であるが、飢饉時では徳政《とくせい》という政治姿勢が朝廷内部で問題にされてはいても、飢饉への具体的対策が議論された形跡は乏しく、また被害実態に言及することも少ない。兼実らにとっての関心は、社会上層部とその物理的基盤に集中していたのである。

冷夏を原因とする鎌倉期の寛喜の飢饉（一二三一）や正嘉《しょうか》の飢饉（一二五九）のときには、幕府では飢饉奴隷の承認や飢饉出挙《すいこ》の奨励、私領山野の開放などの政策がとられた（藤木・二〇〇一）。旱魃《かんばつ》を原因とする室町《むろまち》期の応永《おうえい》の飢饉（一四二〇・二一）や冷夏が引き金となった寛正《かんしょう》の飢饉（一四六〇・六一）などにおいては、深刻な飢餓と疫病に襲われた周辺諸国から、飢えた貧しい人々が難民となって京都に殺到した。餓死者が充満すると、将軍の命により飢疫民《きえきみん》への施行《せぎょう》（食料支給）や死体処理が行われたが、それを担ったのが勧進僧《かんじんそう》集団であり、財源も勧進で調達された。そして施餓鬼《せがき》（死者追善）が五山《ござん》によって営まれた（西尾・一九八五）。藤木久志氏は、将軍や有力寺社・僧侶などによる食物の施しや、寺や橋・住宅などの造営事業が行われたことを、飢えた人々に食料と働き口を与える都市特有の生命維持の装置が作動したと評価する（藤木・二〇〇一）。しかし養和の飢饉段階では、まだこのような飢疫民を吸収し救済するシステムの存在は明確にはできない。都市がよりいっそうの発展をみせ、災害頻度も高まっていく中世後期には、集中・蓄積された経済力などによって、都市を保全・防衛するさまざまなシステムが構築されていくのである。

[5] 中世の災害対応

中世の災害は、現代における災害とは被害のあり方や発生頻度も異なり、原因の解釈や対応も大きく相違する。最後に中世における災害への対応を四つに整理して、むすびとしたい。

宗教的対応 [2]で述べたように、中世における災害観は神仏への信仰と深く関わっていた。天変地異や疫病などが起こるとその原因を取り除くために、さまざまな祈禱《きとう》が実施された。祈雨《きう》・止雨《しう》や風水害・火災・地震・疫病などから逃れる祈禱が、朝廷・権門《けんもん》や幕府から民衆に至るまで重層的に行われ、陰陽師《おんみょうじ》や僧侶・神官らがそれを主導した。

その中で最も多く史料に表れるのは、旱魃《かんばつ》・霖雨《りんう》のさいの祈雨・止雨祈禱である。『延喜式《えんぎしき》』巻三では畿内《きない》八五社が祈雨神祭の対象社としてみえるが、とくに大和《やまと》の丹生川上社《にうかわかみしゃ》と山城《やましろ》の貴布禰《きふね》社二社の信仰が篤かった。平安《へいあん》期以降は仏教的色彩が強くなり、二社への奉幣《ほうべい》などと併せて、密教《みっきょう》で請雨《しょうう》経法や孔雀《くじゃく》経法が祈雨法として重視されたことなどから、竜王が住むという京都の神泉苑《しんせんえん》や大和室《むろ》生《う》の竜穴で読経が行われる。大般若経《だいはんにゃきょう》や仁王経《にんのうきょう》も重視されたが、鎌倉《かまくら》・室町《むろまち》期には、水天《すいてん》を祀って雨を乞う水天供《すいてんく》もしばしば修せられるようになる。また陰陽寮《おんみょうりょう》による五竜祭も行われた。このような国家的な祈禱とともに、各地にも雨の神として、竜王・竜神などを祀る寺社が配置され、また荘《しょう》園《えん》や村落の鎮守《ちんじゅ》でもさまざまな祈雨・止雨の儀礼が行われるなど、重層的な信仰体系が形造られていったのである。中世後期になると雨乞《あまごい》にはさまざまな芸能が結びつき、雨乞踊りなどとして現在にも伝えられている（高谷・一九八二）。そのための経費は、免田《めんでん》などの形で荘園・村落の財政に組み込まれていた。

疫病などの流行を御霊《ごりょう》・疫神《えきじん》の仕業として、町や村落へ御霊・疫神などが侵入することを防ぐ御霊や道祖神《どうそじん》の信仰や、2で触れた大般若経・仁王経信仰、カンジョウカケなどのさまざまな祈禱・儀礼は、都市京都を中心に国家的レベルで設定された災害除去と安穏の儀礼が、民衆の願望を吸収しながら村落レベルにまで浸透し、重層的に定着し統合されていったことを示している。

工学的対応　中世という範囲内であっても、地形環境は大きく変化している。工学的対応は土木・建築技術を基礎に、築堤や河川の改修・固定、堀溝の造成などの物理的手段によって災害被害を最小限に食い止め、速やかな復旧を図るものである。美濃《みの》の洪水対策の事例からは、個別の家屋構造によって対応していた段階、自然堤防上の集落に竹林などの水防林をめぐらしたり、部分堤などによって対応した段階を経て、のちに連続堤（輪中堤《わじゅう》）をめぐらす段階が想定される。

前期では荘園領主の勧農《かんのう》の一環として必要経費が支出され、雇用労働が組織されたが、後期にはその限界を突破した、新たな労働編成が求められるようになる。関東では地形条件の相違などから、早期に大規模な築堤などが進められていたが、その技術が他地域にも持ち込まれた可能性がある。中世後期に顕著になる集落や屋敷廻りの環濠も、ただ単に軍事的機能だけではなく、用排水や水運とともに、洪水対策の機能も考えねばならない。なお尾張国大榑荘《おわりおおぐれ》において、「堤入眼」のために「御祈禱の精誠」を期して、観音寺仏餉燈油料《かんのんじぶっしょうとうゆりょう》として田畠が寄進されているように（村岡・一九八九）、仏神事や陰陽師の祈禱と土木工事の遂行とは不可欠の一環をなしており、工学的対応も実際には宗教的対応と密接に結びついていた。

また京都を頻繁に襲った火災に対しては、一部では瓦葺《かわらぶき》屋根や漆喰《しっくい》の土蔵などの防火対策がとられていた。民衆レベルの家屋は地震や火災などには弱いが、同時に人的被害も少なかったと思われる。

農学的対応　古代においてはすでに、早稲《わせ》・中稲《なかて》・晩稲《おくて》の作付けが行われていたが、それは労働のピークをずらして農繁期の労働力を確保するとともに、台風などの被害を拡散させる措置であり、中世においても稲の生育が遅れる地域においては、早稲が選択されている。用水紛争により灌漑条件に恵まれなかった鎌倉末の東寺《とうじ》領大山《おおやま》荘西田井《にしたい》村では、「たいとうほうしのいね」（大唐米《たいとうまい》）が作付けされていた。大唐米は早生種で夏の旱魃《かんばつ》や洪水を回避でき、また低肥沃土壌や災害常襲田によく適合した品種で、西田井村の状況に適した品種が選ばれていたのである。同じく用水不足田地での小豆作などの対応も確認できる（水野・二〇〇〇）。また琵琶《びわ》湖岸などの低湿地では、水位変動などに対応して漁業と農業などの生業複合が行われていた可能性が高い。

3で取り上げた大井《おおい》荘や茜部《あかのべ》荘、大国《おおくに》荘が立地する揖斐《いび》川・木曾川や櫛田《くしだ》川の氾濫原では自然堤防上の微高地は畠地や桑畠などに利用されていた。大成《おおなり》荘や円覚寺《えんがくじ》領尾張国富田《とみた》荘などが位置する濃尾《のうび》平野下流地域においても、自然堤防上では桑畠が広がり、「絹と綿の荘園」が展開していたのである

（大山・一九七八）。また平安《へいあん》末の浅間山《あさまやま》噴火の結果、上野《こうずけ》国では畠地が卓越していくが、これも復興の過程で選択されたものであった（峰岸・二〇〇一）。

社会的対応　これまであげた宗教・工学・農学といった対応を含め、さまざまなレベルの社会集団を組織して、災害に対処していくことを社会的対応と呼んでおきたい。個別に家屋構造を強化して洪水に備えたり、漆喰などで防火対策を行うのは、家レベルでの対応であり、家単位の呪術《じゅじゅつ》・祭祀なども含まれる。また村落空間を再編して村落の共同体規制を強化しながら、環濠《かんごう》などの造成や新品種の導入、さまざまな境界儀礼の主催などを通じて、災害への耐性を高めていくのは村落レベルの対応といってよい。一方、連続堤などの大土木工事は個別の村落や荘園では困難であり、水系などを単位とした村落連合などで担うしかない。それは広域的な地域レベルの対応といってよく、新たな権力の登場を下から支える要因ともなるものであった。

　都市では、大火や地震などでは発生直後からさまざまな社会集団内で速やかな情報の交換と相互扶助が図られた。養和《ようわ》の飢饉段階では実効性のある国家的な対応は乏しかったが、中世後期の京都では飢饉難民に対する食料給付や公共事業が行われるなど、対応も深化しており、都市へ行けば生き延びられるという構造が作り出されていく。都市を直接の基盤とする権力中枢の性格を考えるうえでも、災害は重要な視点となろう。中世、とりわけその後期は、災害が頻発する時期であり、災害の日常化ともいうべき状況が展開していた。その過程で災害対応を支える諸社会集団の力量が鍛えられ、社会編成のあり方も大きく変化していく。このように展開してきた集団が、現在の地域社会の直接の前提となっていくのである。

コラム2　地震考古学からみた日本列島

日本は世界有数の地震国で、考古学の遺跡発掘調査も盛んである。そして、この特徴を生かして「地震考古学」が誕生した。

地面が激しく揺れると、地割れ・地滑り・液状化などの痕跡が無数に刻まれる。だから、遺跡を発掘していると、このような地震の痕跡が発見されることが多い。そして、住居跡や溝跡などの「遺構」、お皿や茶碗などの「遺物」との前後関係を考えることによって地震の年代がわかり、過去の地震に関するユニークな「語《かた》り部《べ》」の役割を果たすことになる。

日本列島の大半を激しく揺らせる「巨大地震」が、太平洋海底の「南海トラフ」から発生し続けている。明応七年（一四九八）にはトラフの東半分から明応東海地震が発生したことが記録されている。しかし、西半分からの南海地震についての文字記録は見つからない。こんななかで、四国各地の遺跡から十五世紀末ごろの地震を示す痕跡がたくさん見つかるようになり、明応七年ごろに東海地震だけでなく、南海地震も発生していたことがわかった。

一〇〇年近くのち、今度は内陸の活断層が牙をむいた。文禄五・慶長元年（一五九六）の伏見《ふしみ》地震では、秀吉《ひでよし》が京都盆地東縁に築いた伏見城が崩れ落ち、天竜寺《てんりゅうじ》・大覚寺《だいかくじ》など京都の名刹《めいさつ》、総持《そうじ》寺《じ》（現大阪府茨木市）、須磨寺《すまでら》（現神戸市）が倒れたことが記録されている。京都盆地南部の木津川《きづがわ》河床遺跡や内里八丁《うちさとはっちょう》遺跡（現八幡《やわた》市）では大規模な液状化現象の痕跡が見つかった。地震の当時、栄えていた兵庫津《つ》遺跡（現神戸市）では液状化と焼土の痕跡がセットで顔を出して「兵庫は崩れて火事になり、ことごとく焼けてしまった」という『言経卿記《ときつねきょうき》』の記述を裏付けた。今城塚《いましろづか》古墳（現大阪府高槻《たかつき》市）、西求女塚《にしもとめづか》古墳（現神戸市）の墳丘《ふんきゅう》の大半が地滑りで崩れ落ちた。現在の兵庫県芦屋《あしや》市にあった大寺院（芦屋廃寺《はいじ》）も大きな被害を受けて廃絶した。

この地震は、大阪平野の北縁に沿って延びる有馬《ありま》―高槻構造線活断層系や淡路島《あわじしま》の活断層などがいっせいに活動して引き起こしたもので、被害は京阪神《けいはんしん》・淡路《あわじ》地域を含む広い範囲に及んでいる。海底のプレート境界から発生する巨大地震、さらに、内陸に発達する活断層が引き起こす大地震。

図30　兵庫津遺跡で見られる液状化現象の痕跡（神戸市教育委員会が発掘，写真撮影は寒川）　写真下部の白い砂層が液状化して噴砂が上昇している．伏見地震による焼土層を取り除いた直下で検出されたので，地震で噴砂が流れ出した直後に火災が生じたものと思われる．

これは中世の後半だけの出来事ではない。地震を発生しながら成長し続ける日本列島に住み続ける限り、私たちは、地震という「魔物」と共存する宿命を背負っている。

近世の災害

1　救済と復興

近世の河川管理と災害　ここでは、近世の災害でもとくに頻度高く地方社会を襲った洪水をめぐる地域社会の対応のあり方と、多くの犠牲者を出した地震、津波、噴火の突発的自然災害を取り上げ、幕府や藩、被災地域を取り巻く社会の災害への対応の仕方を検証する。

まず、2において、近代のように、河川を制する高度な技術を持たなかった社会のあり方が土木技術史の観点から説かれる。川とともに生きる人々の生活では、たとえば、河川の氾濫を見越して藍の生産力を維持した吉野川《よしのがわ》や完全には分水普請《ふしん》が成就しなかったものの、それに対応した木曽三川《きそさんせん》の流域の輪中《わじゅう》の事例など、治水技術の段階に調和した河川管理が行われていたことが説かれる。もちろん、国土の一〇％にすぎない平野に人口が集中する国の河川管理は、そう容易いものではない。地形条件に規定される河川の性格はそれぞれ異なり、もっぱら、長年の分水や堰の設置の試行錯誤が繰り返されても洪水制御の悲願が実らず、近代に入ってようやく洪水被害から免れるようになる信濃川《しなのがわ》のような事例も少なくない。しかしながら、ここには、3で説かれる地震、津波、噴火など、突然社会を襲う災害とは異なる、水害への対応力を蓄えた地域社会のあり方が明らかにされる。

江戸時代は災害記録の宝庫　災害記録は、近世後期、とくに十八世紀中ごろ以降がぜん増える。これには、地震、噴火、洪水、火事などによる災害発生の頻度が高くなるということがまず第一にあるにしても、災害を記録する書き手が層をなすほどに広がったことや、災害を伝える多様な絵図類あるいはかわら版などが登場することで、それまでとは異なる、視覚に訴える災害像を多くの人が共有できるようになったということが関わっている。歴史時代以降の有感地震の記録の量的な比較をしてみよう。信頼すべき地震記録として有名な、悉く舎屋が破壊され、諸国に租庸調を免除する令を発したという推古七年（五九九）の地震から江戸時代の終わり（一八六八年）までの有感地震記録は四万五〇六一件、このうち十三世紀までの総計は一九〇八件（〇・四％）、続いて十七世紀までは三〇一四件（〇・七％）、江戸時代に属する残りの記録は四万一三九件（八九％）である（上田和枝＝宇佐見龍夫・一九九〇）。地震だけに限らない。河川氾濫《はんらん》、洪水など、近世には農業用水の問題は農事の基本だから、これを含めるとさらにこの傾向はいっそう強くなるはずだ。

近世はいうまでもなく、身分制社会であるから、災害記録にも記録の担い手の立場が反映する。言い換えれば、記録も階級性、あるいは階層性を持つということである。たとえば、領主階級の手元に置かれる災害記録としては、災害の発生した場合の被害の全体集計がある。これは、為政者として領民の緊急救済に必要な被害数値を把握するためであり、同時に、田畑の損毛高《そんもうだか》を把握し、当該年次の領国財政の動向を掌握するための行政上の最重要事項である。また、被害が藩の力の及ばないほどの大きなものであれば、幕府へ拝借金を願い出る、あるいは利水や治水のための川々の普請を願い出ることも必要になる。

また、こうした被害状況を把握するための基礎的な調査を行政上の下級機関に命じて、領内の被害を集計する。これを請けた村落の指導層などは被害の実際を調べ、上級機関に報告する。と同時に、村の建て直しのために立ち働いた経験を後世に活かす、または子孫が再度同じような災害に見舞われないための教訓を書き残す人々も多い。また、稀な経験を聞き知った人々がそれらを書き写し、さまざまなルートを経て、広く世の中に記録が書き残されていくケースも少なくない。多くの場合、記録の担い手は、村落や町の指導層といった識字能力も高く、自らの地域社会における責任を自覚している人々である。

出版された災害情報　さて、こうしたものとは別の災害記録も存在する。商品として出版され、不特定多数の読者が手にする小説、随筆類、それにかわら版と呼ばれる無届の出版物などである。一般に近世社会では、出版物の発行を仲間の統制下に置き、届出・出版許可が義務付けられていた。こうした正規の手続きを経ない出版物は取り締まりの対象となった。しかし、定められた手続きを経ない出版物であっても、日常的に頻々と発生した火災などのような、人々の生活に関わる災害情報のかわら版は黙認されていた気配が濃い。災害情報に関するかわら版の突出した残存状況はこのことを証明している。かわら版が一般化するのは、江戸では、十八世紀後半、明和九年（一七七二）の江戸大火あたりからだといわれている。このころから都市の成り立ちは大きく変化し、農村の過剰人口が都市に仕事を求め、一定期間都市に滞留するという社会的流動人口のパターンが作られた。人々はさまざまな伝手《つて》を求めて、都市に移り住む。都市は、人々がお互いの生活実態を知らなくても暮らしていける場であるのは、暮らしのための情報がなんらかの形で入手しやすい場所だからである。おそらくは、口伝手が大部分であったろう。そうした情報の一端は、たとえば、火事が町内で起きた場合でも、また、遠くの地方で大きな災害が起きた場合でも、重要な情報であったにちがいない。都市での生活は、親族や互いに顔を見知った人々からなる社会的紐帯によって維持され支えられる村落社会とは異なり、自ら情報を獲得し、自分で暮らしの工夫を編み出さなければならなかったからである。こうした人々の需要に応えるために、さまざまな形で情報が行き交った（北原・一九九九）。本項では前時代に比べ圧倒的に豊富な史料を踏まえ、また土木技術史の観点を交じえ、近世の災害と救済あるいは日常的に講じられた予防策について考える。

2 河川災害と地域社会

(1) 河川水害と治水

河川災害とは、河川の流水が原因となり、または周囲の状況と河川が関連してなんらかの災害が発生することである。その多くは川を流下する洪水が河道内《かどうない》から溢れ出し、周辺地域に被害を及ぼすものであり、これを一般的に水害と呼ぶ。ただし、人々の生活に支障がなければ、水害とは呼ばれない。

わが国の平野は国土面積(三七万八〇〇〇キロ)の約一〇%(まとめると九州の面積から長崎県を除いた程度)であるが、ここに国民の約半分が暮らしている。その平野の多くは河川の氾濫《はんらん》によって形成された沖積《ちゅうせき》平野であり、元来、入り江であった場合が多い。そこへ河川が上流から運んでくる土砂の堆積《たいせき》によって平野となった。この低平地に暮らす限り、水害から逃れるにはなんらかの対策が必要であった。また、山間で暮らす場合は、狭隘《きょうあい》な渓谷地形ゆえ、降雨、降雪などによる土砂崩れ、土石流、雪崩による被災が続いた。川を流下する土砂の堆積も、洪水を堤防から溢れさせる一因である。

2ではこうした河川災害の歴史の中で、とくに近世における地域社会との関わりを振り返ることが目的であるが、その史料として近世の水害記録は多いが、その復興過程の記録は少ない。そこで、ここでは近世の水害の惨状と、それから逃れるための治水の状況を中心に、当時の様子を垣間みたい。

水害の発生状況　近世における水害が全国的にいつ、どの程度の範囲で起きたのかをすべて明らかにすることは史料の制約上、不可能といえる。そこで、水害の発生時期と場所を特定することよりも、同時期にどの程度の規模で水害が発生したのかに着目し、その状況から近世の水害の様子を窺い知ることにしたい。

その手立ての最初として、明治以前の土木関連事項を土木学会がまとめた大著『明治以前日本土木史』をみてみよう。同書中の河川に関する項目で大河川における大洪水の発生年が記されており、表1〜3に、それらをまとめた。表1〜3は、すべての河川を網羅しているわけではないが、比較的、人口が多い地域、かつ大きな平野を流れる大河川をカバーしており、各地方での大水害の頻度を概観できると思う。ただし、残念ながら近畿の大河川である淀川《よどがわ》についての水害データは記載されていない。この理由は不明であるが、『淀川百年史』によれば「淀川の洪水記録は、推古《すいこ》天皇九年（六〇一）以来二百余回にのぼり、四〜五年に一回の洪水が沿岸を襲ったことになる」とあり、けっして水害が少なかったわけではない。また、同書によると、明治以前の淀川の疎通《そつう》能力は小さく、洪水は各所で遊水しながら流下した。また、淀川下流の排水能力は毎秒五〇ミリメートル程度であったため、梅雨などの長雨時は洪水を排水仕切れず、結果的に大きな洪水となった。こうした淀川の近世における治水や排水不良の解決は後述する近代まで待つことになる。

ここで近世の河川管理の体制にも触れておくと、江戸時代中期（享保年間〈一七一六～三六〉ごろ）以後の例であるが、江戸幕府が直接、重点的に管理した河川は利根川を中心とした関東、東海道《とうかいどう》を横断する河川のある東海地方であり（大谷・一九八六）、近畿の大河川は京都所司代《しょしだい》と大坂城代配下の京

表1 『明治以前日本土木史』にみる大河川の洪水（17世紀）

西暦	元号	地方	東北	東北	東北	東北	関東	関東	東海	東海	東海	東海	東海	中部	中部
		河川名	雄物川	北上川	最上川	阿武隈川	利根川	荒川	酒匂川	富士川	安部川	大井川	天龍川	木曾川	庄内川
1600		5													
		6													
		7													
		8													
		9													
		10													
		11													
		12												■	
		13													
		14													■
		15													
		16													
		17								■					
		18													
		19													
	元和	1													
		2													
		3													
		4													
		5													
		6													
		7													
		8													
		9													
	寛永	1					■								
		2													
		3													
		4													
		5													
		6													
		7										■			
		8								■					
		9													■
		10													
		11													
		12													
		13													
		14				■大洪水									
		15													
		16													
		17													
		18													
		19													
		20													
	正保	1		■											
		2													
		3													
		4													
	慶安	1													
		2													

北陸	信濃川																																																		
近畿	大和川																																	■					■											

地方	西暦	1650																																																	
	元号	慶安		承応			明暦			万治			寛文												延宝								天和			貞享				元禄											
	河川名	3	4	1	2	3	1	2	3	1	2	3	1	2	3	4	5	6	7	8	9	10	11	12	1	2	3	4	5	6	7	8	1	2	3	1	2	3	4	1	2	3	4	5	6	7	8	9	10	11	12
東北	雄物川																																																		
	北上川																																																		
	最上川																																																		
	阿武隈川																																																		
関東	利根川																																																		
	荒　川																					■																													
東海	酒匂川																																																		
	富士川										■										■			■	■																										
	安部川																																																		
	大井川																												■ 大	■	■	■	■	■	■	大														
	天竜川																																																		
中部	木曾川	■																																																	
	庄内川																																																		
北陸	信濃川																																																		
近畿	大和川																								■	■	■																							

大＝大水害.

都・伏見《ふしみ》・大阪・堺《さかい》といった各町奉行《まちぶぎょう》の管理下にあった（『御触書寛保集成《おふれがきかんぽしゅうせい》』一三七一）。

では、このような状況を踏まえ、表1〜3から近世の洪水について考えてみよう。

江戸時代の有名な洪水として寛保二年（一七四二）の大洪水、天明六年（一七八六）の洪水などが

表2　『明治以前日本土木史』にみる大河川の洪水（18世紀）

西暦	元号	地方	東北				関東		東海					中部	
		河川名	雄物川	北上川	最上川	阿武隈川	利根川	荒　川	酒匂川	富士川	安部川	大井川	天龍川	木曽川	庄内川
1700		13													
		14												■	■
		15													
		16													
	宝永	1					■	■		■					
		2											■		
		3													
		4*													
		5							■(21ヶ村民屋流失)						
		6													
		7													
	正徳	1													
		2	■												
		3													
		4													■
		5													
	享保	1													
		2							■大洪水(流域荒廃)						
		3													
		4													
		5													
		6		■								■			
		7													
		8													
		9	■												
		10													
		11													
		12													
		13		■			■	■				■			
		14			■(村山地方洪水)										
		15													
		16													
		17													
		18													
		19													
		20													
	元文	1													
		2													
		3										■	■		
		4													■
		5										■			
	寛保	1													
		2					■(人被害2番)	■(死者3900余人							
		3										■			
	延享	1													
		2	■												
		3													
		4										■			
	寛延	1													
		2													

北陸	信濃川			■										■				■					■										■					■						■							
近畿	大和川																																																		

地方	西暦	1750													
	元号		宝暦												
	河川名	3	1	2	3	4	5	6	7	8	9	10	11	12	13
東北	雄物川								■						
	北上川														
	最上川								■（庄内平野大洪水）						
	阿武隈川														
関東	利根川								■						
	荒　川	被害最大，救助18万6000人）													
東海	酒匂川														
	富士川														
	安部川														
	大井川														
	天龍川			■					■						
中部	木曽川														
	庄内川								■						
北陸	信濃川		■		■	■									
近畿	大和川														

地方	元号	明和								安永								
	河川名	1	2	3	4	5	6	7	8	1	2	3	4	5	6	7	8	9
東北	雄物川						■											
	北上川																	
	最上川														■			
	阿武隈川																	
関東	利根川																	
	荒　川																	■
東海	酒匂川																	
	富士川																	
	安部川																	
	大井川																	
	天龍川																	
中部	木曽川				■													
	庄内川		■		■												■	
北陸	信濃川		■				■								■			
近畿	大和川																	

地方	元号	天明								寛政										
	河川名	1	2	3**	4	5	6	7	8	1	2	3	4	5	6	7	8	9	10	11
東北	雄物川				■									■						
	北上川																			
	最上川											■（村山地方水害）								
	阿武隈川																			
関東	利根川			■			■（人被害最大）													
	荒　川						■													
東海	酒匂川																			
	富士川																			
	安部川																			
	大井川																			
	天龍川		■							■										
中部	木曽川																		■	
	庄内川																			
北陸	信濃川	■								■										
近畿	大和川																			

＊＝宝永４年・富士山噴火，＊＊＝天明３年・浅間山噴火．

知られている。この洪水では関東地方のほか、広い地域で水害が発生した。

東海地方の大井川では十七世紀後半に水害が集中し、幕末には同地方の他の河川の多くで、連年、大水害が続いている。

表3 『明治以前日本土木史』にみる大河川の洪水（19世紀）

地方	西暦	1800																																		
	元号		享和			文化														文政												天保					
	河川名	12	1	2	3	1	2	3	4	5	6	7	8	9	10	11	12	13	14	1	2	3	4	5	6	7	8	9	10	11	12	1	2	3	4	5	6
東北	雄物川		■																															■			
	北上川			■		■																															
	最上川				■（富並川）				■（寒河江川）																	■（馬見ヶ崎川）											
	阿武隈川																																				
関東	利根川																																				
	荒　川			■																																	
東海	酒匂川																																				
	富士川																													■							
	安部川																													■最大							
	大井川																	■											■	■	■						
	天龍川																■	■										■	■	■	■						■
中部	木曾川					■																															
	庄内川																■															■					

北陸	信濃川																																		
近畿	大和川																																		

地方	西暦																1850																	
	元号	天保								弘化				嘉永						安政						万延	文久			元治	慶応			明治
	河川名	7	8	9	10	11	12	13	14	1	2	3	4	1	2	3	4	5	6	1	2	3	4	5	6	1	1	2	3	1	1	2	3	1
東北	雄物川 北上川 最上川 阿武隈川									弘化年間				嘉永年間(特に5)						安政年間														
関東	利根川											■																						
	荒　川											■																						
東海	酒匂川																																	
	富士川															■	■																	
	安部川																																	
	大井川															■	■	■			■													
	天龍川	■														■				■	■					■								
中部	木曾川																																	
	庄内川																														■			
北陸	信濃川					■							■									■			■			■		■				■
近畿	大和川																																	

日本海側の信濃川では、数年おきに大洪水が発生し、なかでも後述する宝暦七年（一七五七）の大洪水時は、東北、関東、中部でも大洪水となっており、同時期に広い地方で水害が発生したことがわかる。信濃川《しなのがわ》では十八世紀と幕末に、水害が頻発している。

このように繰り返された各河川の洪水時の状況について、信濃川を代表例としてみてみたい。

信濃川の水害の惨状　今日、新潟平野とも呼ばれる越後《えちご》平野は、長野県からほぼ北に流れて日本海へ注ぐ信濃川と、福島県から西へ流れ、信濃川河口近くで海に注ぐ阿賀野川《あがのがわ》が運ぶ土砂によって形成された。越後平野は別名・蒲原《かんばら》平野とも呼ばれ、古くは、その名のとおり、蒲の穂が繁茂する広い潟湖に近い地形にあった。今でこそ、わが国有数の米どころとして有名であるが、それは、信濃川河口から遡ること約六〇キロの地点に造られ大正十一年（一九二二）に通水した大河津《おおこうづ》分水路と、ポンプを利用した排水機械によって成し遂げられたものである。これらの近代技術が登場する以前の越後平野は、排水不良の強低湿地が多く、田植時は、泥の中に首まで浸かり舟を押しながら行うような地域さえ存在していた。

こうした地形ゆえ、信濃川の洪水が一度、堤防を押し切れば、越後平野は泥海と化した。信濃川の洪水で、とくに有名なものに宝暦七年、明治二十九年（一八九六）があり、後者は近代に入ってからのものであるが、江戸時代の状況が続いていた。いずれも同じ破堤地点の名にちなみ「横田切れ」と呼ばれている（現大河津分水地点の直下流）。図31は明治二十九年の洪水による浸水区域を示すものであり、じつに新潟平野の大部分が水没したことがわかる。また、図32は惨状を記録した絵図である。

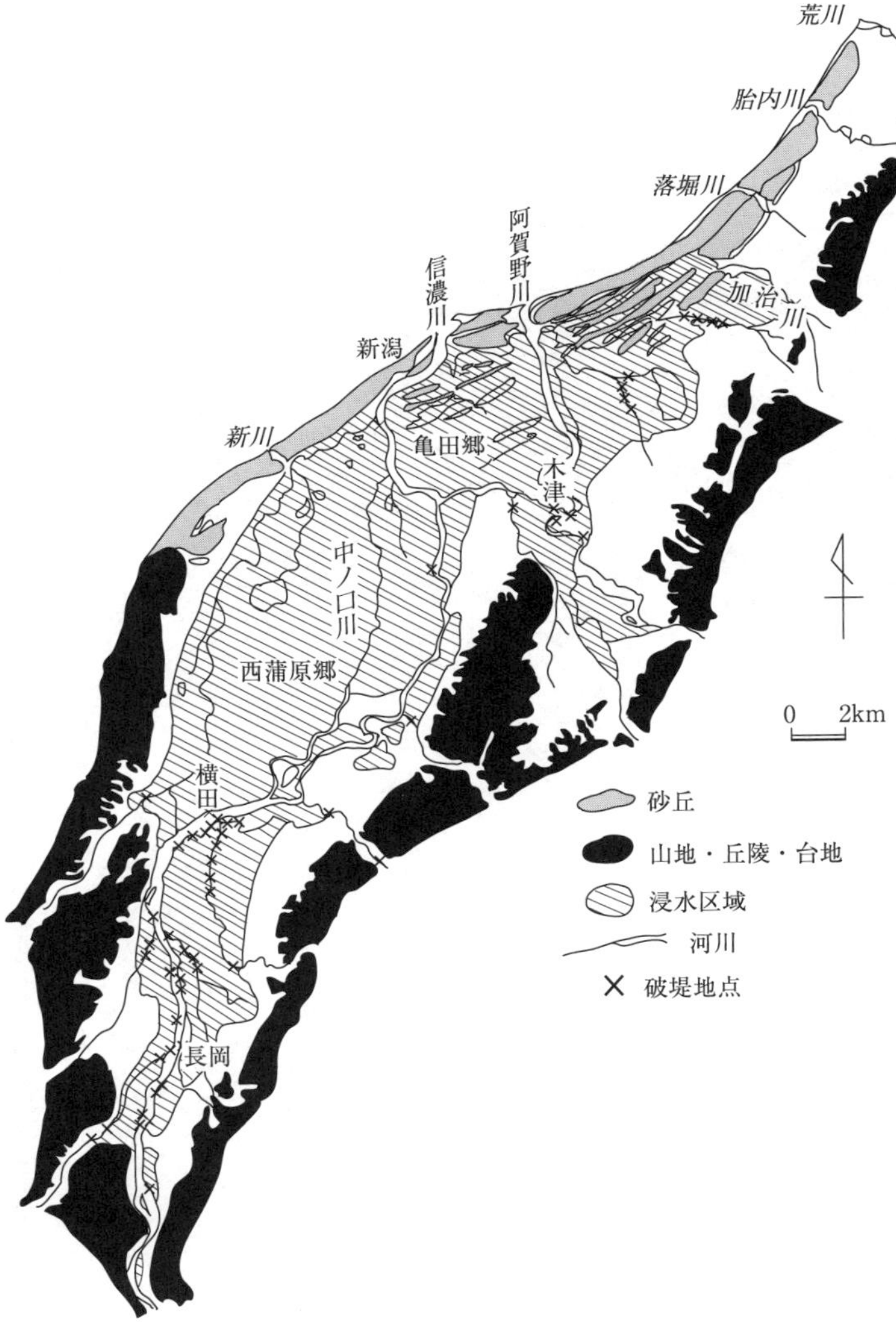

図31 明治29年7月水害における浸水区域・破堤地点概略図

図32　明治の横田切れ－水害絵巻－

これらの悲惨さを伝える口説きが両洪水において残されており、被害を受ける様子や命の儚《はかな》さ、洪水の後の生活の苦難を今に伝えている。

宝暦七年の横田切れ口説きによれば、家も家財もみな流された結果、妻子をおいて出稼ぎに向かう夫の嘆きを伝えている(『巻町史　通史編 下巻』一九九四年)。越後では有名な民俗芸能「角兵衛獅子《かくべえじし》」がある。これは、信濃川中流部の中之口川《なかのくちがわ》沿岸の農民角兵衛が、毎年の凶作や飢饉《ききん》から村人を救うために、獅子舞《ししまい》を創案した。その始まった時代は定かではないが、獅子頭をかぶった子供たちが太鼓や笛の音に合わせて見せる逆立ちやトンボ返りなどの曲芸が全国に知られ、同情と人気を集めたという。こうした、非常・臨時的手段としての職種が

図33　雪中の洪水

発達したのは洪水多発地域の宿命であったのかもしれない。

明治二十九年の口説きでは、板の上に乗った母子が洪水にもてあそばれるかのように流され、助けられる寸前に大木にぶつかって、水の中に消えていく様子を伝えており、涙を誘う（『大郷村誌』）。

雪国越後における水害の要因は、雪解け・梅雨・台風・長雨、そして冬の降雪でさえ例外ではなかった。その様子を著名な『北越《ほくえつ》雪譜《せっぷ》』は「雪中の洪水」として、慌ただしい避難の様子を図と文章で伝えている（図33）。

以上のように、近世の洪水では今日の人々にとっては想像を超える惨状がたびたび繰り返されていた。そういった視点で表2、3をもう一度みると、繰り返された信濃川での辛苦が伝わってこよう。

しかし、近世の人々は、洪水に対して何も対策を施さなかったわけではない。体系を持った治水技術を駆使し、流水をコントロールしていたのである。それでもなお、洪水被害を受けねばならないという治水、水防の限界があった。これを次にみてみよう。

近世の治水技術と治水管理体系

近世における治水工事は「堤川除普請《つつみかわよけふしん》」と呼ばれた。当時の河川利用は灌漑用水の取水、そして、舟運があり、今日でいえば高速道路のような積極的な利用があった。とはいえ川からあふれる洪水は遠ざけたかった。近世の人々における河川との付き合い方は、こうした相矛盾する要求のなかで行われたのである。

近世において川の流れをコントロールする手段は、近代以降のようなコンクリート材料や建設機械などがないなかで、築堤材料には土・石・砂などを利用し、表面には芝付けなどが行われるなど、その手段は今日と変わらない。また、水制や護岸施設も木や植物・土・石・砂などを組み合わせて人力、手作業によって施された。そのための労働力は、基本的には周辺住民らによる人海戦術であった。

現代人からすれば、レベルが低い技術と思われるかもしれないが、材料の制約による結合力の弱さゆえ、その組み合わせ方は多種多様、かつ河川の変化を観察しながら投入されるものであった。また、幕末には、それら治水施設の組み合わせによる大規模な取水堰を建設するにまで至った（多摩川《たまがわ》・羽村《はむら》堰）。

とはいえ、もちろん河川災害から逃れることはできなかったが、近世の人々の水害との対峙の仕方は今日の人々とは異なる部分が多い。現代人にとっての河川災害は防御、克服すべきものであり、悪以外の何物でもないと考えるのが通例であるが、近世の人々は技術的限界による諦めからではなく、明らかに主体的に洪水を受容しようとする積極的な考え方も存在していた。ここでは近世の人々がいかに河川災害と対峙しつつ、生活のなかに取り込もうとしていたのかという点に着目したい。

大谷貞夫による工費負担や作業に対する報酬から近世の普請の種類を要約すると、幕府領においては、日常的な普請に、幕府が経費を負担する「定式《じょうしき》普請」と、住民が自発的に行う「自《じ》普請」があった。「自普請」は住民自らが材料、労働力を提供するものである。また、災害による臨時の復旧工事として幕府が経費の一部を補助する「公儀《こうぎ》普請」、大名が経費のみ、または、監督指導も行う「大《だい》名手伝《みょうてつだい》普請」などがあった。また、「国役《くにやく》普請」と呼ばれた経費補助の方法は、ある地域の川除普請で多額の経費が必要になったとき、資金を供出する地域をあらかじめ国単位で指定し、必要に応じて各指定地域での費用徴収が行われ普請へ回されるもので、享保年間以降、積極的に行われるようになった。

藩やその他の私領における普請経費は基本的には各領主が負担しており、「領主《りょうしゅ》普請」として区別されている。これら江戸時代の普請における労働力は、基本的に住民が提供するものであったが、請負業者も存在していた。

以上のように、江戸時代における治水工事や維持管理における労働力や資材調達などは基本的に地域住民が受け持ち、災害時に急を要する、あるいは補助金が必要な場合、幕府や藩から補助を受けていた。また、大規模な工事の場合は、大名の手伝いが行われた。大谷の研究によれば、大名手伝普請は、当初、資金と現場監督まで担当するものであったが、江戸時代中期以降、資金援助のみが主流となったことがわかっている。では、ここで災害時の対応策である大名手伝普請について二つの事例をみたい。その最初は江戸時代の中でも大洪水の一つである寛保二年の様子である。

寛保二年の大洪水　この大水害の様子を伝える史料『大水記《たいすいき》』には、江戸幕府からの次のような書付写しが掲載されている。

寛保二壬戌年大水　御年貢十四石八斗八合

出水の川々覚

荒川・玉川・上利根川・神那(流)川・烏川・江戸川・横川・下利根川・中川・綾瀬川・渡良瀬川・権現堂川・赤堀川・向川中島川・星川・小貝川・岡明川・新利根川

（付箋朱書）「字落候歟」

一、堤切所長サ四万三千間余・堤闕所長九万六千卅五ヶ所

一、流家・潰家合壱万八千百七拾五軒

一、水死人数千五拾八人・馬七千七拾九疋

一、村数四千九拾四ヶ村

此国々地上水深サ凡そ壱丈五尺

右信濃・上野・武蔵・下総・常陸・上総・房州也・江戸ハ不入

（『新編　埼玉県史　資料編一三（近世四・治水）』埼玉県、昭和五十八年三月）

この史料から、江戸を含めずとも被害は、破堤延長約七八キロ、堤防欠所九万六〇三五ヵ所、流失・倒壊家屋一万八一七五軒、水死者一〇五八人、水死馬七〇七九疋、水深約五メートルに及んだ地点があったことなどがわかる。

この復旧において幕府は次のような方針を出した。

こたび関東の国々。洪水にて堤防破壊せしを修理せんに。のこりなく崩壊せしか。あるは欠損せしか。いづれもとのごとく修築すべし。其中悉く崩壊せし堤。これまでの所より。外の所に築替しかるべきは。其さま記して伺ふべし。水変により地形かはり。これまでの地に堤築きがたからむは各別の事。さなくしていさゝかの利害を建白し。堤の場所をかへ。あるは堀割など。営築重大になしても。今年のごとき洪水には益なき事なれば。堤八九合までの出水に。たもつべきほどを商議すべしとなり。(『徳川実紀《とくがわじっき》』第九篇四九頁)

つまり、江戸幕府としては今回の復旧では以前の堤防と同じ状況に復旧することが指示された。そして、幕府の治水方針は大規模な洪水には効果がないことを明言し、堤防の八、九合程度の高さの出水に対応することを相談することとしている。この内容から江戸幕府の考え方は一般的にすべての洪水を治める考えには否定的であったといえよう。

この方針のもとに実施された復旧で幕府は西国の大名を中心に手伝普請をさせた。その担当延長は約九〇〇キロに及んだ。

治水事業での大名手伝普請で代表的なものに、後述する木曾三川《きそさんせん》の事例もあげられる。関東の利根《とね》川《がわ》、中部の木曾川のいずれも大河川であり、また、徳川御三家《ごさんけ》のお膝下であった。これに比して、近畿の淀川は大河川にもかかわらず、抜本的な治水事業は近代まで待たねばならなかったのである。この問題については後述する。

土砂災害との関わり　その淀川では、江戸時代の初頭から上流からの流砂が問題となっていた。今日、淀川と河口を異にしている大和川《やまとがわ》は宝永元年（一七〇四）の付け替えまで大坂城より上流の淀川へ合流していた。大和川の上流は、まさに大和の国があり、淀川合流手前の大和川の天井川《てんじようがわ》化は治水上問題となっていた。天井川とは河川の水位が沿川の土地より高い状況にある河川を指す。こうした状況が生み出されるには理由があった。関ヶ原の戦い以降、江戸時代に入った十七世紀は、太平の世になり、沖積平野における大開発時代でもあった。その進展によって一〇〇〇万人といわれる近世初頭の人口は、十七世紀後半には三〇〇〇万人に膨れ上がったといわれている。この大開発では山間地樹木の伐採が進んだため、平野部の人口増加と平行して、山林荒廃による土砂流失が進み、水害の発生を助長する結果となった。河川から流出する土砂は堤防を高め、その繰り返しにより、河床も高まり、天井川と化す。この対策のため、寛文六年（一六六六）に次の掟《おきて》が出された。江戸時代における最初の上流部管理のための法令といわれている。

覚　山川掟

一、近年は草木之根迄掘取候故、風雨之時分川筋え土砂流出、水行滞候之間、自今以後、草木之根掘取候儀、可為停止事、

一、川上左右之山方木立無之所々ハ、当春より木苗を植付、土砂不流落様可仕事、
一、従前々之川筋河原等に、新規之田畑起之儀、或竹木葭萱を仕立、新規之築出いたし、迫川筋中間敷事、
附、山中焼畑新規に仕間敷事、
右条々、堅可相守之、来年御検使被遣、掟之趣違背無之哉、可為見分之旨、御代官中ぇ　可相触者也、

寛文六年也　午二月二日

久　大和守
稲　美濃守
阿　豊後守
酒　雅楽頭

（『御当家令条』二八四号・『徳川禁令考』四〇二二号）

この掟は月遅れの三月二十五日にも京都所司代《しょしだい》から五畿内《ごきない》向けとして同じ内容が仰せ渡された。河川への土砂流出を防ぐために、沿川での根の掘り取り、川原での新規の開墾、植栽などの禁止、そして沿川の植栽と焼畑《やきはた》の禁止などが触れられている。

今日のような上流部に大ダムがない近世において、木材の乱伐《らんばつ》が進むほどに、上流からの土砂流出も増加した。この現象は山川《さんせん》掟の発布年代からして、近世の早い時期から始まったといえる。土砂流出は河床上昇を招き、水害発生の助長、天井川化、舟運路閉塞、取水地点の地形変化など、多くの問

題を発生させた。この抜本的解決は、明治以降のことになる。

余談であるが、淀川流域を含む畿内における流域の経緯（混乱というには言いすぎか）は、天下の台所としての地域の利権が錯綜した結果かもしれない。それゆえに、大規模な治水事業の実施が困難であったのか。『淀川百年史』にある明治以前洪水年表を見ても、江戸初頭は多数の掘割工事と河村瑞賢《かわむらずいけん》による改修が特筆され、また、大名手伝普請でもあった宝永元年の大和川の付け替え以降、大規模、かつ抜本的な治水事業はみられない。また、江戸後期には浚渫の実施が増えている。小出博氏によれば近世における洪水対策としての淀川改修としては大和川の付け替えが最も大きなものであるが、他は瑞賢による改修にしても幕府の対応にしても水害対策には積極的ではなく、舟運のための整備が多く行われていたことを指摘している。つまり、淀川では水害対策より経済圏としての機能維持が優先されていたのであった。ちなみに江戸時代以前の戦国時代末から江戸初頭にかけては豊臣秀吉《とよとみひでよし》が巨椋池《おぐらいけ》周辺において築堤など大規模土工工事が行われたが、やはり内陸水運を目的とした意味合いが強く、淀川の排水対策となるものではなかった。

(2) 河川管理体制

近世における日常の河川管理（今日でいう水防活動など）はどのように行われていたのであろうか。その事例の少ないなかの一例として、戦国時代の武田信玄《たけだしんげん》が釜無川《かまなしがわ》に設けた信玄堤《しんげんづつみ》の維持のために上流の住民を移転させて村を作り（龍王《りゅうおう》河原宿村）、水防活動にあたらせている。

また、日頃の管理の例として、青森県の十三湊《とさみなと》へ流入する岩木川《いわきがわ》では河川維持についての方法を記す史料「岩木川心得」（享和三年〈一八〇三〉）が残されている。そこで、通常の河川管理の役割分担、河川の観察などを細かく知ることができる。内容は洪水時にどの地域の人々が、どのように対応するのか、誰に報告するのかなど、また、準備しておくもの（明キ俵・太縄・莚《むしろ》・乗木《たるき》）について詳細にまとめられている。

また、江戸時代前期の史料『百姓伝記』坊水集では、洪水時における地域住民の対応方法や用意するもの、また、洪水時の対岸との駆け引きなど、興味深い内容を伝える農書も残っている。

木曾川――近世の大規模河川改修とその維持　ここでは、洪水と絡めながら近世の治水策として、どの程度の河川改修が行われたのか、その一例をみてみたい。

寛保二年（一七四二）水害の利根川における復旧のために幕府は複数の大名を参加させた。それから約一〇年後の宝暦四年（一七五四）に幕府は、木曾三川の治水を目的とした改修を実施すべく手伝いを薩摩《さつま》藩のみに命じた。この大名手伝普請は宝暦治水《ほうりゃくちすい》として近代以降、知られるようになる。

木曾三川とは、徳川御三家の尾張名古屋の東側に広がる濃尾《のうび》平野の中央を、北から南へ流れ伊勢《いせ》湾へ注ぐ木曾川・長良川《ながらがわ》・揖斐川《いびがわ》の総称であり、宝暦治水以前の三川は下流部で合流していた。三川は今日、分流しているが（長良川・揖斐川は河口部で合流している）、その完全分離は明治においてである。三川では一五四〇年から七〇年代にかけて一一回の水害が、沿川の輪中地帯を襲っている。輪中と

図34　輪中

は、集落を洪水から守るために居住地や農耕地などの周囲を囲むように築堤する手法であり、とくに濃尾平野では農民の自衛策として発達し、今日まで維持されている地域が多い。個々の家において土台を高くするといった自衛策は水屋《みずや》と呼ばれている。

江戸時代に入って尾張藩は自らの領地を洪水から守るために、木曾川左岸に御囲堤を築いた。御囲堤の建設後、美濃側では慶長年間（一五九六〜一六一五）から宝暦年間（一七五一〜六四）の一四五年間に一一〇回の洪水に見舞われたという。木曾川右岸の美濃側は、ほぼ毎年のように洪水被害を受けていたのである。こうした水害の抜本的な対策として宝暦治水では三川分離が実施された。その改修内容であるが、築堤のほか、最大の工事は平野中流部で木曾川と長良川を繋ぐ大榑川《おおぐれがわ》への

図35－1　大垣市万石の水屋と家財蔵

図35－2　大垣市馬瀬の水屋にある上げ舟

流入量を調節するための分水用の堰である洗《あらい》堰《ぜき》を設置することと、下流部で三川が合流している油島《あぶらじま》地点の分離であった（図36）。

幕府設計の大榑川洗堰は竣工から二ヵ月ほどの宝暦五年（一七五五）五月二十九日（新暦七月八日）ごろの出水によってたちまち破損し、復旧による新洗堰が造られた（図37）。この洗堰は補修されながら明治三十二年（一八九九）の大榑川締切堤完成まで利用された。大榑川洗堰の設置により、平水時における大榑川の流量は減少し、揖斐川でも長良川から流入する洪水や土砂の量が減少して、大きな効果がもたらされた。これに対して、長良川の洗堰より上流部では水位が以前より高くなり、また、上流部沿川にあった輪中では宝暦治水工事施工前より水害を多く受けるようになった。このため、安永二年（一七七三）に

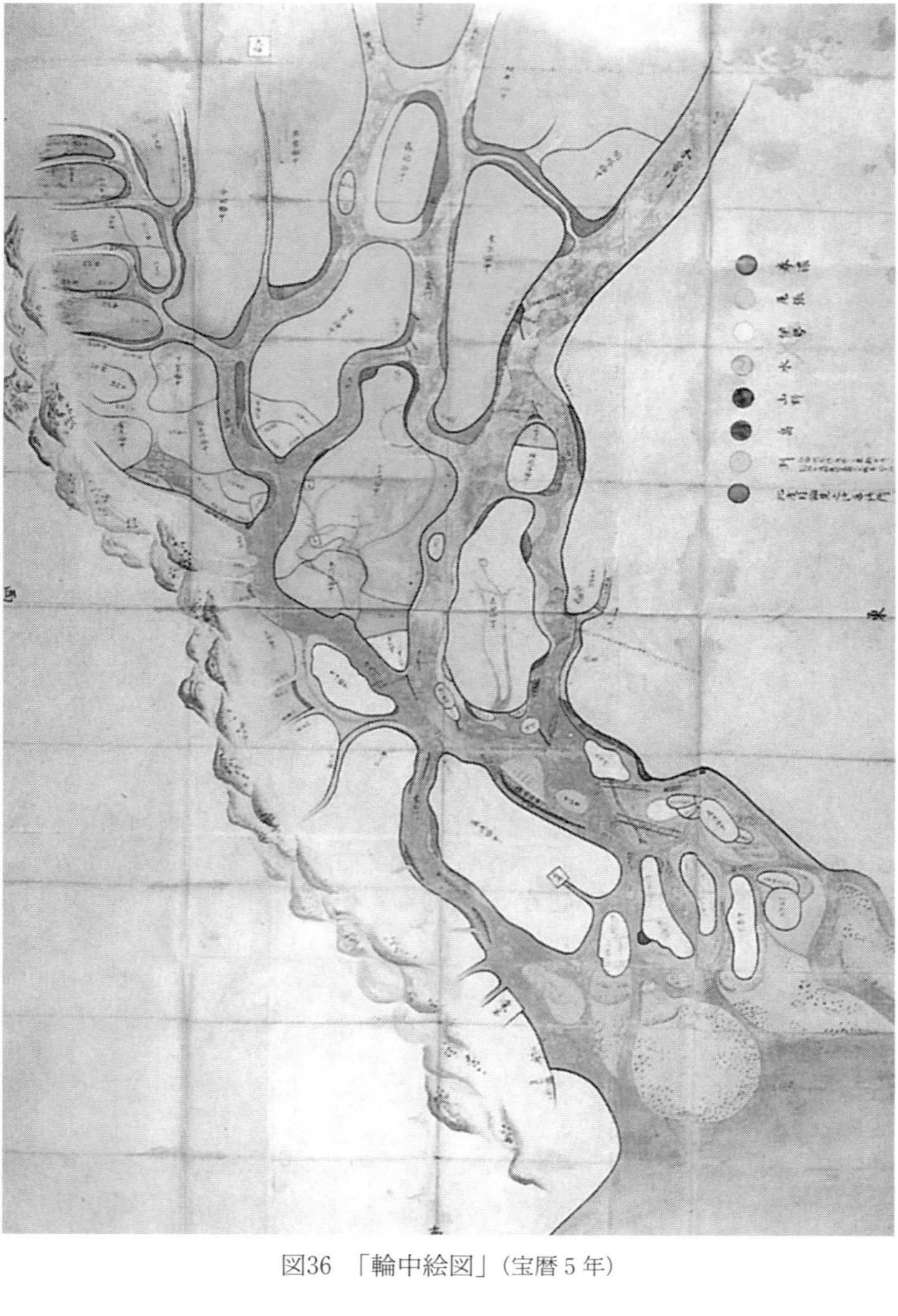

図36　「輪中絵図」（宝暦５年）

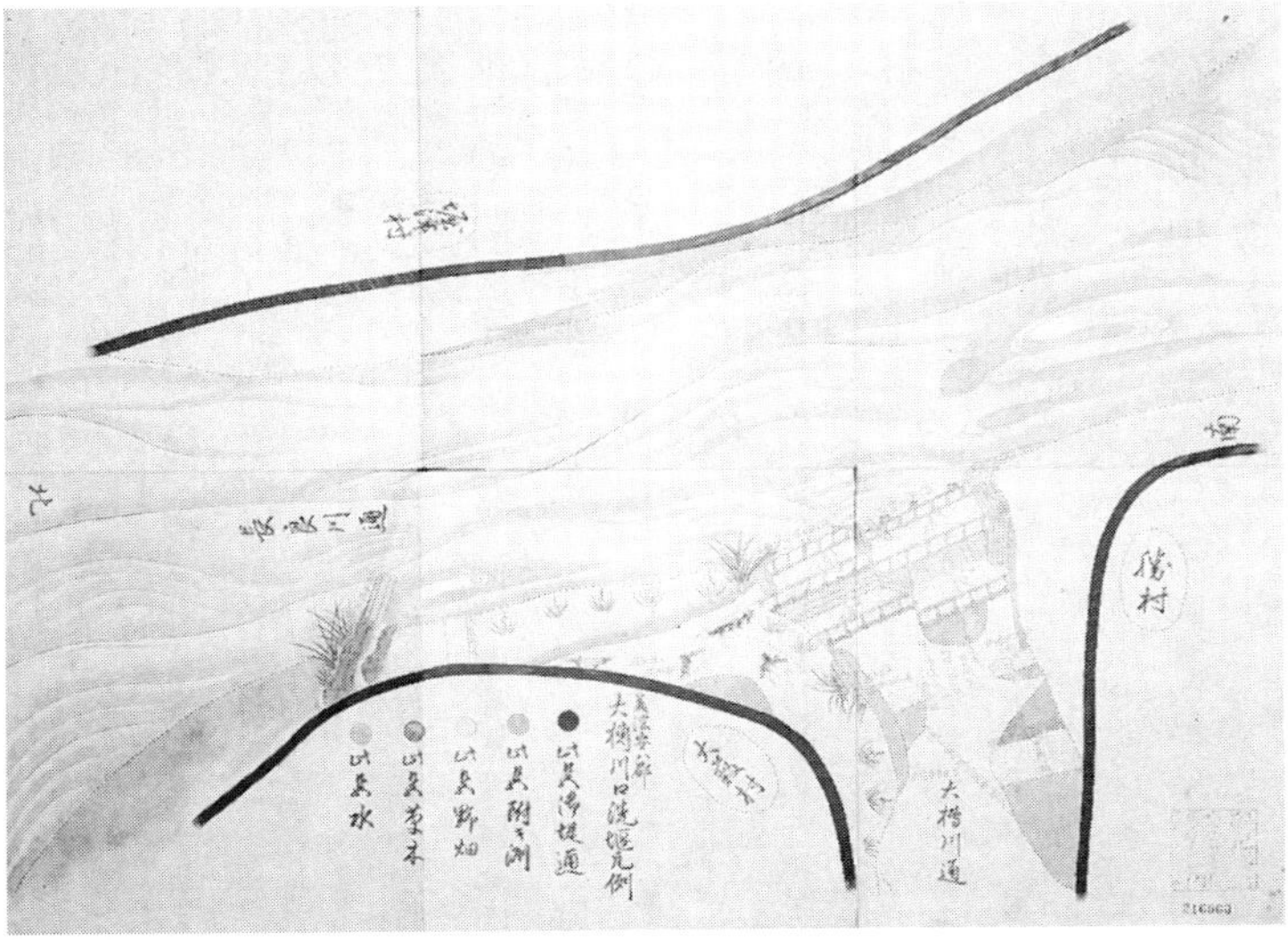

図37　大榑川口洗堰図

は被害を受ける住民から大榑川洗堰の取払いの請願がたびたび堤防御役所に出されるなどして、洗堰をめぐる問題がその後も続くこととなる。

一方、下流の油島締切では北側と南側から堤防が築かれたが、宝暦治水工事が終了しても中央部は開放されたままで、完全な分離とはならなかった。これは、幕府が完全締切による沿川地域への影響や、とくに名古屋城のある木曾川左岸への影響を恐れての慎重さからであったと思われる。この大規模な河川改修工事の結果、下流域の水害は減少したが、三川の中流より上流における水害が多発する結果となった。

油島の締切中央の開放部は文政二年（一八一九）ごろには締切堤と洗堰によって閉じられた（通船部があるため完全締切には至らなか

った)。この油島締切堤と洗堰についてはたびたびの復旧、補強工事が行われている。また、油島地点の浚渫《しゅんせつ》記録も多い。江戸時代の河川は舟運にも積極的に利用されており、舟運路での土砂堆積の対策として、河川の浚渫が行われる機会は多かった。今日のようなダムによる河床低下が見込めない近世において、前述の山川掟が示すように、上流部の林木の乱伐なども含めて、多量の流砂は下流部に影響し続けた。

この宝暦治水で注目すべきことであるが、計画、設計は幕府が押し進めたが、それを支えたのは実は地元の有力農家であった。領主の高木家は三川の水行奉行の役目を命じられており、三川の流れの変化の監視、管理役を務めていた。木曾三川に限らずとも近世の河川管理における流路の観察は、日頃の河川改修を行ううえでも重視されていたのである。

酒匂川——噴火と水害　河川災害の原因といえば、川を流れ下る流水が注目されがちであるが、その流れに異変を与える上流からの流砂《りゅうさ》がある。また、上流流域で噴火があれば、その大量の噴砂《ふんさ》の流下は長期にわたり、それによる河床の上昇は水害の発生に拍車をかけながら流砂の終息まで長く影響する。その事例を江戸時代に求めると、とくに有名な噴火が二つある。その一つは宝永四年(一七〇七)の富士山《ふじさん》噴火である。もう一つの天明三年(一七八三)の浅間山《あさまやま》噴火は下流にある利根川の河床変動に影響し、明治に入っても河川改修への影響が続いた。今でこそ穏やかな富士山は三〇〇年前に異なる姿を現した。とくにその影響を受けた河川に、神奈川県西部の小田原《おだわら》を河口とする酒匂川《さかわがわ》がある。酒匂川では河床安定までに約一〇〇年を要した。ここではその様子を振り返ることにしたい。

酒匂川は富士山東麓から東へ発し、山間部を下るとやがて小田原のある足柄《あしがら》平野へと流入し、南に転じて相模《さがみ》湾に注ぐ（図38）。中世の酒匂川は東高西低の平野西部を流下していたが、江戸時代の太平の世に入り、平野の耕地整備のために平野中央部へ導く堤防が建設された。それは岩流瀬《がらせ》堤と大口《おおくち》

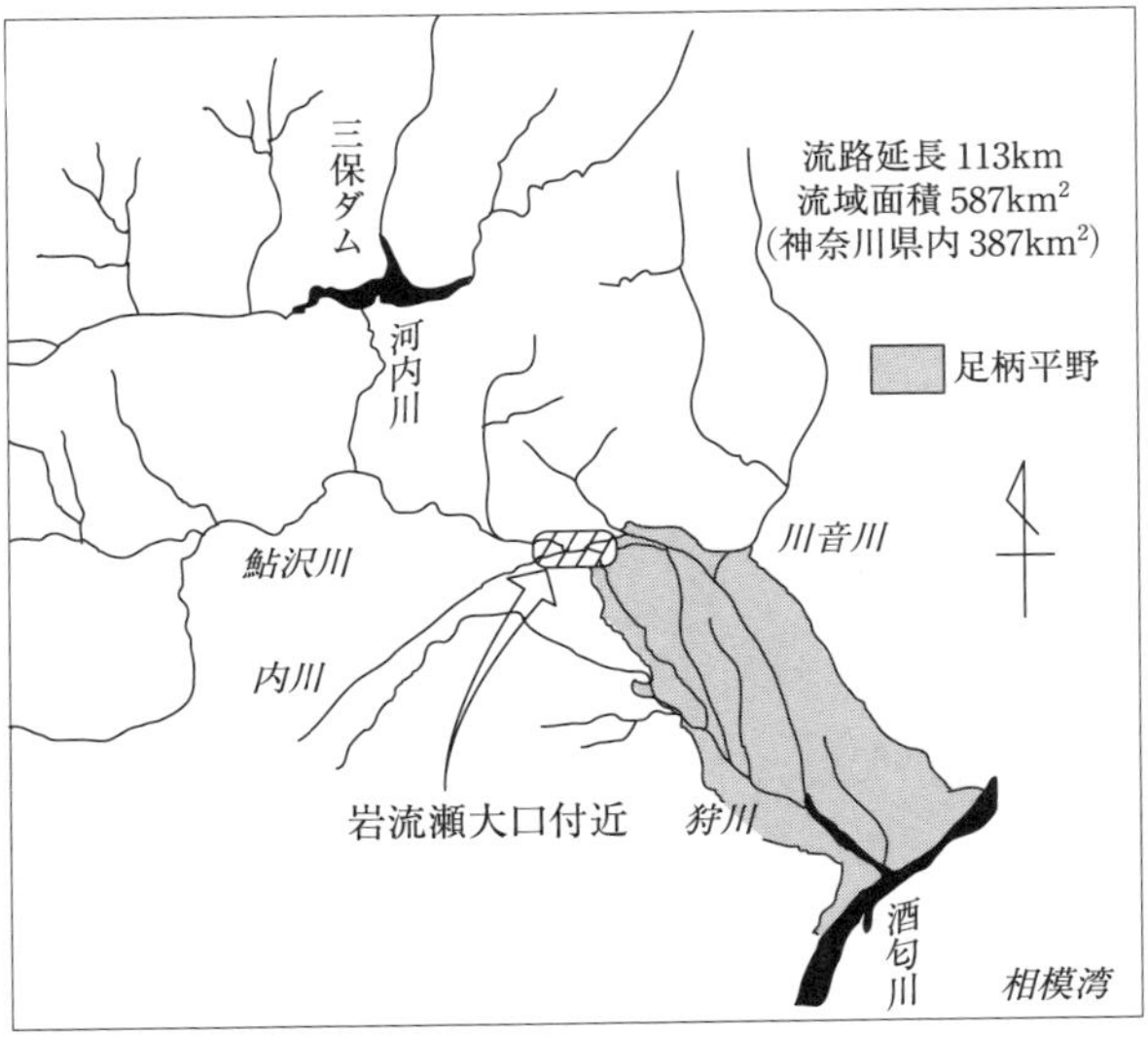

図38　酒匂川の流域概要

図39　岩流瀬堤の図

堤で、総称文命《ぶんめい》堤と呼ばれている。文命堤は、酒匂川が山間部から足柄平野へ入る地点の流れの方向をコントロールしている堤防であり、岩流瀬堤は流れをいったん断崖へ導き、大口堤は断崖からの流れを平野中央に導いている。これらの堤防は噴砂の影響によって、破堤を繰り返した。その状況が『酒匂川大口土手沿革史』に記録されている。この内容により、文命堤の変遷をみていきたい。なお、富士山噴火による周辺地域の状況が、近年、永原慶二によって『富士山宝永大爆発』にまとめられた。ここでは、足柄平野の治水の要である文命堤が富士山の噴火にどのように影響されたのかについて触れておきたい。

富士山噴火と文命堤　宝永四年十一月二十三日の十時ごろより地震と雷が始まり、昼の二時ごろより富士山が噴火し、噴砂は駿河《するが》・相模・武蔵《むさし》の三ヵ国に降った。この降砂は十二月八日朝までの一六日間続き、降砂の深さは一尺七寸五分に及んだ。田畑は砂で埋まった。

翌年（一七〇八）正月十八日より幕府領となり、川浚《さら》い御普請が二月十六日より六月十日まで実施された。この工事は入札による請負工事で、松平伊予守《まつだいらいよのかみ》・小笠原左近将監《おがさわらさこんしょうげん》・松平讃岐守《さぬきのかみ》・土井甲斐守《どいかいのかみ》らが手伝った。このころ、川は所々より二丈から五丈も高くなった。そして、六月二十二日の洪水によって岩流瀬と大口堤が破堤し、田畑や家屋敷が埋まった。

同六年（一七〇九）十一月にも大口堤から下流の修復が請負によって実施されたが、岩流瀬堤はないままであった。

正徳元年（一七一一）七月二十七日の洪水により、大口堤が破堤した後の一六年間、大口堤の復旧普請は行われなかった。

享保十一年（一七二六）川崎町《かわさきまち》の田中丘隅《きゅうぐ》を御普請本方として岩流瀬堤と大口堤の復旧普請が行われた。

享保十九年八月七日の夜、岩流瀬堤・大口堤が破堤し、夜中の出水により人馬の大勢が流死した。これにより蓑笠之助《みのかさのすけ》が大口堤と岩流瀬堤を早速に締め切った。

寛政三年（一七九一）八月六日の夜の洪水により岩流瀬堤が破堤し、復旧された。

享和二年（一八〇二）六月三十日の夜、大風雨により岩流瀬堤が破堤し、大口堤も欠入った。人家が流失し、所々が大荒れになった。同三年の御手伝普請によって復旧が行われた。

以上を簡単にまとめると、噴火時点から約二ヵ月後から河床上昇に対して浚渫で対応していたが、約七ヵ月後に両文命堤は破堤し、二年後に大口堤のみ復旧、約三年八ヵ月後に大口堤破堤の後、両堤なしの状態が続く。その後、約一六年間、両文命堤がないため、酒匂川は平野西辺の旧河道を流れさせざるをえなかった。そして、噴火から一九年後に両文命堤が復旧され、平野中央への流れに戻された。二七年後には両堤破堤するも即復旧、八四年後に岩流瀬堤が破堤、即復旧、八九年後に岩流瀬堤破堤、大口堤欠損、即復旧された。その後、文命堤の大きな破堤は、みられないといわれている。

このように、江戸時代の富士山噴火による酒匂川における水害発生への影響は、足柄平野への洪水を防ぐ要である大口堤が噴火から三〇年ほどで安定し始め、約一〇〇年後の享和二年の平野部における破堤洪水を最後に終息に向かった。

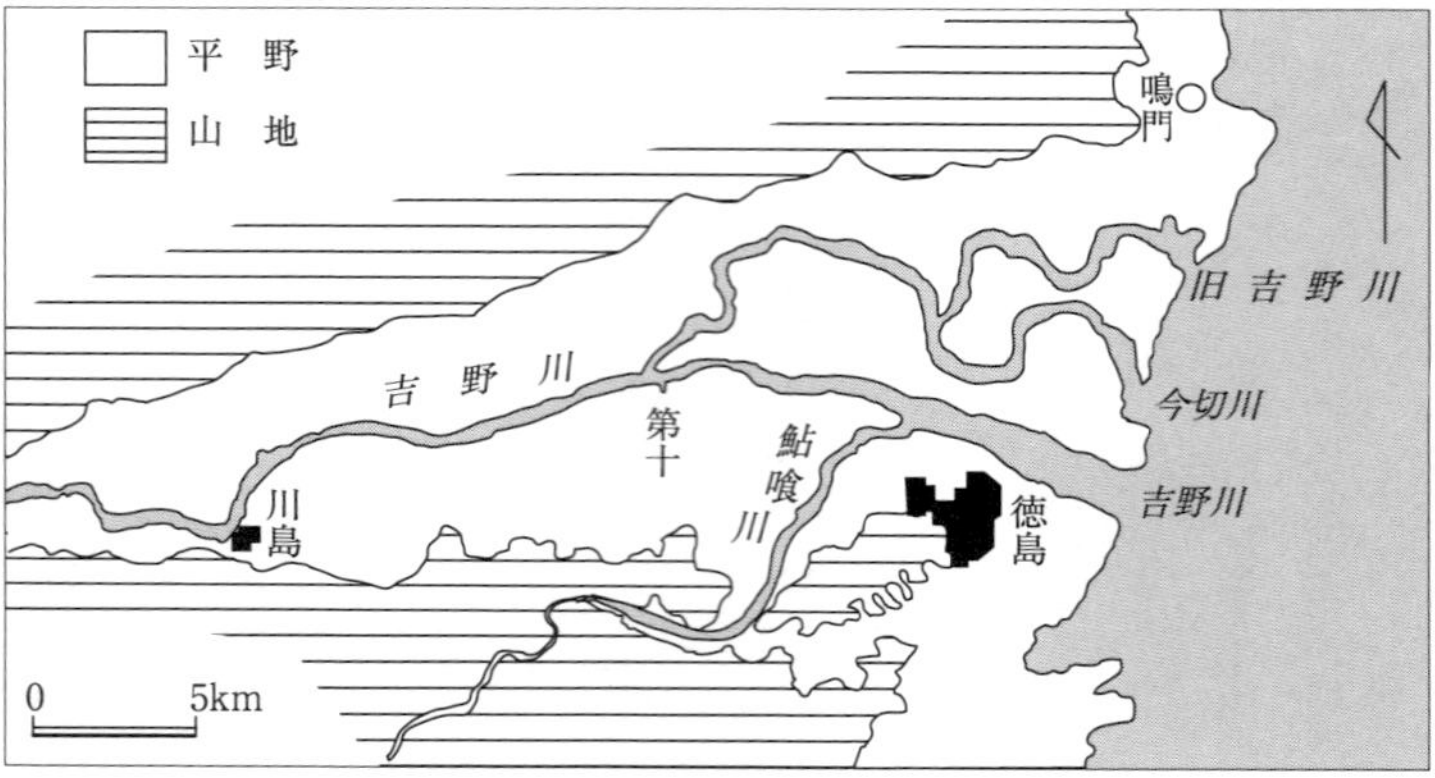

図40　吉野川下流部

吉野川——洪水を受容し活用する　洪水被害は時として悲惨極まりないものであったことは前に記したが、ここでは、洪水を積極的に利用した例をみてみたい。その河川、吉野川について今日有名なものに、木曾三川宝暦治水と同じころに建設された分水堰・第十堰がある。分水工事が行われる以前の吉野川は、第十地点から北へ流れ、現在の旧吉野川と今切川を河口とし紀伊《きい》水道へ注いでいた（図40参照）。近世において、吉野川河口部を中心とする流域を支配した阿波《あわ》藩は、堤防修築には比較的冷淡であった。その理由は、吉野川下流両岸の平坦地に広がる阿波藍《あい》の生産地を維持することに主眼があった。藍は連作を嫌う作物であり、毎年の吉野川の氾濫による自然の流水客土《きゃくど》が藍作地帯の土壌の肥培管理のうえで大きな役割を果たしていたのである。藍は阿波藩にとって最大の財源であった。分水工事以前の吉野川下流部（以後、旧吉野川と呼ぶ）の地形は、北岸（左岸）が複合扇状地で比較的標高が高く、これに対して南岸（右岸）が低くなっていた。よって、洪水の被害も南岸に多く見られ石井町藍畑付近が被害の中心地であった。

第十堰が建設される以前の吉野川における堤防は、部分的で高さも低いものしか建設されず、阿波藩自身の治水対策としては、多くの竹藪を作って洪水の被害を防いでいた。洪水が運ぶ客土の効果もあって、阿波藩では洪水の氾濫を妨げる築堤案を慎重に審議したという。

以上のように、阿波藩自身、場所に応じて築堤を行っていたが、旧吉野川下流部が藍生産地であったという特質上、この付近における治水には消極的であったのである。ここに、近世における藩経営が優先された場合の治水方針の一例をみることができる。

第十堰の建設経緯であるが、まずは徳島城内の堀への導水と舟運の便を確保するために、寛文十二年（一六七二）に吉野川の第十（石井《いしい》町藍畑）と姥ケ島《うばがしま》（板野《いたの》郡上板《かみいた》町高志）の間に幅六間（一一メートル）の流路が開鑿され別宮《べっく》川（現在、第十より下流の吉野川）へ連絡された。その後、吉野川の流れが別宮川へ集中するようになったため、吉野川への流れを維持する堰の建設が寛延三年（一七五〇）に嘆願された。これに応じて阿波藩は翌四年に現地調査を行い、宝暦二年（一七五二）に堰設置を許可し、同年中に工事が竣工した。第十堰の維持管理は旧吉野川の水を利用する約四〇ヵ村が井組を作って行った。

こうして完成し、維持管理が行われた第十堰であったが破損は免れなかった。『吉野川』によれば明和四年（一七六七）から一〇年間は藩が一ヵ年米七五石を出して第十村の弥惣右衛門《やそうえもん》に管理を請け負わせる制度に改められた。しかし、文化年間（一八〇四〜一八）、安政年間（一八五四〜六〇）では堰が大きく破損したときでも藩は修理底ざらえ費を支出しなかったという。文久年間（一八六一〜六四）には藩が米一〇〇石を支出し、井組は一〇アールあたり米二升を出して御手セキ（今は乙セキといわれている〈第十堰の別称であろう―筆者〉）が造られた。

第十堰破損のため安政五年（一八五八）六月には五八人が補修、維持管理のため村々から徴集された。この補修で藩は酒手仕度料や銀札一二〇目を支出した。

明治維新を経て廃藩後の第十堰の補修は明治十年（一八七七）になって地方税、村費折半の方法で維持された。

客土効果を期待した流域は吉野川に限らず、利根川や信濃川のほか、多数の河川にみられるが、近世ではその効果が強く意識され、活用されたのであった。

河川災害の克服　河川災害に対する近世の人々の意識は、今日とは異なり、水害に遭うことを前提に、河川改修、水防活動が行われていた。また、河川管理も含め、工事においても地域住民が参加、維持することが基本的な体制であり、幕府・藩などの為政者側は、地域住民の資金援助・技術援助・現場監督など、地域住民のサポーター的存在であった。木曾三川の宝暦治水、寛保二年水害ほか、大規模な普請については確かに幕府や藩が主体的に計画、実施した場合もあるが、また、それを大名が手伝ったとしても、現地の労働者は基本的に地域住民であったのである。近年、近世における強い村落自治の再認識を促す著書が散見されるが、河川管理についても、その主旨に合致する。木曾三川の宝暦治水にしても、「自普請」「定式普請」にしても、為政者側は、つねに地元の有力農民との打ち合わせのもと、方針が決定されていたのである。近世の幕藩体制下における河川災害と地域社会は、地域住民の活動を為政者がサポートしつつ、繰り返す惨状の中で、災害を克服するのではなく、生活を維持することに精力が向けられていたといえよう。

３　近世における災害救済と復興

危機管理の救済マニュアル　災害への救済の事例をいくつかみていくと、災害が発生した場合、十分か不十分かは別の問題として、最も救われがたい貧困層あるいは日常的に窮民と観念されている階層へ、当座の食料、避難小屋などの応急の救済措置を行うことが為政者の果たすべき第一の任務とする考えが共通して認められる。これは、飢饉《ききん》の事例ですでに指摘されていることだが（菊地・二〇〇〇）、地震や噴火などの突発的自然災害の場合でも同様であった。そして、さらに広範に存在する一般の被災者に対して、低廉な価格でお救い米を放出するなどの応急の食料手当てが与えられる。ここまでが地震や津波《つなみ》、洪水などの発生後、一〜二ヵ月程度の期間の応急の救済措置である。さらに、つぎに為政者が行うのは、救済事業としての仕事の創出と復興事業としての土木事業を抱き合わせた、より長期の救済策である。

こうした一連の流れは、被災地域の住民の生活回復がなされるかどうかという現実的な判断から生まれたというよりも、火災や洪水などが発生した場合にも適応されていた救済策の普遍的パターンであり、現代流にいうならば、災害対応の危機管理マニュアルとしてよいだろう。

しかし、これらのマニュアルに即した救済策実施の時期や規模については、災害の種類、規模、影響などが考慮されて、行政担当者が高度に政治的な判断を下すことになる。

以下では、噴火、津波、地震のそれぞれについて、記録が豊富に残存し災害時の幕府の対応が把握できる事例として、十八世紀末の浅間山天明噴火《あさまやまてんめいふんか》、十九世紀半ばの安政東海《あんせいとうかい》津波と安政江戸《えど》地震の三例を中心にみていくことにする。

(1) 大名手伝普請による復興策

浅間山天明噴火と利根川洪水

浅間山天明噴火の被害　浅間山天明噴火による災害は、噴火の最終段階で発生した火砕流《かさいりゅう》が浅間山麓の山肌を削りつつ流下し、削られた岩や土砂とともに猛烈な速度で麓の鎌原《かんばら》村に押し寄せ、さらに北麓を流れ下る吾妻川《あがつまがわ》へ押し入り、流域村々に火山泥流《でいりゅう》による甚大な被害をもたらしたことでよく知られている（図41）。しかし、この噴火による被害は吾妻川流域だけではなかった。浅間山南側の信州村々一帯への降灰《こうはい》、さらには、吾妻川が合流する利根《とね》川《がわ》沿岸の上州村々への泥流被害や泥流の堆積による河床上昇がその後たびたび甚大な洪水被害をもたらした。それぞれの地域が受けた被害は、火山の噴火が多様な災害をもたらすことを示している。災害からの復興をテーマとした場合、浅間山天明噴火で考えるべき問題として、二つある。一つは、復興事業の規模に見合う知行高《ちぎょうだか》を有する藩に命じて災害で破壊された河川堤防などの修復を負担させる手伝普請《てつだいぶしん》の実態である。二つ目には、そうした社会的インフラの再構築だけではすますことのできない、人も家も火砕流に埋まり村が消えて

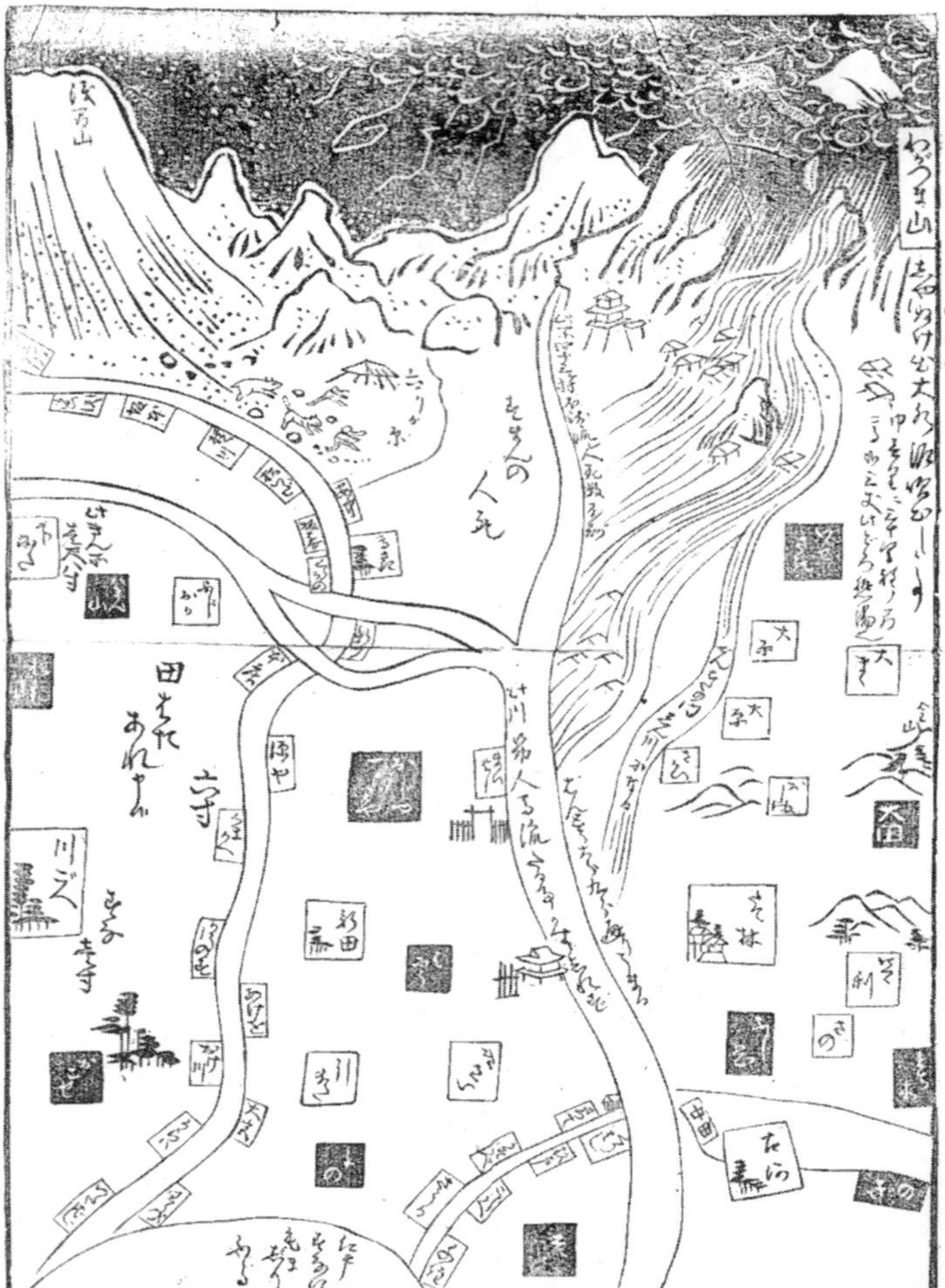

図41　浅間山天明噴火のかわら版　噴火したのは四阿山《あずまやま》とし，また，山の名前を「わがつま山」と誤って書くというかわら版らしい誤りが認められる．吾妻川の泥流被害について報じるもの．浅間山南麓の降灰被害を伝えるかわら版とセットで売り出された．

しまった鎌原村のような村の再興問題である。後者については、幕府によるこの災害の復興プログラムの実質的責任者であった幕府勘定吟味役《かんじょうぎんみやく》根岸《ねぎし》九郎左衛門《くろうざえもん》鎮衛《やすもり》の意を受けた鎌原村隣村名主らの主導により、生き残りの村人九三人をそれまでの家格や姻戚関係にかかわらず、新しい家族を作るために夫婦とし、家と村の再興を図った事実が明らかにされている（渡辺・二〇〇四）。紙数が限られているので、ここでは、これまであまりその実態が明らかにされていない天明噴火の手伝普請による災害復旧の実態とはどういうものであったのかを、幕府役人の動きからみてみようと思う。

まず、この噴火災害の概要を述べておこう。浅間山は群馬県と長野県の県境にあり、広義には黒班《くろふ》、仏岩《ほとけいわ》、前掛《まえかけ》山の三火山を指すが、一般には前掛山を浅間山といい、現在も活発に活動する火山である。過去最大級の噴火としては天仁元年（一一〇八）の噴火が記録される。天明の浅間山噴火は、天明三年（一七八三）四月九日（一八七三年五月九日）に噴火が始まり、約三ヵ月間断続的に噴煙、噴石などを噴き上げ、七月五日から七日、とくに七日夜から翌朝にかけての噴火の最盛期で大量の火山噴出物が繰り返し噴出して終息した。この噴火によってもた

図42　鎌原村観音堂石段下出土人骨

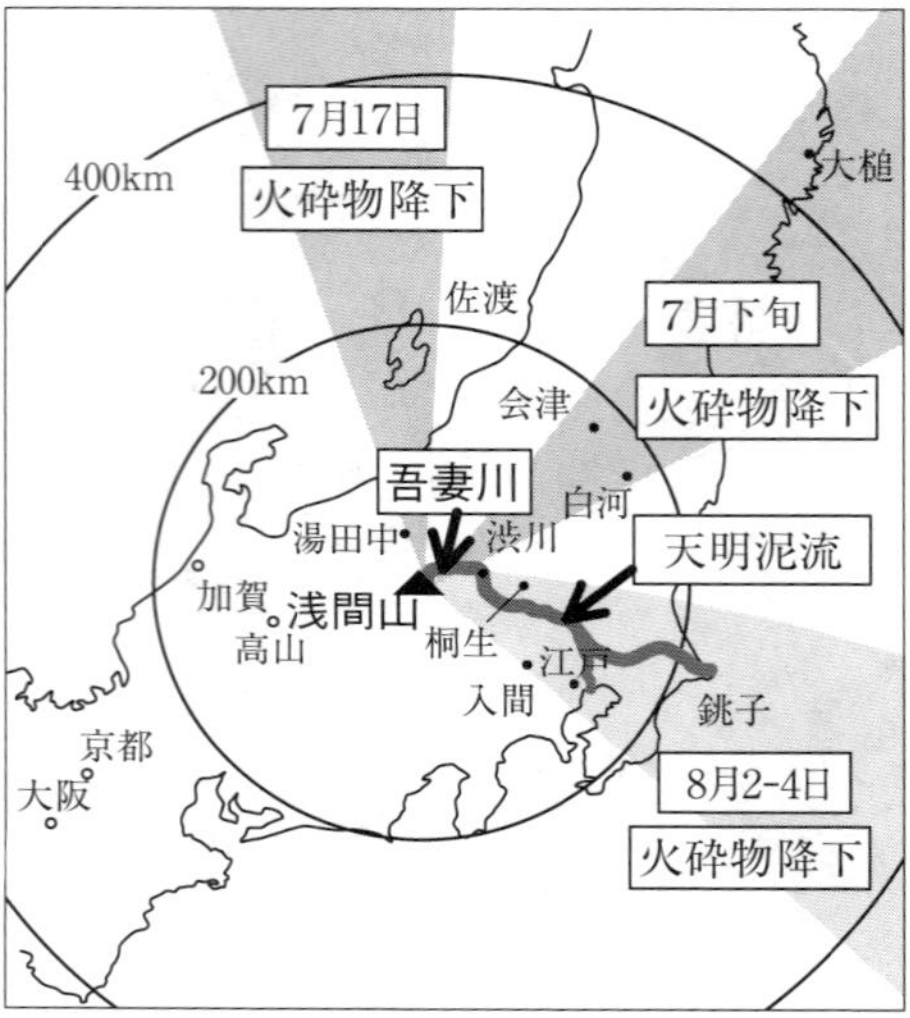

図43　天明３年浅間山噴火の噴出物到達範囲（安井真也作成）

らされた降灰は二〇〇キロ内の江戸はもちろん、四〇〇キロ離れた北上《きたかみ》、大槌《おおつち》にまでおよぶ広範囲に降り、また、十数キロの範囲内で東方向に流れた噴煙からは軽石降下や厚い火山灰の堆積が見られた。また、鎌原火砕流によって山腹の樹木・岩石が削り取られ急速に流下した岩屑《がんせつ》なだれのために鎌原村一村丸ごと埋められた。昭和五十四年（一九七九）から始められた発掘によって鎌原観音堂《かんのんどう》下の石段を登ろうとする姿勢のまま検出された女性二体の人骨の存在は火山災害の悲劇を伝える（図42）。鎌原村に限らず、火砕流と岩屑なだれが流れ込んだ吾妻川では大量の河水を含んだ火山噴出物が天明泥流となって波状的に流域の各村を襲い、甚大な被害を与えた。死者数は全体で一五〇〇人余、流出家屋一一五一軒、泥入田畑五〇五五石に及ぶという。しかし、天明浅間山噴火の被害はこれだけでは終わらなかった。吾妻川を流れ下った天明泥流は利根川を流れ下り、沿岸の村々の人家、田畑、用水路を泥で埋め尽くし、その復旧作業には多大の労力と資金が投入されたが、泥流の堆積が後々に至るまで利根川の洪水を引き起こす要因となった。また、降灰の著しかった浅間山南麓の村々、とくに中山道《なかせんどう》沿いの軽井沢宿《かるいざわしゆく》では一尺四方もある火石が降り、これによって宿の一部が焼け、一名の死者が出た。また、凶作による米不足にさらに降灰によって物資の流通が滞った中仙道沿いの地域一帯では米払底となり、これを米価騰貴を見込んだ穀屋の買占め売り惜しみだとして、激しい一揆《いっき》が勃発した。気候不順による天明期の凶作は、東北地方では人肉まで口にせざるをえなかったといわれるほどの飢餓状態をもたらしたが、これを浅間噴火による噴煙の影響とする説もある。しかし、ほぼ同時期に噴火したアイスランドのラキ火山の大規模な噴火がもたらしたとする見解もあるなど、気象学的には必ずしも証明されているわけではない(被害概要は、中央防災会議・二〇〇六による)。

大名手伝普請による災害復旧策　幕府は天明浅間山噴火の翌年早々に、この災害の復旧工事を熊本藩細川《ほそかわ》家に命じた。ここでは大名手伝普請による災害復旧とはどのようなものであったのかを中心に考える。徳川家康《とくがわいえやす》は江戸に幕府を開き、駿府《すんぷ》、名古屋、大坂、江戸など主要な都市に、その政治的中心となるべき城郭を大名の手伝普請で行ったことはよく知られている。そして、城の普請が一段落した十八世紀初頭から、幕府は大藩に対して河川改修を中心とする大規模な川普請を命じていく。図44に、江戸時代後期の大名手伝川普請の年代ごとの普請入用高とそれを担当大名の石高で割った一万石当りの負担金を示した(飯島・二〇〇二)。注意しておくべきことは、大名による手伝川普請が集中的に行われたのは関東筋の川々であったという点だ。寛保二年(一七四二)、宝暦八年(一七五八)、天明元年(一七八一)、天明四年(一七八四)、天明六年(一七八六)は、大洪水後の河川の復旧工事であった。このうちでも、寛保二年、天明六年の普請高が突出していることは図44から読み取れるが、天

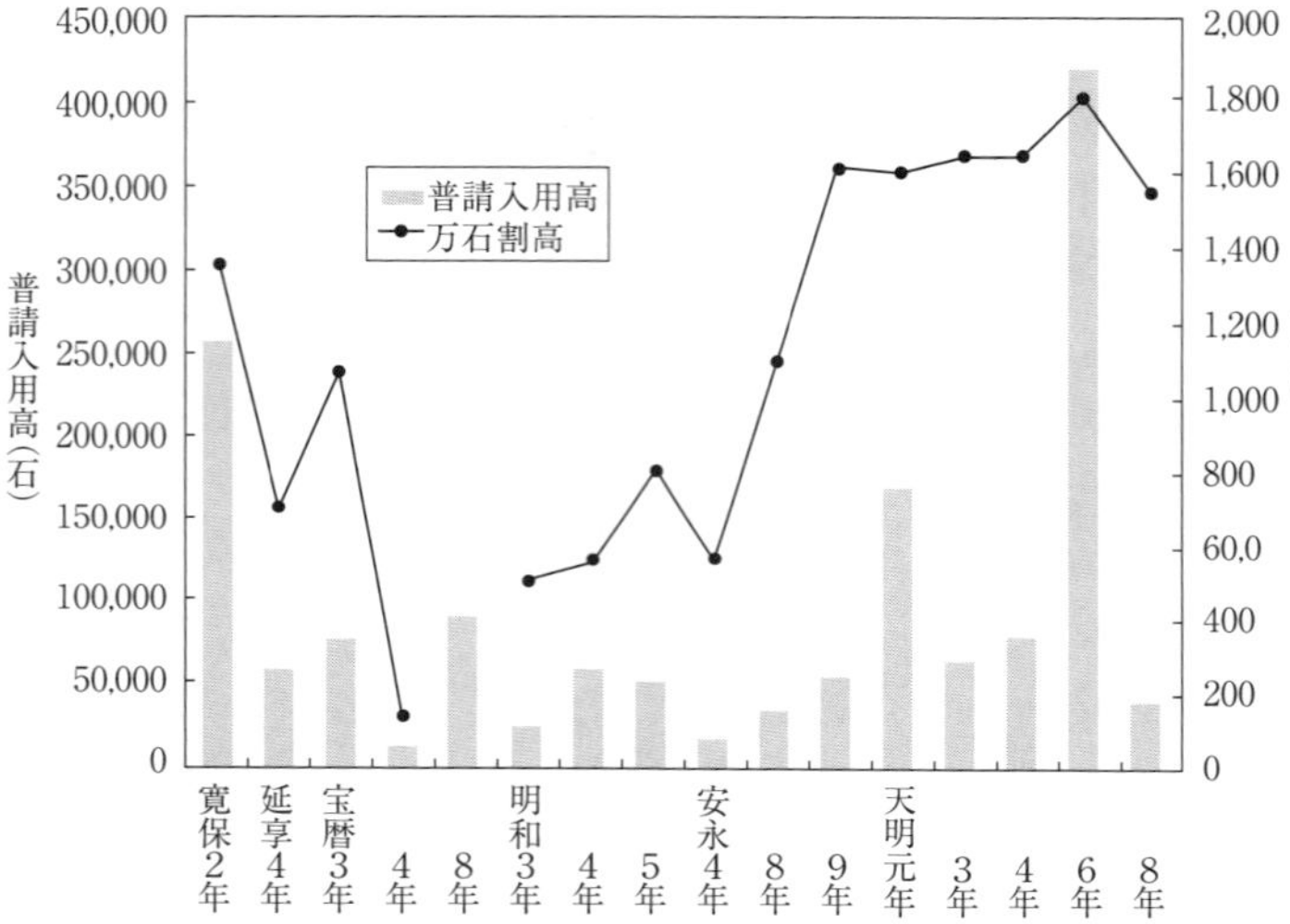

図44　18世紀後半，大名手伝川々普請

明四年が利根川を中心とする熊本藩細川家の手伝普請である。

天明噴火の被害は、泥流被害を受けた吾妻川流域、さらには一丈《じょう》（三メートル）にも及ぶという降灰被害を受けた浅間山南側の中仙道沿いの宿町・村々の田畑、および利根川流域の泥流流下・洪水被害の三つに分かれる。これら被害地への復旧事業がどのように始められたのかについては、幕府普請奉行《ぶぎょう》の動きからある程度推定できる。なお、以後の記述では出典は記さないが、とくに断らない限り、資料は萩原進の編集した『浅間山天明噴火史料集成』全五巻および児玉幸多・大石慎三郎・斉藤洋一編『天明三年浅間山噴火史料集』上・下によっている。

幕府役人による普請目論見　災害発生二日後の七月十日に江戸から普請役が現場に派遣された。なにが起きたのかを摑むことが目的である。

第二段階は、勘定奉行吟味役の根岸鎮衛を総括責任者とする、勘定役と普請役の出張役人総勢五九人が現地に出張した。これが実質的な被害調査と復旧事業の見積りを行う第一弾であった。彼ら役人衆は八月二十八日江戸を出発、中山道を北上、利根川が大きく東へ屈曲する五料河岸《ごりょうがし》の手前で利根川の南縁と北縁に分かれる枝組の一団と、根岸らの本隊の高崎《たかさき》、渋川《しぶかわ》直行組などの四手に分かれ、利根川沿い、吾妻川沿い、碓氷川《うすいがわ》沿いなどの被害調査を開始した。

一般に、幕府役人が被災地を廻村し、調査するということ自体がすでに幕府主体で工事を行うということの意向表示でもあった。だからこそ、被災地のうちの私領村々、とくに、降灰がひどいにもかかわらず、幕府による普請が認められなかった安中《あんなか》、小諸《こもろ》周辺の村々では、幕府役人が泊まる旅宿の情報を必死になって集め、そこに赴き、願書を渡すということを何回も試みている。川越《かわごえ》藩の場合は利根川という主要河川の関所《せきしょ》を幕府から預かる立場であったから、これらの施設の復旧は幕府の手で行うことになっていた。また、利根川から田用水を取水する植野《うえの》、広瀬桃木《ひろせもも き》堰（図45参照）の復旧については、川越藩領に限らず、高崎藩、あるいは伊勢崎《いせざき》藩など近隣藩の水下村々の用水組合が広範に関わる関係上、幕府が修復を主導した。こうした普請費用は結局、熊本藩の手伝普請で賄われたが、当初から熊本藩に手伝普請を命ずることが定められていたわけでない。根岸ら勘定役、普請役の災害現場への派遣は、普請費用の見積り額を算定し、それを担える大名の選定のための予備調査の意味を兼ねていた。熊本藩へこの災害復旧のための手伝普請請負の将軍上意が伝えられる（天明四年正月二十七日）以前に、非公式な形で事前にいつごろ伝えられたのかは不明である。

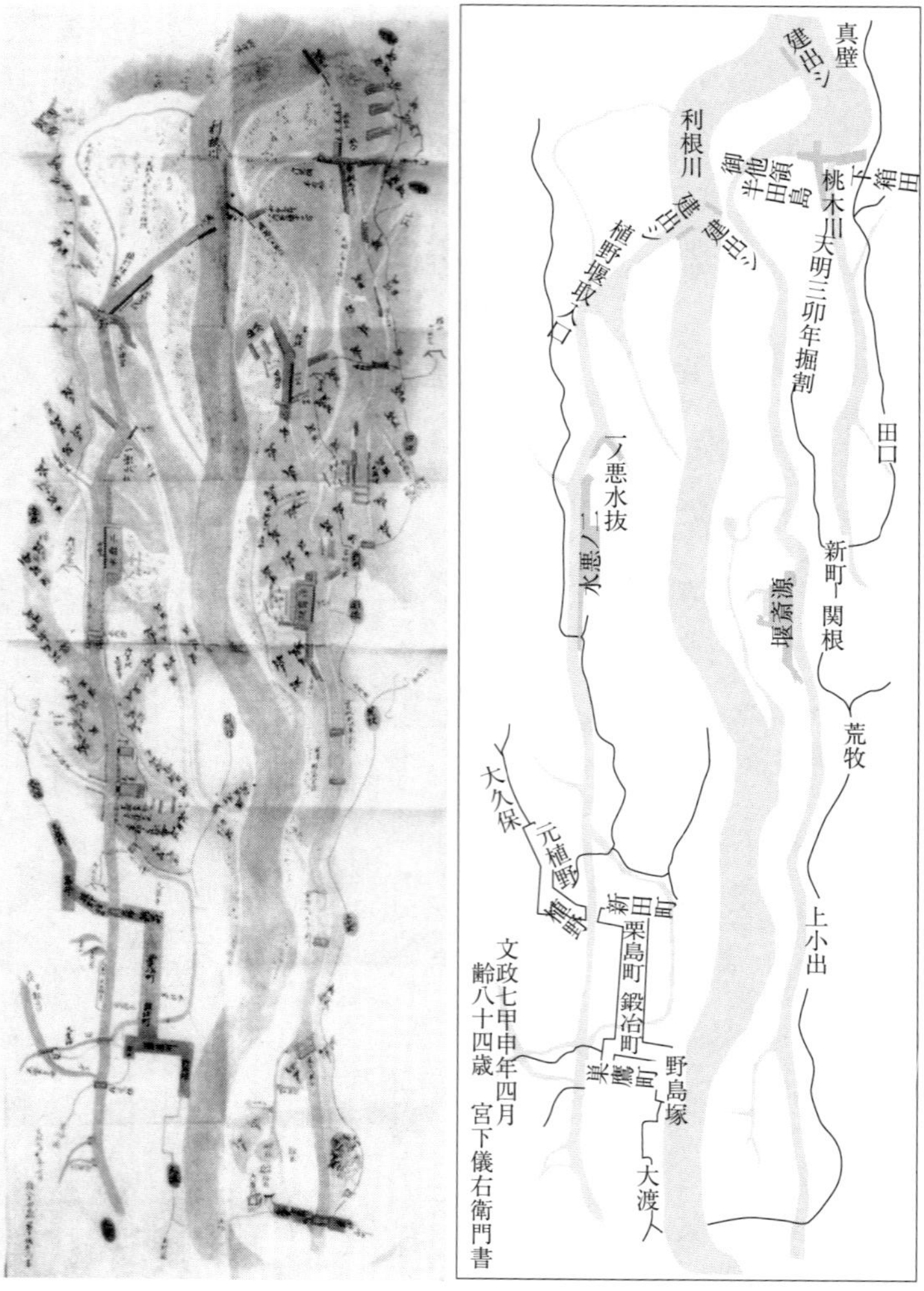

図45　植野・広瀬桃木堰絵図（左・原図，右・略図）

幕府出張の根岸本隊は、一丈の泥に埋まったという五料関所、福嶋《ふくしま》渡船場、上《かみ》福嶋村の福嶋関所などの利根川の要所、所々の用水堰の被害状況と復旧にかかる費用の見積りなど、復旧のための費用の概算を把握する役目を担っていた。根岸本隊のほか、渡良瀬川《わたらせがわ》縁から利根川東縁へ出た一組（野田文《のだぶん》蔵《ぞう》組）、利根川南縁から玉《たま》村、さらに利根川西縁を北上する一組（中村丈右衛門《なかむらじょうえもん》組）、玉村から碓氷川筋に沿って安中方面へ向かう一組（篠山重兵衛《しのやまじゅうべえ》組）の動きがわかる。九月中旬ごろまでには、利根川から取水する植野堰および広瀬桃木堰の修復見積りをそれぞれの普請目論《もくろみ》見担当が作成、そして、ほぼすべての幕府普請役人一同が渋川で寄り合い、さらに九月二十七日本庄《ほんじょう》宿で四、五日間評議をし、江戸へ戻った。この間、降灰や泥流被害の大きかった川越藩領、安中藩、信州《しんしゅう》小諸藩などで農民の不穏な動きが起きた（大石・一九八六、『長野県史』通史編第六巻）。一揆をも起こしかねない農民の動きがあっては復旧工事も計画どおりには進まない。果たせるかな、十月十七日、川越藩領に曲淵甲《まがりぶちか》斐守景漸《いのかみかげつぐ》北江戸町奉行の同心が現れた。十月に入り、安中、高崎だけでなく、川越藩領内でも打ちこわしが起きた。「十一日の晩、六ツ時、前橋二夕子山《まえばしふたごやま》へ罷《まかり》出るべし、もし、参らざる村ハ焼はらひ申候」（「川越藩前橋陣屋《じんや》日記」）という火付けの脅しをかける火札《ひふだ》が村や宿場《しゅくば》に張られた。こうした動きを制圧するためには、警察権力が必要とされた。江戸町奉行所同心《どうしん》は百姓一揆に加わった百姓たちを召し捕えるために江戸から送り込まれたのである。彼らは江戸の治安だけを担う存在ではなかったのだ。地元では、彼らを公儀《こうぎ》同心と呼んだ。

泥流被害で人も家も泥に埋まるという甚大な被害を受けた吾妻川流域では百姓一揆が発生せず、降灰地帯の信州、利根川への泥流流入で田用水不足となった川越藩領、高崎藩領などのいわば周辺地域で農民が徒党を組み百姓一揆に至ったのかについては簡単には説明はできないが、一村丸ごと火砕流の下に埋まるというような状況では幕府や藩に対して農民がまとまって抵抗するような余力がもてなかったからではないだろうか。この間、根岸ら幕府普請役人は江戸へ避難し、川越藩は十月十日には前橋陣屋の封鎖を行った。十一日にはあちこちで打ちこわしが始まった。藩では鉄砲も用意した。ただし、空鉄砲であることが使用条件とされ、一揆勢に実弾の発砲は禁じられていた。十七日以降、諜報活動に長けた江戸町奉行同心らの加勢もあって、一揆勢は召し捕えられ、村預けとなる者もいたが、江戸に送られる者もいた。十月末、川越藩は、百姓一揆はほぼ鎮静化したという見通しを持った。ようやく普請事業が開始された。

普請「九分通出来」と熊本藩勢の登場　天明噴火復旧工事における第一は幕府領の吾妻川沿いの祖《そ》母島《ぼじま》―川島《かわしま》間の泥除けであったが、ついで大工事といわれたのは、幕領、川越藩領、伊勢崎藩領などに関わる図45に示した広瀬桃木堰の普請であると、当時いわれていた。

このうち、川越藩の被害は、田畑が直接焼石や泥に埋まる被害よりも、用水の被害による田畑の干上りなどの傾向が強かった。死者の数も吾妻川流域村々に比べると圧倒的に少ない。広瀬桃木堰の普請は十一月二日〜十一月末、福嶋関所の本普請は十一月十一日〜十二月二十七日に完成した。五料関所は十一月二十九日からの渡船は可能となった。

年が明けて早々、再び現地入りした普請役人一向はそれぞれの担当箇所を見分、「普請九分通《くぶどおり》出《しゅっ》来《たい》」の現場確認をした。翌閏正月には幕府目付が現地見分を行う。すなわち、普請が最終段階になったのである。

しかしながら、普請が「九分通出来」した段階になっても、熊本藩は表舞台に登場してこない。まずは在府の藩主細川越中守重賢《えっちゅうのかみしげかた》が、正月二十七日江戸城波之間《なみのま》において、老中松平周防守康福《ろうじゅうまつだいらすおうのかみやすふく》、久世大和守広明《くぜやまとのかみひろあき》列座、同じく老中田沼主殿頭意次《たぬまとのものかみおきつぐ》から武《ぶ》州・上《じょう》州・信州川々普請手伝を仰せ付けられた。これが公式の手伝普請の命令である。藩では、先例に従って、幕府の重役はもちろん、普請役人、それに、姻戚関係、江戸城内の同じ詰めの間の大名その他の関係先に手伝普請を命じられたことを吹聴した。熊本藩ではすでに江戸屋敷に待機していた普請勢、士分一三人と普請役、そのほか、右《ゆう》筆《ひつ》、医師、徒《かち》、足軽《あしがる》一〇〇人、中間《ちゅうげん》一三〇人の総勢三〇〇人にも上る一隊が閏正月二日〜四日にかけて、続々と江戸藩邸を出発した。惣《そう》奉行の家老小笠原備前守《おがさわらびぜんのかみ》は江戸熊本藩邸に詰め、現地での熊本藩元締め役は副奉行白杉少助《しろすぎしょうすけ》が務めた。江戸を出た熊本藩普請役一行は閏正月七日現地渋川に到着し、閏正月十日に普請に取りかかり、同日に終了と熊本藩日記には記されている。閏正月十七日には現地を引き払うという慌しさである。熊本藩普請役の現地滞在は合計一〇日間である。この間に、幕府役人に付き添い、普請現場の成就を確認している。明らかなことは、普請手伝いを命じられた熊本藩は最後の普請終了の確認に立ち会うだけだったことである。これは、普請成就の一種の儀式にすぎない。

熊本藩手伝普請の内実　では、一体、熊本藩は手伝普請と称して何をしたのか。このことは、同藩に残されたこの普請に関する勘定書から明らかになる。支出総額九万六九三二両一分、普請関係費用は、残金の五三六両余を新姫婚礼費に流用した額を除くと、九万六三六五両余が普請総額となる。この内訳を大きく普請費用とそれ以外の幕府役人への音信《いんしん》物、あるいは荷物運搬費、用達への返済金などの項目に分けると、普請費用八万三二八二両余（八六・四％）、音信物七八六〇両余（八・二％）、宿料、人馬賃銭、物資運搬費など二一六五両余（二・二％）、用達借金返済三〇九〇両（三・二％）という構成になる。ただし、これが普請費総額ではない。幕府役人の出張費用などはこれに加算されていない。これは幕府が負担したと考えられる。また、前橋陣屋での川越藩役人が幕府普請役へ対して行った応対の諸費用など、その他の諸藩、旗本領での幕府普請役への対応費用を含めると、一〇万両は優に超える額となると推定される。仮に一両二〇万円として、現在の額にすれば二〇〇億円となる。

江戸幕府への熊本藩上納分の六万九二八三両の使途の内訳は不明であるから、この資料からは工事の実体費を押さえることはできない。この時期の手伝普請の形態として、一般に材料費は幕府が負担したとされている。図44の天明四年の普請入用金高は七万八〇〇〇両であるから、仮に熊本藩上納金高六万九〇〇〇両余を差し引いて、幕府が負担した九〇〇〇両を材料費と想定できようか。

普請は被災村々への救済も兼ねていた。地元の農民に土運びなどの単純な労働を課し、賃金を払うことで地元への復興資金投下の金の流れを作るのである。すでに幕府から地元に支給された御救い普請金もこの熊本藩の負担する普請金で後に清算されたのである。通常こうした救済名目の普請では、工事の進捗を図るために二割増しとすることが慣例であったとされる。幕府からの指示で普請金二割増し支給の一万二九八九両余も熊本藩から支払われている。しかし、幕領であっても、大規模な川普請にかからない地域では、代官所《だいかんしょ》では何度も叱責を受けながらも村役人が救済願いを出しようやく認められるという状態もみられる。また、幕領と私領では地元への復興資金投下に圧倒的な差がついた。そのうえ、泥流に襲われ多数の死者が出た地域に比べれば、被害の少なかった降灰地域では役人の裁量が作用し、またそれがまちまちであったので、百姓一揆を惹起させる要因の一つともなった。

お救い普請　一体にお救い普請は、効率を考えた事業ではなく、女、子供に限らず、土運びなどの人足に出て、賃銭を支給される仕組みである。このお救い普請では一人一日永一七文が基準とされている。この基準額は半世紀以上経た幕末の災害救済でも踏襲されている。

火砕流に襲われ村全体が埋まった鎌原村をはじめとして、泥流に家や人が流され被害が最も甚大であった吾妻郡一九ヵ村の復興資金として、四七六六両が支払われた。植野堰の復旧工事は、村請《むらうけ》普請の方式で村役人による統制下で進められていった（群馬県・一九九二）。

以上、やや詳しく浅間山天明噴火の復旧工事における幕府役人の動きを追ったのは、災害復旧を封建的強制によって諸藩に命じて対応する事態がこの事例からよくわかるからである。また、ここでは論じる余裕がなかったが、熊本藩は九万両以上にも及ぶ普請手伝の費用の捻出に苦労し、御用達町人からは才覚金、あるいは献納額に応じて郷士の身分格を与える寸志銀という方法で領民から資金調達をした。こうした災害復旧のあり方総体が幕藩社会の構造をよく象徴しているのである（大石・一九八六）。

(2) 安政東海地震の下田港　災害と外交の危機

下田を襲った江戸時代の津波　下田《しもだ》はよく知られているように、幕末日本の外交交渉の中心舞台であった。ペリーが浦賀《うらが》で安政元年（一八五四）三月三日に日米和親条約を強行締結させ、五月二十五日開港場とされた下田の了仙寺《りようせんじ》で和親条約付録の調印をおえ、六月二日に下田を出航した。しかし、半年も経ないうちに、今度はプチャーチン率いるロシア船ディアナ号が十月十四日に下田入航、十一月三日には第一回対露交渉が下田福泉寺《ふくせんじ》において開かれた。その翌日四日朝八時過ぎから十時前ごろ（発生時刻は資料によりまちまち）、津波が来襲した。

安政東海地震の津波による下田港の被害は流失家屋八四一軒、半壊三〇軒（計八七一軒）、無事であった家はたったの四軒にすぎなかった。流失、半壊を合わせると、じつに九九・五％、まさに全戸に及ぶ大被害であった。津波による浸水域は、図46に示されるような範囲と推定されている。津波高は町の中心部に高低差があるので、場所によって一～二メートルの差異があるが、平均して四・五～六メートルに達していた。

下田町総人口三八五一人のうち死者は九九人とされている。幕府からの出張役人のうち、足軽などで行方不明の者、あるいは他からの流入人口をあわせると、一二二人という数値があげられている。下田町内犠牲者の数九九人というのは、家屋被害に比べ、相対的に少ないといえるだろう。これには、震源からの距離、津波の到達時間、それに町の立地、地形など自然的条件のほか、港町としての伝統のある下田における過去の大災害の経験が影響していると考えてよいかもしれない。

下田町は元禄十六年（一七〇三）と宝永四年（一七〇七）に二度の大被害を受け、町の大半の家屋が流失する経験をした（表4参照）。十八世紀初頭のこの二つの災害においても、下田における流失家屋に対する死者の数は相対的に少ないといえる。その理由の一つとして、津波の襲撃を緩和し、直接町中への津波の侵入を防ぐ力に多少とも与《あずか》ったと推定されるのは、波除堤の存在である。これは、寛永二十年（一六四三）から正保二年（一六四五）の足かけ三年を要して築かれた。幕府による修復費で賄われた歴史を持つが、安政東海地震のときも津波で破壊された（『下田年中行事』五六九〜五六〇頁）。

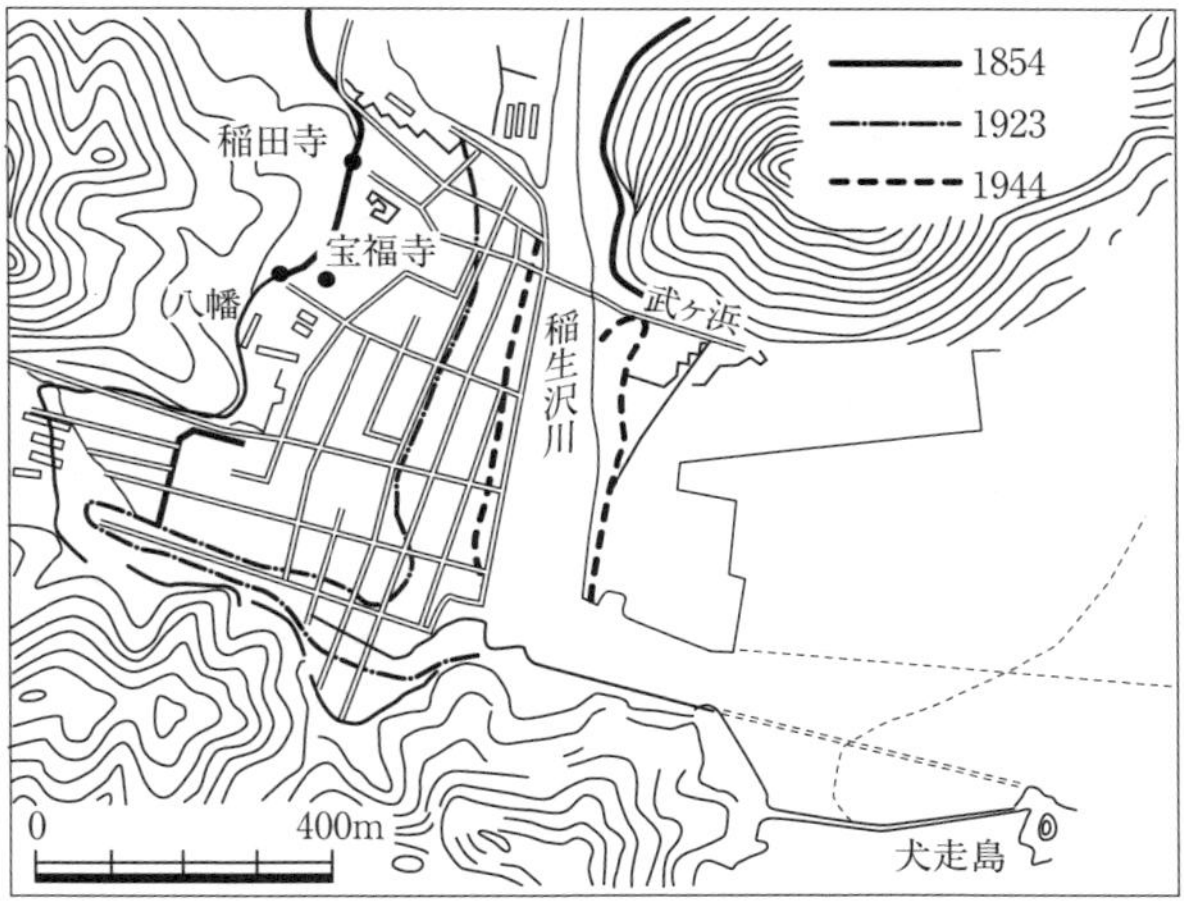

図46　下田港への津波浸水域（安政東海地震・関東地震・昭和東南海地震）

外交交渉と災害救済　幕府のロシア応接掛大目《おおめ》付《つけ》筒井《つつい》肥前守政憲《ひぜんのかみまさのり》、勘定奉行川路《かわじ》左衛門尉《さえもんのじょう》聖謨《としあきら》、そのほか多くの下僚がロシア応接のために、大挙して下田に集結していた。彼らの宿所や奉行所も津波で潰され、ロシア船も錨を砕かれて下田湾内でその巨体を四〇回も旋回させ、破損する始末であった。当然、下田の住民だけでなく、これらの人々も外交交渉への支障を少しでも少なくするために、自分たちの宿所やロシア船への対応ばかりでなく、下田の町の再興にさまざまな知恵を働かせた。それは、村の地頭や一代官が担える範囲をはるかに超えた、国家レベルの直接支援といえるものであった。

津波被災後の応急策は素早く立ち上げられた。その日のうちに、お救い小屋が設けられ、粥の炊き出しが行われた。翌十一月五日に、町頭が一堂に集まり、町内の被災者を調べ、罹災者のうち近くに親類のある者はそこへの避難を頼み、近くの親類を頼めない者はお救い小屋入りの措置をしたという(『下田市史』資料編3、幕末開港上、一九七頁)。幕府への急用状によって、十一月十日には米一五〇〇石、金二〇〇〇両が下田へ届けられた。この金は大目付筒井政憲・勘定奉行川路聖謨、下田奉行井沢《いざわ》美作守政義《みまさかのかみまさよし》以下諸役人への被災手当てが主目的ではあったが、このうちには下田町への救済金二〇〇両が含まれていた。町への救済金は、十一月十七日には町内の罹災者《りさいしゃ》のうちの生活に窮する者たちへ、流失家一軒宛金三分、浸水家一軒宛金二分、死亡者へ各銭一貫文宛が与えられた。

しかしながら、こうした救援はあくまでも災害発生に遭遇した場合の緊急対応であって、時間が経過するとともに、罹災者あるいは被災現場で必要とされることが変化する。

総人数	備　考
3,851人	4軒無事
386人	
376人	

表4　江戸時代における下田の津波被害

年　月　日	町村名	被害戸	内(流失)	内(半潰)	流死人	破損船
元禄16年10月22日		492軒	332軒	160軒	21人	81艘
宝永4年10月4日		912軒	857軒	55軒	11人	97艘
安政元年11月4日	下田町	871軒	841軒	30軒	99人	30艘
	柿崎村	75軒				
	岡村	96軒				

下田市史編纂室蔵「大震津波ニ付裁頂お見舞其外控」による.

下田港の壊滅と再興　下田が幕末外交史上に登場するのは、浦賀におけるペリーとの日米和親条約締結交渉で、長崎以外の開港場問題が浮上した安政元年二月中旬である。このとき、アメリカ、ロシアなどの外国勢が江戸湾内に開港場を主張することへの対抗措置として、幕府首脳部は下田が開港場として適性を備えているか否かの調査をさせている（『大日本維新史料』二編ノ四）。下田が開港場の一つとして選択された理由は、江戸の内海には断じて外国船を入れないが、開港後、ここで万が一「通商」が行われても、伊豆《いず》半島突端という優れて孤絶した環境によって、その影響を最小限にとどめられると踏んでいたからである。幕府が「通商」を恐れたのは、日本人の生活が満ち足りているのに、「交易」によって人々の生活が奢侈に流れ、延いては人心収攬がおぼつかなくなるという点にあった。

「和親」条約を結ぶ以上は、条約文に遊歩地区が明記される。下田港の場合は犬走島《いぬばしりじま》七里（二六・二五キロ）四方とされた。下田が選択された理由のうちには、半島の突端という点ばかりでなく、陸路は山々に阻まれ、平坦な道筋は確保できないという点が「通商」の拡大化への最大の抑止力とされた。その下田が津波で壊滅した。したがって、外交上からも下田の復興が当面の重要課題となった。

津波で下田壊滅という情報が幕府に届くや、費用はいくらかかってもよいから下田での交渉を続行することとされ、そのための手当てが出張の応接掛幕吏の下僚に至るまで支給されたのが、先に述べた十一月十日到来の二〇〇〇両であったのだ（『幕末外国関係文書』八―七二）。

ロシア側は、相変わらず下田開港を承知せず、浦賀がだめなら江戸に直接乗り込むと主張するなど強硬であった。十二月九日には、ペリー来航の副艦長で、条約書にアメリカ大統領の署名の必要から途中帰還したアダムスが条約批准書《ひじゅんしょ》を携え下田へ入津した。対米、対露の息詰まる交渉が津波罹災後の下田で展開するなか、安政元年十二月末ロシア、アメリカ双方に対して交渉の基本路線がほぼ決着した。対ロシア応接掛の川路ら役人は十二月二十四日に江戸へ帰り、アメリカ応接掛の町奉行井戸《いど》対馬守《つしまのかみ》覚弘《さとひろ》も批准文書の署名を将軍ではなく井戸ら応接掛の署名で決着させ、江戸へ帰った。ロシア船の修復は進まず、すべてが終了したわけではないが、十二月末をもって条約締結は落着した。

本格的な下田復興策が開始されるのは、この外交交渉が終息した安政二年（一八五五）に入ってからである。正月十日川路聖謨・水野《みずの》筑後守《ちくごのかみ》忠徳《ただのり》・岩瀬《いわせ》忠震《ただなり》を下田取締掛として、これに下田奉行井沢政義・都築《つづき》駿河守《するがのかみ》峯輝《みねあき》の二名を加え、開港場としての再興下田の計画を立案させた。

二月の下田再建策の中心は、近郷に離散した罹災者が家作を建て直すのも稀な現状では普請財源が必要であること、そのためには、再び津波が浸入しないように波除堤の修復普請、家業を再興するための漁船新造資金などなんらかの支援が必要であることなど、人心を考慮した復興策であった（『幕末外国関係文書』九―六二）。

これらを、①財政的支援、②津波再来の不安の除去、③密貿易禁止、④住民監視、⑤欠乏所設置、⑥警備施設の建設などに分けてみると、きわめて包括的な復興策であったことがわかる。これらの復興策のうちのいくつかの点についてみておく。

①財政的支援…まず、復興資金の拝借金提案である（『幕末外国関係文書』一〇―九六）。下田ほか三ヵ村（柿崎《かきざき》村、岡《おか》村、中《なか》村）身元相応の者二三三軒を除く一二一八軒へ九八五五両（大宿五〇軒へ一軒七〇両宛、小宿三〇軒一軒三〇両宛、漁船持二八軒へ二八〇両）ほかに困窮者九七五軒へ一軒五両宛

返済条件…安政三年から一〇ヵ年、無利子、毎年九八五両宛返済

②津波再来の不安の除去…波除堤修復工事費用二九〇二両余（『幕末外国関係文書』一〇―一二〇、一二二）。

⑤欠乏所設置…欠乏所とは、上陸の外国人が停泊中、薪炭、食料、水など生活必需品を供給する目的で当初より鼻黒崎（現在のペリー上陸記念碑の辺り）に設けられたが、津波で流され、新たに旧奉行所跡地に建てられることになった。ここでは、武具・武器類、金銀銅、通用金銀銭、油、漆、書籍、地図・城郭図類などの制禁外の品々の売買を許可した。外国人への売値は一割五分から三割増の掛値が許されていたが、この掛値分を冥加金《みょうがきん》として奉行所へ納入する規定であった。これを道橋の普請入用金にあてるなど、下田町活性化の資金に目論まれた（『幕末外国関係文書』一一―一〇九、一六〇）。

⑥警備施設の建設…安政二年五月段階に入り、遊歩地区七里内の番所設置案も具体化した。異国船入津監視のための遠見《とおみ》番所を設け、外国人上陸の波止場、外国人休息所などの設置、中村への下田奉行所の新設など、警備関係の施設が計画された。これらは、波除堤の修復工事とともに、津波後の地元復興のための社会投資であった。

以上、津波後の下田町の復興計画は、今日の目からみても、住民の不安を取り除き、人々が町に戻れるような施策を考案し、それに見合う社会資本の投資を導いているという点で、包括的で、よく整えられているといえる。この時期、各地で大きな災害に見舞われたが、これほど入念な復興計画が立てられた事例はない。外交の危機がもたらした特殊な政治条件下での復興策ではあった。外交の危機は災害にもまして対応が図られたのである。

復興への道のりとその後の下田　幕府開港場として必要な体裁を整えるための施設の工事が、震災復旧を兼ねて行われた。これらの施設の土盛、砂利などの地盤築直し、あるいは土や砂利の運搬、石築のための石出しなどについて下田町の請負とし、震災後の仕事の創出も兼ねていた。安政二年段階は主としてこうした地元救済を兼ねた復旧工事（番所・波除堤修復工事、奉行所新築、戸田《へた》村での船建造、欠乏所・波止場建設ほか）が下田町請負で行われた（『下田市史』資料編2・3、森義男・一九七七）。

これらの工事に伴う、奉行所役人、普請関係役人の普請現場見廻り、江戸との往来のための人馬調達、書状の伝達などに伴う仕事は絶え間なく、名主《なぬし》日記に登場している。当然、賃金が支払われ、震災復興の強力な一助となった。たとえば、波除堤修復工事開始（総工費二九二一両永五五文九分）では、一人永一七文の労賃で人足一七万四二三人を要した。町では、ボランティアの人足二六一九人が労働奉仕している。

さて、この安政二年の一年間をほぼ復旧、復興工事に費やした後、下田は多少の活気を帯びた様子である。また、大宿や旅宿への特別融資も安政三年（一八五六）二月に最終的な金額の決定を行っている（『下田市史』資料編4、二月二十四日の条）。これらのことから、幕府による災害復旧の救済を兼ねた社会的基盤への投資が安政二年に集中的に行われ、下田支配の根城となる奉行所を完成させた。安政三年に入ると、さらに旅館などの民間施設の震災復旧・復興へ力が注がれるようになったと思われる。

安政三年七月二十五日、駐日大使ハリスが下田上陸、新設の応接所で日本側役人と応接、玉泉寺《ぎょくせんじ》を宿所とした。十月にはロシア使節が日露条約批准交換に来日、ディアナ号大砲五二門を日本へ寄贈するなど、開港場としての下田が一定度の復旧なった時期と推定される。

下田港は回復したか　震災前の下田の戸数は八七四軒、人口三八五一人、このうち九九人が死亡したとされるから、生存者は計算上は三七五二人となる。震災から二年半を経過した安政四年四月の段階で判明する各町の戸数、人口は表5戸数・人数欄のようである。

表5の下田町の戸数は八四二軒であり、震災直後に救済を受けた家数より三〇軒ほど減少している。表5の八四二軒は震災三年後の段階の下田町の戸数であると推定される。人々の動きはどうであろうか。安政二年八月段階で四四〇人以上もの人が下田を出ていることがわかる（表5）。このうち、江

表5　下田の家数（安政4年4月）

町名	戸数	人数	他行者（安政2年8月）	
大浦町	11	31	9	浦賀詰7，死亡1，他村1
七軒町	45	167	22	江戸奉公7，縁組2，他村，死亡2
坂下町	51	182	29	江戸奉公8，浦賀詰3，船大工渡世3，他村，死亡3
弥次川町	74	251	52	江戸奉公17，浦賀詰13，船乗渡世3，他村，死亡2
大工町	64	240	23	江戸奉公12，浦賀詰・行き4，船乗渡世5，死亡1
原町	59	200	34	江戸奉公7，浦賀詰・行き6，船乗渡世16，死亡2
中原町	69	247	43	江戸奉公17，浦賀詰3，船乗渡世16，死亡1
伊勢町	31	125	27	江戸奉公13，浦賀詰・行き6，戸田行き3，死亡1
弐町目	34	120	18	江戸奉公9，浦賀詰・行き3
上田町	28	103	11	江戸奉公4，浦賀詰・行き2，船乗渡世2，死亡1
池之町	27	112	9	江戸奉公7
町店町	32	104	19	江戸奉公7，浦賀詰・行き1，船乗渡世6，戸田行き2，死亡1
三町目	59	185	28	江戸奉公5，浦賀詰・行き3，船乗渡世8，神々参詣2，死亡2
長屋町	39	140	15	江戸奉公3，浦賀詰1，船乗渡世9，死亡2
殿小路町	26	110	12	江戸奉公4，戸田行き2，船乗渡世4，死亡2
紺屋町	32	103	17	江戸奉公4，船乗渡世5，死亡2
蓮尺町	23	89	7	江戸奉公4，戸田行き1，船乗渡世2
新田町	46	164	18	江戸奉公5，浦賀行き3，戸田行き1，死亡3
須崎町	92	324	48	江戸奉公13，戸田行き1，船乗渡世23，死亡3
計	842	2,997	441	

「御請証文」(『下田市史』資料編3　幕末開港 中巻954〜996頁)，「小前他行之もの書上帳」(『下田市史』資料編3　幕末開港 上巻769〜784頁)による．

戸に奉公あるいは出稼ぎに行っている人々が各町でも圧倒的に多数を占め、全体でも三分の一強を占める。震災以前からの出稼ぎを含んでいるにしても、震災で働き口を失った人々が下田を出て、外で働いている現状が反映されていることに間違いはない。人口も大幅に少なくなっているこの状態は、幕府の莫大の投資があったにせよ、真の意味で、下田が回復したとは言いがたいといえるだろう。

開港場の役割を終える下田　震災復興のため旅館、旅籠《はたご》、船持ちなどに優先的に約一万両の融資（無利息、一〇ヵ年賦返）を行ったことはすでに述べた。しかし、この第一回返済が始まる安政四年末からすでに返済困難の事態に立ち至っている。稀なる不景気で港の取り扱い荷数も減少しており、五八二両余の返済金が用意できないと町役人が幕府に訴え、一年の延期を願い出た。しかし、幕府は聞き届けがたいとした。下田町は大瀬《おおせ》村栄蔵《えいぞう》なるものに二〇〇両を借り、安政五年（一八五八）二月ひとまず一八二両を返済、残り四〇〇両は後日返済の方途を考えた。幕府はこれも認めなかったため、さらに安政五年五月までの延期を申し出ている。五年十二月には、拝借金の第二回目返済期が迫ってくる。再び返済延期を申し出るが、幕府はこれも拒絶した。こうしたいつ解決するともしれない返済延期願いを繰り返し出しているうちに、ついに六年（一八五九）二月二十九日、神奈川開港が言い渡された。すなわち、下田港閉鎖である。

ハリス一行は六年三月四日下田港を去った。これに続いて、幕府の役人も新しく開いた神奈川港へ赴任するため、続々と下田を去った。そして、新しく建てた下田奉行所も、莫大な取りこわし料を支払って潰えた。

こうした事態のなか、拝借金返済延期もやむをえないと考えた幕府は最初の第一回返済分五八二両の一ヵ年延期を認める通告を出した。しかし、衰微する一方の下田町は、三〇〇〇両という震災後の復興資金の未返済を抱え、幕末の一〇年を生きることになる。

津波罹災で町の大半の家屋が流され、幕府開港場として莫大な復興資金の投資で、震災バブルに踊った下田にとって、この時期は一時の夢であった。国家の政策に翻弄された港町の維新後の歩みはいっそう厳しさを増す結果となった。

(3) 安政江戸地震の応急対策　首都の災害

安政江戸地震　安政江戸地震は安政二年十月二日（一八五五年十一月十一日）夜四つ時（十時）ごろ発生した。地震は内陸の直下地震、震央《しんおう》は東京湾北部、マグニチュード七と推定されている。被害の記録から推定される震度分布図によれば（図47）、山の手の台地上は震度五、皇居外苑《がいえん》、神田小川町《かんだおがわまち》、小石川《こいしかわ》、下谷《したや》、浅草《あさくさ》、本所《ほんじょ》、深川《ふかがわ》など、下町と呼ばれる地域は震度六強、あるいは六弱と推定されている。町方の死者は四二九三人、負傷者は二七五九人（町奉行所調べ）とされている。大名屋敷での死者は二〇〇〇人を上回ると推定されるが、旗本《はたもと》や御家人《ごけにん》の死者数は不明なので、江戸市中全体では死傷者がどの程度になるのか、不明である。

さて、ここでは、江戸地震の被害の詳細については他書に譲り、首都江戸が災害に見舞われた場合

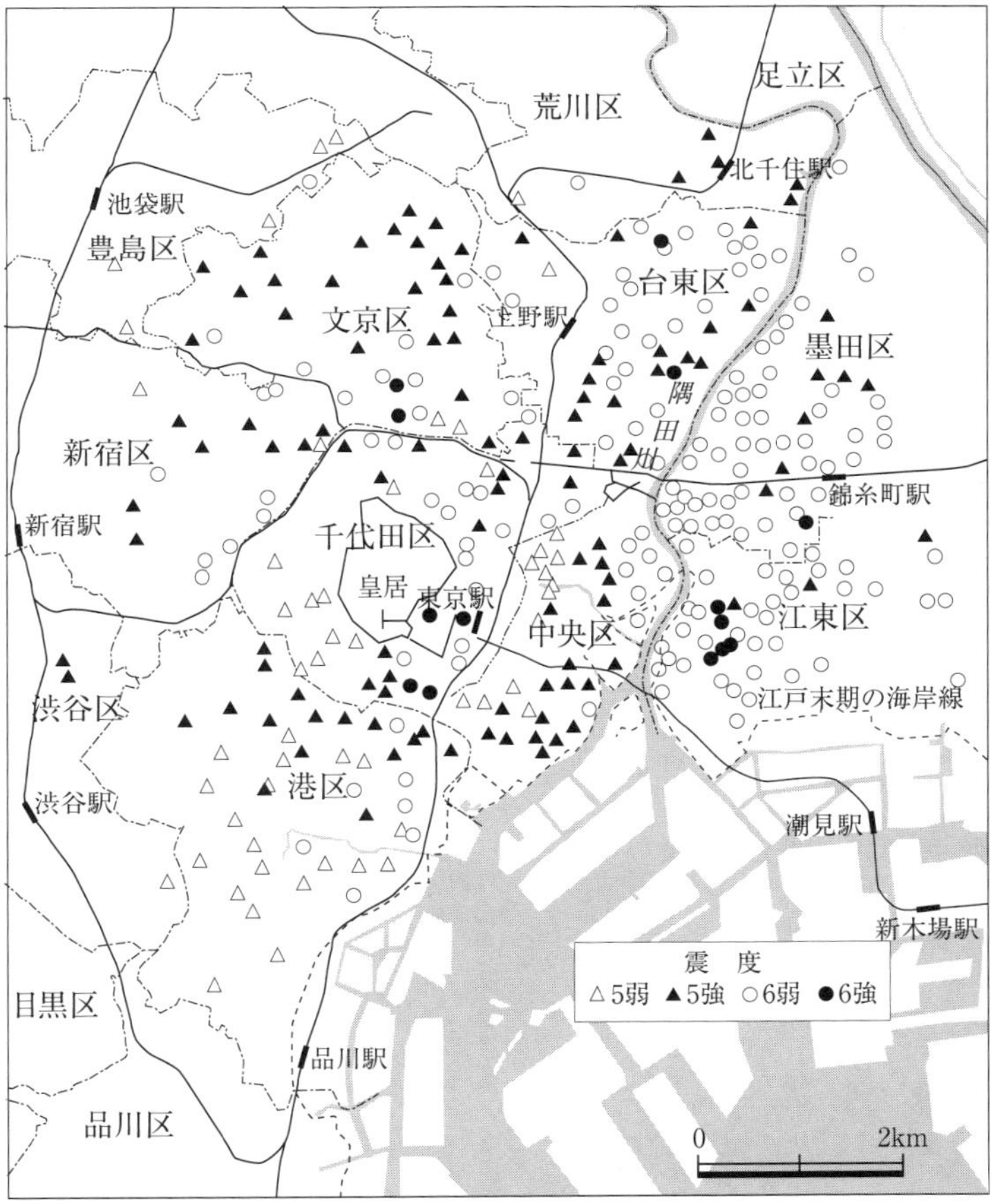

図47 安政江戸地震の江戸市中の震度分布（中村操作成）

の応急対策は一体どのようであったかをみることにする。

都市空間が身分的に分断されていた城下町江戸では、幕府がとった震災の応急策は、大名、旗本・御家人、町人ではそれぞれ異なる。幕府は大名小路辺りの役屋敷に住む老中や若年寄《わかどしより》ら幕閣の被災に対して緊急あるいは応急の対策をとり、藩邸が倒壊、焼失などの被害に遭った藩では国元から藩邸の復旧資金や材木などの物資、職人、人足《にんそく》などを調達した。旗本も領民に対して、領主として修復資金調達を課した。また、町人の場合には、町奉行所のお救い小屋やお救米給付を受けたが、富裕な町人は、雇い人や出入りの職人に米や味噌など、急場を凌ぐ物資や金銭を与えたり、あるいは貸家の家賃を一ないし二ヵ月分免除するなど、さまざまな形の緊急援助を行った。江戸の震災景気はこうした各層が調達した資金や人足が江戸に一極集中した結果もたらされた、特殊な社会事象である。

大名屋敷の緊急・応急対策　江戸地震で被災した藩邸は一一六と推定されるが、このうち、幕府から藩邸再建の資金を借用できた大名は一二件、その援助総額五万八〇〇〇両であった。この対象となったのは、当時の幕閣の中心となっていた老中四名、寺社奉行三名、若年寄五名に限られている。金額は被害に応じて二五〇〇両から一万両までの範囲であった。これは江戸時代の公的資金が貸し付けられる場合の規則に則って、無利息一〇ヵ年賦返済を原則とするものであった。いずれも西丸下の幕閣の役宅が焼失あるいは倒壊して、緊急時の政事の事務停滞を一日も早く復旧させたかったからにほかならない。江戸地震の場合の緊急対策の特徴的なことは、幕閣の役宅の損壊復旧に限定されている点である。現代流にいえば、中央官庁の復旧工事にあたる。

被害を受けた江戸諸藩邸から国元へは、殿様《とのさま》あるいは奥方《おくがた》など近親者の無事を知らせる火急の飛《ひ》脚《きやく》番士《ばんし》が送り出された。これらの知らせは、対馬の厳原《いずはら》藩の一ヵ月を除くと、ほぼ二週間以内には全国へ届いた。こうした知らせが届き、殿様の健在が確認され、被害詳報がつぎつぎと届くなか、国元から江戸へ向かって、江戸藩邸の被害修復に向けた緊急の資金、人足、材木などの物資が送り出された。また、江戸藩邸出入りの商人らの人足提供なども急場の復旧工事に大きな力となった。その例を示しておこう。

弘前《ひろさき》藩本所上《かみ》屋敷は大破、浜町中《はまちようなか》屋敷は倒壊し、死者七九人を出した。藩主津軽順承《つがるゆきつぐ》は江戸にいて、奥方など家族が上屋敷にいた。圧死した士分、その他の者の埋葬、遺族への見舞金、損壊長屋の普請人足の調達などに追われている。市中の人足払底のため、藩士に付属する家来らに一日一五〇文の特別手当を支給し、材木調達を急ぎ、長屋修復に着手する手筈を整えた。日頃出入りの職人一統から手伝い人足一五〇人、出入りの建具屋から片付け人足一〇〇人の申出を受けた。十月十四日に国元を出た二〇〇〇両の緊急資金が十一月二日に着いた。同日に国元の作事役人が大工・鳶《とび》・木挽《こび》き職人など総勢七六人も出発した。全壊した浜町中屋敷は一〇〇〇両の修復金で請け負われることに決している。十一月四日には三〇〇〇両、十一月十四日にも同じく三〇〇〇両の江戸屋敷入用金が国元から送金された。震災後安政二年の暮れまで江戸屋敷に送金された金額は八〇〇〇両に及んでいる。

江戸近隣の藩の事例としては、日比谷《ひびや》門外の上屋敷が全壊、即死者二五人を出した笠間《かさま》藩では、国元から十月九日に大工一〇人が江戸入り、十月中に飯米三〇〇俵、十一月に玄米三〇〇俵、味噌樽などが送られていた例をあげることができる。

旗本・御家人の被災後の対応　旗本・御家人の場合はどうであろうか。十月二日の地震発生後五日を経た十月七日に至り、幕府は幕臣《ばくしん》層の被害に鑑み、救済措置を決めた。禄高に応じ、一万石以下から一〇〇石までの領地支配をする地方取と、一〇〇俵以下禄米取の御家人層に大別し、前者には無利息一〇年賦の拝借金を、後者には返済を要しない救済金（被下金《くだされきん》）を与えるというものであった。

安政地震当時の旗本数は不明だが、約半世紀前の寛政期の数値に基づくと、旗本層四四八八人、御家人層一万二九六六人となる。建物被害に対する救済金額から推算すると、前者では被災率八六・二％、後者では七五・三％という数値が得られる。両者を平均すると八〇・八％となる。幕臣層の約八割が家屋になんらかの損害を蒙った。

町人対策——町触　町奉行所の調べでは死傷者は約七〇〇〇人、建物被害は、一万四三四六軒と一七二四棟、それに土蔵一四〇四戸前が倒壊した。安政地震の当時一八六五町が約二四〇人程度の名主によって、数ヵ町から多い場合には三〇ヵ町程度をまとめて管理される仕組みであった。名主が置かれていない町々には月行事役《がつぎょうじ》が置かれ、行政の末端業務を担った。町触を通して、被災後の行政のあり方を問うことができる。

最初の町触は、火の元の注意であった。市中全体へ至急の伝達が南北二ヵ所ある奉行所から触れ出された。これと同時に、諸物価・職人手間賃を高値にしてはならないことも触れ出されている。この物価抑制令は以後たびたび触れ出されることになる。

三日には、六三〇人以上の遊女が客たちともども折り重なって焼け死んだ吉原から命からがら逃げ延びた生き残りの遊女たちが市中に「散乱」しては風紀が悪くなるとして、町役人たちに取り締まり強化が触れ出されている。食べ物に窮した遊女たちが市中で客を取り始めたと伝える史料が残されている（『藤岡屋《ふじおかや》日記』）。

本格的な震災対策が始まるのは、地震後の出火の騒動も収まった四日からであった。消防活動も地震直後はそれぞれの自分自身の処し方に追われて、日頃の消防活動もほとんど機能しなかった。三十五、六ヵ所といわれた火元からの延焼は、無風状態が幸いして、それほどの広がりをみせなかった。

地震発生の十月から十二月までの町触のうち、震災に特有な事後処理として、死傷者の取り扱いや避難所設置と食料配布などがある。

震災による死者は、「変死人」と称され、通常死亡した場合の検死の措置をとらなくてよいという指示が四日に出されている。緊急措置の一つである。ただし、名主が遺体の検死に立ち会い、変死・怪我人、潰家の調査を六日に持ち寄るよう指令が出された。遺体の埋葬については、本所回向院《えこういん》が引き取り手のない死亡者を、回向料無料で引き取る旨奉行所を通じて各町に通達された。

町人対策——お救い小屋　同じく四日には、お救い小屋の設置が触れ出された。浅草広小路《ひろこうじ》・深川《ふかがわ》海辺町の二ヵ所は五日夕方、幸橋門外は六日夕方から開所、小屋入り願いの者は、それぞれの小屋へ願い出るよう触れ出された。また、小屋建設のための板囲い部材などの調達に支障が生じないように命じている。お救い小屋では同時に、窮民へ握飯の炊き出しが行われ、一人握飯一つずつ町々の責任者が受け取り、自分の町の窮民に配布した。

町会所のお救い小屋は五ヵ所、ほかに上野《うえの》寛永寺《かんえいじ》管主《かんしゅ》の輪王寺宮《りんのうじのみや》が上野山下《やました》にお救い小屋を設置した。入所した窮民数は全体で二七〇〇人弱であるから、江戸の町方人口の五%程度にすぎない。お救い小屋設置から約一週間を経た十月十二日から二十日までの握飯配布を受けた人数は二〇万二四〇〇人であった。その後、其日《その ひ》稼《かせ》ぎの者たちにお救い米が配布された。このお救い米を受けた町人は三八万一二〇〇人余であった（『東京市史稿』救済篇四巻）。江戸の人口の七〇%にあたるお救い米受給者とは、普通に暮らしている江戸の庶民と考えてよい。

以上にみてきた町方住民への震災対策は、震災の救助に際して新たに設けられたものではなく、従来からの町会所の窮民救助のさいのマニュアル、つまり、大火で類焼した窮民救済、あるいは天保《てんぽう》の飢饉時の窮民収容のお救い小屋設置、あるいはお救い米の給付など、すでに実績のある救済マニュアルに基づくものであった。このことは裏返せば、窮民として町会所の救済対象なる住民層はすでに一つの社会層として行政側に把握されていたということである。災害のような非常事態が発生したときには、行政上の救済措置が行われなければ都市の機能が安定的に展開しないという危機意識が根付いていた社会であった。

市中が混乱を極めていたと思われる震災三日後の十月五日には、生活回復に向け、予想される混乱を避けるために、両替の迅速化、職人不足の解消、日常の商売渡世への復帰、棄捐令《きえんれい》や飯米不足に乗じた風評の取り締まりなどの細かい指示が出された。

江戸時代の町触は、現代的視点からいえば、生活干渉そのものともいえるものであった。識字能力のない、したがって教養を欠いた住民に対するお触れは、教え諭すという点に意義が込められており、ああしてはいけない、こうしてはいけないといった禁止条項に満ちたものになる。規則を立てると同時にそれを遵守する意義も説かなければ効果がないから、「末々までも申し聞かすべし」とされるお触れにはこうした生活干渉は当たり前のものであった。

町方の生活空間では、近隣町内、出入りの人たち、国元の親戚などの地縁、血縁関係によって結ばれたネットワークは強力な磁場を発揮した。地震見舞いと称して、震災後の片付けの手伝いに人々が遠くから馳せ参じたのである。

町人対策——施行　また、現在の義援金に相当する施行《せぎょう》と呼ばれる民間の相互扶助が広く震災社会を覆い、生活困難な階層の生活回復に役立った。幕府は民間の相互扶助を積極的に行わせるために、施行を行った町人を褒賞《ほうしょう》し、名前と施行額を町々の番屋《ばんや》に張り出させた。ある程度の営業規模を持つ町人にとって、施行を行うことが一種の社会的義務であり、また同時に社会的ステータスを示す行為と位置づけられていた。施行はお救い小屋に対するものと、町々の貧困層に対する場合とがあった。前者の場合で一七四件、米・梅干・沢庵・鍋など多様な物品の施行があるので、施行額は算出できない。後者の場合は施行町人二五五人、施行額は一万五〇〇〇両に及んだ。一両二〇万円として、現在の金額に換算すると三〇〇億円となる。

しかし、施行は裕福な町人が自分の住む町や貸家に住む住民の生活回復の目的で行われたから、施行も町の豊かさに応じて厚薄があった。つまり、豊かな町に住んでいれば、多額の施行に与ったのである。こうした不均衡があるからこそ、幕府が設置するお救い小屋やお救い米が困窮度に応じて救済されることが必要だった。幕府が設置するお救い小屋は、特定の町に限定しない、江戸全体の被害困窮者を収容した。

こうした多額の金が民間の拠出金《きよしゆつきん》として放出されたから、震災を受けたとはいえ、かえって日頃の生活困窮が一時的に解消される側面もあった。大工・左官・鳶職などの職人は家屋修復の人手不足で、賃金が高騰し、引く手数多《あまた》となった。日頃は職人に高値の花の吉原も仮宅《かりたく》（仮営業所）営業となり、金回りのよくなった職人が悪所通いをしたため、吉原の客層が一変した。仮宅でひやかしをする大工・左官・鳶職などを揶揄した地震鯰絵《なまずえ》に描かれた情景も決して絵空事ではなかった。

復興の進展　さて、江戸地震の被害から、江戸市中はいつ立ち直ったのかについて、はっきりとした線を引くことはできない。資料的に可能な範囲で、強いて復興過程を段階的に捉えるならば、地震のあった安政二年の暮れまでは、江戸市中の町人の生活安定策が集中的に図られた。翌安政三年（一八五六）が施設回復の工事着手期と決められた。二年末にすでに決定していた役務担当者が、それぞれ上水・道・橋などの公共施設の本格的復旧工事着工のゴーサインを出し、可能な限りの修復工事を行った模様である。しかしながら、この年の末には、それぞれ震災復旧工事への組織的取り組みは解除された。表向き、役務は終了したということを意味する。そのことは、安政三年末に担当役人への褒詞《ほうし》、褒賞を行ったことから類推できるのである。

そして、安政四年（一八五七）段階に至ると、復旧工事が完了したわけではないものの、工事はピースダウンする。日常的な業務の遂行に必要な、復旧すべき箇所がある程度クリアされた段階とみなすことも可能ではある。しかし、安政三年八月の台風の襲来によって、震災復旧工事は再びの打撃に、著しく停滞していた。これは、幕府関連の施設のみではない。多くの大名屋敷・武家屋敷・町屋も大風と洪水の被害を受け、損傷したからである。また、こうした自然災害のみではなく、ペリー来航によって和親条約から通商条約へ進展した外交問題は、開市・開港・居留地の設置など具体的課題を処理しなければならない段階に突入した。安政六年（一八五九）六月にはイギリス、オランダ、ロシア、フランス、アメリカの五ヵ国と通商条約を結ぶ政治日程を迎えた。もはや、江戸地震の震災復旧工事のみに専念する状況ではなくなっていた。七月には江戸城本丸《ほんまる》が炎上している。まさに、内憂外患の真っ只中に日々決断を迫られる時代を迎えていた。こうした社会状況のなかにあっては、震災からの復旧、復興のみの課題追求は困難になり、大きく変動する社会条件のなかでの震災復興の意義を問う視座が必要となる。

4 災害と情報

生活回復への知恵と力――情報の力を読み解く　ここでは、人と災害との関わりを情報の側面からみることで、江戸《えど》時代に災害情報が果たした役割について考える。これまでは、詳細な記録が残されている事例から、主として災害発生後の行政の対応をみてきた。しかしながら、そうした上からの施策面だけでは災害の全体像を把握することはできない。人の命が失われ、営々と作り上げてきた家や村や街など、多くのものが一瞬にして失われたとき、被災した人々を襲う喪失感について、災害を経験していない者たちが想像したり、共感したりすることができるのは、江戸時代においては、語りや錦絵、あるいは読み物、刷り物を通してであった。ここでは、そうしたものをいくつか取り出して、そこでは何が語られ、人々の関心や共感を得たのかを考えてみよう。また、自己の稀なる体験や驚き、恐怖などを他者に伝えることが被災者にとってどのような意味をもったのかについても考えてみたい。人は再び元の生活を取り戻すために、怒りや諦めなど、さまざまに湧き上がる感情をコントロールしつつ、生活回復への気力を維持しなければならなかったはずである。

ここでは、(1)十七世紀半ばに京都を震撼させ、琵琶湖《びわこ》西岸や葛川谷《かつらがわだに》の奈良岳《ならだけ》などを崩壊させて多くの犠牲者を出した近江《おうみ》・若狭《わかさ》の寛文《かんぶん》地震（一六六二）を素材とする仮名草子《かなぞうし》『かなめいし』を取り

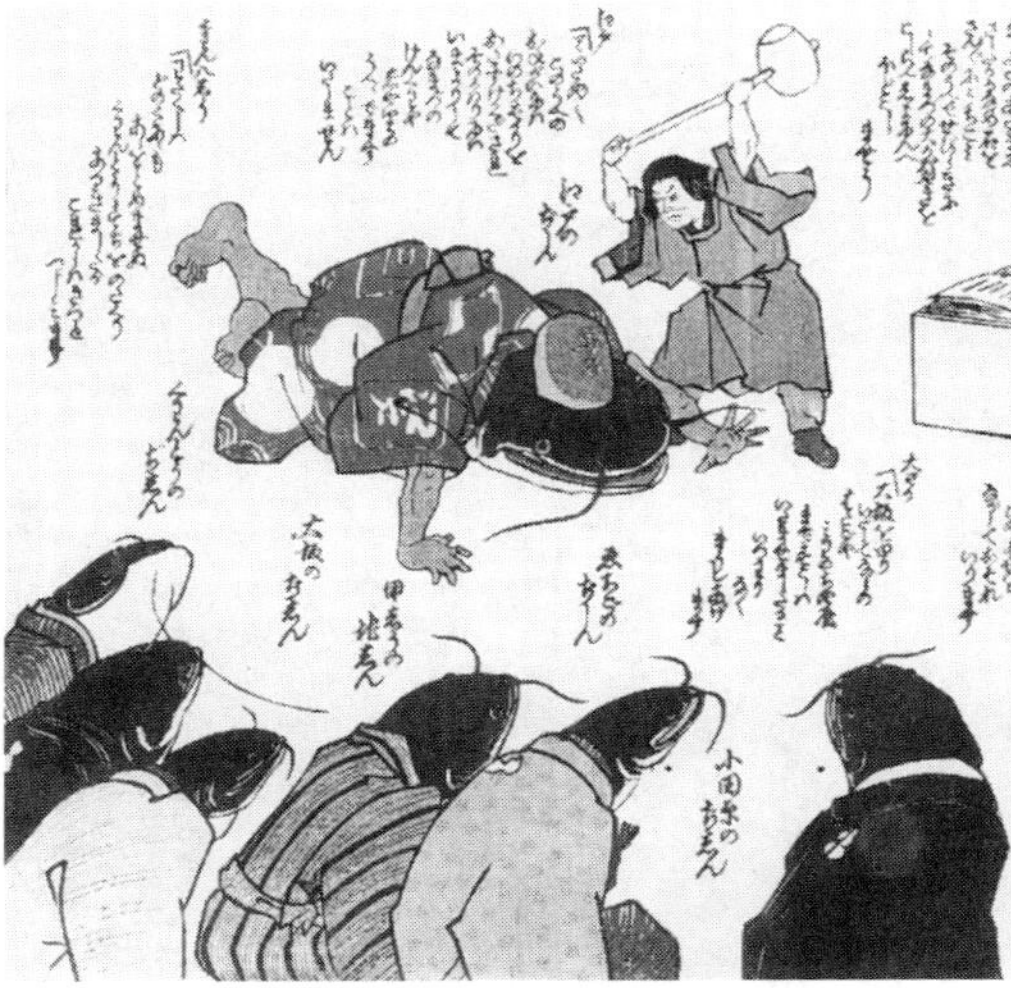

図48　地震鯰絵

上げる。(2)十八世紀末に雲仙《うんぜん》普賢岳《ふげんだけ》の噴火それに続く津波《つなみ》で、近世最大の一万五〇〇〇人もの犠牲者を出した災害を、地元の僧侶が説教話に仕立てた「肥前温泉災記《ひぜんおんせんさいき》」を紹介する。(3)善光《ぜんこう》寺《じ》地震（一八四七）の被害図に観光情報を盛り込み、絵地図に仕立てて売り出す企画を立てた地方の一知識人の足跡を追う。そして、最後に(4)安政《あんせい》江戸地震（一八五五）からの一日も早い復興を願って、名所絵にその思いを密かに忍び込ませた歌川広重《うたがわひろしげ》、あるいは罹災者に励ましのメッセージを送る地震鯰絵《なまずえ》などを題材として、江戸土産として定着してきた錦絵版画がホットな事件や時代の変化を取り込み、単なる娯楽としてだけではなく、当代の情報発信の一端を担うものとなる姿をみることにしたい。そこには、災害情報特有の哀話を語り、聴く者の心を癒し、奮い立たせると同時に、現実の厳しさを逆手に取った諧謔や遊び心を刺激する世界も垣間見える。

(1) 地震誌のはじまり　寛文地震

寛文近江・若狭地震　寛文二年五月一日（一六六二年六月十六日）、若狭湾沿岸、琵琶湖沿岸をマグニチュード七・四分の一〜七・六の地震が襲った。この地震による津波の発生はみられなかったが、被害の範囲が広範に及び、山村における大規模な土砂崩壊《どしゃほうかい》、河川堰き止めによる洪水、あるいは地盤の隆起、京都・大津《おおつ》などでの建物を中心とする被害、大溝《おおみぞ》や膳所《ぜぜ》における城郭の損傷など、それぞれの地域の状況により、多様な被害が発生した。

　ここでは、地震誌の嚆矢として、被害の実情、余震に恐れる人々など、当時の状況を克明に記録し、読み物として売り出された浅《あさ》井了意《いりょうい》『かなめいし』を取り上げる。が、まずその前に、地震の概要について簡単に説明しておこう。

　この地震に対する最新の研究成果によれば、従来一つの地震と考えられてきたこの地震は、じつは若狭湾沿岸の日向《ひるが》断層の活動による小浜《おばま》や三方五湖《みかたごこ》周辺地域の被害と近江琵琶湖西岸の花折《はなおり》断層北部の活動によってもたらされた葛川谷や琵琶湖沿岸地域の被害の二つの地震と考えられるようになった。連動して起きた双子地震とされた理由はこの地震を記録する史料から、五月朔日巳刻（午前九時ごろ〜十一時ごろ）と午刻（午前十一時ごろ〜午後一時ごろ）と地震発生時刻に二つの大きな山が認められ

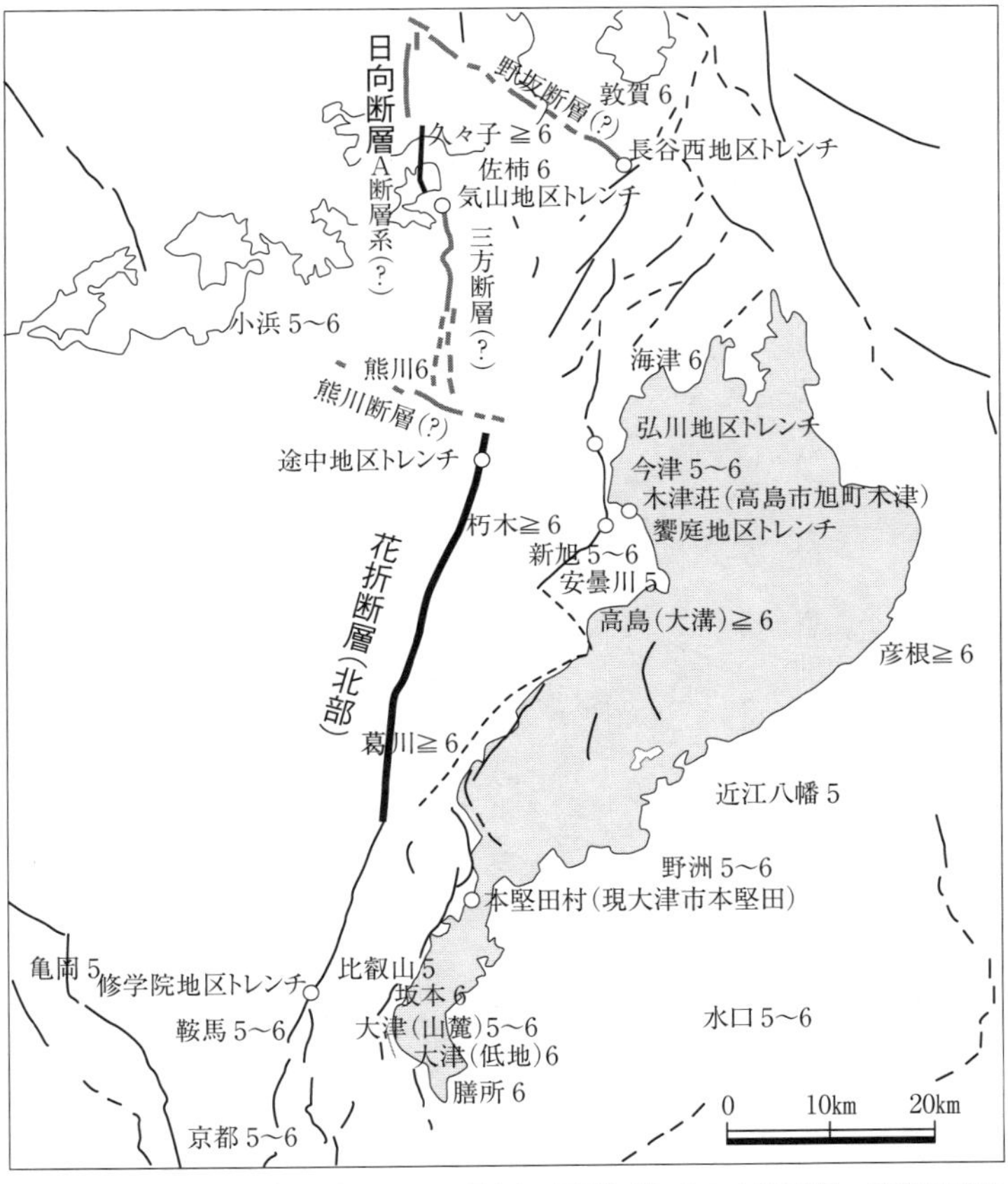

図49　寛文地震の震源断層とその周辺の震度（作成は小松原琢，震度は宇佐美・2003に加筆）　━━寛文地震の起震断層と考えられる断層，━━寛文地震時に活動した可能性のある活断層，── その他の活断層，○震源断層の特定に重要な意味をもつ調査地区，地名と数字は主な記録が残されている場所および震度を示す．

るからだとされている（中央防災会議・二〇〇五『1662　寛文近江・若狭地震報告書』による）。

死者は近江琵琶湖沿岸地域死者七〇人、倒壊家屋三六〇〇軒、奈良岳の土砂崩落による葛川谷上流域の埋没による死者五六〇人余、倒壊・埋没家屋五〇軒以上という被害が出た。若狭湾沿岸、三方五湖地方においては、地震による死者発生を記録する史料が現在のところ見出されていない。三方五湖では土地の隆起による地変が著しく、地震後はこの地変を利用した用水路の開削など小浜藩郡奉行《こおりぶぎょう》主導による田畑の開発が進展した。地震による損壊より、むしろ開発によってもたらされた石高《こくだか》上昇が認められる。京都における地震による死者の数は不明であるが、地震後幕府から被害調査のための使者が二度にわたって派遣されていることなどから、建物の被害がある程度あったと推定されている。伏見《ふしみ》では宇治川《うじかわ》にかかる橋が落ちるという被害が確認できるという。現在のところ、全体として死者七〇〇～九〇〇人、倒壊家屋四〇〇〇～四八〇〇軒前後と考えられている（図49）。十七世紀半ばのこの地震は被害が広範に及び、震災の様相が多様であることから、統一的な災害イメージが形成されず、また、確からしい被害数値も全体として把握されていないのは、幕府の政治制度上、都市や村落の組織的枠組みは成り立ってはいたが、それぞれの実態に即した行政的内実が伴っていない段階であったためと考えられる。その意味では、京都に住まい、この地震を自ら体験したと思われる当時人気の仮名草子作家浅井了意（一六一一？～九一？）が著した『かなめいし』は物語化のための作為が施されているものの、災害の社会像を伝える好個の資料といえそうだ。

仮名草子と浅井了意　浅井了意は、江戸の都市の歴史を塗り替えた明暦《めいれき》の大火（一六五七）を題材にした『むさしあぶみ』（寛文元年成立）の作者である。また、『江戸名所記』『京雀《きょうすずめ》』『東海道《とうかいどう》名所記』などの名所記の初期の名作の著者でもある。『むさしあぶみ』を完成させた翌年、京都で地震に遭遇し、このときの見聞に基づいて地震を題材に『かなめいし』を書いた。この草子は、地震の起きた寛文二年の八月から同年末までに成立したと推定されている（「かなめいし」『仮名草子集』凡例）。作者了意はその名が示すとおり、晩年に京都二条の本性寺《ほんしょうじ》の住職となり、昭儀坊了意として僧侶の立場から書いた仏書が多いが、仮名草子のうち署名のないものや了意作と伝えられる伝本などを合わせると、著作は七〇部六〇〇巻に上る。あまりにも多い著作数に人の一生でものしうる数ではないと考えられる節もあるという（北條・一九七四）。

仮名草子は、印刷本として当初は木活字で印刷されたが、活字調達の困難をクリアして商品として迅速な印刷に応えるため、明暦期以降は整版で作られるようになった。この結果、写本の時代に比べ印刷部数が増大し、多数の読者への供給が可能になった（市古・一九九九）。このことは、仮名草子が多くの読者を獲得する時代のメディアとしての条件を持ちえたことを意味する。

この仮名草子の台頭は、戦乱の世の中を脱しようやく落ち着きを取り戻した江戸時代前半期の時代の気分を反映し、十七世紀半ばのごく短期間、啓蒙と教訓の文化的メッセージの送り手として社会的需要に応えるものであったという。また、明暦期以降は挿絵の登場によって単純な教訓にバリエーションを持たせる工夫がなされる。これはさらに多くの読者を獲得する工夫でもあった（市古・一九九九）。ここで検討する『かなめいし』は、こうした仮名草子の特性をそのまま体現するものといえる。

図50　かなめいし『仮名草子集』

『かなめいし』が語る寛文地震

『かなめいし』上・中・下三巻三冊の構成は、次のようである。

まず、上巻で、地震が発生した京都での状況を実況見分的に描写する（図50）。町の損壊、人々が祈禱《きとう》のために集まっていた神社で驚き騒ぐ人々の様子、石灯籠《いしどうろう》の下敷きになり死亡した子供とその親の嘆きのさま、方向寺《ほうこうじ》の大仏修理に雇用されていた人足《にんそく》たちの地震騒ぎ、五条の石橋の橋げたの落下、清水寺《きよみずでら》の石塔の倒壊、洛中《らくちゅう》の土蔵二〇〇庫の崩れによる四〇人余の死者の出来《しゅったい》、瓦の落下、あるいは寺の鐘木《しゅもく》が地震に揺れて鐘を突く音の肝をつぶすような大音響、「棟や八つ門は九つ戸はひとつ身はいざなぎの内にこそすめ」という地震除けの歌が家々の門柱に貼紙されたこと、しかしながら余震は一向に収まらなかったこと、光ものが京の空を飛び交ったことなどであった。

中巻は、五月四日に地震があるとの噂に大きく動揺する禁中、市中の人々の様子を描く。伏見では大規模の土砂崩れがあり、死者も出た。宇治・泊《はく》瀬《せ》・灘《なだ》・尼崎《あまがさき》・大坂・堺《さかい》・紀州雑賀《きしゆうさいか》辺りでも多少の揺れがあった。そのほか、伊勢桑名《いせくわな》城・亀山《かめやま》城、近江膳所城の損壊、城下町にも被害が出た。加賀小松《かがこまつ》で川の決壊による洪水、越前敦賀《えちぜんつるが》では海水が湧き上がり、町が水底になるかと思うほどであった。近江今津《いまづ》の宿は、崩れなかった家が四、五軒というありさまであった。堅田《かただ》辺、比良《ひら》などでもほとんどの家で地震損所が出た。大津では大名の米蔵が崩れた。

安曇川《あどがわ》上流の被害は、悲惨を極めた。たとえば、朽木《くつき》では山崩れで家が埋まり、一〇〇人以上の人が死んだ。葛川は背後の山が山頂から半分崩れ落ち、家々を埋め、谷川を堰き止め、村からよそへ行っていた四、五人だけが助かった。二、三日の間は生き埋めの人たちの泣き声が土の底からかすかに聞こえたが、四、五日すると声も聞こえなくなったと伝える。

余震が続くなかでの人々の不安が、地震の被害のなかった豊国《とよくに》神社にあやかりたいと、参詣の行列が続き、多くの人々が荒れ果てた境内の草を抜いて持ち帰り、家の軒に吊るすなどした。当然、こうした動きについては、奉行所《ぶぎようしよ》が警戒することが予測されたわけだが、地震損所調査中、軒に豊国神社の草を吊るす家は横目衆《よこめしゆう》から咎められるとの噂が出て、たちまち豊国への参詣も下火になる次第であったことを伝える。

京都の街中は、占師の予言の噂に右往左往した。清水八幡の社頭が地震で鳴動、神馬《じんめ》が嘶《いな》いたが地震が起きてどこかに消えうせ、五日の夕方、汗にまみれて帰ってきた。常陸鹿島《ひたちかしま》神宮の社も鳴動、神馬がいなくなったが五日には血を流し汗まみれになって帰ってきた。これをみた神主たちは、地震の神戦《かみいくさ》で、蒙古《もうこ》軍と戦い、勝って帰ってきたのだといった噂も飛び交ったと伝える。了意は、こうした見もしないことどもをいろいろと噂するのは世の常で、心ある人はこんな噂に動じないが、女子供はこうしたことを聞いて恐ろしく思うものだと中巻を括っている。

下巻は、まず、寛文地震に至るまでの日本における大地震の先例をあげる。允恭《いんぎょう》天皇五年から始まり、推古《すいこ》天皇七年（五九九）の神を祀って地震を鎮めたという記事など『日本書紀《にほんしょき》』、年代記の記事に掲載される地震記事二四例を列挙している。さらに、仏典におけるコスモロジーを紹介し、地震などの異常現象が起きるのは、陰気が押さえている陽気が時に上昇しようとするさい、揺すられて地震が起きる。揺れるところと揺れないところがあるのは、地下水の水脈の有無によるのだと解説する。

『かなめいし』が諭す教訓　さて、地震の強かったところの人々は、それぞれ産土《うぶすな》神社で神子《みこ》に湯を焚かせ、神憑《かみがか》りさせ、神子が伝える神託に耳を傾ける。神託《しんたく》は、余震は長く続く先例があるが心配することはない、戸障子は地震のときには開けておけ、子供に引付けを起こさせるな、家が崩れそうなら早く逃げよ、火の用心をせよ、などなどであった。こんなことは誰でも心得ているもので、ありがたくもない御神託だという人もいたと、了意はここで、自らも含めてこうした神託に距離を置く人々の存在も示唆するわけである。

終章近くになって、この地震で各所の被害を話し伝える道心は、実は著者自身であるという種明かしをする。妻の手を引いて逃げたと思っていたところが気づいてみれば妻ではなく、熊野比丘尼《くまのびくに》であった。怒り心頭に達した妻から追い出されたため、道心となって各地をめぐり、地震のありさまを記したのだとこの草子誕生の経緯を明かす。

そして、最後に地震のことを「なゆ」とか「なゐ」というが、どちらが本当かという問いに、天地陰陽五行《おんみようごぎよう》の運行に変がないということはないが、このような平安なる世の中であるから、この地震を神が示した今後の諭しと考えた方がよい。竜王《りゆうおう》が怒るときに地震は起こるが、竜王の頭と尾がかなめ石で押さえられているので、人間の住む世界が滅びることはないのだと諭して終わる。

地震誌スタイルの確立　ここで、『かなめいし』を取り上げるのは、近世期に発生した地震に際して出版される地震誌の原型として、歴史的意義を有すると考えるからである。啓蒙と教訓のメッセージが求められる地震誌の性格が仮名草子の特性にきわめてよく合致する。

その構成をもう一度みてみよう。上巻は京都における地震実況的描写、中巻は、京都以外の地震の災害の概要、地域についてはおそらく聞き伝えを描いたものと推定される。下巻は日本地震史とでもいうべき古記録からの地震記事の抜書きと地震の原因についての解説、そして、この物語が成立するきっかけとなった事柄を紹介する。

地震誌原型のスタイルとは、まず、地震の見聞あるいは伝聞情報を記述し、哀話や忠義者などのトピックを挿入して物語としての工夫を凝らす。ついで、地震の原因説を紹介し、日本地震史としての記録を年表風に載せ、最後に、後世のケースであれば、お救い小屋が作られるとか、救済が充分行き届くので安泰でありがたい世の中だという現世謳歌《おうか》で終わるという次第である。

現世諷歌がなぜ最後に付け足されるのかといえば、近世社会での出版統制と深く関わる。すでに『かなめいし』が出版されたと推定される寛文三年（一六六三）当時は、明暦三年（一六五七）二月二十九日に出された「和本之軍書類」の新版取り締まりが強く効いていたのではないかと考えられている（『浮世草子集』凡例）。少なくとも、体制批判と目されるものについての記述を避ける、あるいは取り締まりの対象とされた場合の逃げ口の仕掛けをしておく必要があった。このため、時代や登場人物、場の設定を大過去、あるいは架空とするなどは近世小説類の常套手段であったし、また、そこに近世特有の言い換えや言葉遊びが無限といえるほどの広がりを持つことになる。しかし、事実に基づく災害ものではこの方法はとることができない。そのうえ、出版して売り物とする場合にはさらに厳しい統制にさらされることになる。そのことへの本屋あるいは作者の側の自己規制として、現世諷歌の表現が必ずといってよいほどに付け足されたのである。これは、この時期に限ったことではない。近世の最後、江戸を襲った安政江戸地震（一八五五）のさいにも数多くの無届出版地震誌が出回った。そのなかでも著名な仮名垣魯文《かながきろぶん》『安政見聞誌《あんせいけんぶんし》』は、禁止の鯰絵かわら版を密かに滑り込ませて出版したために発禁処分となるが、この原型スタイルを踏襲している。

近世後半、大きな災害が発生すると、「かわら版」と称される出版届けを経ない無改めものが出版された。災害ものは民間で情報が必要とされたから、幕府が黙認したためと考えられているが、こうした類のものであっても、体制批判のような言辞は弄されず、必ずといってよいほど、お上《かみ》のお救いがあって世は安泰ということが述べられることになっている（北原・一九九九）。その意味においても、近世期を通じて出版される災害情報誌のパターンがここに確立しているとみてよいのである。

(2) 語り継がれる説教節　島原大変

島原大変肥後迷惑　「島原大変肥後迷惑《しまばらたいへんひごめいわく》」と呼ばれる雲仙普賢岳《うんぜんふげんだけ》の火山災害は、前年の寛政三年（一七九一）夏ごろから大噴火に至る火山性地震がたびたび発生していた。翌四年一月十八日（一七九二年二月十日）には地震や鳴動、つづいて噴煙が上がり、溶岩が流れ出し、穴迫谷《あなさこ》と呼ばれる山中の谷筋を二キロにわたって埋めたという。そして、三月一日（一七九二年四月一日）から一週間ほど地震が群発《ぐんぱつ》し、普賢岳の山頂から火炎が吹き、吹き上げられた石は雨のごとくに降り落ち、普賢岳の前に聳える眉山《まゆやま》・天狗岳《てんぐだけ》（七〇八メートル）には落石、地割れが各所で発生して、大変な状態になった。ついに四月一日（一七九二年五月二十一日）夜に眉山の大崩落が起こり、大量の土石が有明海《ありあけかい》に突入して、島原で一万人、対岸の熊本に死者五〇〇〇人にも上る被害をもたらす津波を発生させた。雲仙普賢岳はそれから二〇〇年後の平成二年（一九九〇）に再び噴火し、平成の噴火では眉山の崩壊は伴わなかったものの、火砕流の発生によって四三人の犠牲者を出した。噴火以後は、火山と観光の新しい結びつきや農村振興のための特産品栽培など、復興を模索する姿が地元から情報発信された。平成噴火は、現代に住むわたしたちにも二〇〇年以上むかしの寛政噴火の噴火災害の記憶を蘇らせた。

災害は過去の歴史を掘り起こす　さて、十八世紀末の噴火の詳細を御用絵師に描かせた絵図が残されている（口絵「寛政四年大震図」参照）。これは幕府から災害救援の資金を獲得するために作成、提出、再提出などの手続きを経るなかで藩の手元に残された控であることが藩日記から解明されている（西村・一九八一、関原ほか・一九八六、北原・二〇〇三）。また、当時の島原藩主松平主殿頭忠恕《まつだいらとのものかみただひろ》（七万石）に輿入れした奥方《おくがた》（松代《まつしろ》藩主真田幸弘《さなだゆきひろ》の妹）の出身地松代藩の宝物類を受け継ぐ真田宝物館で、寛政噴火に関連する絵図が最近発見された。平成噴火の様子を見守ってきた火山学者の太田一也氏は、寛政噴火の溶岩流出の様相をリアルに、また事実に忠実に語るものとして注目している（太田・二〇〇二、国立歴史民俗博物館・二〇〇三）。さらには、平成噴火をきっかけに寛政噴火の見直しが行われ、佐賀藩領であった神代《こうじろ》（現国見《くにみ》町）の農民が噴火の顚末を記した『大岳地獄物語《だいがくじごくものがたり》』が発見されるなど、平成噴火がもたらした余波は二〇〇年前の島原大変の記憶を呼び覚ましたかのように、話題に事欠かない。

ここで紹介するのは、噴火後の様子を語る僧侶の説教節《せっきょうぶし》『肥前温泉災記』（島原図書館蔵）である。善行をなし、神仏を敬い、無念に死んだ人々の供養をなせば世は安泰だという僧侶の話ではあるが、噴火とそれに続いた津波で、壊滅的打撃を受けた島原城下の悲劇を語ってあまりある。

語り継がれる説教節　「ここに九州肥前《ひぜん》の国高来《たかき》郡島原領並に肥後国天草《あまくさ》辺へ大津波あり、民家牛馬共に流失し、その由来を尋ねるに……」と始まる説教節である。そして、普賢岳や周辺山々に祀る神仏を述べる。寛政三年の秋から地震・山鳴りがたびたびあったが、人々は山が鳴りわたるのを面白がって、弁当や酒を持って普賢岳に登って戯《たわむ》れるなどしていたと評する。翌四年正月になると、普賢岳の山頂から火が噴出し、煙も八方へ広がった。正月二十日ごろになると、小石や泥が降り、草木も埋まった。ここに至って人々は、仕事もやめ、ただただ命の無事を祈るばかりであった。夜には船が行き交うような音がしきりにした。妖怪の仕業であろうと人々は心安からざる日々ではあった。神のお告げだろうか、白狐《びゃっこ》が現れて大流れに用心せよといったが、そんなことを気に懸ける人は稀であった。これが語りのはじまりである。

さて、この後は、三月下旬に至って、溶岩が焼け下り千本木で百姓家が六軒焼け熔け、城下にいては危ないので遠くへ逃げた人もあった。しかし、少し地震も収まったので、人々は再び家に戻ってきたところであった。四月一日（五月二十一日）、突然の大震動で眉山が海中に崩れ、有明海では崩れ落ちた土石で津波が発生、皮肉なことに普賢岳の流出溶岩ではなく、海からの津波で家も人も牛馬も浚《さら》われてしまった。二つに割れた山からは熱湯が噴出し、津波の水さえも熱かったという。津波に襲われた城下では、家の材木などの下になって半死半生の人々の「助けたまえ」という声と念仏の声が雲霞《うんか》のごとく、わんわんと響き、哀れきわまりないありさまであった（図51）。

ところで、島原城は大手門まで津波は押し寄せたものの、幸い城内へは届かず、無事であったので、助かった人々が城内へ入ろうとしたが、城門は固く閉じられ、開けることはできなかった。そのため、波に押し寄せられた多くの人々がここで溺れ死んだ。ようやく、役人たちもこれに驚き、溺れた人を救出しようとしたが、時すでに遅し、生き残った者は少なかった。津波で亡くなった人の遺骸は罪人に掘り出させた。力を尽くしてこの作業をした者は、再び牢につながれることはないとの藩主の慈悲

図51　「肥前温泉災記」

が示された。

　奥方・子供たちはあらかじめ島原城から島の反対側の災難がかからない村に避難した。ついで、藩主も島原城を退去、島の北側の安全地帯であった守山《もりやま》村庄屋《しょうや》宅へ避難し、藩士たちも近辺の村々へ避難した。

　この一大事に佐賀藩や福岡藩、大村《おおむら》藩などから、米・味噌・薪・油・蠟燭など救援物資が船で送り届けられた。

　無念の思いで死んだ人々は、その魂が宙を浮遊し生者を悩ますといわれているが、島原大変で苦しみつつ死んだ者たちの恨みは深く、亡霊となって夜な夜な現れて人を追い駆けたり、流行病《はやりやまい》で多くの人を苦しめた。そこで、公に大々的な供養を催したところ、ようやく霊魂も鎮まった。

　天保十一年（一八四〇）、浜貞彝《はまさだつね》なる者

が、大原《おおはら》氏から借用した原本を、絵図は勝之助《かつのすけ》なる者が写したと最後に記されている。

約半世紀を経て、写し伝えられた島原大変の悲劇を語り、僧侶の立場から、死者供養を懇ろに営み、この世を心安らかに生きる意義について述べる説教である点を考慮に入れても、この地で体験された災害の悲劇を題材にしているだけに具体的で説得力がある。これを聴く人々は、災害の恐ろしさを想像し、一世代前の自分たちの縁者が経験したであろう苦しみへの思いを馳せ、無念のうちに命を落とした者たちの鎮魂を祈ったに違いない。そして、命半ばにしてこの世を去った者たち、その遺骸を掘り起こせば解放されると信じて作業に従う罪人たち、必死に何日間も木にしがみついて生き抜こうとした人の挿話は深い共感を呼び覚ますのであろう。とくに城門が閉じられたために、死なずにすんだはずの人々までも命を奪われ、その無念さが亡霊の出没する話を作り出すなど、人の情念の闇も光も炙《あぶ》り出す観がある。

現在のように、あらゆるメディアを通じて情報の得られる時代とは異なる二〇〇年以上前の災害ではあるが、災害が起きて半世紀を経てもなおこうした説教節が写し継がれ、語り継がれていたことの意味をここに確認することができる。

(3) 災害地図の販路開拓　善光寺地震

善光寺地震　善光寺《ぜんこうじ》地震は、弘化四年三月二十四日（一八四七年五月八日）夜四つ時（午後十時ご

ろ）、長野盆地の西部浅川《あさかわ》付近を震源としてマグニチュード七・四と推定される地震が発生し、死者一万人以上を出した大災害であった。この災害では、長野盆地の中央を流れる千曲川《ちくまがわ》の左岸の奥手の山々など、松代藩の山中と呼ばれる地帯一帯の各所で山谷が崩落し、多数の人、家、畑が土砂に埋まった。開帳《かいちょう》中の善光寺では、本堂は倒壊しなかったものの、善光寺領主大勧進《だいかんじん》の建物が半焼、門前《もんぜん》町《まち》八町がほとんど焼失して、この地域だけで二四〇〇人以上の焼死者などが出た。また、宿場町《しゅくばまち》として繁栄していた上田《うえだ》藩領稲荷山《いなりやま》宿の大半の家並みが焼失、飯山《いいやま》藩城下も火災で藩士の屋敷、城下の町並みが焼き尽くされる被害が出た。さらには、虚空蔵山《こくうぞうさん》と呼ばれる犀川《さいがわ》沿いの山が山体崩壊し、その土砂によって犀川が二〇日間堰き止められ、深さ六〇メートルにも達した河水が一気に決壊、下流の千曲川に流れ込み、流域村々に洪水の被害をもたらすなど、地震の被害がもたらす二次災害のあらゆる形が出現した大災害であった。

地震後、松代藩や高木清左衛門代官所《たかぎせいざえもんだいかんしょ》、川上金吾之助《かわかみきんごのすけ》代官所、飯山藩などから出された被害届の写を書き留めたものが個人の随筆類などにも散見される。また、『信震録《しんしんろく》』（国立公文書館蔵）は、この一連の藩の届出記録を書き留めたものであるが、江戸の貸本屋から借り出し、返済するのを失念して手元に留まったものであったことが末尾の加筆でわかっている。これほどに善光寺地震の記録は流布していたのである。一つは、善光寺参詣の絶好期であった開帳の最中で起きた地震で、各地からの参拝客のうち、帰らぬ人となったケースも少なくなかったことから、切実な関心が持たれたことも一因であった。

地方から発信されるかわら版　善光寺地震をきっかけにかわら版と呼ばれる無届の一枚摺りの地方出版が目立つようになるといわれている。確かに、現在確認できるもののうちには、中山道追分宿《なかせんどうおいわけしゅく》丸屋与六《まるやよろく》、北国街道《ほっこくかいどう》稲荷山宿宮匠《みやたくみ》、また、中山道岩鼻《いわはな》宿で売り出されたと添え書きされているものなどもあり、街道筋の宿場で盛んに売り出されていたことがわかる。これだけに限らず、最近では、北国街道の旧丹波島《たんばじま》宿からは善光寺地震のかわら版の版木が発見されている（降旗・二〇〇三）。江戸や大坂とはちがって出版専業では生業が成り立たない地域では、稲荷山宿宮匠のように宮大工職人であるなど、時に応じてさまざまな業をこなした人々が街道の宿場で人々の求めに応じて災害情報を盛り込んだかわら版を売り出したと考えられる。

ここで取り上げるものは、無許可出版のかわら版ではなく、正式な出版許可を得て出版された平《たいら》（原《はら》姓）昌言《まさこと》蔵版の「信州地震大絵図」と呼ばれる二枚組セットの多色摺りの災害絵地図である。これにはこの絵地図の販売記録も原家に存在し、この史料から、出版には全く素人の地方の一知識階層が自己の収集した災害情報をもとに災害地図を作り、広く販売していこうとした実態を知ることができる。幕府学問所に出版許可願いを出したのは、「弘化丁未春三月十四日信州大地震山川塞湛洪水之図」（以下「湛水之図《たんすいのず》」とする）、「弘化丁未春三月十四日信州犀川崩激六郡漂蕩之図」（以下「漂蕩《ひょうとう》之図」とする）の二枚組絵地図である（図52）。この図の作者は原昌言（一八二〇〜八六、通称良平《りょうへい》、上田藩上塩尻《かみしおじり》村）である。

災害地図「湛水之図」「漂蕩之図」の出版事情　まず、「湛水之図」「漂蕩之図」の二枚組災害地図

図52　信州地震大絵図・漂蕩之図　山体崩壊による土砂が犀川を埋め，20日間湛水後，決壊，千曲川が洪水となった様子を伝える図.

は、弘化四年（一八四七）三月二十四日に発生した地震災害「湛水之図」と、二〇日後に発生した犀川の決壊による洪水の二次災害「漂蕩之図」を二枚のセットで表現したものである。過去の大規模な災害「仁和《にんな》の洪水」（仁和三年）をあげ、これと今回の災害を比較している。記事は、三月末に起きた地震から七ヵ月後の弘化四年十月末段階までの出来事が書き込まれている。

天保の改革政治の一環として行われた株仲間《かぶなかま》解散で、本屋仲間の統制が停止されていたため、弘化四年八月、当時出版許可業務を担っていた昌平坂幕府学問所《しょうへいざかばくふがくもんじょ》に出版許可願いを出し、九月中に許可を得た。災害情報だけでなく、神社仏閣の開帳、川中島《かわなかじま》古戦場など、いわば観光情報を盛り込んだものとなっている。出版元が江戸日本橋《にほんばし》の書物問屋で、地図出版の株を持つ山城屋佐兵衛《やましろやさへえ》、地元の善光寺大門町蔦屋伴五郎《つたやばんごろう》・上田海野《うみの》町上野屋《うえのや》三郎助《さぶろうすけ》の相版になっているものや、あるいは大坂の書物問屋秋田屋が名を連ねるものもある。版元は原昌言の「俟命館《しめいかん》」である。

「湛水之図」「漂蕩之図」の販売戦略

この二枚セット災害絵地図の販売記録「信図公布録《しんずこうふろく》」（原與氏蔵）によると、大図と小図があり、それぞれ正価は大図銀一二匁、小図銀三匁であるが、本屋仲間などへの卸値はほぼ七割五分である。大図が何を指し、小図がどれを示すのか、現段階では明らかではない。ここでは、現在残されている絵図類から推定して、大図は「湛水之図」「漂蕩之図」の二枚組セットを指し、小図は、二枚組の情報を一枚にまとめたものとしておく。問屋その他への搬出日は、弘化五年（一八四八）正月九日〜二十一日に集中している。約五〇〇部近い数を出している。大坂、伊勢松阪《いせまつさか》、名古屋、江戸などへも売り出しているが、江戸への売り込みが少ない。この理由は後に触れる。地方への売り込みには、京屋《きょうや》、嶋屋《しまや》などの五街道《ごかいどう》の飛脚《ひきゃく》問屋を使っているが、信州《しんしゅう》には松本《まつもと》藩御用飛脚、あるいは善光寺の町飛脚を使っている。中山道宿の福島宿や追分宿へも相当の部数が送られている。越後《えちご》への売りさばき件数も一六件と多い。これは、善光寺での三月二十四日の本震後、三月二十九日に最大余震があり、高田地方では被害が出た。被害の激しかった震源地善光寺周辺への関心が寄せられた結果であろう。全体としては、圧倒的に多いのは地元信州ではあるが、江戸への売り込みが少ないのと同様に善光寺町にも意外に売り込み部数が少ない。これは、江戸では日本橋書物問屋山城屋佐兵衛、善光寺町では蔦屋伴五郎が版元として名を連ね、販路を掌握していたからではないかと推定される。

各藩への売り込み　地元への売り込みは、大坂や名古屋などへの五〇〇部近い売り込みに比べると、部数は一〇〇部強と少ないが、この災害に関係する各藩への売り込みに相当の努力を払ったことがわかる。期間は弘化五年正月八日〜二月八日までの一ヵ月である。その様子を表6に示した。松代藩を除くと、販売成績は必ずしもよくない。しかし、昌言が最初から主要な売り込み先として狙っていた一つがこうした災害に関連した各藩、代官などであったということが推測できる。上田藩城下の平田《ひらた》篤胤《あつたね》門下の有力商人や藩士などの伝手《つて》を頼って出版にこぎつけたこの災害図に、昌言は相当の自信を心に秘めていたと思われる。昌言は蚕種《さんしゅ》の販売に従事した当時の企業家と考えられる。また、この後、松代藩家老河原綱紀《かろうかわはらつなのり》の娘を息子の嫁にもらうなど、松代藩の役人のトップとも親戚関係を結ぶ村の有力者であったから、藩の筋から被害情報などを得るルートを持った人物と推定される。

さて、武家への地図の売り込みは、全般的に苦戦である。高木清左衛門・川上金吾之助など自身の代官領が相当の被害を被った代官の江戸元締め屋敷にも売り込みにいっている。しかし、購入したかどうかは帳面上明らかでないものが多い。また、勘定所《かんじょうしょ》役人直江倉之助《なおえくらのすけ》役宅へは、大図一部、小図一部を売ったようであるが、「御同人様御家来中」には小図の箇所に「内々弐」とある。おそらくは、一部は家来に無料提供を強要されたのではないだろうか。藩邸への売り込みでもこうした例はみられる。

青山《あおやま》善光寺、浅草寺《せんそうじ》、谷中天王寺《やなかてんのうじ》など寺院へも売り込みをかけている。大図銀一〇匁の売値は、武家・寺院ともほぼ一定しているが、青山善光寺のみ一二匁である。ただし、松代藩のみは例外であった。正月二十一日から二月八日まで、計六五部をほかの藩よりは格安の八匁五分と七割強掛けの値段で届けている。

以上、善光寺地震に関する「湛水之図」「漂蕩之図」の災害地図セット図の販売戦略を限られた史

表6　災害絵図・武家方販売先（武家・寺院，弘化5年正月8日～2月8日）

販売先	部数
代官11件	6
勘定2件	3
普請役	
本丸医師	2
吉役2件	2
寺院4件	3
加賀藩出入商人	
椎谷藩	
高田藩	2
松本藩	1
岩村田藩	2
飯田藩2件	2
小諸藩	
諏訪藩	
松本藩	1
須坂藩	1
松代藩	65
山城屋	5
不明2件	12
合　計	107

武家向け値段：大図＝10匁，小図3匁．ただし，松代藩向け値段は格安．部数記入のあるもののみ計．

料から推定した。この図は、災害直後出版されるかわら版類とは異なり、幕府の正式な出版許可を経た災害図である。現在残されている量も多く、当時としては人気の災害地図であったと推定される。災害自体の大きさや二次災害を引き起こすという複雑に連続発生した地変、善光寺開帳への各地からの参詣人の遭難などがこの災害への大きな関心をもたらした理由とはいえ、本図が推敲を重ねて丁寧に作られたものであったことも、人気のあった要因の一つだろう。それに加えて、これまでみてきたように、江戸、地元善光寺などの書物問屋の安定した販売網に載せられたことも大きかったに違いない。しかし、さらに、作者原昌言のこの災害地図を売り込む意図が単なる販売利益の追求を超え、山体崩壊による川の堰き止め、その結果引き起こされた洪水などの大規模な地変、開帳中各地からの多数の参詣人を死傷させた変事の記念誌的発行という位置づけが大きく作用したと考えられる（北原・二〇〇二）。

(4)『名所江戸百景』広重の災害体験を読み解く

ここでは、歌川広重（一七九七〜一八五八）の最晩年の連作『名所江戸百景』について、災害情報を取り込んだ錦絵という観点から考えてみようと思う。絵画は絵画としての独立した領域を持ち、また、他の情報を借りなくても、鑑賞に堪えうる場合が多い。この領域を「芸術性」といった言葉で括り、「芸術」に閉じ込めてしまっては、歴史家が絵画に関与する余地がない。ここでは、時代のなかに絵画を置くという作業のために、ひとまず、文字資料から読み取る情報を絵画に載せてみることを試みる。情報を与えられた絵画は時代の言葉ともいうべき領域を獲得する。それは、その絵画が持つ意味を「芸術性」という普遍に委ねることはできないほどの時代の力を帯びた情報を発するはずである。言い換えれば、絵画資料は文字資料の補いを受けて、時代性を獲得するということができる。

『名所江戸百景』を安政江戸地震との関係で読み解こうとする説は最近打ち出された錦絵をめぐる新しい解釈である（原信田＝北原・二〇〇四、原信田・二〇〇五）。時を同じくして出版された地震鯰絵が安政江戸地震を題材とするものであることは周知の事実だが、錦絵が現実に進行している事件、事象を取り込んだ「時事錦絵」ともいうべきものへ変容を遂げるとする説もまた最近唱えられている（富沢・二〇〇四）。地震鯰絵は、被災者への励ましや癒しを与えるものとして、事実の報道とは異なる情報の一つの機能を示すものと考えられるが（『鯰絵――震災と日本文化』）、ここでは『名所江戸百景』を中心に、この時期に錦絵という江戸を代表する娯楽が時代と向き合う傾向を強めるきっかけが安政江戸地震ではなかったかということを考えてみようと思う。

地震後の江戸名所　『名所江戸百景』全一一九点のうち、広重の死後二代広重の手になる三点が加わるものの、一一六点の連作は、安政三年（一八五六）二月に板行が始まり、広重が死去する安政五年九月まで版行された。刊行開始の時期に注目すれば、前年安政二年（一八五五）十月の安政江戸地震から五ヵ月も経過していないという点は当然問題となる。地震後の江戸は、江戸城の石垣は崩れたままであり、倒壊家屋一万五〇〇〇軒、一七〇〇棟といわれる状況で、地震で破壊された江戸の街並みがこの段階でどれほど元に戻っていたのかはわからないからである。江戸の地震災害は十七世紀末の元禄《げんろく》地震、安政江戸地震、近代では関東地震と首都を破壊したが、地震の性質はそれぞれ異なるものの、すべて地盤の弱い地帯の家屋倒壊が著しい。その意味では、江戸・東京の地震は地盤災害という性格が強いといわれている（『ドキュメント災害史』）。安政江戸地震の場合も、地盤の弱い本所《ほんじょ》、深川《ふかがわ》、小石川沼《こいしかわぬま》を埋め立てて造成された神田《かんだ》、沼筋《ぬますじ》を埋め立てて江戸城外堀を造成した牛込見附《うしごめみつけ》辺りの旗本《はたもと》屋敷などではほとんどの家屋が倒壊した。江戸城西丸下では、倒壊即出火と推定される火災による大名《だいみょう》屋敷の焼失箇所が集中している。この点は江戸地震の震度分布図（図46参照）などにも明瞭に読み取れる。家屋倒壊、圧死、焼死で命を失った人の数は、大名屋敷二〇〇〇人弱、旗本・御家人《ごけにん》屋敷家屋倒壊八〇％（死者数不明）、町方四〇〇〇人余が、資料的に明確になっている数値である（北原・二〇〇〇）。おそらく、江戸の人口構造から考えて、これに倍する人が亡くなったと考えてもよいだろう。となると、たかだか四、五ヵ月程度で、地震の爪痕が消え去るわけはない。その現実を前にして、江戸の名所シリーズで刊行するとなれば、それまでの江戸の名所を描くわけにはいかない、また、描けない状態であったと思われる。以下は、『名所江戸百景』について、安政江戸地震との関係性を主張する原信田實氏の説に基づく新解釈である。事実、これまでの名所絵に登場しない箇所が描かれているものは一一八点のうち、四五点に及ぶという。

さて、これまでこの連作については、何を描いているかは解読されてきたが、なぜそれを描くのかという作画動機を読み解こうとする研究はなかったとする。江戸名所絵については四季に彩られた名所という伝統的解釈は名所絵の解釈として普遍性を持つもので、揺らぐものではなかったからだという。しかし、連作という視点から作画順に並べると、『名所江戸百景』の新しい解釈が可能だというのである。まず、最初の五点に原信田氏は目をつける。

最初の五点——江戸名所の新たな設定　『名所江戸百景』の最初五点が板行されたのは、改印から安政三年（一八五六）二月である。五点のうちの画題となる四ヵ所は、猫実《ねこざね》（東）、内藤新宿《ないとうしんじゅく》（西）、洗足池《せんぞくいけ》（南）、千住《せんじゅ》（北）として、江戸の中心から東西南北に二里半前後、これまで名所として取り上げられることのなかった場所であり、また、名所とは必ずしも言いがたい場所だという。ここで、百景の範囲を確定したのだという。もっとも、この説は先行研究者の説に基づく（スミス・一九九二）。範囲を定めた四点以外の残り一点「芝うらの風景」は、将軍の別荘である浜御殿《はまごてん》（現浜離宮《りきゅう》）が右下に描かれている。この絵は、二月の将軍のお成りをきっかけに描かれたと解釈する。江戸時代、江戸城をはじめ徳川《とくがわ》将軍の施設を描くことは禁止されていたから、場所を外題に明示できない。「芝うらの風景」では、澪《みお》を近景に大きく描いて芝の浦というなにげない風景に仕上げながら、じつはこっそりと地震後の江戸の「名」所の今を伝えるというのだ。この絵は、名のある彫師千之助《せんのすけ》が彫りを担当している点に注目し、これが最初のシリーズを飾る記念すべき一点だという。

復興の姿を描く　「下谷広小路《したやひろこうじ》」の改印は安政三年九月である。この絵には上野《うえの》下谷広小路の呉服店松坂屋《まつざかや》が描かれている。松坂屋は、地震で店も蔵も破損したうえ、火災で焼失したが建て直され、安政三年九月二十八日に営業再開にこぎつけた（内田・一九八七）。新築大売出しで配った引札《ひきふだ》は五万五〇〇〇枚という。この大々的な広告が効を奏し、初日だけで一〇五〇両の売り上げを記録した。『名所江戸百景』の板元《はんもと》の魚栄《うおえい》（魚屋栄吉《えいきち》）は松坂屋の目の前、新黒門《しんくろもん》町に店を構える。日頃の結びつきに鑑み、広重に松坂屋を描かせた版元魚屋の配慮の一作だという。

広重は、勤務先の火消屋敷を退いた嘉永二年（一八四九）以来、中橋狩野新道《なかはしかのうじんみち》に住んでいた。広重が火消同心《どうしん》として勤務した八重洲河岸《やえすがし》の火消屋敷は、地震後の火災で焼失しているが、この火消屋敷とは江戸城外堀の堀筋を隔てた広重自身の住居の一画は焼け残った。しかし、広重の家の辺りも、損壊は免れなかったと思われる。

安政四年七月の改印のある「市中繁栄七夕祭《しちゅうはんえいたなばたまつり》」の絵を、広重の自宅からの眺めだとする説をヘンリー・スミス氏が唱えているが、これだけではこの絵がなぜ「名」所なのかの説明にはならないと原信田氏はいう。絵の下に描かれた四つの蔵は「四方蔵《しほうぐら》」と称された江戸の繁華を代表する尾張《おわり》町の「名所」だが、これらの蔵が地震で潰れ焼失した（『安政見聞誌《あんせいけんぶんし》』の四方蔵）。その蔵を描くことで、江戸を代表する名所だということがわかる。この四方蔵がいつ旧に復した姿を見せたのかは文献上もはっきりと確認はできないが、八重洲河岸の火消屋敷は幕府が日常的に頻発する火災への備えとして、安政三年三月には早くも復旧されたところである。これによって、少なくとも、江戸市中の復興途上を描く図とすることはできる。「市中繁栄七夕祭」の外題は、広重自身の身辺における災害の影を払拭する願いを託したものとして、ただの七夕の絵ではないと読み解くことができるのである。

復興の願いを託す　安政二年冬、大地震に襲われた江戸は、一年も経たないうちに再び大災害に見

図53　『安政風聞集』築地本願寺再建図

舞われた。安政三年八月末の台風である。この台風によって、地震後修復途中の家屋が再び大風で倒壊し、川からあふれた水による家屋浸水、高潮による海岸近辺の浸水など、震災の被害からの立ち直りを著しく停滞させる結果になった。台風は北西台地上の内藤新宿辺りなどに至るまで南からの強い風雨が襲い、また、江戸東南部の築地《つきじ》・浜町《はまちょう》・芝《しば》・高輪《たかなわ》の東京湾沿岸地帯では四、五尺（一・二〜一・五メートル）の床上浸水をもたらすなど、これら連続した災害で、江戸は全域的に大きな被害を蒙った。この台風被害でも少なからざる死者が出た。町屋の死者六〇人、怪我人九〇人であった。建物などの被害数を町屋に限れば、台風では、潰家三〇〇六棟二九五六軒、これに半壊一三〇四棟二一四五軒であった（『江戸町触集成』）。

読売作者仮名垣魯文は、地震から半年を経た

図54　『名所江戸百景』鉄砲洲築地門跡

安政三年四月、社会が災害直後の混乱から立ち直ろうとしていた時期に、現在流にいえば災害ルポルタージュの決定版とも呼ぶことができる『安政見聞誌』を出版した。魯文は、台風のときにもその職業意識を遺憾なく発揮した。『安政見聞誌』のスタイルに倣って『安政風聞集』上中下の三巻の絵入り冊子を出版した。

この中巻に、前年の地震では潰れなかった築地西本願寺《にしほんがんじ》の広大な本堂の柱が三年八月の台風では折れ、屋根が被さったまま建物が跪いた格好で倒壊したこと、さらには、本願寺の門徒衆が瓦一枚一枚を手渡す奉仕活動によって本堂が再建されていく様子が描かれている（図53）。しかしながら、広重の「鉄砲洲築地門跡」（図54）は安政五年制作だが、いまだ復興されていないはずの築地本願寺の立派な本堂が描かれている。その巨大な屋根が江戸の象徴的建物であった築地本願寺再建への、広重の願いが託されていると読み取る。

購買者に応えて絵を供給したのは、嘉永の株仲間再興後に結成された新興勢力の絵草紙問屋である。『名所江戸百景』のプロデューサーである板元の魚屋栄吉は、地震直前にこうした絵草紙問屋の仮組に加入したひとりだった。錦絵の制作や販売に決定的力を持つのは版元だが、還暦を迎えた広重自身も『名所江戸百景』において変化したと原信田氏は分析している。

『名所江戸百景』の画額とも見まがうばかりのデフォルメされた近景、それに対するはるかな遠景との大胆な対比は、広重がこれまで描いてきた落ち着いた風景版画とは異質な衝動に彼広重が突き動かされていることを見るものに感じさせる。この新趣向の意匠について、原信田氏は、関心の対象を遠景に、トポスを象徴する記号を近景に配置したものとし、地震で倒壊したり、損傷した対象をそのまま描くのではなく、復興した姿あるいは復興を託す願いを込めた図象を遠景に配したと解釈している。なるほど、いまだ混乱のなかにある中景としての江戸が描かれない理由が江戸地震やそれに続く災害によるとする説が成立する余地は十分にある。

安全より安心が求められた近世社会　ここで簡単に「近世の災害」のまとめをしておこう。

平成七年（一九九五）の阪神《はんしん》・淡路《あわじ》大震災以降、国も国民も安全と安心を求めてさまざまな対策を立て直し始めた。安全とは災害対策のハード側面、安心はソフト側面と言い換えてもよいだろう。別の言い方をすれば、これらの課題に対して、果たして近代以前の社会はどう対応してきたのかを追究することがここでの課題だとすれば、これまで扱った②・③は安全を、④は安心の問題を対象としたといえる。

②・③で扱った災害対応は災害が発生した後の対応であって、今日の「安全」のような事前の対策ではないという前提に大きな違いがある。その前提の違いを踏まえて、近世社会は安全への効率を求めた社会ではなく、むしろ、「安心」を求める人々への対応が政治においても、社会においても最大

のポイントであったということがいえるだろう。とくに、十七世紀中期の地震災害の仮名草子が描く神仏への祈りを通して強く「安心」を求める人々の姿のなかに、この時代の「安心」のなかには、今日いうところの「安全」が包摂されていたのだということもわかる。そして、なお人々のなかには、救われなかったこと、つまり、「安全」が確保されなかったことへの無念さが強く後々までも息づいていることが、地方に密かに残された写本「肥前温泉災記」から伝わる。しかし、また、災害という「禍」をメディア化し、商品化することで、災害への啓蒙を図ることも可能となった社会でもあった。そこに至れば、もはや、「安心」のなかに「安全」が包摂されえないことも明らかになる。災害対応の側面でも転換が図られなければならない段階に入ったのである。

コラム3 日本における歴史津波

わが国には明治元年（一八六八）以前の「歴史の時代」に起きた津波《つなみ》記録は、およそ五〇件ほど知られている（宇佐美・一九八九）。津波のおよその大きさは、Iida（1958）の地震規模で示され、著しい被害の出る津波では、震源に近い海岸での津波の高さがおおむね四〜六メートル程度のとき規模2、一〇〜二〇メートルのとき規模3、三〇メートル程度の大津波のとき規模4とされる。日本列島近海で起きた規模2以上の歴史津波は二九回を数えるが、その分布を発生年（西暦）とともに表記すると、図55のようなる。

図55によると、中部日本の静岡県から紀伊《きい》半島東部海岸沖、すなわち東海沖の海域に一群の津波

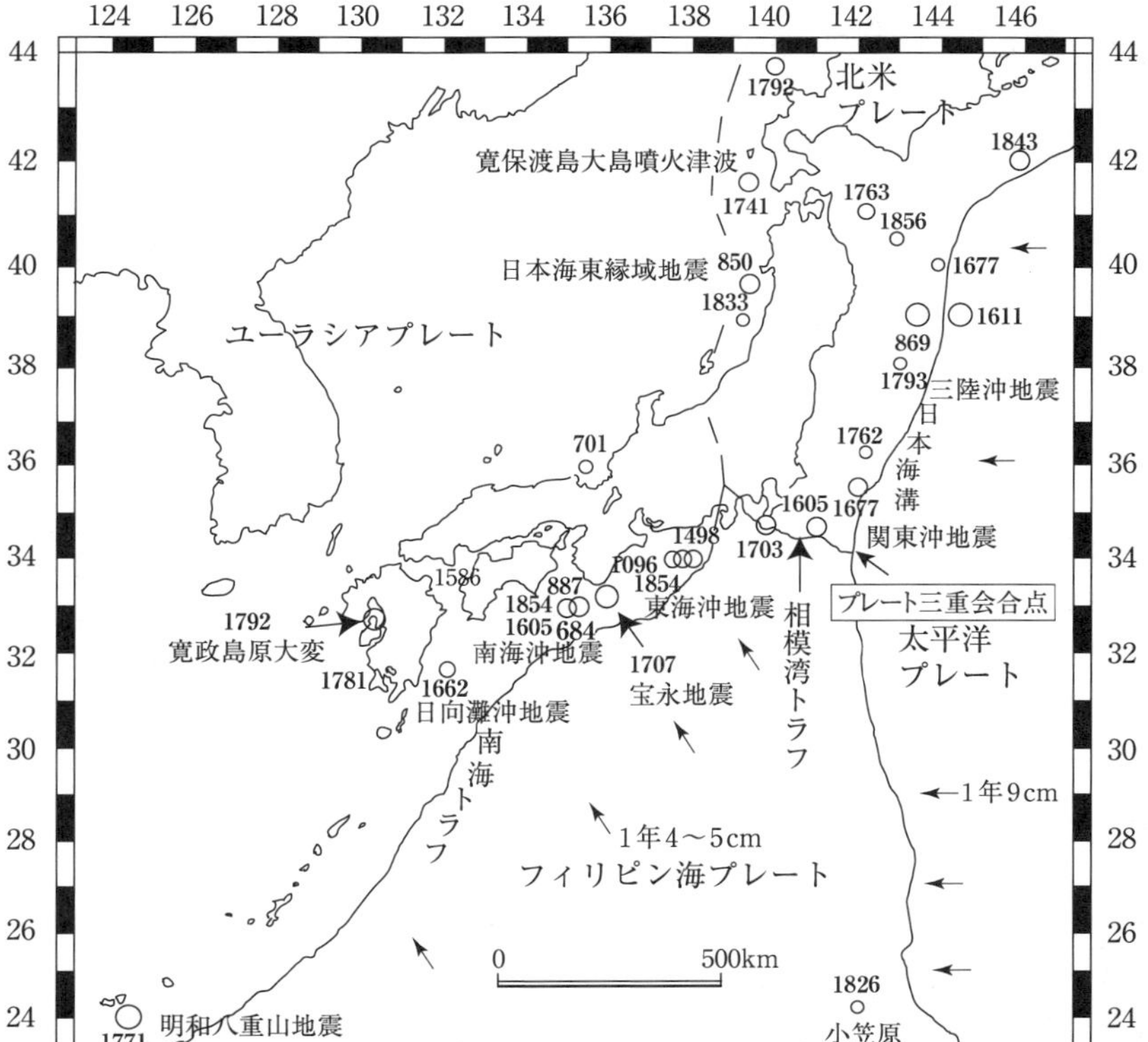

図55　日本列島周辺海域に起きた歴史津波（宇佐美・1987にもとづき，一部筆者の考察を加えて修正した）　大円は津波規模4，中円は3，小円は2である．

を伴う地震が起きており、これらは「東海地震《とうかい》」の系列に属する一連の巨大地震である。また、紀伊水道、四国沖の海域にも別に一群の地震が起きており、こちらのほうは「南海地震《なんかい》」の系列の巨大地震である。東海沖・南海沖の海域では、南方から一年間に四~五センチの速度で北上してくるフィリピン海のプレートが、南海トラフの海溝軸《かいこう》のところで日本列島西部を載せるユーラシアプレートの下に潜り込んで行くが、この両プレートの境界面では摩擦力が働くためふだんは滑りあうことなく固着していて、しだいに応力《おうりょく》が蓄積していく。そしてついに、耐えきれなくなって、両プレートの境界面に急速な滑りが生ずる。これが東海地震、南海地震系列の巨大地震の発生の原因である。東海地震と南海地震は短い時間間隔で引き続いて起きる傾向がある。たとえば、東海地震の一つである昭和十九年(一九四四)東南海地震の二年後に昭和二十一年(一九四六)南海地震が発生した。また幕末の安政元年(一八五四)十一月四日の午前九時ごろ東海沖に発生した安政《あんせい》東海地震の翌日、その約三二時間後の五日の午後五時ごろ、南海沖の海域で「安政南海地震」が発生した。宝永四年(一七〇七)の「宝永《ほうえい》地震」は、東海地震と南海地震が同時に発生したものと考えられる。最古の南海地震の記録は『日本書紀《にほんしょき》』に記録された天武《てんむ》天皇十三年(六八四)の「白鳳《はくほう》南海地震」である。

東北・北海道の太平洋側の沖合には、海岸線にほぼ並行して日本海溝が南北に走っているが、ここは一年に約九センチの速度で東方から進行してくる太平洋プレートが、東北・北海道の陸部を載せる北米プレートの下に沈み込むところで、貞観十一年(八六九)、慶長十六年(一六一一)、明治二十九年（一八九六）の各三陸《さんりく》地震はこの両プレートの境界面滑りによって生じた地震と考えられている。

神奈川県国府津《こうづ》付近を基点として相模《さがみ》湾を南東方向に伸びる海溝軸は、関東地方南西沖の「プレートの三重会合点」に達するが、これはフィリピン海のプレートが関東地方を載せる北米プレートの下に潜り込むところである。大正十二年（一九二三）の大正《たいしょう》関東地震や元禄十六年（一七〇三）の元禄《げんろく》地震は、この海溝軸の北側に沿って起きたプレート境界型の巨大地震であり、この系列の地震が起きるたびに房総《ぼうそう》半島や三浦半島の先端部が隆起する。千葉県九十九里《くじゅうくり》海岸には、「百人塚」、あるいは「千人塚」と名づけられた供養石碑が点在するが、これらは元禄地震の津波の溺死者を供養するためのものである。

日本海側では、海底地形図では明瞭ではないが新潟県を基点として、東北・北海道の海岸線に平行に北米プレートとユーラシアプレートの境界線があるとされており（図55の破線）、この線と陸地の間の「日本海東縁部」と呼ばれる細長い海域でも津波を伴う一群の地震が発生している。昭和五十八年（一九八三）に秋田県西方沖に発生した「日本海中部《ちゅうぶ》地震」や平成五年（一九九三）の「北海道南西沖《なんせいおき》地震」もこの一群の地震の一つであるが、歴史上には、嘉祥三年（八五〇）出羽沖《でわおき》地震、天保四年（一八三三）山形県沖地震がこれに該当する。

以上のほか、沖縄県では先島《さきしま》諸島の海域で明和八年（一七七一）の八重山《やえやま》地震津波が起きており、この津波によって、当時の石垣島《いしがきじま》の総人口の約半数にあたる八四三九人が溺死した。石垣島、竹富《たけとみ》島《じま》などでは「津波石」と呼ばれる岩塊が多数陸上に打ち上げられており、標高約三〇メートルのところまで海水が上昇したことが立証されている。

津波は地震以外に火山活動に伴って引き起こされることもある。北海道江差《えさし》沖の日本海に浮かぶ渡島《おしま》大島の噴火による島の北部斜面の大規模な地滑りによって寛保元年（一七四一）渡島大島噴火津波が発生し、江差法華寺《ほっけじ》の石碑の文などによって松前《まつまえ》・江差地方の海岸で三〇〇〇人近い溺死者を生じたことがわかる。

長崎県島原《しまばら》半島の雲仙岳《うんぜんだけ》の東側前面にそびえる眉山《まゆやま》は、寛政四年（一七九二）に噴火活動に伴って東斜面の大規模な崩壊が発生し、大量の土砂が有明海に突入して、大津波を引き起こした。この津波によって島原半島側と対岸の熊本県側の海岸に合計約一万五〇〇〇人の溺死者を出したが、この災害は「島原大変肥後迷惑《しまばらたいへんひごめいわく》」と称され、島原藩松平《まつだいら》氏は復興のための借金返済に明治維新《いしん》まで苦しむこととなった。

コラム4　仙台城本丸石垣と地震

奥羽《おうう》の地では、慶長五年（一六〇〇）、関ヶ原《せきがはら》の戦《たたかい》で徳川《とくがわ》氏が豊臣《とよとみ》方に勝利した後も、伊達政宗《だてまさむね》と上杉《うえすぎ》氏の緊張関係が続いており、仙台《せんだい》城は、広瀬川《ひろせがわ》の峡谷や青葉山《あおばやま》の地形を利用した「山城《やまじろ》」として築かれる。政宗は築城に際し、軍事上の要衝として、かつてこの地を領していた国分《こくぶん》氏の古城千代城《せんだいじょう》を選地しているが、故実《こじつ》として、中国唐《とう》代の都長安《ちょうあん》の西、高徳の仙人が住む高台「仙台」

図56　仙台城本丸跡の石垣変遷　仙台城本丸跡の石垣修復工事に伴う発掘調査で，慶長年間に築かれた野面積みの築城期石垣（写真中央右より）が，元和２年（1616）の地震で崩れた後に大型の石材で積み直され（写真左側奥の石垣），さらに寛文８年（1668）の地震で崩れた後，切石積みの石垣（手前側の石垣）に修復されて現在まで残存し，石垣が17世紀に３回，築かれていることを石垣背面構造の変化とともに確認した．

になぞらえて命名したとされており、地元では城下《じょうか》から七〇メートルほど高い本丸を、「天守台《てんしゅだい》」と呼んでいる。

　政宗の死没後は、山麓に二の丸が築かれて、藩庁としての機能も本丸から移される。その後、江戸《えど》時代の度重なる地震や大雨は城に被害をもたらし、各所で石垣や土《ど》塁《るい》の修復を繰り返し、現在では築城時の姿を残す遺構《いこう》は少ない。

　一九六〇年代（昭和三十年代後半）になって、本丸石垣の変形が目立ちはじめ、仙台市は平成十年（一九九八）から六年の歳月をかけた石垣修復事業に着手し、石垣解体工事と併行して実施した発掘調査で、現石垣の背面から二時期の旧石垣を発見した。

石垣修復事業は、石垣の全長一九〇メートル、高さ三〜一八メートル、解体面積二四〇〇平方メートル、解体石材九一九〇石、工費四六億円余、という大規模な工事であった。欠失していた石材を補い、破損した石材を交換するために一七〇〇石の新補《しんぽ》石材を用い、往時の工法に補強工を加えて修復したが、江戸時代の工事体制や石垣の石材を調達した石切場《いしきりば》、最大重量七トンに及ぶ石材の運搬方法、石工《いしく》の作業工程など、今後の調査課題も多く残された。

本丸石垣に被害を及ぼした江戸時代の災害は、記録によれば延べ十数ヵ所に及んでいる。仙台藩は、城郭の修理に際して、江戸幕府に対し「普請伺《ふしんうかがい》」に破損箇所を明記した絵図を添付して工事申請しており、現在の史跡管理における現状変更許可の制度と類似している。

発掘調査成果を石垣修復の記録と比較検討した結果、本丸石垣は大別して三度構築されており、慶長六年（一六〇一）から短期間で構築された築城期の野面《のづら》積み石垣は、元和二年（一六一六）の地震で崩壊して修復され、ついで正保三年（一六四六）、寛文八年（一六六八）の地震を経て、一六七〇年代、四代藩主綱村《つなむら》の治世期に本丸北面石垣のほぼ全面となる「五五八坪」に及ぶ修復が行われ、様相の全く異なる切石《きりいし》積みの石垣に変わって、現在に至っている。

石垣背面の盛土からは、地震で土砂が滑動した「円弧スベリ」や地割れの痕跡が数ヵ所で発見された。この盛土は、性質が異なる土砂を交互に「版築《はんちく》」状に積み上げた、第二世代の石垣に固有なものであり、石垣崩壊を引き起こした正保か寛文の地震痕跡とみられる。この地震は、本丸の石垣の崩壊や櫓の倒壊を引き起こしているが、城下の被害は小さく、津波の被害も少なかった。

近年発生した地震で城内の石垣が被災した事例（昭和三十九年〈一九六四〉六月新潟地震、同五十三年〈一九七八〉六月宮城県沖地震、平成十五年〈二〇〇三〉五月宮城県北部地震）をみても、震源地や地震の揺れの特性によって、市街地と城内での被災状況が異なっているようで、沖積《ちゅうせき》平野に位置し、広瀬川の河岸段丘《かがんだんきゅう》面を利用した市街地と、青葉山の山上、洪積世《こうせきせい》に堆積した地層上に位置する仙台城跡の地震被害の比較は、発掘成果も含めた歴史資料の検討から、今後の地震被害の予知につながる可能性があるものとみている。

近代の災害

1　国家と救済

国家の災害対策　ここでは、まず、近代の災害救済を定めた法律とはどのようなものであったのか、その形成過程を簡単にみておくことから始めよう。そして、2は、近代初期の災害救済法が適用された実際の災害として、明治五年（一八七二）の浜田《はまだ》地震、近代の社会インフラの整備着手途上であった明治二十四年（一八九一）の濃尾《のうび》地震の場合をみる。後者の濃尾地震の救済策では木曽三川《きそさんせん》の修復が最大の問題として浮上した。この点をより広く近代国家の河川管理政策という視点からみるために、3では、近代河川整備は近世の伝統を引き継ぎつつどのように進められたのかを見定めたうえで、近代河川管理体制が災害に対してどの程度有効に作用したのかを土木史の立場から論ずる。4では、関東大震災の横浜における被害を中心に述べる。横浜《よこはま》については、都市を壊滅させたという点で震害、火災被害とも大きいにもかかわらず、これまで、東京の場合に比べて触れられることが少なかった。大震災の東京における被害について最近の研究成果として、死者数の大幅な誤差が指摘された。コラムにおいて、なぜ誤差が是正されないまま現在に至ったのかを検証する。

立法による救済と災害制御　まず、近代国家の出発時において災害被災者救済の法的措置はどのようなものであったのかを考える。封建時代の地域的個別性を払拭し、近代法治国家として統一した体裁を整え、それをいかに実体化していくかという近代国家形成の課題は災害救済法にも色濃く反映されているからである。また、河川管理は、明治初期から中期まで依然として近世以来の河川による舟運を主体とする内陸交通体系下にあり、災害への対応も近世の技術を超えるものではなかった。しかし、鉄道を主体とする近代交通網への転換期に河川災害が頻発、災害対策として西欧の科学的河川管理の技術を導入することで対処を図る。しかしながら、新技術がもたらす河川管理体系が日本の河川で安定的に作用するには、半世紀以上の時間が必要であった。

個々の災害を取り上げる前に、まずは人的救済を中心とする災害救済法の法的展開を多少詳しくみておくことから始めたい。

災害が発生すると、罹災者は食・住・衣に事欠く一時的な窮民となる。やがて、一定期間を経て生活回復が可能と見込まれると、日常生活へ復帰するための支援策が講じられる。こうした救済の基本的な流れは近世も近代も変わりはない。しかし、明治維新《いしん》以降の災害救済が、幕府や藩の個別の対応と異なるのは、近代法治国家としての統一的な基準に基づく救済法が適用される点である。

明治元年（一八六八）六月二十二日戦禍と洪水などの被害に遭った民の救済宣言（布告五百二号）がなされた。これは賑救《しんきゅう》の指令を府県に下したものである。しかし、西日本を襲った洪水による凶作は、翌年深刻な被害を及ぼす結果となり、天皇は、二年（一八六九）八月宮廷費を割いて、東京へ三〇〇〇石、京都府へ七〇〇〇石の米を賑救している（『明治天皇紀』一）。維新政府は南京米《ナンキンまい》の輸入によってこの危機をどうにか切り抜けたが（『大隈伯昔日譚《おおくまはくせきじつたん》』）、この時期はいまだ維新政権の及ぶ範囲は直轄府県であって、藩には及んでいない。

廃藩置県《はいはんちけん》以後、県治施政に関する全般的な方針が作成された。自然災害に限らず、窮民に対する一般的な処遇は、県治条例《けんちじょうれい》（明治四年〈一八七一〉十一月太政官達六百二十三号）付則「窮民一時救助規則」が法的根拠となった。しかし、生活困難のため、「恒常的」な窮民となる社会的底辺層は社会体制にかかわらず存在する。また、災害罹災窮民でその後の生活回復が捗らず、「恒常的」な窮民となる例は実際の災害で少なからず存在した。県治条例そのものもいわば県治施政の一時的な措置であったから、「窮民一時救助規則」は地方制度を含め法治体制が整備される過程で、「恒常」的窮民と一時的な災害窮民に対する救済に分化する。前者に対する食料、医療など生活全般にわたる救済は中央政府が救助金を支給する恤救規則《じゅつきゅうきそく》（明治七年〈一八七四〉）により、また、後者の災害などによる「一時的窮民」に対する緊急の救助は中央政府と地方が一定の割合で負担する備荒儲蓄法《びこうちょちくほう》（明治十三年〈一八八〇〉）で賄われることになった。さらにその先をいえば、恤救規則は救護法（大正八年〈一九一九〉）に、備荒儲蓄法は罹災救助基金《りさいきゅうじょききん》（明治三十二年〈一八九九〉）へ引き継がれて、戦前日本の救済制度として活用された。

国の財政援助　もちろん、災害に罹災した社会と人を救うにはこれだけでは十分ではない。自然災害では、多くの場合、家屋倒壊などのほか、大規模な土地の変位による道路寸断、橋梁破壊、堤防破損による洪水などが発生する。近代化が進むほどに、投資した社会インフラの災害による損失は大きくなるから、当然、復旧、復興資金が大きな財政上の課題となる。この点についての明治政府の方針は、地方制度の法的整備を図るとともに、地方に罹災者救済、災害復旧土木費を負担させる方向で法的整合性を図った。三新法の公布（明治十一年〈一八七八〉七月二十二日）により、町村合併を行い、若干の法的不備を改正して、明治十三年備荒儲蓄法が施行となる。この時点で、災害に関係する重要な法的根拠が作られた。すなわち、地方税を地租の五分の一から三分の一として、中央政府と府県の負担による備荒儲蓄金制度を設け、さらにそれまでの土木費国庫下渡金を廃止して、土木費を府県負担としたのである。

ちなみに、恤救規則、備荒儲蓄金、災害土木費の支出規模がどの程度であったのかを一八八〇年代〜九〇年代にかけてみておこう。図57は、恤救規則による救済人員とその救済額である。救済人員は、明治十九年（一八八六）に前年を一挙に七〇％ほど上回る一万八六〇〇人余となり、さらに二十四年には二万三〇〇〇人台に上る。これ以降、救済人員は二万人前後で推移する。金額は人員とともに増加するが、一人あたり年間平均六〜七円の間である。

備荒儲蓄金はどうであろうか（図58参照）。これは災害による救済全般に出費されたから、大規模な地震災害（明治二十四年の濃尾地震）、水害（明治二十九年〈一八九六〉の各地の水害）、津波（同年の三陸《さんりく》津波）などがあった年は突出した金額となり、最も支出額の多い年で二〇〇万円台前後である。

災害土木費は、明治二十二年（一八八九）の西日本各県の水害が第一のピークを示し、二十四年の濃尾地震で第二のピーク、二十九年の災害で突出した一四〇〇万円に達する第三のピークとなる（図59参照）。このグラフでとくに興味深いのは、明治二十三年（一八九〇）を境にして、二十四年以前は地方負担が国費を上回るのに対して、二十四年以降は断然国費の補助が増える傾向にあり、三十二年に再び、二〇〇万円代に減少、地方負担額が増えるという以前の傾向に戻っていることである。これ

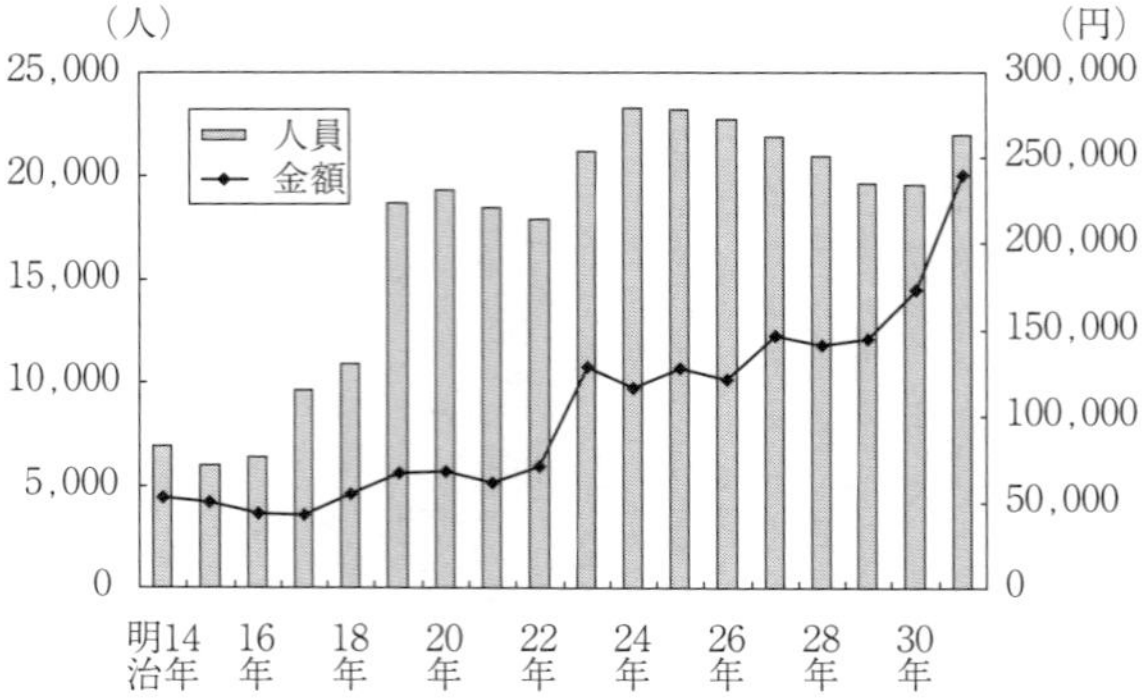

図57　恤救規則による救済

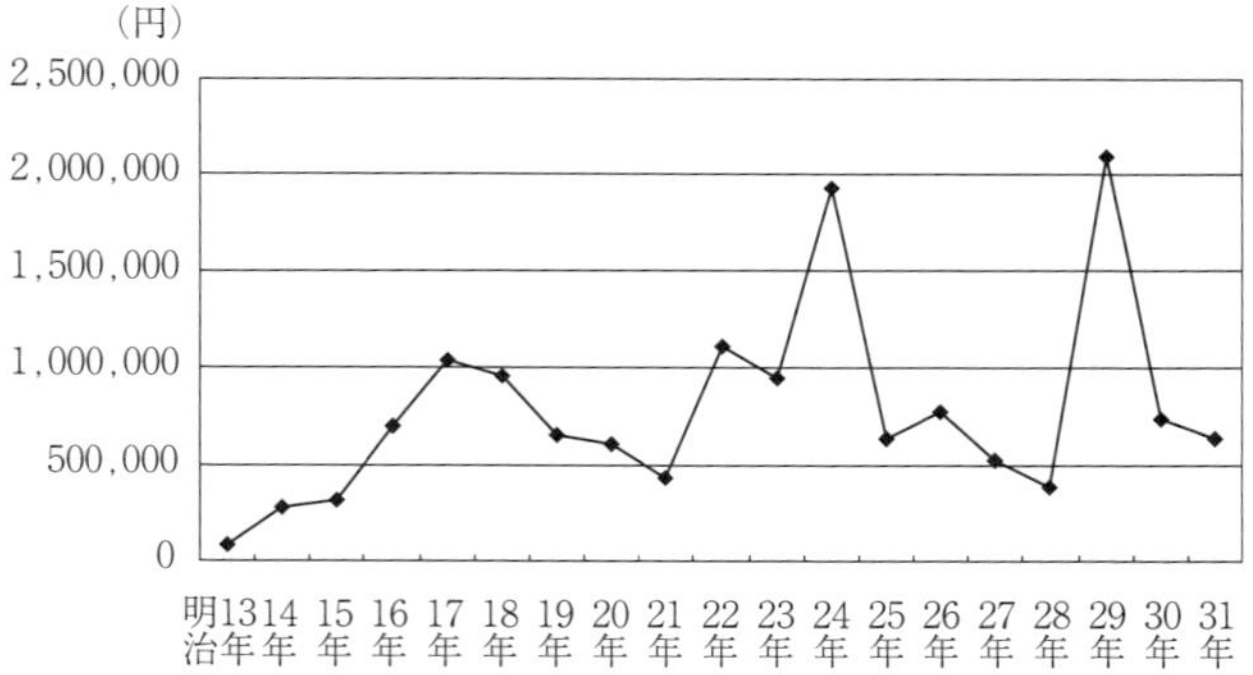

図58　備荒儲蓄金救済額（明治13〜31年）

については、十四年以降土木費国庫補助が廃止となり（明治十三年太政官布告四十八号）、二十三年の災害多発期には、地方は災害復旧の土木費を国庫補助に求めざるをえない状況に置かれた結果、補助金獲得の地方政治が活発化する流れが作られたと指摘されている（長妻・二〇〇一）。

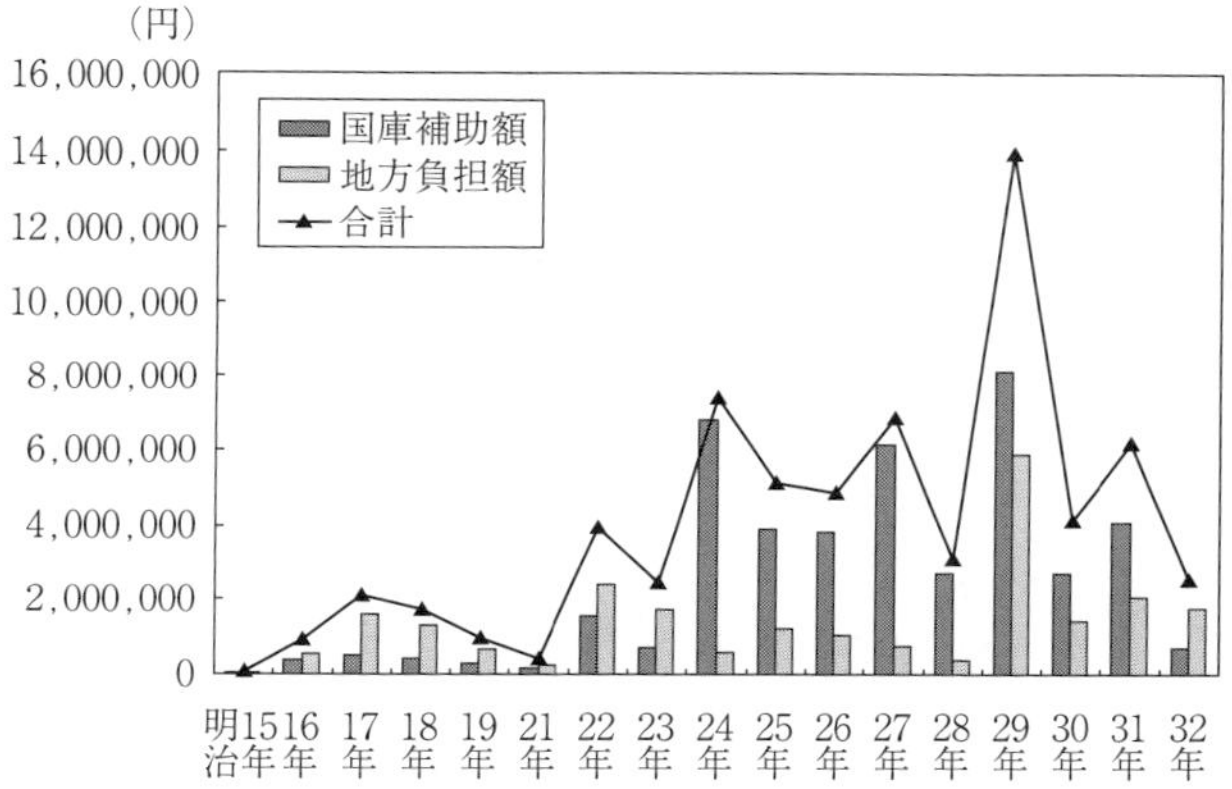

図59　災害土木費（国家補助額と地方負担額）

さて、これら三点のグラフを比較すれば、恤救規則に基づく救済金額は、備荒儲蓄金の一%、この間の災害土木費の年平均を約四〇〇万円として〇・五%にあたる僅少である。しかしながら、図58と図59の描く支出の傾向は一致すること、恤救規則による窮民救済員数も図58、図59が示す増加傾向にわずかながら連動していることが読み取れる。このことから、現代からみても、巨大災害といわれる濃尾地震、三陸津波、洪水多発の一八九〇年代の災害発生が及ぼした経済的、社会的影響はきわめて大きいものであったし、また、多くの罹災者が生活困難に陥ったことを裏付けるものと考えられる。

では、実際の災害では、こうした法的根拠がどのように活用されたのだろうか。

災害現場でこれらの法律がどのように活用されたのかについては、これまで体系的に取り上げられることがなかった。備荒儲蓄法や廃案となった窮民救助法案に関する法律的な解釈をめぐる議論（笛木・一九八五、古田・一九九五）や財政的側面から災害土木補助費の考察（長妻・二〇〇一）など、それぞれの専門領域に関わる分野での考察はなされてきたが、災害現場でさまざまな法的根拠を活用しながら、どのような救済がなされてきたのかが明らかにされなければ、ここで問題としている災害の社会史を説いたことにはならない。

備荒儲蓄法　地租改正による国家財政の基礎が制度的に固まると、平常時に社会に滞留する窮民の救済法としての恤救規則（明治七年）と災害時の一時的窮民救済法としての備荒儲蓄法（明治十三年）とに分化した。このうちの後者、備荒儲蓄法は各府県地租の三％の公儲金に政府の中央儲蓄金一二〇万円のうちから九〇万円の国庫補助を各府県の地租に応じて配分し各府県の運用に任せ、大小の災害の救済を目的とした。救済額が府県備荒儲蓄金の三分の二を超過するような場合は（明治二十三年に百分の五に変更）、国家の中央儲蓄金から補助するというものである。この制度は、地租を担う農民の凶作時の救済を基本とするものであり、緊急食料給付・小屋掛料・農具代・種籾料などの救済項目が立てられ、二〇年間の時限立法であった。この災害救済制度は明治十三年下半期より開始され、図60のような経過を辿って、三十年（一八九七）に廃止、明治三十二年（法律七十七号）罹災救助基金の新制度に取って代わられた。

図60に明らかなように、制度の成立から一〇年して中央儲蓄金が停止された。理由は四三〇万円以

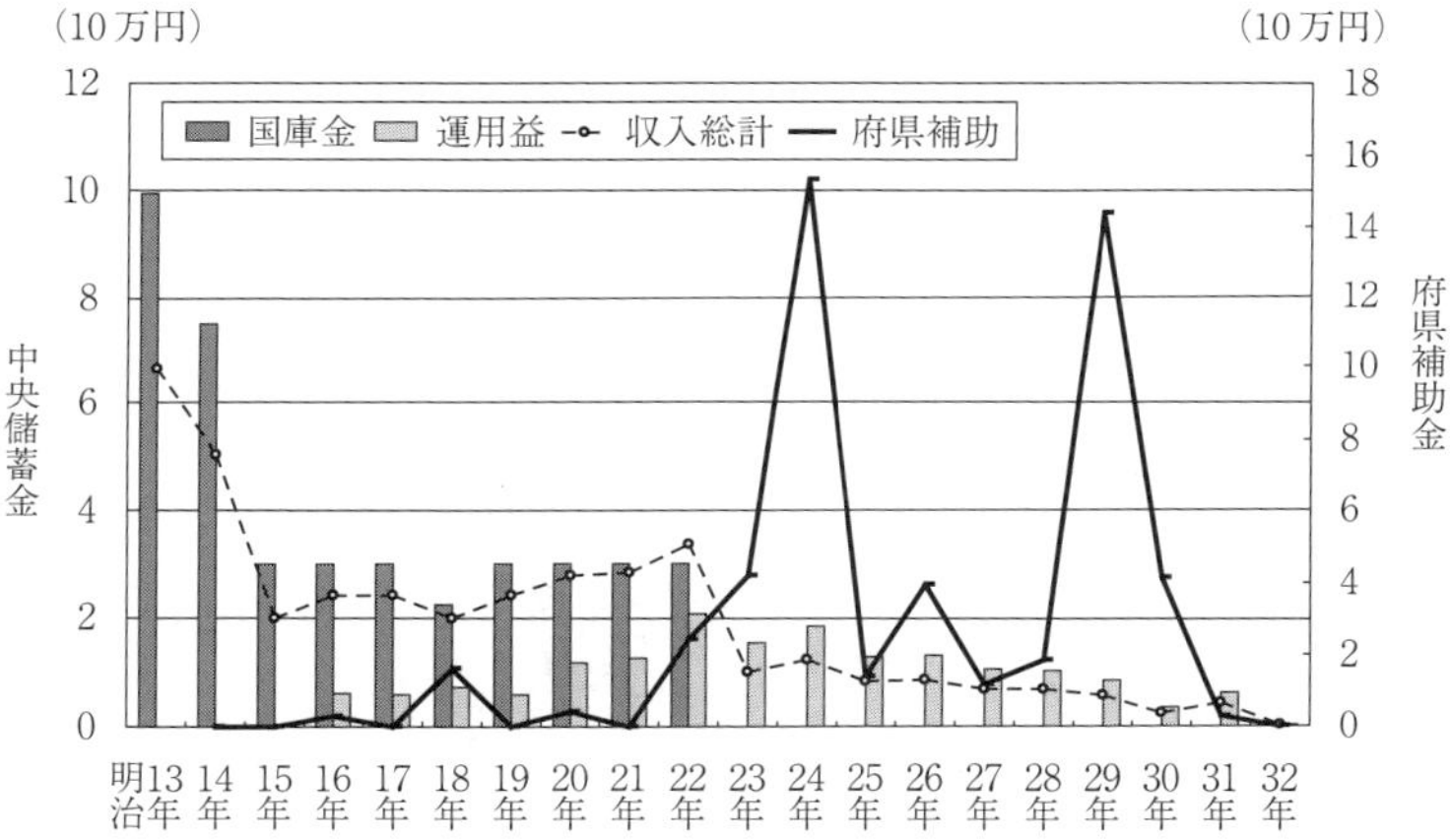

図60　中央儲蓄金（明治13〜32年）

上の蓄積となり、災害救助の準備金はこれで十分と説明され、廃案となったものの、政府当局はこれに代わる窮民救助法を用意していたのである。しかしながら、備荒儲蓄金は廃止となったものの、その後に進行した現実はそうした判断を覆した。図60に明らかなように、中央儲蓄金を停止した翌年の明治二十四年には皮肉にも内陸地震では最大の震度で被害地を揺るがせた濃尾地震、さらには西日本各地の水害、二万二〇〇〇人の死者を出した二十九年の三陸津波など、これまでにない規模の災害に連年襲われ、備荒儲蓄金は国庫の儲蓄を停止して以来一〇年間で底をついた。そして、罹災救助基金（明治三十二年法律七十七号）が備荒儲蓄金の残余金を引き継ぎつつ、これに替わる災害救助制度として成立することになる。

廃案になった「窮民救助法案」　備荒儲蓄法が発足してちょうど中間点で中央儲蓄金を中止した翌年、「窮民救助法案」が第一回帝国議会に提案された。廃案とはなったものの、政府の方針は、備荒儲蓄法を改正、中央儲蓄金を停止した後の窮民救助の法的根拠とする考えであった。

まずは、法案の骨子をみておこう。法案は二四条からなり、この法律が適用される対象となる窮民の規定（一～四条）、救助費の負担（五条）、救助窮民の救育方法（六～八条）、窮民の資格調査（九～十四条）、行路死亡者処置（十五～十六条）、費用負担機関（十七～二十条、二十二条）、有志者義捐金（二十一条）、罰則（二十三条）、関連法の改廃（二十四条）と多岐に及ぶ（以下、『衆議院第一回通常回議事速記録四号』）。この法律の提案理由を明治二十三年（一八九〇）十二月六日白根専一《しらねせんいち》内務次官が衆議院で述べた。その要旨は以下のようである。

まず、明治七年（一八七四）の恤救規則によって「無告の人民」すなわち「鰥寡孤独《かんかこどく》」の救済を行ってきたが、今日の状況に照らして適用範囲がじつに「狭隘《きょうあい》ナルヲ恐レル場合ガ生ジテクル」として、次のような説明をした。

これまでの窮民救助関連の法律では「一朝天災地変の場合」飢餓に迫る大勢の窮民を救済できない、従来では、「臨時ノ土木ナドヲ起シマシテ、ソレニ使用シテ、其ノ日あたりノくらしヲサセル」がこれは永遠に続くものではない、また、旧来から慈恵心に富むわが国では義捐金などが集まるが、この配分が地域ごとに異なり、救助の必要がない者までも救助する事例があり、惰民を生む結果となる。また、窮民は当該地方が救済すべきであり、したがって、費用負担は市町村が負うものとし（第五条）、義捐金などの民間資金を救助公費に組み入れるべきだ（第二十一条）。

その二十一条とは、以下の内容である。

地方有志者ニ於テ公然義捐金穀等ヲ募リ窮民ヲ救助セントスルトキハ募集シタル金穀等ヲ市町村長ニ委託スヘシ此ノ場合ニ於テ市町村長ハ公費救助ト同一ニ取扱フヘシ

要するに、これまでの窮民救助の法的根拠となった国費支給の恤救規則と中央・地方の財政負担であった備荒儲蓄法を一つの法律とし、窮民救助は地方行政の専任事項とすることを意図したのである。この法案の審議委員が選出されるが、当然、地方議員の反対で成立しなかった。その理由は、主として、次の二点であった。

一、窮民救助を町村に負わせれば費用を増加させ、事務量を増やす

二、貧民救助が法律に定められることで、一般人民が一旦困苦に陥った場合、「救助ヲ受クルノ安心ヲ生ゼシムルヨウナ不都合」が起きる

（『官報』二千二百四十七号、明治二十三年十二月二十三日、「公文録」内務省、明治二十三年十二月二十三日）

との理由によって、廃案となった。

しかし、明治二十四年という時点で、窮民救助は地方行政が担うべきものとし、民間資金をも地方行政の管轄範囲に組み入れ窮民救助にあたらせようとする法律案を提案した政府の意図は、二十一年に三新法を改正し、さらに地方自治制の基本的枠組みを作る二十三年の市制・町村制を敷いたことに基づいている。この地方自治制は、憲法発布に向けて法的整備を行う必要から出たものであって、三

新法に是正すべき法的欠陥があったというものではないとされている（亀卦川・一九四〇）。確かに、災害関連の支出のグラフからみても、明治二十一年の時点は二十年代半ばに比べ支出額は低レベルの傾向にあったから、現実的要請としても財政負担の問題よりは、むしろ法的整備からの要請であったと考えてよいと思われる（古田・一九九五）。

民間義捐金　しかし、ここで、とくに二十一条に注目する理由は、現実に発生した災害の救済事例において、民間の義捐は時に官給の救助額を大幅に上回る募集額に達していた事実にある。たとえば、明治二十一年の磐梯山《ばんだいさん》噴火の年の福島県の備荒儲蓄金による救済額は一万一一〇九円であった（『帝国統計年鑑』第九回）。この年の同県の備荒儲蓄金が四万四六七四円であるから、県の備荒儲蓄金で賄える範囲内であり中央儲蓄金補助を仰ぐほどの額には達しなかった。ところが、民間の義捐金は県の備荒儲蓄額を上回る五万円余に及んでいる。このうち、新聞による全国からの義捐金応募額は三万八〇〇〇円余の多額に上っている（北原・一九九八）。当時、新聞による義捐金の応募はこの時期に勃興する企業・軍隊・商店・大学・中学・小学校などの新しい社会集団の増大に伴った広がりをみせ、さらなる伸張が予測できる状況にあった。

提案された窮民救助法は恤救規則の救助対象と災害による一次的窮民を救済対象としているが、現実にも、災害後被災者は実態として窮民化し、恤救規則の救助対象となるケースが少なくなかった（たとえば、後述の濃尾地震の事例）。こうした動向に鑑み、救助費の側面では民間の義捐金を地方行政に吸収することを目論んだといえる。

この法案は廃案となったものの、中央儲蓄金を停止、消費し尽した後に立法化された罹災救助基金において、地方行政が窮民救助を担うものとする方針が貫かれていった経緯からすれば、政府は、中央儲蓄金が払底した後には、窮民救済は地方に負わせる法律を具体化する見通しを持っていたと考えてよい。

2 近代法に基づく災害救済の実際

ここでは、県治条例付則「窮民一時救助規則」による法律上の規定が実際どのように運用されたのかを明治五年（一八七二）二月六日石見《いわみ》国浜田《はまだ》で起きた地震の場合においてみていく。また、備荒儲《びこうちょ》蓄法《ちくほう》による救済の実例としては、岐阜・愛知両県を中心に七〇〇〇人以上の死者を出した濃尾《のうび》地震（明治二十四年〈一八九一〉）の場合をみていく。

(1) 浜田地震 「窮民一時救助規則」による災害救済

浜田地震 浜田地震は、明治五年（一八七二）二月六日、島根県那賀《なか》郡を中心とする日本海沿岸地帯で発生、震源は浜田町沖、震度六と推定されている（宇佐見・一九九六）。島根県日本海沿岸五郡の被害を表7に表した。死傷者は一一〇〇人以上に上り、家屋の全半潰は焼失も含め一万軒弱に及んだ。この地震では、土地の隆起と沈降が浜田浦の一帯で生じ、田畑の損地が各郡に及んだ。なかでも、浜田町浦を含む那賀郡では、三二一町余、海岸堤一万ヵ所が崩壊、家屋全半壊、それに火災の発生による被災などにより、被害の五〇％以上がここに集中した。この災害での被災者救済願が浜田県から国

表7　浜田県震災被害表（明治5年2月）

損地・損害	那賀郡	浜田町・浦	邑智郡	邇摩郡	安濃郡	美濃郡	合計
田　畑	321町9反1畝余・岸崩1,116ヵ所		184町3反4畝	257町3反5畝	37町6反8畝	7町8反5畝	809町1反4畝余
田畑水源切	113町1反4畝余						113町1反4畝余
堤防溜池他	5,784ヵ所		2,603ヵ所	455ヵ所	101ヵ所	826ヵ所	9,769ヵ所
道路橋梁	道1,637ヵ所；橋159ヵ所		1,373ヵ所	道408ヵ所；橋63ヵ所	道53ヵ所；橋11ヵ所	道207ヵ所	3,911ヵ所
山　崩	2,522ヵ所		1,927ヵ所	1,487ヵ所	124ヵ所	507ヵ所	6,567ヵ所
焼失家	188軒	(92軒)	20軒	19軒	3軒		230軒
潰　家	2,303軒	(543軒)	485軒	742軒	440軒	79軒	4,049軒
半潰家	2,396軒	(210軒)	868軒	1,294軒	671軒	200軒	5,429軒
大損家	2,391軒	(168軒)		2,317軒	2,026軒		6,734軒
郷倉・土蔵	倉125・蔵262	蔵142		倉3・蔵72	蔵85		倉128・蔵561
死　人	288人	(97人)	80人	137人	32人		537人
怪我人	378人	(201人)	75人	101人	18人	2人	574人
死牛馬	28頭		21頭	38頭	22頭		109頭
怪我牛馬	25頭		8頭	31頭	4頭		68頭

へ出され、すでに述べたように、廃藩置《はいはんち》県《けん》後制定された県治条例（明治四年〈一八七一〉十一月太政官達六百二十三号）の付則「窮民一時救助規則」に基づいて救助金が政府から支出された。

　その実際はどのようであったか。

　二月六日夕方五時ごろ地震発生。地震発生の事実が二月六日発信で政府に届けられた。政府が届出を受け取った月日は不明である。「公文録《こうぶんろく》」に残る届出の宛先は大蔵省である。続いて十三日付で、死傷者への措置、病院の設置、各所の山崩れ現場への官員出張取調べの届出、十五日付で、緊急のため許可を経ないが、「窮民一時救助規則」第一条に基づいて極難者へ一五日間の焚き出しなどを行う旨の報告がなされた（「公文録」大蔵省之

図61　「唐鐘浦より嘉久志浦迄　浦絵図」　浜田地震発生以前の浜田浦の姿が描かれた江戸時代の絵図.

部壬申二月)。二月二十二日には、罹災した浜田県庁の仮庁舎取り立て、官員住宅の復旧などのほか、罹災窮民へ仮小屋の設置、飯米焚き出しなどの緊急措置の実施が報告された(「旧浜田県引継文書」)。これらの報告を受け、大蔵《おおくら》大輔《たいふ》井上馨《いのうえかおる》は浜田県の惨状を正院に届けた。太政官《だじょうかん》の立法や条例修正を担う左院は三月十二日付で、この地震災害は火災などとは異なり、不可抗力の災害であるとして救済を可とした(「公文録」左院《さいん》、壬申正月従九月)。救済の主旨がおおむね了解され、三月二十八日には、大蔵省から「窮民一時救助規則」に基づく災害窮民への拝借金許可が出た。その内容は、潰家四五七五軒の四分の一(一一四四軒)を窮民とみなし一軒七両(五ヵ年賦)、半潰家八三六五軒の四分の一(二〇九一軒)へ一軒三両(三ヵ年賦)、総額一万六三七二両の貸付金を許可するというものであった。男一日米三合、女二合を基準とした救助米は五〇日以内とされた（「公文録」大蔵省之部壬申二月）。救助米支給はこの震災に対する政府の救助金、すなわち返済義務のない救済金であるが、当時は、江戸時代と同じく前者の貸付金を「拝借金」、後者を「被《くだ》下金《されきん》」と称している。

政府貸付金の運用と恩賜金

さて、浜田県では、この政府援助の貸付金を救助の基本として支給基準の読み替えを行った。焼失家一四〇軒へ五両の貸付（五ヵ年賦）、潰家二四六五軒へ三両（五ヵ年賦）、半潰家二二一九軒（三ヵ年賦）へ一両二分の貸付を許可する目論見を立てている。つまり、政府の概算より二倍程度多い潰家、一・五倍多い半潰家に、政府の概算基準金の半分以下の金額を貸し付け、より多くの罹災者を救おうというのである。また、男一日三合、女一日二合、夫食《ぶじき》五〇日の規定については、一人一日四合とし、一八〇日支給と目論見、農具代・種籾代を加えた、大蔵省が示した拝借金では、一万八二五九両の不足となる計算をしている。その後、この不足金が支給されたかどうか確認できないが、史料を見る限り、不足金の支給はなかったと思われる。しかし、震災より四ヵ月後に、天皇の恩賜金《おんしきん》三〇〇〇円が下賜されているから、これらの不足金の補塡の意味も含まれていたのかもしれない。

恩賜金は、二月六日に災害が発生してから、四ヵ月を経た六月十一日に浜田権県令《ごんけんれい》佐藤信寛《さとうのぶひろ》が天皇の巡幸先の山口県門司《もじ》の行在所《あんざいしょ》に召し出されて口達された。恩賜金三〇〇〇円に諸官吏の義捐金《ぎえんきん》四一三両永六二文五分が加わり、総計三四一三両余がすべての潰家に一分二朱、半潰家に三分、損家に二朱ずつ下賜されている（一円＝一両公定換算）。災害の恩賜金としては近代最初の事例である（島根県立図書館〈旧浜田藩引継〉「雑款」）。

以上の事例から、「窮民一時救助規則」の規定はあくまでも、災害で一時的に発生した窮民の救済の目算を立てるための基準値という意義があるのであって、実際にもこのまま運用することが求められていたわけではないことがわかる。また、天皇が災害に際して恩賜金を出す最初の事例であり、以後慣例化する。

しかし、浜田地震の場合は、特殊な政治的背景に考慮する必要がある。浜田県は旧藩時代の慶応二年（一八六五）、幕府の長州《ちょうしゅう》征討で幕府軍敗退の結果、浜田城は落城、城下・浜田藩領は長州支配となった。浜田県が成立すると、元長州藩士の佐藤信寛が県令となる。しかし、維新《いしん》後の明治三年（一八七〇）兵制改革を不満とする旧長州藩兵の反政府暴動に浜田城下の住民も加わり、打ちこわしが起きた。この事後処置として、維新政府は佐藤信寛に命じて不穏鎮静化のための授産事業を計画させている。なお、佐藤信寛は山口藩出身、民政に従事した実績を買われて浜田県知事に就いたという。岸《きし》信介《のぶすけ》・佐藤栄作《さとうえいさく》の曾祖父といえばわかりやすいかもしれない（山口県地方史学会・一九七五）。地震の三ヵ月前の明治四年（一八七一）十一月には授産構想実現のための資金計画一二万五〇〇〇両の一部、一万五〇〇〇両がすでに聞き届けられ、授産用の器具も購入され、授産事業が緒に就いた段階であった（「公文録」大蔵省之部）。その四ヵ月後に震災が発生したのである。

「窮民一時救助規則」の規定に基づくとはいえ、支給基準の大幅な引き上げを前提に一万六七三二両の貸下金が直ちに認可されたのは、すでに認められていた授産金の項目替えと看做《みな》せば、なぜ大蔵省からの指令であったのかという経緯も納得がつく。さらには、天皇の中国・四国・九州巡幸の途次に、災害地の地方長官佐藤信寛を門司の行在所に召喚して恩賜金を口達している点なども、こうした政治的不穏の地への配慮が強く作用した特殊な背景と考えられる。しかしながら、異例ではあっても、突発的な自然災害によって大きな被害が出たケースに対して、「窮民一時救助規則」が適応され、その実態を考察できる事例として歴史的意義がある。

(2) 濃尾地震と救済と復興

濃尾地震　濃尾地震は、岐阜測候所の検針器によれば、明治二十四年（一八九一）十月二十八日午前六時三十七分十一秒、名古屋測候所の検針器では六時三十八分五十秒発生した。この地震は全国二三ヵ所の測候所の検針器で強い地震が観測され、京都・大阪・神奈川・兵庫・奈良・三重・愛知・静岡・山梨・滋賀・岐阜・長野・福井・石川・富山の一五県で死亡者総計七二七三人、負傷者一万七一七六人、居宅二四万二八三二戸が損壊した（『官報』明治二十四年十一月一日）。この地震の揺れの大小は図63のようであった。震源地とされた岐阜県根尾谷《ねおだに》には縦六メートル、横二メートルの断層が地表に現れ、現在の地震学ではマグニチュード八と推定され、内陸性地震では歴史時代に前例がない地震であった。当時「烈震」と称された岐阜・愛知県にはとくに被害が集中した。たまたま地方官会議で東京に出張していた岐阜・愛知・福井県などの各県知事は急遽帰県し、現場の指揮にあたった。総理大臣松方正義《まつかたまさよし》は早くも十月三十一日、東京を発して現地視察を行った。また、天皇の代理として侍《じ》従《じゅう》三人も現地に視察のため派遣された。救済の恩賜金は岐阜・愛知両県へは当初三〇〇〇〇円、ついで各一万円が下賜され、さらに皇太后より一〇〇〇〇円が下賜された。この震災では、近代化の象徴で

図62　濃尾地震で地上に現れた断層写真

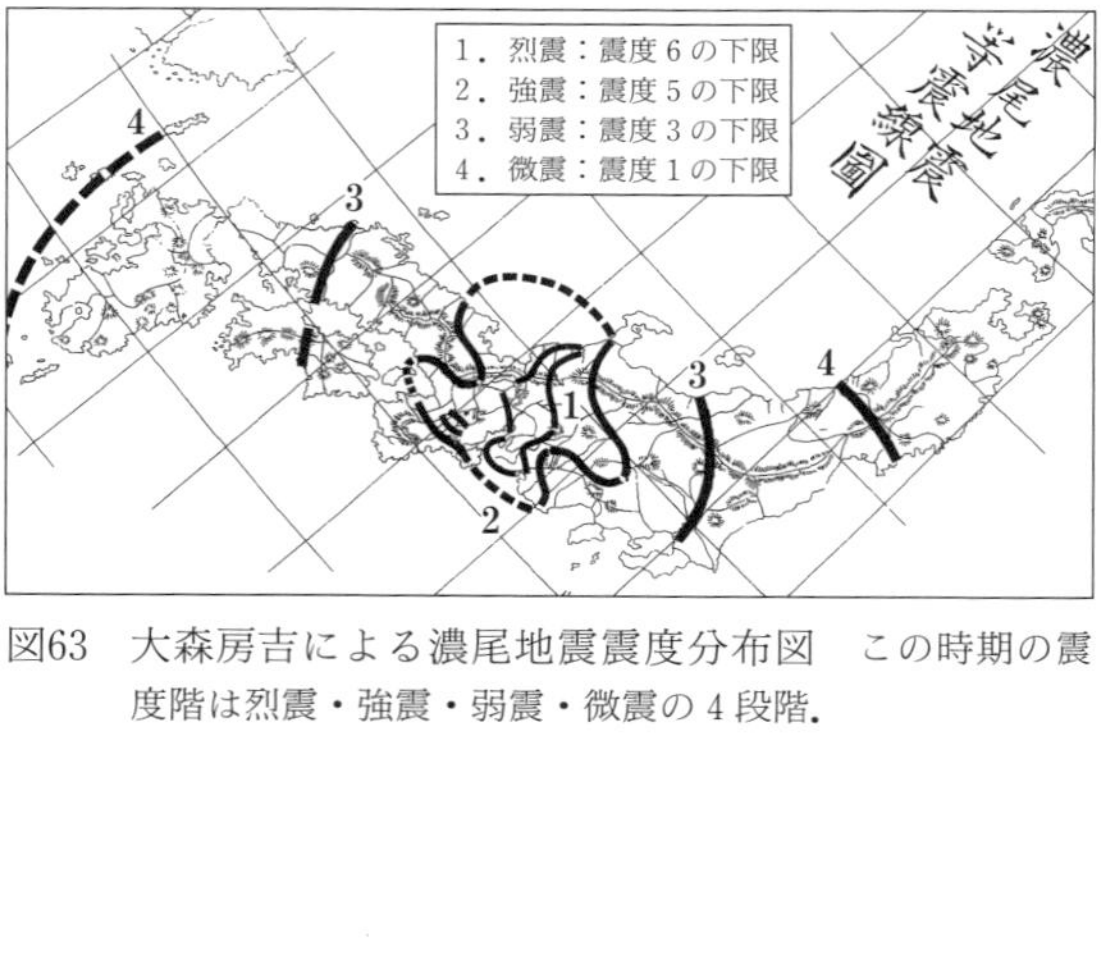

図63　大森房吉による濃尾地震震度分布図　この時期の震度階は烈震・強震・弱震・微震の４段階.

あったレンガ造りの紡績工場、電信電報局、開通を果たしたばかりの東海道線の長良川《ながらがわ》鉄橋など、近代国家として整備されつつあった施設が破壊され、その無残な姿が多くの写真師によって撮影され、巷間に流布した。それまで版画などで伝えられたものとは異なる生々しい災害現場を多くの人に伝えるものとなった。また、この地震の原因について地滑り、断層などの諸説をめぐり、当時形成途上の日本地震学を担う帝国大学理科大学だけでなく、国家の関係機関をあげて調査態勢を敷き、政府の土木・地質・建築（当時の呼称は造家）などの調査吏員、帝国大学の教員、お雇い外国人教師、また教育的意味を込めて学生などが現地に派遣された。そして、翌明治二十五年（一八九二）六月には勅令《ちよくれい》五十五号をもって、地震の本格的調査を目的とする震災予防調査会の成立に至る。それだけではない。救援医療の活動も、医科大学の教授、学生、あるいは陸軍の軍医、世界赤十字国際連盟に加入したばかりの日本赤十字社も医員・看護婦を長期間派遣した。新聞も義捐金を募集し、連日、官報の転載だけではなく、現地に自社の記者や画家を派遣し、記事を競い合った。外国人による海外からも多くの義捐金が寄せられた。近代日本の形成途上の大災害に対して、国も社会も必死に対応したといえる。

では、この一大変災に対して、この時期の災害救済法であった備荒儲蓄法は救済の実をどれほど上げたのだろうか、また、形成途上の壊滅的打撃を受けた社会インフラにはどのような復旧のプログラムが立てられたのであろうか。以下では、この点を中心にみていこう。

まず、震災で応急の救済がどのようになされたのか、人や家の震災被害の数値を表8にまとめた。こうした被害数値は、典拠とするものにより若干の異同がある。おそらく、どの時点の統計かによっ

表8　濃尾地震の被害と救済

<table>
<tr><th colspan="3">岐阜県</th><th colspan="2">愛知県</th></tr>
<tr><td colspan="2">項目　被害数
全焼戸数　5,349戸
全潰家屋　42,945戸
半潰家屋　15,606戸
現住戸数　181,322戸
その他の被害建物あり</td><td>救済金額</td><td>被害数
86戸
34,494戸
23,968戸
318,496戸
他に被害土蔵，社寺，学校・病院などあり</td><td>救済金額</td></tr>
<tr><td colspan="2">死者　4,901
負傷者　7,967
現住人口　916,338</td><td></td><td>2,459
6,736
1,476,138</td><td></td></tr>
<tr><td colspan="2">備荒儲蓄金支給総額
小屋掛料　83,917戸
食料　383,726人
農具・種穀料　566戸
総計</td><td>
513,898円23
266,194円93
267円46
780,360円62</td><td></td><td>
355,905円850
159,555円852
14,922円218
530,383円920</td></tr>
<tr><td colspan="3">備荒儲蓄配分基準
小屋掛料　全焼全潰7円(4人<)10円(5人>)；半焼5円(4人<)7円(5人>)
食料　30日間男女とも1日3銭
種穀料　家屋焼失戸1円86銭(1町>)，93銭(5反>)，46銭(1反>)，24銭8厘(1反<)
農具　家屋焼失戸7円46銭(1町>)3円73銭(5反>)，1円86銭(1反>)，93銭(1反<)</td><td colspan="2">
3円(1人)〜10円(8人以上)
1円50銭(1人)〜5円(8人以上)
50銭(1人)〜1円80銭(8人以上)
全焼戸30日，半焼戸15日
59銭(1戸宛)</td></tr>
<tr><td>救済金</td><td>勅令205号</td><td>100,000円</td><td>勅令205号</td><td>100,000円</td></tr>
<tr><td>恩賜金</td><td>1戸均等15銭</td><td>14,000円</td><td>被害率配分</td><td>14,000円</td></tr>
<tr><td>義捐金</td><td>被害率配分</td><td>220,321円</td><td>被害率配分</td><td>80,000円</td></tr>
</table>

『官報』明治24年11月17日号（11月12日調査の被害数値），『震災予防調査会報告』第2号，明治27年，による．

て、被害数値が上下する結果になったと思われる。全焼を除く絶対数では全半潰の家は両県ともにほぼ同数といえるが、住家全半潰の被害率からみると、岐阜県三五・二％、愛知県一八・四％であるから、圧倒的に岐阜県の被害が大きい（破損除外）。死亡・負傷者の全県人口に対する割合も、岐阜県一四％、愛知県〇・六％であったから、人的にも物的にも岐阜県の被害が断トツであったことがわかる。

さて、救済名目で支給されたものには、まず、備荒儲蓄金、救済金、恩賜金、義捐金などがある。順次みていくことにしよう。

備荒儲蓄金と救済金　まず、備荒儲蓄金はすでに説明したとおり、支給すべき救済金が府県の儲蓄金の五％を超えた場合には中央儲蓄金から補助金が出される規定であった。その中央儲蓄金を含めた備荒儲蓄金の総額は、表8に見るように岐阜県で七八万円余、愛知県で五三万円余であった。ただし、『帝国統計年鑑』（明治二十七年〈一八九四〉の二十五年度第四二六表の注記）では、二十四年度の備荒儲蓄金の各府県支出の表を欠いている。理由は、岐阜県八八万円余と多額に上ったが、愛知県の備荒儲蓄金細目が計算途上で不明だとして、この年のみ府県備荒儲蓄金表が掲載されていない。表8によって算出すれば、岐阜県は『帝国統計年鑑』の注記にあるように中央儲蓄金・地方儲蓄金併せ八八万円、愛知県の場合は六三万円余となる。ただし、岐阜県の場合、十一月十三日にすでに勅令二百五号一五〇万円のうちの一四〇万円は土木補助費、残り一〇万円の救済金の使途については、治療所設置一万五〇〇〇円、医員手当施療費二万五〇〇〇円、難民救済所二万五〇〇〇円、窮民家作御料林諸費一万円の計七万五〇〇〇円を内務大臣の上申していた。翌十四日には救済本部支部の規定が定められ、この規定に基づく被害者救済が開始されることになった（「震災日誌」岐阜歴史資料館蔵）。

では、救助の実態はどうであったか。備荒儲蓄金の規定はすでに述べたように、食料三〇日（一日男三合、女二合）、小屋掛け料一戸一〇円以内、農具・種穀料二〇円以内などの規定があるが、表8によってわかるように、各県ともこの規定に沿った支給をしていない。備荒儲蓄金の配分方法は、地方儲蓄金からの支出も含まれているから、県議会が発足した段階以降は条例改変の県議会の承認を経て救済金配分率が決定される仕組みである。備荒儲蓄法による中央儲蓄金補助は、あくまでも国家の予算執行の際の概算目安としての数値にしかすぎない。この点は、すでにみた「窮民一時救助規則」が適用された浜田地震の場合も同様であった。

さて、岐阜県では、この備荒儲蓄金の配分率を廻り、県会で紛糾、県議会の外では県下初めての民衆騒動として著名な西別院《にしべついん》事件が起きた。県議会における紛糾は、それ以前からの県議会における山岳地帯選出議員と木曾三川に囲まれる輪中《わじゅう》地帯を中心とする水場派議員の対立に加えて、ちょうどこの時期に興隆する織物、陶磁器製造を経済基盤として台頭する商工閥の抗争が絡み、知事・参事官らの県政の中核は新興の商工閥との連携が深かったという（重松・一九八八）。十一月二十日臨時県議会が開催され、備考儲蓄金配分案が県当局から提案された。それによれば、食料は一日男一人二銭七厘・女一銭八厘、三〇日間支給、小屋掛料一〇円以内とするものであったが、県会では、食料一日三銭、小屋掛け料二〇円以内とする意見が大勢を占め、県の提案を否決した。これと呼応して、議会の外では、議員を含む震災救済同盟が結成され、岐阜公園、伊奈波《いなば》神社などで集会が持たれ、県会の提案を不満とする請願運動では五〇〇〇人余の罹災者が西別院に終結する集会となった。二十四日の救済金配分増額を要求する集会に対しては、警官が強権をもって解散させ、負傷者が多数出た。そして、この騒動を画策したとして県会議員三名も逮捕された（横山・一九八一）。結局、罹災者からの突き上げと県会内の抗争によって、県当局は、政府に対して備荒儲蓄金のさらなる追加支出を要請、急遽十一月二十四日岐阜県への中央儲蓄金予算外補助が閣議に提案され決定、十一月二十五日裁可された（「公文類聚」会計門、明治二十四年）。

恩賜金　恩賜金も同様に、岐阜と愛知では異なる配分方法をとった。両県とも第一回の恩賜金三〇〇〇円、第二回一万円と皇太后恩賜金一〇〇〇円の計一万四〇〇〇円であって、被害の軽重にかかわらず金額は同じであった。岐阜県では、被害者すべてに対して、均等に一戸一五銭を配分したのに対して、愛知県では第一回（三〇〇〇円）配分では、住家が被害を受けた者と死傷者が出た者について被害程度に応じて配分した。第二回（一万一〇〇〇円）については、前回と同じく被害の等級に応じて配分率を定めたが、縁故者に死亡者の弔祭が託された（『震災予防調査会報告』二）。また、宮内省は他の救済金とは別途支給することを指示し、恩賜金を支給された者に領収書を提出することを義務づけた。

濃尾地震以前までの災害地への恩賜金は、応急的救済金として支給枠を特定していなかったから、災害時の即効的有用性を持っていた（北原・一九九八a）。しかしながら、天皇主権の国家体制を明示した明治憲法発布以後、元首としての天皇の地位を国民の意識に定着させるための教化プログラムは、災害時の恩賜金支給にも天皇の「威徳《いとく》」を感得させる方式を末端行政に求め、被害者からの受領書の提出を義務づけたのである。被害の程度に応じた支給をした愛知県においても、各戸からの受領書提出は同様であった。災害現場に煩雑な手続きを強いてまでも、恩賜金の受領書を指示した理由はどこにあるのだろうか。天皇が赤子たる国民被災者の置かれた窮状に思いを懸けたことを広く知らしめ、被災者には天皇からの励ましの言葉と金が与えられた事実を記憶させることであったから、金額の多寡はこの場合問題とはならない。天皇の慈悲が具体的な形で国民に届く機会として、災害は一つの重要な場であった。

義捐金　新聞が社会事業として、災害その他の義金募集を紙面で行うことはすでに明治十八年（一八八五）の淀川《よどがわ》洪水からその事例がある。しかし、新聞五社が連携して全国へ義捐金募集の呼びかけを始めたのは、英国船ノルマントン号が紀州沖で遭難し日本人乗客二五人が犠牲になった、いわゆるノルマントン号事件が初めてであった（北原・一九九八b）。これ以降、二十一年（一八八八）の磐梯《ばんだい》山《さん》噴火では、中央紙一五社が連携して四万円弱という多額の義捐金を全国から集め、これがきっかけとなって災害救援の新聞社事業としての社会的位置づけが固まった（北原・一九九八a）。ただし、この時期には中央紙の系列下にある地方紙の義捐者名、金額などの情報は中央紙の紙面に再登場し、中央紙が全国の義捐金募集を取り仕切った形をとった。この三年後に発生した濃尾地震では、すでに定着した方式、すなわち、災害発生後直ぐに紙面トップに期限を定めた義捐金募集の広告が打たれ、募集に応じた人名、所属あるいは居住地、金額が紙面掲載される。さらに、募金額の集計額が明らかにされ、被害県に送付した金額、その領収書なども紙面に紹介された。しかし、もはや、中央紙と地方紙は連携をとらず、それぞれ独自に義捐金募事業を展開した。これは、新聞読者層が地方社会にも広く厚く存在し始めたことを物語る。

さて、濃尾地震の場合の岐阜県への募金総額は二二万円余、愛知県で八万円余であったが、新聞による募金の途中経過を示す数値が表9である。表9によれば、震災から一ヵ月後の四六新聞社の募金額は一一万円を超えている。全国紙面上の合計額よりも計算値で三〇〇〇円余上回る理由は判然とし

表9　濃尾地震全国新聞社義捐金額

新聞紙名	金額(円)	新聞紙名	金額(円)
時事新報	24,609	親愛知	836
大阪朝日	18,788	国民新聞	724
朝野新聞	12,074	芸備日日	705
横浜貿易	5,593	信濃毎日	596
読売	5,545	岩手広報	587
都	5,171	北海道毎日	544
大阪毎日	5,000	馬関	517
東京日日	4,134	函館	478
大阪日日	4,029	土陽	384
神戸又新	3,107	茨城日報	335
国会朝日	2,680	九州自由	189
伊勢	2,186	宮崎新報	176
改進	2,175	高知日報	156
近江新報	1,967	秋田日日	134
岐阜日日	1,706	熊本	117
毎日	1,696	山形自由	106
三重	1,661	豊州新報	102
北海	1,616	山形日報	92
防長	1,616	甲府	89
静岡大努・他	1,393	庄内新報	76
新潟	1,101	山梨日日	45
金城新報	1,020	計(計算値)	118,789
北陸新報	1,020	(ママ)	*115,503
福嶋	1,000		
東京新報	914		

『岐阜日々新聞』明治24年11月29日による．金額不明とされた数社は除く．＊印は紙面に記された数値．

ないが、金額不明とされた数社の合計額が含まれているのかもしれない。募金は北海道から、九州まではぼ本州全体にわたる。新聞社間で金額の開きが大きいが、これは被害当該地あるいは近隣県などのほか、各新聞の読者階層に関わる要素も大きいと思われる。『時事新報』と被害地の中心地の『岐阜日々新聞』の義捐者について比較すると、少なくとも、次のような傾向を指摘できる。

『時事新報』の義捐者欄には、東京米商会所一〇〇円、同仲買人一同三四六円余、内務省高等官一〇〇円などの高額者が散見するが、被災地の新聞『岐阜日々新聞』は、新聞社自身も震災の被害によって三日間は新聞発行ができなかったことに加え、義捐者はおおむね岐阜県内の被害の少なかった飛《ひ》騨《だ》地方に目立つ傾向にある。『時事新報』の義捐者欄はこの時期の都市における富の蓄積と形成されつつある新しい社会集団を表すとするならば、『岐阜日々新聞』のそれは被災地の社会が互いに支え合う旧来の堅固な地域結合を示すものといえる。

なお、外国からの義捐金額は二十五年二月と推定される段階で二万二六八八円余、ほかに一〇〇ドルと五〇ポンドという記録がある（品川弥二郎《しながわやじろう》文書「愛岐一件」国会図書館蔵)。このなかには含まれていないが、かのシーボルトの息アレクサンドル・シーボルトが一八九二年一月より四週間、ベルリンの美術博物館において義捐金募集の目的で美術展覧会を企画した収益金二八七三円余を日本赤十字社に送金してきた事例がある。こうした義捐金は、被害率に合わせ、岐阜・愛知にそれぞれ配分された(日本赤十字社本社資料「愛知岐阜震災　独国シーボルト展覧会」豊田看護大学図書館寄託資料)。

岐阜県の場合、義捐金総額は二二万三二一円六銭三厘、このうち愛知県へ分割交付分六二六円八八銭二厘を差し引き、二一万九六九四円八銭一厘を明治二十四年十一月二十九日から二十六年（一八九三）五月四日まで五回にわたって配分された。ほかに、薬品、包帯などの医療品、米・味噌・さつまいも・梅干・漬物・餅・鰹節などの食品、手拭・衣類・毛布・布団などの衣料類、鍋・釜・包丁・火鉢など、多様な生活用品が多数寄せられた。これらは救済委員会の規定に沿って、配分の筋道がつけられた。義捐金高はこれまでの災害義捐金のなかでは最高の集金額ではあったが、ともかく、罹災者が多数であったから、被災者一戸あたりの義捐金配分額は、家屋全焼の者であっても五回分を合わせ四円三銭九厘にすぎない（「震災誌草案」岐阜歴史資料館蔵）。この金額では、家屋再建ができるはずもなかった。被害の度合いによるとはいえ、義捐金は備荒儲蓄金や政府からの救済金などと異なり、支給規定は被害県の自由裁量が許されたから、多様な義捐物資は被災者の生活回復への励みになった。

内務省土木局の調査　さて、破壊された鉄道・道路・堤防などの復旧工事はこれまで述べた救済金とは異なる支出枠が必要となる。政府が御雇い外国人、外国留学から帰国したばかりの新鋭官僚らの知恵を結集して、建設に力を注いでいた近代化の象徴たる鉄道・道路・河川堤防などが地震の破壊力で見事に壊されてしまった。この災害はそうした点で、政府中枢の震災復旧に関する関心をいっきょに高めた。十一月十一日には勅令二百五号をもって震災救済費および土木補助費として、岐阜県一五〇万円、愛知県七五万円が明治二十三年度剰余金のうちから支出されることになったのは、震災の大きさということだけによるものだけではなかった。ここで、この多額の土木費補助が勅令をもって公布される経緯の一端をみておきたい。

図64　濃尾地震の避難小屋の情景

震災地には総理大臣のみならず、政府高官が調査に入った。内務書記官大塚恒三郎《おおつかこうさぶろう》は十一月三日岐阜を出発し、現地調査での人心の動向、破壊の状況などを調査した。内務大臣品川弥二郎宛の被害地景況報告「木曾川長良揖斐川《いびがわ》三川堤防其他沿川村落被害景況上申」（「愛岐一件」）のうち、堤防などに関する損壊状況について、以下のような内容を上申している。

a、木曾川堤防（笠松《かさまつ》～成戸《なると》村長良川合流点）、長良川堤防（岐阜～河渡《かわと》、墨俣～成戸合流口）、揖斐川堤防を巡見した結果、いずれも「非常の大破」であること、堤防の陥落三～四間、堤防に亀甲状に亀裂が入ったもの、増水のため大穴が開いたものなど破損大である

b、新堤防の破損が甚だしく、堤防のすべてにわたって完全なものはない

c、沖野技師の概略見込みでは、陥落堤防は一旦掘り取り、土持をする必要があるが、沖野《おきの》技師は「非常ノ労賃ヲ要ス」として、六日に費用概算を為す筈

と上申した。また、木曾川対岸の愛知県堤防は愛知県で調査したので、破壊の最も激しいところを一、

二巡視したが、「幾分カ其害小ナル方カトモ考候」と報告し、激甚な被害は岐阜県側に多いと報告している。

右記cに登場する沖野技師とは、内務省土木局長古市公威《ふるいちきみたけ》についでフランス留学を果たして帰国したエリート技術官僚沖野忠雄《ただお》で、明治二十年代に始まる近代河川改修の中心人物であった。十九年（一八八六）七月全国を地勢・山脈などによって沖縄を除く本州を六区に分けた土木監督署設置令（内務省令一三号）の第二区および第三区監督署の土木監督署長、二十五年には第四区大阪土木監督署長となって、木曾川・淀川を担当した（国土政策機構・二〇〇〇）。なお、木曾三川は第四土木監督署の管轄区域にあったが、すでに明治政府が十七年（一八八四）よりデ・レーケに命じて砂防・洪水防止・堤防など総合的な近代河川改修工事の設計図を作成、二十年（一八八七）には、内務省土木局が洪水多発に鑑み、堤防補強の高水工事（堤防を築き、洪水を防ぐことを主眼とする河川改修）に修正したうえ、河川改修工事が始まっていた直轄河川である。淀川河川改修にあたっていた第四土木監督署長の沖野は、急遽濃尾地震の堤防など土木破損の状況を巡視し、応急工事の見積概算をたてた。その一部を以下に引用しておく（岐阜県・一九五三）。

「予算概算」

一、木曾川筋堤塘

羽栗郡笠松町以東　七千九百間

羽栗郡笠松町以南中島郡小藪村マデ　九千三百間

計　　　　　　　　　　　一万六千四百間
不足土坪　　　　　　十一万三千六百六十坪
内　四万八千九百九十坪　此工費　四万八千九百九十円　但一坪ニ付金一円
六万四千百七十坪　此工費　九万六千二百五十五円
是ハ対岸遠距離ノ場所ニヨリ運搬スルニ付五割増トス
掘割土坪　二十一万六千四百八十坪　此工費六万四千九百四十四円
但間当リ十三坪二合、一坪ニ付三十銭

以上のような概算見積りが、長良川堤、揖斐川堤、大垣輪中などの輪中、中小河川沿い輪中、あるいは堤など合計破壊間数一八万一三〇〇間、樋管費用一三万三二二〇円余、材木の高騰に鑑み、この調達に五割増しの計算をかけて、総額一五〇万六二三四円余を打ち出した。

この見積概算額に基づき、十一月七日小崎岐阜県知事は内務大臣宛、上記見積額どおりの概算請求をし、十一月十一日勅令二百五号による公布が下った。

土木補助費の議会不承認　この承認の案件を含む議案について、第二回帝国議会（開期―十一月二十一日〜十二月二十五日）は紛糾した。その結果、二十五日に議会解散し、総選挙という事態に立ち至る。この経緯は以下に述べるとおりであるが、震災土木補助費だけが最大の争点であったわけではなかった。

第二帝国議会における明治二十五年度の予算案審議は以下のようであった。明治二十四年（一八九一）十一月二十六日開院式、三十日から審議日程に入ったが、民党議員《みんとう》（自由党・改進党《かいしん》・自由倶楽部《クラブ》などの野党）が主流を占める予算委員会で削減・修正した修正予算案を政府が認めないという状態が十二月中続いた。この根底には、アジアへの進出を図るための軍艦建造費を盛り込む予算に対抗する民党と政府与党の対立路線が存在し、この議会は最初から解散含みだった。さて、経常費は予算通過したものの、臨時追加予算政府原案は否決され、予算委員会による削減・修正案がそのまま本議会を通過したため、十二月二十五日、松方内閣は衆議院を解散した。この結果、二十五年度予算案は議会の承認が得られず、不成立となった。そして、翌年二月十五日衆議院総選挙が行われた。

この第二回帝国議会が紛糾した背景の一つには、濃尾地震の救済費および堤防修築土木補助費を緊急勅令二百五号（明治二十四年十一月十一日）を発して二二五万円の支出を政府内で決定、支出したことが確かに大きく絡んではいた。二十四年十一月十一日からわずか一二日後の十一月二十二日に国会召集が予定されていることは周知の事実であるにもかかわらず、緊急勅令を発して予算執行をするとは、憲法六十四条第二項に規定された帝国議会の承認を得る手続きを経ない、議会を無視した行為であると民党は一斉に反発をしたからである。すでに述べたように、民党は、軍事費増強に反対であったが、その他、大津《おおつ》事件（来日中のロシア皇太子を津田三蔵《つださんぞう》が襲った事件）の報道をきっかけに新聞記事に外交上不都合な記事が公表されることを避けるために、新聞紙法案（勅令四十六号）を緊急発令したなどの問題も絡んでいた。しかしながら、議会の承認が得られなくても、勅令二百五号の予算支出がなされることは法律上可能であったから、十一月十七日には、両県にそれぞれ救済費および土木補助費が公布され、危険視される堤防の修復工事が開始された。

勅令による工事費の支出　さらに、第一工事で未着手の道路・橋・用悪水路・溜池・樋管などの工事に関する工事費として、二〇八万一一五〇円余の補助申請が岐阜県知事から内務大臣に提出された。第二帝国議会に提出された第二工事費補助については、審議終了を待たずに議会解散となったため、再び勅令をもって十二月二十六日要求額どおりの土木費補助の公布が決定された。これは、二十五年度一月十六日〜三月までの間、一四回に分け、交付された（『岐阜県治水史』、『明治財政史』第三巻、第二回『帝国議会議事速記録』、『時事新報』明治二十四年十一月）。

多額の工費を要した工事の実際は、工区一一区をさらに四四区に分け、事務所を設け、各区に主任を置くものだった。技術監督は中央あるいは県の土木技術者が担当するものの、工事の実際は町村が請け負い、対価が支給される仕組みであった。雪融水による洪水・氾濫が迫って、工期の遅れは許されず、突貫工事となった。現場の主任がすべてを負う体制が敷かれたのである。こうした町村請けの形態は、江戸時代以来の災害救済の形であるお救い普請《ふしん》の伝統的系譜を引いているといえる。その意味で、全く新しい工事請負形態が編み出されたわけではなかった。

この時期、近代工法を取り入れた河川改修の工法自体について専門外の立場からは詳細を言及することはできないが、土木史の立場からは、御雇い外国人による近代的河川改修としての画期的意味が説かれている（上林・一九九九、土木学会・二〇〇四）。これに対して、歴史学の立場からは、政府と議会の対立から河川行政を読み解く政治史分析が示され、おおむね維新草創期以来の路線の対立が洪水多発期の一八九〇年代に入り、河川行政を廻り、にわかに顕在化したとの見方がなされている（山崎・一九九六、服部・一九九五、飯塚・一九九六）。また、多額の災害土木費を要する土木費補助問題について、政府部内の抗争だけでなく、地方議会の中央政治への積極的働きかけが活発化したとみなす考え方も示されている（長妻・二〇〇一）。

いずれにしても、濃尾地震の土木補助費はそれまで例をみない多額な補助であり、県知事の要求額が一〇〇％認められたから、補助ではないとして、この時期の土木費補助問題を中心に論述した長妻は分析から除外し、なぜ、この時期に一〇〇％の国庫金が政府から与えられたのかについて言及していない。

しかしながら、この結果は地方政治に混乱をもたらした。急遽多額の工事費補助が支出されたことは一種の震災バブル状況を生み出し、その結果は震災疑獄事件に発展した。岐阜県知事は更迭され、会計検査院が調査に入り、後任知事が前任者を告発するという政争に発展し、岐阜県政は混乱が長期にわたって続いた。県政関係者だけではなく、工事費調査に関わった第四区土木監督署の佐伯《さえき》技師から古市公威土木局長へ「不当支出検定に対する第四区土木監督署の弁明書」なるものが提出され、会計検査院の検査不備を告発するなどの広がりをみせた（『岐阜県治水史』）。そしてようやく、明治二十七年六月、県政を二分する震災疑獄事件の被告らは無罪となるという決着をみた。

救済・復興を促す地域の力　近代初頭と明治中期、国家や地方政治の体制が整い始めた時期の地震災害の救済の実態をみてきた。社会の仕組みが複雑化すればするほど、災害からの回復には費用と時間がかかる。近代化が進み、社会インフラへの投資が大きくなればなるほど、災害からの回復には、再び多額の資金がつぎ込まれなければ元どおりの生活が営めない。また、それを廻り、人々の資金獲得の抗争も生まれ、抗争が長期化する。

しかし、この歴史を否定的にみる必要はない。むしろ、浜田地震の例でいえば、佐藤のような地域の復興に身を挺した人物がいてこそ、地域の復興がみえるものとなる。確かに濃尾地震の土木費を廻る抗争は震災バブルがもたらした不幸の事例という観が強いが、地域間の利害の差が生む政治抗争は地方政治力の存在の証でもあり、西別院事件のような人々の動きがあってこそ、さらなる救助費補助へ政府が動いたのである。災害はそれを受けたものしか苦しみはわからない。困難な立場は、その苦しみを明らかにしようと努めることが力となって現実を動かす。

3 河川行政と災害

近代をむかえ、時代が大きく変わっても洪水、それによる災害は依然、近世の様相を呈していた。国家体制は江戸幕府から明治政府へ、そして廃藩置県《はいはんちけん》へと地域の体制も変わっていくなか、治水のための河川技術の近代化は明治中期まで待たねばならず、河川管理や水害の状況は近世の状況を引きずっていた。この打開のために明治政府は順次、政策の転換と技術の蓄積を進めていくが、それは短期的に行われるものではなかった。国直轄による治水対策の法整備は、明治二十三年（一八九〇）から開設された帝国議会で議論され始め、二十九年（一八九六）に河川法が発布されるに至るが、治水を担当する部署は国会開設までにめまぐるしく変化した。

ここでは、明治時代の河川行政の変化、技術の変化、そして地域住民について、河川災害と絡めつつ、移りゆく様子を概観することにしたい。そのはじめに各河川での近世における治水上の課題を確認し、明治政府の動向と絡めながら、各河川における治水の変遷を一覧したい。その後、近代における河川行政と災害との関係についてまとめてみよう。

(1) 河川の近世的改修工事

信濃川――水害の継続　越後《えちご》平野を流れる信濃川《しなのがわ》は明治に入っても依然、猛威を振るい続けた。これを治める最終手段が大河津《おおこうづ》分水路の設置であったが、その実現は大正十一年（一九二二）のこと、発案からはじつに二〇〇年を経ていた。位置関係については図65に示したが、同図から越後平野がいかに複数の放水路によって洪水から開放されているかがわかり、その本数はその後も増えている。

二〇〇年前とは江戸時代の中期、享保年間（一七一六～三六）のころである。その当時、阿賀野川《あがのがわ》は信濃川河口付近で合流しており、その左岸に位置する新潟湊は水深も深い良港として繁栄していた。この状態が、八代将軍徳川吉宗《とくがわよしむね》の下、有名な享保七年（一七二二）の新田開発奨励に伴う紫雲寺潟干拓《しうんじがたかんたく》に絡む河川改修によって、はからずも今日のようなそれぞれの河口となった。改修の内容は、潟の干拓によって阿賀野川への流入量が増加するため、その軽減策として、阿賀野川が信濃川に合流する直前で砂丘地に放水路を開削し、増水時の洪水を日本海へ分水するというものであった。工事は享保十六年（一七三一）に実施され、放水路の入口には分流量を調節する分水堰が設置されたが、これが、その翌年の雪代《ゆきしろ》洪水によって破壊され、分水路が阿賀野川河口と化したのである。これはついに復旧されず、今日に至ったわけである。余談であるが、昭和三十九年（一九六四）の新潟地震のさい、この阿賀野川旧河道で液状化が起こり地盤が動いたが、その方向は旧河道の中心方向であった。江戸時

①胎内川放水路(明治21年完成)：荒川との分離
②落堀川(享保17年)：紫雲寺潟の干拓に伴って開削
③加治川放水路(大正2年完成)
④新井郷川放水路(昭和9年完成)
⑤松ヶ崎放水路(享保16年)：加治川の悪水吐として幅30間で開削したものが，雪代洪水で阿賀野川の本流化
⑥関屋分水(昭和47年通水)
⑦新川放水路(文政3年)：信濃川左岸の西蒲原一帯の排水のため開削
⑧樋曽山隧道(昭和14年)
荒川
胎内川
紫雲寺
加治川
新潟
新井郷川
新発田川
阿賀野川
小阿賀野川
満願寺水門
西川
中ノ口川
信濃川
能代川
早出川
矢川
加茂川
大河津分水
五十嵐川
刈谷田川
渋海川
長岡
砂丘
山地・丘陵・大地
河川
0 2km
⑨新樋曽山隧道(昭和43年)：矢川流域一帯の排水のため開削
⑩大河津分水(大正11年通水)
⑪円上寺隧道(大正9年)：大河津分水工事による島崎川遮断に対する補償工事として掘削
⑫東部組合悪水路(明治36年)：島崎川の排水のため掘削，現在は存在せず
⑬郷本川(明治6年)：島崎川の排水のため開削
⑭落水悪水路(大正9年)：⑪と同じ理由で開削
⑮新発田川放水路
⑯福島潟放水路
⑰国上隧道(御新田放水路)

図65　新潟平野の河川と放水路(大熊孝作成)

代の経緯を知っていれば、即、納得できたであろう。阿賀野川河口が変わった結果、新潟湊は、阿賀野川の減水によって湊の機能が著しく低下し、その影響は明治の開港五港に選ばれながらも大正初頭の近代的埠頭建設にまで影響した。

一方、阿賀野川沿川では水害が減少し、低湿地の干陸化がもたらされた。この状況に触発されて大河津分水計画の唱導が始まるが、幕末まで数度の請願が幕府へ提出されながらも、ついに許可されるには至らなかった。

維新《いしん》の年、明治元年（一八六八）にも大洪水は発生した。そして分水工事の請願先は新政府へと変わる。この民意に押された明治政府は分水実施を決めた。分水路開削の工事は三年から始まるが、八年には工事廃止となる。理由は、分水路末にある第三紀層の地滑り地帯が掘り抜けなかったことである。

この工事の実施について新潟湊の人々は他人事ではいられなかった。分水路が完成した場合、阿賀野川と同様に、もし分水地点の分水堰が破壊されて分水路が信濃川河口になれば、新潟湊の維持にとっては致命的ダメージであった。これは新潟湊のみの問題ではなかった。分水地点から下流の信濃川の枯渇は利水、舟運にも支障を生じさせるといった、信濃川下流部全体の問題となる。

このときの分水堰は近世の技術の延長にあり、石張り程度のものであった。中止に至るには後述するイギリス人技師ブラントンやオランダ人工師リンドーらの調査による自然科学的判断も加えられた。そして、当時の技術力では掘り抜けないとして、七年に内務卿《ないむきょう》大久保利通《おおくぼとしみち》は工事中止を決めた。その後の経緯は、後述する明治政府の動向と絡めてみていきたい。

北上川——流砂による河口湊への影響

北上川《きたかみがわ》も近代において分水による治水工事が行われた河川であり、完成は昭和七年（一九三二）のことである。近世における北上川は舟運が優先され、河口石巻《いしのまき》手前の流路は、舟運のために流速を落とすことを目的に付け替えが行われ、蛇行《だこう》部や狭窄《きようさく》部が人為的に設けられていた（図66参照）。

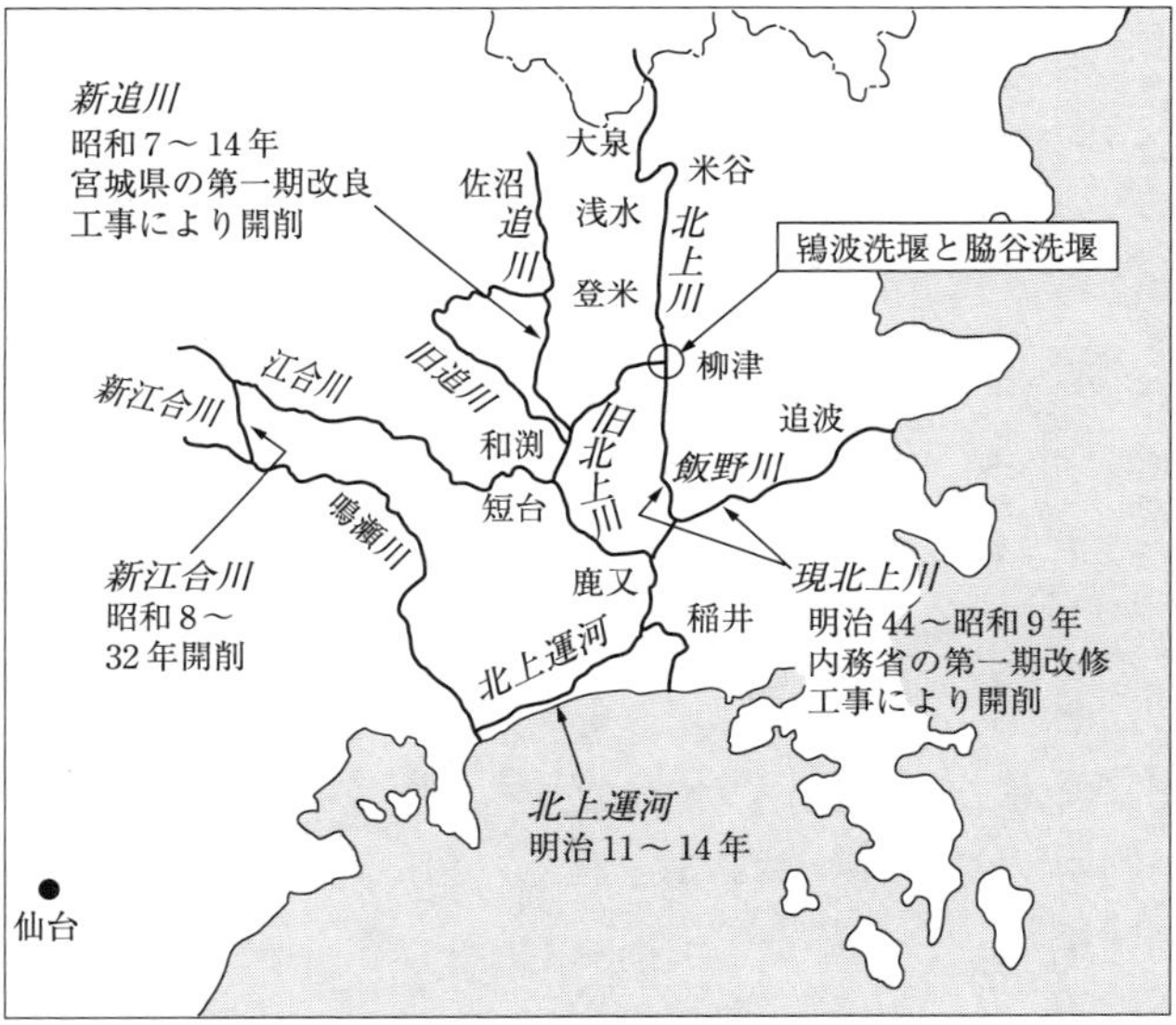

図66　明治以降の北上川下流河道の変遷（北上運河の明治14年は通船した年）

北上川は岩手県の北部に発し、岩手県の中央を南へ流下し、宮城県に入って蛇行し、石巻へ注いでいる。分水地点は石巻から約三四キロ遡った地点にあり、そこから太平洋へ抜ける分水路が開削された。今日、この新河道が北上川、分水地点から石巻までは旧北上川と呼ばれている。

この分水事業は河口石巻と仙北《せんぽく》平野の

治水が目的であったが、幕末の北上川における問題点はほかにあった。石巻湊は岩手、仙北から集まる物資の外洋への積み出し湊であったが、北上川河口が上流から流下する堆砂による閉塞で船の出入りに支障をきたしていたのである。信濃川河口と同様、わが国では大河川の河口は内陸と外洋の水運の接点として利用されていた場合が多い。それが、とくに幕末の混乱期において、上流山間地木材の乱伐による水源地管理の不徹底による荒廃によって、土砂が流出し、下流部での水害・舟運・利水などに問題が生じていたのである。近世から引きずった課題でもあった。

北上川河口の問題が中央に知られるきっかけは明治九年（一八七六）に東京で召集された地方官会議においてであった。北上川の後背地の物流において、石巻湊の機能低下は大問題であった。この解決のため、内務卿大久保利通はオランダ人長工師ファン・ドールンに調査を依頼する。ドールンは五十日ほどの現地調査の結果、石巻から西へ約一二キロにある鳴瀬川《なるせがわ》河口まで運河で連絡し、鳴瀬川河口に港を建設することを提案した。これは野蒜《のびる》築港と呼ばれる事業で、北上川のみの物流のみならず、陸送で秋田・山形、運河によって仙台・福島まで結びつけ、一大東北物流圏を構成することが目的とされる国家プロジェクトであり、その拠点が野蒜であった。この計画の先導となった大久保のもと、資金調達のため、明治十一年（一八七八）四月にはわが国初の一般向け国債である起業公債を発行し、明治政府の大規模公共事業を開始する体制が整えられた。この公共事業の目的は殖産興業・士族授産にもあった。

こうして、順調に始まった明治政府の計画であったが、その翌月の五月に大久保は凶刃に倒れた。

大久保と当日早朝に会合した福島県令《けんれい》山吉盛典《やまよしもりのり》は、大久保の最後の言葉を次のように記録している。

> 此ノ際勉メテ維新ノ盛業ヲ貫徹セントス、之ヲ貫徹センニハ、三十年ヲ期スルノ素志ナリ、之ヲ三分シ、明治元年ヨリ十年ニ至ルヲ第一期トス、兵事多クシテ則創業ノ時間ナリ、十一年ヨリ二十年ニ至ルヲ第二期トス、第二期ハ尤肝要ナル時間ニシテ、内治ヲ整ヘ、民産ヲ殖スルハ、此ノ時ニ在リ、（中略）二十一年ヨリ三十年ニ至ルヲ、第三期トス、三期ノ守成ハ、後進賢者ノ継承修飾スルヲ待ツモノナリ（『安積疏水志』天、四九頁）

つまり、大久保は明治政府の殖産興業策を一〇年単位で考え、最初の一〇年を創業期間、次の一〇年を重要な時期として国内政治体制を整え、国民の財産を殖やす。最後の一〇年は後継者による継承と発展による。このように大久保は三〇年間の体制整備を考えていた。大久保が明治政府の初頭政策で大きく掲げた東北開発は、大久保が死去後、明治十三年（一八八〇）に工事が開始され、十五年（一八八二）には一期工事が完成、港の機能を有した。しかし、そのころから漂砂《ひょうさ》と波浪の影響により港の機能維持に障害が出始め、明治十七年（一八八四）の台風による港入口の突堤の破損が致命傷となり、また、復旧の見通し、予算などの検討から港が放棄されるに至る。ここで野蒜築港事業の中止について議論することは目的ではないが、港の完成のための技術・資金、そして地理・気象などの情報の蓄積には、維新後一〇年という期間は短すぎた。

木曾川——近世の治水事業の継続と貫徹　木曾三川《きそさんせん》の分離事業については近世の章にて触れた。宝《ほう》暦《りゃく》治水《ちすい》で、木曾川と揖斐《いび》川の分離地点に舟運連絡のための油島喰違堰《あぶらじまくいちがいぜき》が設置され、堰中央に開放部

図67　デ・レーケ肖像

が設けられた。近世の分離事業は、水運の確保を第一としたため、洪水対策は不完全なものとならざるをえなかった。また、長良川《ながら》は大榑川《おおぐれ》を分岐した直後に木曾川と合流していた。この木曾川と長良川の築堤による完全分離は、オランダ人工師ヨハネス・デ・レーケ（図67）を中心として明治二十年（一八八七）からの木曾川改修工事によって始まり、明治三十三年（一九〇〇）に三川分離竣工式を行うに至る。この当初計画には分離される木曾川と長良川の水運の連絡は考慮されていなかった。このため、愛知・岐阜・三重の有識者から分離地点に閘門《こうもん》を設けることが請願された結果、油島締切堤の東に築かれた木曾川と長良川の分離堤に船頭平閘門が設置された（野呂・一九九三）。このように木曾三川の分離では治水対策が主な改修目的であったためか、計画当初に水運の確保は重視されていなかったのである。低水路整備が主な仕事であったオランダ人技術者であったが、唯一日本に残ったデ・レーケが木曾三川に関わった時期は大河川整備の主眼が治水に移る時期でもあった。なお、デ・レーケはこの木曾川改修にあたり、上流部の砂防整備の必要を指摘しており、流域全体を通した河川管理と整備を考えていた。

ここで、低水路に関する用語について補足しておきたい。河川改修工事の種類には低水《ていすい》工事と高水《こうすい》工事がある。低水工事は、舟運や河道を維持するための工事を意味し、舟運路ともなる平常時の流路を低水路という。これに対して、洪水対策のための治水工事を高水工事という。次節より頻出するため留意されたい。

(2) 近代の河川改修

低水工事から高水工事へ では、これまでに述べた明治初期の各河川における課題を整理しながら、明治政府における河川行政の変遷をみてみよう。

まずは、河川法成立までの動きである。明治政府は明治元年(一八六八)十月に治河司《ちかし》を設置し、最初の治水事業である淀《よど》川支川の木津《きづ》川や淀川下流の水路掘割や浚渫《しゅんせつ》、樋門《ひもん》の構築などを行った。治河司は翌二年(一八六九)に民部省土木司《どぼくし》に吸収され、三年(一八七〇)五月には西京・大阪・東京の三出張土木司が置かれた。その後、土木司は四年七月の民部省廃止により工部省へ、八月には土木寮と改称、十月には大蔵省へ、そして、七年(一八七四)一月に内務省へ移管され十年(一八七七)に土木局となる。このなかで、明治政府が治水対策を行った最初の河川が、近世では治水に積極的ではなかった観のある淀川であった。利根川と信濃川では開削費として明治二年から直轄の河川費がはじめて付けられ、治水事業が行われた。大河津分水工事がそれである。

低水工事と河道維持のための上流砂防工事は明治八年(一八七五)に淀川から始められ、これは修築費が充てられた。この予算により十七年(一八八四)までに一四の河川(○淀川、○利根川、○信濃川〈築堤含む〉、○木曽川〈築堤含む〉、北上川、阿賀野川、○筑後《ちくご》川、最上《もがみ》川、○吉野《よしの》川、大井《おおい》川〈築堤含む〉、○富士《ふじ》川、○庄川、阿武隈《あぶくま》川、天竜《てんりゅう》川）において低水工事が行われた。当時は河川事業と砂防事業の区別はなく、砂防事業費も修築費から支出された。このとき、直轄砂防が行われた河川は○を付した八河川である。前記一四河川において修築工事が直轄施工され、河川法制定まで経過する。そして二十九年（一八九六）の河川法制定以降、逐次、高水工事に転換されていく（西川喬『治水長期計画の歴史』）。

次に、前節で述べた大河川の改修面から政府の動きをみてみよう。維新直後の混乱期にあった明治政府は、その大規模公共事業の最初ともいえる信濃川の分水工事に着手した。江戸幕府が長年、実施を躊躇していたプロジェクトであった。工事のきっかけは明治元年から打ち続く、越後平野の洪水被害に、平野住民は分水の江戸時代以来の請願を新政府にも続けたことである。一方で、明治政府としては、戊辰《ぼしん》戦争で激戦地となった北陸の記憶を拭い去りたい気持ちもあったことが指摘されている。しかしながら、当時の技術力では掘り抜けず、かつ、政府雇いの外国人技術者（通称・御雇い外国人）からも完成が疑問視され、工事の中止に至る。

御雇い外国人の技術　この中止以前の明治六年には内務省が設置され、内務卿に就任した大久保利通は、地域開発・士族授産・殖産興業の構想に基づいて、流通のための低水路工事を優先させた。その中心となった社会基盤施設に野蒜築港がある。これは北上川河口の西に位置する鳴瀬川河口の野蒜に港を建設し、そこと北上川河口の石巻と運河で連絡し、北上川上流部や陸路にて運搬された秋田・

山形・福島の物資を野蒜から海路にて遠方へ送る計画であった。

その技術を支えたのが五年に来日した御雇いオランダ人工師たちであり、その筆頭にファン・ドールンがいた。オランダ人工師らは、六名が来日するが、唯一、長く滞在したデ・レーケが、木曽川の治水事業に尽力する以外、オランダ人技師によるわが国への河川に対する技術援助は河川舟運のための低水工事についてであった。

明治十一年（一八七八）の大久保利通暗殺、そして、野蒜築港の着工と中止。こうした明治初期の動きにあって、洪水被害は二十九年の河川法成立による国直轄の治水事業が本格化するまでも左記のように続いた。

〔淀川〕
慶応四年（一八六八）五月　琵琶湖《びわこ》の水位一〇尺増水。宇治《うじ》川・木津川・淀川本川で破堤多数。
大阪も中之島《なかのしま》・堂島《どうじま》一帯浸水
明治三年（一八七〇）九月　琵琶湖の水位八尺増水。淀川本川、島上《しまがみ》郡広瀬《ひろせ》村堤防決壊。
十八年（一八八五）六月　淀川本川、左岸枚方《ひらかた》堤防決壊
十八年（一八八五）七月　締切中の決壊箇所再度破堤。淀川本川・宇治川・木津川・桂《かつら》川で
破堤多数。濁流大阪市に到達、市内大部分水没
二十二年（一八八九）八月　破堤多数
〔木曽川〕

慶応四年（一八六八）五月　木曾川・揖斐川および支派川で破堤多数
明治十四年（一八八一）九月　揖斐川で破堤多数
十七年（一八八四）七月　木曾川・長良川・揖斐川および支派川で破堤多数
十八年（一八八五）七月　木曾川・長良川・揖斐川および支派川増水。岐阜県内で破堤多数
二十一年（一八八八）七月　揖斐川で破堤。大垣《おおがき》の大部分水没
二十六年（一八九三）八月　長良川およびその支川で増水。郡上八幡《ぐじょうはちまん》で山地崩壊

〔利根川〕
明治十八年（一八八五）七月　利根川本川・渡良瀬《わたらせ》川の下流部で破堤
二十三年（一八九〇）八月　利根川本川上下流部・渡良瀬川・江戸《えど》川で破堤多数
二十五年（一八九二）八月　利根川本川下流部で破堤
二十七年（一八九四）八月　渡良瀬川下流部で破堤

治水工事の本格化　このように打ち続く近世以来の水害対策のため、いよいよ治水工事が本格化しようとする。その最初が木曾三川の分離事業であった。宝暦治水後の近世における流れは舟運確保もあり、三川の完全分離には至らなかった。上流部の水源荒廃も手伝って、三川分離は治水上の問題として、明治十年の三重・愛知の両県令による内務省への稟請《りんせい》から動きが活発となる。そして、デ・レーケが改修調査を始め、また、計画作成の中心となり、木曾川下流改修工事が二十年から三十五年度にかけて着手された。このとき、築堤工事は三重・愛知・岐阜が負担、河身工事は国、樋門などの附

帯工事は管理者が費用を負担した。河身《かしん》工事と築堤工事の違いであるが、河身工事は低水工事を指し、このころ、直轄工事とされた。一方、築堤を主体とした高水工事は堤防工事と呼ばれ、関係府県の負担で実施されることとなったのである。

大河川の流域全体を見通して統一した治水工事を行うためには大規模な予算や近代的土木技術が必要である。そのために明治政府は治水工事のための直轄河川指定のためにも明治二十九年には河川法を帝国議会にて可決させた（経緯については、山本・一九九三と西川・一九六九が詳しい）。これが、明治政府による積極的な治水事業が始まるきっかけとなった。また、その工事の初めが淀川改良工事であった。工事を支えた技術者は、明治初頭に欧州へ留学し、このころまでに育った日本人の河川技術者たちであり、御雇い外国人の指導から自立し始めていた。

河川法が成立するまでの明治政府における治水事業については、試行錯誤的段階であったといっても過言ではなかろう。維新以降、大河川の洪水対策としての治水事業の実施は懸案であったが、明治初頭から八年ごろまでは信濃川の大河津分水の中止など近世以来の治水技術による事業の中止、そして九年から十七年ごろまでの河川事業の主軸は野蒜築港を始めとする内水面舟運のための低水路整備となる。しかし、洪水は打ち続き、二十年代には、地元請願を受け木曾三川の分離を実施、信濃川でも多少の治水工事が行われる。しかし、大規模な治水事業を行うには近世以来の地域間対立やしがらみもあり、このためにも法整備が必要となった。二十二年（一八八九）には大日本帝国憲法が発布され法治国家としての体制づくりが本格化する。そして明治二十三年（一八九〇）からの第一回帝国議会の開会から治水に関する請願が多数出された。また、国内の運輸体系も明治二十一年（一八八八）ごろには鉄道・道路などの整備の勢いが増し、河川舟運整備は主軸から遠ざかり始めていた。

河川法の成立　帝国議会における河川法成立に至る過程では、国内の一二大河川（木曽・信濃・北上・最上・大井・阿武隈・利根・淀・庄《しょう》・吉野・阿賀野・筑後）の工事の必要性が述べられ、とくに木曽・淀・利根・信濃の四川の整備を優先すべきことが指摘された。そして、二十九年に河川法が制定されるが、これは淀川改修への運動が推進力となり、淀川改修工事実施のための法規の制度化が色濃いものとなった。

こうして河川法成立以降の明治中期からの河川事業は、全体として水害対策が主目的となり、築堤が進展した。また、明治中期からの土工機械やコンクリート材料など近代的施工技術の登場に支えられながら、大河川では近世来懸案の分水事業が積極的に進められるようになる。

ちなみに、政府は河川に関する法律として二十三年には水利組合条例（(3)節で再出）、二十七年（一八九四）には消防組規則（勅令《ちょくれい》）、三十年（一八九七）には砂防法と森林法などを成立させている。また、これまでの災害復旧に対する国の補助は十四年以来、府県の災害発生時に、臨時的に行われていたが、三十二年（一八九九）に公共土木施設の災害復旧事業に対する国庫補助制度が制定された。これは「災害準備基金特別会計法」と呼ばれ、非常災害時に租税減免が実施された場合の歳入欠損の補充と、各府県の災害土木費への財源補充への基金として使用されるものであった。

政府は河川法の下、淀川・筑後川・利根川・庄川・九頭竜《くずりゅう》川・遠賀《おんが》川・信濃川・吉野川・高梁《たかはし》川・渡良瀬川などの高水工事を実施した。

その後、四十三年（一九一〇）の全国的な大水害を機に第一期治水計画が策定され、国直轄工事の対象として六五河川が選定されるに至る。この策定は日露戦争終結という社会情勢も手伝って、治水事業拡大の要請が強まったことも背景にあった。また、このときの河川の選定理由は流域平地面積にあった。この流域平地面積は、今日の想定氾濫面積に近いものである（表10参照）。

その後、第一次治水計画改訂の要請が高まり、また、大正七年（一九一八）の水害を機として十年には第二期治水計画が策定され八一河川（再指定も含む）が指定された。しかし、第二期計画は大正十二年の関東大震災、昭和初期の経済恐慌に影響され予定どおりには進捗しなかった。また、河川改修に対する国庫補助の開始などから、治水計画改訂の機運となり、昭和八年（一九三三）には第三期治水計画が策定され二四河川が指定された。この第一・二期は大河川が指定対象であったが、第三期から中小河川も長期計画の指定に含まれるようになる。内容は、地方行政庁が行う中小河川改修の費用の半分を国庫補助とするもので（昭和五年〈一九三〇〉度から暫定的に開始）、一〇〇河川前後が対象とされた。

昭和十六年（一九四一）からは国直轄の河水統制事業が開始された。これは上流部にダムを建設し、需要が高まってきた発電、都市、農業などの用水確保といった利水と、河道改修のみの洪水処理には限界があるための上流での貯留といった治水、これら両面の要求を満足する水系を一貫した河川管理を行うことが目的とされた。

表10　第１次治水計画――選定65河川

河川名	流域平地面積		明治29～40年 年平均水害額		幹川流路延長 (km)	流域面積 (km²)
	(順位)	(方里)	(円)	(順位)		
○利根川	1	602.30	5,619,664	1	322	16,840
○信濃川	2	258.10	3,588,650	2	329.4	11,900
○淀川	3	182.91	2,343,855	4	75	8,240
○木曾川	4	134.70	2,695,486	3	227	9,100
那珂川	5	120.35	172,298	30	150	3,270
○北上川	6	116.94	1,013,986	8	249	10,150
○荒川(武蔵)	7	101.28	987,456	9	173	2,940
○阿賀野川	8	98.40	838,517	11	210	7,710
○雄物川	9	94.10	1,212,697	7	133	4,710
阿武隈川	10	77.26	511,080	15	239	5,400
天竜川	11	72.93	596,511	13	213	5,090
大淀川	12	58.84	17,732	47	107	2,230
筑後川	13	48.38	278,932	22	233	2,863
馬淵川	14	44.51	40,680	41	142	2,050
○岩木川	15	41.97	126,438	33	102	2,540
○最上川	16	40.81	448,143	16	229	7,040
○富士川	17	39.39	1,930,207	5	128	3,990
吉井川	18	39.00	93,100	36	133	2,060
中川	19	36.87	200,575	26	(不明)	
○吉野川	20	30.88	868,608	10	194	3,750
矢作川	21	30.88	170,900	31	117	1,830
○九頭竜川	22	30.66	1,232,965	6	116	2,930
○斐伊川	23	30.24	37,581	42	153	2,070
米代川	24	29.17	76,056	38	136	4,100
○神通川	25	28.70	355,753	19	120	2,720
庄内川	26	27.68	356,690	18	96	1,010
郷川	27	26.67	24,245	45	(不明)	
●緑川	28	26.65	104,157	34	76	1,100
大和川	29	25.24	278,667	23	68	1,070
手取川	30	25.00	344,572	20	72	809
久慈川	31	24.22	80,492	37	124	1,490
菊池川	32	23.22	42,174	40	71	996
○高梁川	33	23.07	179,545	29	111	2,670

多摩川	34	22.42	192,679	27	138	1,240
鳴瀬川	35	22.35	190,622	28	89	1,130
関川	36	22.20	201,491	25	64	1,140
相坂川	37	22.06	11,875	49	(不明)	
○加古川	38	21.98	322,652	21	96	1,730
紀の川	39	21.91	417,984	17	136	1,660
千代川	40	21.88	4,832	50	52	1,190
○庄川	41	21.70	718,454	12	115	1,180
川内川	42	21.51	33,662	43	137	1,600
旭川	43	20.41	158,433	32	142	1,800
○遠賀川	44	19.42	243,954	24	61	1,030
芦田川	45	15.98	51,212	39	86	870
由良川	46	15.89	592,324	14	146	1,880
渡川	47	15.54	98,216	35	196	2,270
球磨川	48	15.42	14,286	48	115	1,880
鶴見川	49	14.97	33,485	44	43	235
大野川	50	14.75	19,914	46	107	1,465
相模川	51	14.46			109	1,680
肱川	52	13.87			103	1,210
矢部川	53	13.18			61	647
狩野川	54	12.40			46	852
円山川	55	11.88			68	1,300
肝属川	56	11.73			34	485
太田川(遠江)	57	11.55			43.9	488.1
豊川	58	11.51			77	724
白川	59	11.37			74	480
大分川	60	11.28			55	650
酒匂川	61	11.03			46	582
鈴鹿川	62	10.99			38	323
太田川(安芸)	63	10.33			103	1,700
名取川	64	10.28			55	939
仁淀川	65	10.12			124	1,560

○は内務省選定第1期19河川，●は特別委員会追加第1期河川，51番以降は調査会追加15河川．西川喬『治水長期計画の歴史』23〜24頁による．幹川流路延長と流域面積は知野が加筆．

こうした経緯のなかで明治中期以降、国直轄の大規模治水事業としては分水工事が伸展する。近代において平野部における治水策の最終手段は分水が中心となったのである。堤防からあふれる洪水を処理する方法には、遊水地やダムによる貯留、放水路の設置による分水、合流する河川の分離や付け替えなどが代表的である。

じつは近世でも分水が行われていた。近世の技術をして達成し得た比較的大規模な分水事例としては旭川の百間川《ひゃっけんがわ》、江戸へ向かっていた利根川を銚子へ向けた東遷事業、また、合流する流れの分離事例としては、信濃川と阿賀野川、木曾三川（未完）、大和川《やまとがわ》の淀川からの分離などがある。

近代の治水事業　新潟平野における信濃川沿川の洪水は近代でも大水害をたびたび発生させた。この状況を解決するために大河津分水計画は唱道され続け、その結果、明治四十二年（一九〇九）から実施に移され、大正十一年（一九二二）に通水するに至った。分水路入口には最新鋭の分水堰であるベア・トラップ堰（自在堰）が設置され、残りはコンクリートで固められた固定堰が設けられた。図68は完成時のベア・トラップ堰であり、洪水時には平常時に起伏している堰門を伏臥《ふくが》して開放するものであった。これは電力機械の利用が進む以前において早急に堰開放を行う方式であり一分二〇秒での開放を可能とした。それ以前の近代的分水堰は洪水時の開放に時間がかかり、治水上の問題を生じさせていた。分水路河口部の山間部開削については近代的土工機械力によって行われた。このように、大河津分水路計画の完成には近代的分水堰を始めとする近代的河川技術の登場を待たねばならなかった。しかし、この最新鋭の分水堰であったベア・トラップ堰も昭和二年（一九二七）にして破壊され、六年の大河津可動堰の可動をもって復旧された。近代的堰技術によっても信濃川の洪水を簡単に治めることはできなかったのである。

このほか、近代における放水路事業は淀川・荒《あら》川・江戸川（旧利根川流路）・北上川・雄物《おもの》川・最上川などで実施され、洪水被害が減少し始める。

図68　信濃川の大正11年完成のベア・トラップ堰

以上のように、近世における分水堰を含む河川技術の限界によって成し遂げられなかった分水・分離事業が、河川法と近代的堰、閘門技術と土工機械力の登場によって完成されていった。これらの実績の蓄積と技術の発達を受けて、戦後、その他の大中小河川においても次々と分水計画が登場し、実施に移されていく。また、大正時代からは水力発電の成長と相まって上流部のダム開発も始まり、今日の治水手法が整い始める。

こうして整備が進むとはいえ、現実には河川法成立後も全国的には大正時代から第二次大戦開始ごろまでの水害損失は右肩上がりとなっており、敗戦後約一五年間は維新以来最悪の水害発生期間を迎える。

次に、これまで述べた明治における河川行政の変遷のなかで、地域住民がどのような経過を辿ったのかを振り返り、最後に行政・災害・地域の関係をまとめたい。

(3) 水防活動に対する住民意識の変化

近世の水防 『明治工業史 土木編』(工学会・一九二九)には明治における各県の水害防御の体制について簡単にまとめられている。そこにある新潟県の内容を中心に、水防活動の近代化を概観したい。

新潟県は、近世においては水防庫を組(二〇ヵ村、または三〇ヵ村を一組)内、または村内の適する場所に設置し、水害防御に必要な器具や材料を常備し、急報があれば大庄屋(組の長)か庄屋(村の長)が村民を召集し、協力して防御の任にあたった。このとき、場合によっては臨時に竹・木・俵の材料や器具が徴集される場合があったが、費用は組内、または村内の負担とされた。

この近世における水防活動の一例を江戸時代の著名な農書『百姓伝記』巻七、坊水集「大水をふせぐ事」(延宝八〜天和二年〈一六八〇〜八二〉)が伝えており、その要点を以下に列記した。東海地方の内容であるが参考になろう。

・大河川は川幅が広いため、対岸との対話は不可能、夜間の連絡は灯火しかない。
・対岸の状況を知る方法として、堤防に危険がないときは、人夫が散り散りに見える。
　堤防が弱まるとそこへ人足が集まり、忙しく働き、運搬の人足は足早に見える。

破堤寸前に人足が堤防の強い方へ退散すると、こちらの水の勢いは必ず弱くなる。夜は提灯や、たいまつでその動きを知ることができる。

・堤防は日頃、弱い場所の管理人足を決めておかなければ早く傷む。

・領主には堤防の強弱、水当たり、管理すべき場所を十分に伝える。

・川筋の絵図で、村々の耕地や人馬の生死などの被害が出る可能性がある場所を考えておき、被害が軽い方へ堤防を切って洪水を散らせれば人馬を助けることができる。

・治水施設を手厚く設置しても川の瀬や淵は変わることが多いので注意が必要である。

このように近世の水防活動は地域間対立のなかにあることもあった。また、水防の知識や日頃の管理も地元住民の義務であった。

近代の水防　維新後になると地方自治制の実施とともに町村連合会が水害防御に関する事務を担当し、続いて水利土功会が組織された。その下で水害区に応じて組合が設けられ、小さいもので一町村内の一部、大きいもので数十町村で一組とされた。この工事費負担は組合内の地価戸数を標準として賦課され、超過額は租税から支出された。

明治四十一年（一九〇八）四月法律第五十号によって水利組合法が制定されると水利土功会は自然消滅し、水害防御は水害予防組合が行うことになった。明治三十九年（一九〇六）十月河川法第二十三条の洪水防御に関する条文により、洪水防御準備規程・水防委員職務規程などが設けられ、警察署・郡市町村役場・土木派遣所・水害予防組合に対して水害予防に関する訓令《くんれい》が発せられ、近世の経験も含む明治期の水防体制が整えられた。新潟県では洪水防御区域が一一の水防区に分けられ水害予防組合が防御を担当した。これらは県の訓令や通牒《つうちょう》に基づいて各河川のほとんどが同一の方法によって活動を実施し、「洪水防御方法」という工法書が配布され、一般的知識の養成が図られ、良好な実績を上げたという。

なお、水利組合法の制定に至る背景であるが、明治二十三年（一八九〇）に初の水防に関する法律として水利組合条例が制定されたことは前述した。この条例における水利組合は普通水利組合と水害予防組合に分かれており、「水害予防組合ハ水害防禦ノ為ニスル堤防浚渫砂防等ノ工事ニシテ普通水利組合ノ事業ニ属セサルモノノ為設置スルモノナリ」と規定された。水害予防組合はこの条例によって初めて組織化されたものではなく、既成の水防組織を尊重し、これに国の監督が行われることになった。また、水利土功会などは明治初頭から存在し、条例の制定においてもそのまま引き継がれた。そして二十九年（一八九六）の河川法の制定などによって、条例に実状と合わない部分が生じたため、四十一年（一九〇八）に水利組合法として改正された。これで水利土功会などは水害予防組合へと積極的に変更されていった。

治水技術の近世と近代　最後に河川行政をめぐる技術について近世と近代を対比しておきたい。全国的な史実を論ずるには史料と紙数が限られているので、近世・近代の変化をみる視点を提起するにとどめたい。

ここで、とくに、人・技術・制度という観点を軸に考えると、鈴木哲氏による「中技術論」の考え方が参考になる。それは技術の担い手によって分類するもので、私的（個人的）段階を小技術、共同体的段階を中技術、公共的段階を大技術とする。これにより時代をみると、近世における治水技術については私的段階、共同体的段階の小・中技術が発達し、公共的段階はそれを補う形で存在した。これが、明治の河川法、近代技術の登場を中心に、大技術の比重と技術力が主軸となった。水防に関しても同じ傾向にあるが、戦前までその体制は中技術段階が中心であったと思われる。

また、治水技術に関しては大熊孝氏による技術の成り立ちから分ける三段階によってみてみるとわかりやすい。第一段階は「思想的段階」と呼ばれ、河川であれば、河川や地形の状況を把握し、策を練る計画段階、また、その能力を指す。第二段階は「普遍的認識の段階」と呼ばれ、科学的、普遍的に現象を把握する段階を指す。たとえば川の流れる量を測定、あるいは数式的に把握するなどの技術を駆使する段階である。第三段階は「手段的段階」であり、第一、二段階で把握した結果の策を具体化する手段を駆使する段階である。ここでは河川施設や改修技術がそれである。

「思想的認識の段階」は時代にかかわらず要求されるが、近世と近代で決定的に違うのは「普遍的認識の段階」である。とくに明治初頭に導入された測定、数値計算などによる自然科学的認識技術は、河川の把握手法を大きく変化させた。また、「手段的段階」もコンクリート材料や施工機械の登場によって作業能力が飛躍的に向上し、河川施設も強固となった。

大熊氏は鈴木氏の分類を第一類とし、自らの分類を第二類としている。第二類については明治において行政や技術者のものとなりながらも、改修工事においてはまだ周辺住民の人力も重要な労働力として存続した。

では、最後に、人という観点を筆者の視点でまとめて終わりとしたい。

近世では治水も水防も個人や共同体が主体的に活動を行っていた。近代中期までその状況は続くが、河川法の整備と財政面、そして治水技術の近代化、日本人技術者の登場により、治水事業の計画、実施の主体は行政に移った。これは、近世以来の水害に疲弊していた民意による結果でもあった。しかし水防活動については明治になっても地域による活動の比重は重く、その役割分担が明確にされていた。

しかし、今日を考えてみると水防団など、担当する組織は存続しながらも、その存在感が薄い。それは、高度経済期の積極的な河川改修による水害の減少によって地域住民の水害への危機感が薄くなったためであろうか。今日、水害が一度発生すると途方に暮れる地域住民は多い。江戸幕府は寛保二年（一七四二）の水害を、きわめて稀有な洪水とし、こうした大洪水に対応するまでの復旧は行わないことを明言したことを思い出したい。明治になって、水害常襲地の人々は、その解放から治水事業を政府へ懇願した。その結果、確かに水害が減少し始めるが、今日になってもけっしてその貫徹には至らなかった。その過程で人々は、水害を受ける技術や経験則の多くを失ってしまったのではなかろうか。水害からの完全な解放はいまだ見出せない今日にあって、水害を受ける技術をまた磨くべき時期にきていると思われる。

4 関東大震災と復興

一つの石碑から　神奈川県川崎市《かわさきし》幸《さいわい》区に約四〇〇年ほどの歴史を有する静翁寺《しょうおうじ》という曹洞宗《そうとうしゅう》寺院がある。境内墓所の一画にひときわ目を引く巨大な墓石が建っている。高さ二メートル三〇センチ、横幅九八センチの墓石表面には三名の戒名と行年が大きく刻まれ、裏へまわると一六〇〇字を超す長文の碑文が刻まれている。

大正十二年九月一日大震火災関東ヲ襲フヤ、其被害劇甚《げきじん》ニシテ、特ニ京浜湘南《けいひんしょうなん》最モ惨状ヲ極ム。当時余ハ横浜《よこはま》市尾上《おのうえ》町ニ住ミ、印刷材料ノ販売ニ従事セリ。適《たまたま》商用アリテ家ヲ出デテ行クコト僅ニ数十歩。俄《にわか》ニ激震ニ遭《あ》ヒ、恐惶馳《は》セ帰レバ、家屋既ニ倒潰《とうかい》シテ、家人ノ人影無シ。（中略）妻及二児ノ棟下ニ圧セラレタルヲ知リ、一層奮激《ふんげき》救出ニ努力セリ。サレド憾《おしむ》ラクハ徒手空拳《としゅくうけん》ニシテ術ノ施スベキナシ。大声救ヲ求ムレド、此隣モ亦、皆同ジ運命ニ陥リ、一人トシテ来リ助クル者ナシ。加フルニ猛火焔々トシテ四方ニ起リ、熱風面ヲ掠《かす》メテ衣髪《いはつ》為ニ焦《こげ》ントス。逃レテ身ヲ全ウセンカ、棟下ノ妻児ヲ如何セン。停リテ救助ニ従ハンカ、唯徒《いたず》ラニ焼死センノミ。策尽キ望絶エ、進退谷《きわ》マリテ痛恨限リナシ。乃チ意ヲ決シ、先ヅ義兄ヲ辞シ去ラシメ、余等ハ尚停リテ奮闘ヲ続ケシモ、猛火益《ますます》身ニ逼《せま》リテ危険ナラントス。（後略）

図69　静翁寺石井家墓碑表（右）と裏（左）

墓石を建立したのは、横浜市中《なか》区で印刷材料販売店を営んでいた石井重孝《いしいしげたか》。表面に記されたのは、関東大震災で自宅にて命を落とした石井の妻カノ（四十三歳）、二男正男《まさお》（十一歳）、三男正孝《まさたか》（六歳）の三名である。家屋の下敷きとなった家族を懸命に救助しようとしたが、猛火が迫りきたため身の危険を感じて、ついにはその場を離れ避難せざるをえなかった石井の痛恨の気持ちがこの碑文から読み取れる。

石井は翌年八月九日、三名の葬儀を営み、遺骨を石井家の菩提寺である静翁寺の墓所に納めた。そして震災から二年目の命日、すなわち大正十四年（一九二五）九月一日にこの墓石を建立したのである。石井は、震災から二年を経過したがいまだに三人の「生前ノ温容今尚髣髴《ほうふつ》トシテ眼前」にあるので、彼らを追悼するために建立したと碑文に刻んでいる。そして碑文の最後には「遭災当時ノ実況ヲ録シテ、後人ヲシテ天変地異ニ処スル平素ノ覚悟ヲ養フノ資料タラシメントス」とも記している。石井は、関東大震災で喪った家族三名の悲劇を単に家族の悲しみとするのでなく、後世の人々に教訓として受け継がれることを望んでいたのである。堅牢で耐火性に優れた花崗岩という石材を用いたことも、石井の願いのあらわれかもしれない。

多数の石碑　このような関東大震災に関わる石碑は現在でも各地に残されている。それらは大きく二種類に大別できるが、一つは石井重孝のように関東大震災で犠牲になった人々を追悼し供養するためのもので、「慰霊碑」と呼ぶことができよう。もう一つは、関東大震災によって被害を受けた社寺の再建、道路や橋梁の復旧、さらには土地改良事業の完成などを記念したもので「記念碑」ということができる。神奈川県内で、これまでにおよそ一〇〇基ほどの関東大震災関係の石碑を確認しているが、太平洋戦争で大きな空襲被害を受けた横浜も含めて神奈川県内のほとんどの市町村で関東大震災関係の石碑を見ることができる。おそらく東京都内と比べてみてもその数は多いのではないだろうか。神奈川県内に多数の石碑が存在することは、神奈川県内での関東大震災の被害の広がりと規模の大きさを示す指標の一つのように思える。

これまで関東大震災については「帝都」論の観点から東京の被害と復興について研究が蓄積されているが、一九七〇年代以降の自治体史編纂や地方史研究の進展により、関東大震災に関する各種の史資料が発見され、公開されてきている。このような成果をもとに、4では神奈川県を対象に関東大震災の被害と救援と復興について述べることにする。

(1) 関東大震災の被害

関東地震の特徴　関東大震災についてはすでに多くの研究書や普及書が出されており詳しく述べることもないであろうが、関東大震災をもたらした関東地震の特徴について、武村雅之氏の研究（武村・二〇〇三）により概観してみよう。

大正十二年（一九二三）九月一日、午前十一時五十八分三十二秒。関東地方で大きな地震が発生した。関東地震である。神奈川県小田原《おだわら》市の北、松田《まつだ》町付近の地下で最初の断層の滑り（第一イベント）が発生し、しだいに周囲の断層を滑らしながら一〇から一五秒後に三浦《みうら》半島の地下で再び断層の滑り（第二イベント）が発生した連続地震であった。その結果、東北・南西方向に約七〇キロの幅、北西・南東方向で約一三〇キロの長さという広範囲で断層が滑ったのである。これを地図上に落とせば神奈川県のほぼ全域と東京都の中南部、さらに千葉県の房総《ぼうそう》半島の南半分がすっぽりと入るほどである。平成七年（一九九五）の兵庫県南部《なんぶ》地震（阪神《はんしん》・淡路《あわじ》大震災）よりもかなり広い範囲で発生した断層地震。これが関東地震の第一の特徴である。

関東地震のマグニチュードは七・九が定説であるが、当時は、まだマグニチュードという震源の大きさを示す尺度はなく、七・九という数値は気象庁の前身である中央気象台が昭和二十七年（一九五二）に計算して発表したものである。武村氏による再計算の結果、妥当な数値であることもわかっている。一方、震度は揺れの規模を示す尺度で、震源からの距離や地盤などの条件によって数値は異なる。阪神・淡路大震災後に改訂された新しい震度階級表にあてはめてみると、関東地震の最大震度階級は七で、人は揺れに翻弄されて立っておれず、屋内の家具は大きく移動し、あるいは飛ぶこともあり、耐震性のある住宅であっても傾いたり、三〇％以上の家屋が倒壊してしまい、さらには大きな地割れや山崩れが発生し、地形さえも変化してしまうほどの激烈な揺れである。神奈川・東京・千葉・静岡など広範囲で震度五以上の揺れがあり、なかでも神奈川県は中南部地域を中心に震度七の揺れの範囲が広がっている。このような広範囲にわたり激甚被害をもたらす大きなレベルの地震であったことが第二の特徴である。

関東大震災　関東地震は、地震の揺れすなわち地震動そのものにより建造物の倒壊、地割れ、山崩れ、沿岸では津波《つなみ》といった破壊現象を発生させたが、二次的な破壊ももたらした。関東地震の発生時刻が昼時であったことから、飲食店や住宅の台所などから発生した火災が隣接する倒壊家屋などに延焼し、大火災となり甚大な被害が生じたのである。倒潰した家屋の下敷きになった人々のなかには、救出の手が及ぶ前に火災によって命を落とす事例が少なくなかった。また、相つぐ余震の発生と、この先の希望がみえないなかで不安感にあふれる群集の心理に、さまざまな流言蜚語《りゅうげんひご》が入り込んで、その結果不幸な虐殺事件なども発生した。関東地震による直接の被害だけでなく、このような二次的な被害も含めた意味で「関東大震災」と呼んでいる。なお、関東地震の直後の新聞・雑誌などでは「大震火災」という表現が見られるが、これは地震と火災の両方の被害を示すものであったが、しだいに「関東大震災」という言葉が定着していったのである。

被害の地域的特徴　表11は関東大震災の被害状況を住宅と人とに分けて記載したもので、関東甲信《こうしん》と静岡の一府九県にわたり大きな被害を生じたことがわかる。武村氏らの研究成果により二〇〇五年度の『理科年表』から関東大震災の被害数が下方修正されており、4でもこれに準拠している。東京府（現東京都）は人口も多いことから建物や人的被害ともに最も多く、建物被害は全体の半分弱、人的被害については全体の六七％を占めている。その原因のほとんどが火災によるものであった。隅田《すみだ》川《がわ》を挟むいわゆる下町《したまち》地域は住宅密集地であり、台所などから発生した火災が倒潰した建物だけでなく、倒潰を免れた建物までも焼き尽くしたのである。数万人が避難した本所《ほんじょ》被服廠跡《ひふくしょうあと》では火災旋風が発生し、四万人に及ぶ人々が犠牲になったことはよく知られている。神奈川県の場合、建物の被害数は全体の三四％、人的被害は全体の三一％であるが、被害原因の多くが強烈な地震による建物の倒潰であった。東京では建物の倒潰よりも火災による被害が大きく、これに反して神奈川の場合は建物自体が倒潰してしまい、その下敷きになって死亡した人が多いことがわかる。

また、表12は被害の絶対数ではなく、被

害状況

死者数（含，行方不明）			
火災	流失埋没	工場等の被害	合　計
25,201	836	1,006	32,838
66,521	6	314	70,387
59	0	32	1,346
0	0	28	343
0	0	2	22
0	171	123	444
0	0	0	5
0	0	0	0
0	0	0	0
0	0	0	0
91,781	1,013	1,505	105,385
65,902	0	0	68,660
24,646	0	0	26,623
170	0	0	665

表11　関東大震災被

府県	住家被害棟数							
	全潰	（うち）非焼失	半壊	（うち）非焼失	焼失	流失埋没	合計	住家全潰
神奈川県	63,577	46,621	54,035	43,047	35,412	497	125,577	5,795
東京府	24,469	11,842	29,525	17,231	176,505	2	205,580	3,546
千葉県	13,767	13,444	6,093	6,030	431	71	19,976	1,255
埼玉県	4,759	4,759	4,086	4,086	0	0	8,845	315
山梨県	577	577	2,225	2,225	0	0	2,802	20
静岡県	2,383	2,309	6,370	6,214	5	731	9,259	150
茨城県	141	141	342	342	0	0	483	5
長野県	13	13	75	75	0	0	88	0
栃木県	3	3	1	1	0	0	4	0
群馬県	24	24	21	21	0	0	45	0
合計	109,713	79,733	102,773	79,272	212,353	1,301	372,659	11,086
（うち）								
東京市	12,192	1,458	11,122	1,253	166,191	0	168,902	2,758
横浜市	15,537	5,332	12,542	4,380	25,324	0	35,036	1,977
横須賀市	7,227	3,740	2,514	1,301	4,700	0	9,741	495

武村・2003による.

災率を示したものである。前表のデータを基礎に、当時の世帯数と人口から建物と人それぞれの被害率を試算した（ただし、当時都市部などでは長屋やアパートといった集合住宅が存在し、必ずしも世帯数と棟数は同一の指数ではないため、あくまで試算であることをお断りしておく）。明らかに東京府よりも神奈川県の方が、また東京市よりも横浜市の方が建物と人ともに被害率は高い。

当時の神奈川県の公式記録では（神奈川県・一九二七）、関東地震の第一イベントに近い小田原では建物の倒潰率はほぼ一〇〇％であったというように、とりわけ県西部の被害が大きかった。神奈川県では震度七の地域が幅広くあり、その結果、建物倒潰による被害が激烈であったのである。

横浜市の被害　関東大震災当時の横浜市

表12　関東地域被害率

府　県	住家被害棟数	世帯数	被災率%	死者数（含行方不明）	人　口	被災率%
神奈川県	125,577	274,300	45.78	32,838	1,379,000	2.38
東京府	205,580	829,900	24.77	70,387	4,050,600	1.74
千葉県	19,976	262,600	7.61	1,346	1,347,200	0.10
埼玉県	8,845	244,900	3.61	343	1,353,800	0.03
山梨県	2,802	117,000	2.39	22	602,000	0.00
静岡県	9,259	289,100	3.20	444	1,626,300	0.03
茨城県	483	269,700	0.18	5	1,399,100	0.00
（うち）						
東京市	168,902	483,000	34.97	68,660	2,265,300	3.03
横浜市	35,036	99,840	35.09	26,623	441,600	6.03
横須賀市	9,741	17,010	57.27	665	74,500	0.89

武村・2003，内務省社会局・1926による．なお，被災率は，小数点第３位で四捨五入した．

域は、現在の中《なか》区と西《にし》区に、神奈川区・南《みなみ》区・保土《ほど》ケ谷《がや》区、磯子《いそご》区の一部を加えた範囲である。震災以前は戸数三万三八五〇戸、人口四四万八五四〇人を数える大都市である（横浜市・一九二六）と同時に、国際貿易港横浜港を有し、中区の臨海地域には内外多くの貿易会社や金融機関がひしめき、ホテルや土産物店などが立ち並ぶ商業都市でもあった。九月一日も、甍《いらか》を競うようにレンガ造りの洋館が立ち並ぶ山下《やました》町や関内《かんない》方面には、多くの人々が行き交っていたであろう。突然、そんな風景が一変した。地響きとともに大きな上下震動が起こり、すぐさま激烈な横揺れが襲った。それまで林立していたレンガ造りの建物はあっという間に崩れ落ち、建物の中にいた人々や、通りを歩く人々の悲鳴が飛び交った。横浜地方裁判所では公判中の裁判官と検事・弁護士など一〇〇名余りが圧死するなど、市内各所で倒壊建物の下敷きになった人々が多数いた。また、下敷きになって身動きがとれず火災が襲来したため焼死した人が多かった。横浜測候所の記録では市内二八九ヵ所で火災が発生し、市街地の約八割が灰燼《かいじん》に帰したといわれる。また三〇ヵ所で火災旋風が発生し、強い上昇気流に乗って県庁や横浜市などの焼けた書類の一部が千葉県木更津《きさらづ》市まで飛んでいったほどである。猛烈な火災が収まった市内各地の焼け跡には、おびただしい数の焼死体が無惨な姿を見せていた。中区馬車道《ばしゃみち》の横浜正金《しょうきん》銀行（現神奈川県立歴史博物館）の周囲では一三〇名余りの人が猛火に包まれて亡くなっている。遺族の方であろうか、九月一日に建物の脇で線香を手向ける老婦人がおり、平成に入ってもその姿が見られたと博物館関係者は語っている（神奈川県立歴史博物館・二〇〇二）。

図70　崩壊した横浜山下町，残る建物は露亜銀行

女学生の体験　横浜市中区太田《おおた》町五丁目の自宅で被災した堀江《ほりえ》まさ子（当時十三歳）の震災体験をみてみよう（「悲しみの極み」神奈川県立歴史博物館所蔵）。まさ子は被災当時女学校に通い、父母と妹との四人家族であった。父宗太郎《そうたろう》は肥料商を営むかたわら、関東大震災の前年の大正十一年（一九二二）一月に関内地域を基盤とする第一選挙区から横浜市会議員に初当選し、横浜商業補修学校の甲種商業学校への昇格問題などの活動に尽力していた。また母校横浜商業補修学校でも昇格問題の対策委員長に選ばれてい

た（横浜市立横浜商業高等学校・一九八二）。
九月一日の始業式終了後、まさ子は午前十時半ごろに帰宅すると、父は市立横浜商業補修学校の昇格問題について運動員と話をしており、母は子供服の講習会へ行く準備をしていた。その外出の都合で十一時に早めの昼食をとり母親を見送った。食後、父は店で新聞を読んでおり、まさ子は茶の間で妹まき子、番頭「九どん」、女中「お輝」と一緒に談笑していた、そのときであった。

十二時も近々となった時である。
「ドシーン――グラ〳〵〳〵」
と家が動いた。私は其の時もう夢中だった。どの位家が
ゆれたか……しかし、いつもより大きく家がまるで船
の様に動いたのはたしかだ。お父様は「外に出ろー」と叫
ばれた。私は茶の間から廊下一つへだてた店から外
に飛び出し、お父様にしかと抱きついた。妹がたしか後
でうろ〳〵して居た。私はお父様にかばわれなが
ら〳〵〳〵して居た。「ドー〳〵」とひどい物音がした
あたりは一面に土煙で土色に化し、何物も見えなかった。
そのものすごさ……もう之で此の世は終りかと思った。
其の時は、家の中に居る妹のことも、外出して居るお

図71　堀江まさこ「悲しみの極み」

　十二時も近々となった時である。「ドシーン、グラグラグラ」と家が動いた。私は其の時もう夢中だった。どの位家がゆれたか。しかし、いつもより大きく家がまるで船の様に動いたのはたしかだ。お父様は「外に出ろー」と叫ばれた。私は茶の間から廊下一つへだてた店から外に飛び出し、お父様にしかと抱きついた。妹がたしか後でうろうろして居た。私はお父様にかばわれながらよろよろして居た。「ドードードー」ひどい物音がした。あたりは一面に土煙で土色に化し、何物も見えなかった。そのものすごさ。もう之で此の世は終りかと思った。

自宅や店が倒潰するさなか、まさ子は父とともに屋外に逃げて難を逃れたが、妹や番頭らの姿は見えず、父は妹を捜しに崩れ落ちた屋根から家の中に入ったまま、なかなか出てこない。自宅前の道路

は地割れができ、余震が続くなかで一人たたずむまさ子は、向かいの煎餅店の主人が女児二人と一緒に桜木町《さくらぎちょう》駅方面へ避難していく後を追いかけた。桜木町駅から横浜駅方面へ進もうとするが、横浜駅側からも避難者がやってきており、前にも後ろへも進めないでいた。また周囲には火焔が迫るので掃部山《かもんやま》へ進む避難者の流れに任せて坂を上り、地震のため半回転した井伊直弼《いいなおすけ》像の少し下へと避難できた。しかし、避難者がすでにあふれ大変な混雑であったため煎餅店の主人とははぐれてしまう。火の粉が着物や帯に落ちてくるので、火がつかないよう懸命に払った。人々は口々にお経を唱えたり、神や仏に祈っていた。その後偶然煎餅店の主人に再会でき、主人が拾ってきたご飯をすすめられたが、すえた臭いのため食べられなかった。市内は火事のため闇夜を赤々と照らす下で、主人が拾ってきた焼けトタンを敷いて、その上で野宿した。翌朝も濁った井戸水で洗ったご飯をすすめられたが、食べられなかった。その後主人は焼け跡に出かけ、まさ子は二人の女児と一緒に留守番をしていると、大地震が再来するという噂や朝鮮人の噂が流れ、まさ子は強い恐怖を感じた。三日の朝、主人は食料を探しに出かけ、見つけた南京米でおかゆを作ってくれた。土のようなまずいものであったが、空腹のために食べた。その後主人が太田町の自宅付近でまさ子の叔父に出会ったことから、まさ子は叔父に連れられ鶴見《つるみ》の家へ行くことができたのである。

鶴見で家族の安否を祈るまさ子に、十七日悲しい情報が伝えられた。女中のお輝《てる》が鶴見にやってきて、地震直後の様子を語った。家の下敷きになった妹を助けるため、父は懸命に瓦礫《がれき》や木材をどけようとしていた。すると外出した母が戻ってきて父母と番頭の三人で救助作業を続けたが、周囲から火事が迫り、ついに倒潰した自宅へも燃え移った。このためお輝は避難したが、それでも父母はあきらめずに妹を助けようとしていたと、お輝は言った。この話を聞いたまさ子は涙にくれながら妹の死を悟った。しかし、父母は健在であることを知り、早く会いたいと願うばかりであった。ところが二十六日に、その願いを打ち消す話が伝えられた。以前店に奉公していた貞《さだ》どんが鶴見に来て、お輝が避難した後の、父母の行動の一部始終を語った。貞ドンはもとの奉公先が心配で尋ねたところ、周囲が燃えるなかで父母は崩れ落ちた建物の上にあるレンガ塀の瓦礫を一生懸命どかしていたが、ついに燃え始めたため、妹の救助をあきらめ、三人で横浜正金銀行のところまで避難した。しかし、火焔が迫ってくるので貞どんは逃げたが、父母はがっかりして力が抜けたように動こうとしなかった。おそらく正金銀行のところで亡くなられたのでは、と語った。まさ子はこの話を聞いて、もはや父母も亡くなったと認めざるをえなかったのである。

その後、まさ子は三人の遺骨が見つからないため、自宅の焼け跡で見つけた父の作った楽《らく》焼き茶碗、母が当日外出のさい携帯していた日傘と、妹が従姉妹に描いてやった絵を、三人の遺骨の替わりとして霊を弔った。十月十日に葬儀が執り行われ、遺品を埋葬した。まさ子は、これからは一生懸命勉強して、立派な人になること、それが両親や妹への孝行であると心に誓った。

以上が、堀江まさ子が書いた体験記の内容である。まさ子の体験は、震災直後の混乱と不安な避難生活を生々しく伝えていると同時に、両親と妹の安否が判明するまでの不安な気持ちが書かれている。また、まさ子は両親と妹の死亡を受け止め、立派な大人になると霊前に誓うなど、十三歳の女学生と

表13　横浜在住外国人の被害

国　名	居住者	滞在者	計(人)	死亡者	負傷者	行方不明	計(人)
中　国	4,705	95	4,800	1,541	2,039	695	4,275
イギリス	919	170	1,089	44	63	104	211
アメリカ	496	166	662	39	63	31	133
ロシア	348	105	453	87	52	96	235
ドイツ	205	11	216	8	23	17	48
フランス	139	12	151	11	22	30	63
インド	112	2	114	28	59	64	151
スイス	93	21	114	6	11	11	28
その他	305	55	360	25	21	61	107
合　計	7,322	637	7,959	1,789	2,353	1,109	5,251

横浜市・1926bによる．

は思えないほど懸命に震災後を生きようとしている。

その後まさ子は、身を寄せた鶴見の叔父夫婦の養子となり、東京女子医科専門学校（現東京女子医科大学）を卒業し、女医となった。しかし、結婚後まもなく病死したそうである。

外国人の被害　横浜は幕末開港以降、山下町と山手町《やまて》に外国人居留地《きょりゅうち》が形成され、外国領事館や公使館が置かれ、また外国の貿易商館、学校、教会、銀行などが文字どおり林立していた。また、横浜港は太平洋航路の窓口であったことからたくさんの外国人観光客が訪れていた。表13は、震災当時横浜市に居住もしくは滞在中の外国人の被害数を示したものである（ただし当時の統計では朝鮮半島出身者を外国人としてみなしておらず、このため計上していない。以下の叙述では朝鮮人を含めていないことをお断りする）。当時横浜市には四三ヵ国、七九八六人の外国人がおり、居住者で最も多いのが中国人で、ついでイギリス、アメリカ、ロシア、ドイツ、フランス、インドの順でいずれも三桁を数え、居留地に住宅を構えていた。一方、滞在者（旅行者）では、イギリス、アメリカ、ロシアと続き、中国人はさほど多くなかった。これら外国人のなかで震災により最も被害を受けたのが中国人で、全被害者数の八〇%強を占めている。建物の被害についても、公使館二、総領事館七、領事館一六が全焼、総領事館一が全潰、山下町の外国商館や中華街、山手町の住宅や教会、学校のほとんどが全潰もしくは全焼している。倒潰した領事館の下敷きになったアメリカ総領事や中国総領事長、燃えさかる炎の中で学校から最後まで待避せず犠牲になったフェリス女学校長ミス・カイパーなどもいた。

被災した外国人のなかにはO・M・プール一家のように横浜港内に停泊中の外国船舶に避難できた者もいたが(プール・一九七六)、多くの外国人は日本人と同様に猛火迫る市内で避難先を求めて逃げまどっていた。職住を失った外国人は、余震が続く横浜を去り神戸に避難する者も少なくなく中国人や朝鮮人のなかには母国に帰国する者もあった。

(2) 戒厳令と警備

戒厳令と陸軍の出動　九月二日に東京市および東京府五郡に戒厳令《かいげんれい》が施行され、また四日にはその適用範囲が東京府全域と神奈川県に広げられた。神奈川県域は、横須賀《よこすか》および三浦郡、馬入川《ばにゅうがわ》以西の小田原方面、それ以外の神奈川方面という三地域に管轄区分がなされ、横須賀および三浦郡は海軍の横須賀鎮守府司令長官、小田原方面警備隊は野戦重砲第二旅団、神奈川方面警備隊は歩兵第二旅団がそれぞれ担当した。

陸軍では、全国の各師団から連隊が神奈川県に派遣されるが、その全容は歩兵二一ヵ連隊、騎兵六ヵ連隊、砲兵七ヵ連隊、工兵一七ヵ連隊、さらに鉄道連隊、通信連隊など特科兵や衛生隊など、総員五万二〇〇〇人余りであった。主要任務は官衙《かんが》の警備、配給所の警備などであり、工兵隊や鉄道連隊などの専門部隊は道路上の残骸や瓦礫の撤去、橋梁の応急修理、鉄道線路の復旧、危険建造物の爆破撤去作業などのいわゆるライフラインの復旧に尽力した。とりわけ鉄道では茅ヶ崎―平塚間の馬入川鉄橋の応急架設工事をはじめ十月末までには主要な鉄道を復旧開通できたのである。これにより避難者の移動や援助物資の陸上輸送がスムーズに行われ、その後の救援事業が大いに進むことになった。

また、横浜や小田原、横須賀には憲兵隊《けんぺいたい》が出動し、各地の治安警備にあたった。小田原へは静岡県の三島《みしま》憲兵分隊が陸路箱根《はこね》を徒歩で越え、小田原周辺の各地に憲兵を配置した。

農村地帯の警備　震災直後の警備は都市部に集中しており、山間部や農村部への警備部隊の派遣は遅れがちであった。震源地域にほど近い神奈川県足柄上《あしがらかみ》郡南足柄村生駒《いこま》地区に居住する生沼良蔵《おいぬまりょうぞう》は震災当時の状況を日記に残している。九月一日は同地区の熊野神社の祭礼日で、村人は朝から神社に集まり、昼前にお開きとなったが、何人か居残って雑談していたそのとき、関東地震が発生した。社殿は倒潰し、崩れた梁の下敷きになって二名が即死、一名が重傷を負ったが、ほかには村内の死傷者はいなかった。その後余震が断続したため「夜ハ村中惣出ニテ警戒、特ニ青年ハ四カ所の道路ニ二名以上ノ張番」をするなど、村民の緊張と警備はしばらく続いた。とりわけ朝鮮人騒動の流言が伝わると、「消防隊ヨリ決死隊」が選抜されるなど、村人の「人心極度ニ昂募《こうぼ》」するありさまであった。しかし、その混乱も六日に軍隊出動の話が伝わると落ち着きを取り戻し、消防隊の警戒を解除している（南足柄市・一九九一）。このように軍隊の派遣は、住民の人心安定に役だった面も見られた。一方で在郷軍人会や消防団も警備活動に従事したが、組織的な活動がされた場合とそうでない場合がみられ、震災後の混乱のなかでさまざまな自警団による問題が発生した。

海軍艦船の救援　海軍からは、連合艦隊や呉《くれ》、佐世保《させぼ》、舞鶴《まいづる》の三鎮守府《ちんじゅふ》所属の軍艦四五隻、特務艦二一隻、駆逐艦六三隻など、総計一五〇隻、乗組員三万人が動員され、食料をはじめ救援物資の運輸や、六万人もの避難民の海上輸送に従事した（内務省社会局・一九二六）。

震災の救援活動に従事した兵士のなかにも、東京や神奈川などの罹災地《りさいち》出身で家族の安否を案ずる者が多くいたであろう。第一艦隊第一潜水戦隊旗艦の軍艦筑摩《ちくま》に機関部先任下士官として乗務していた大庭清吉《おおばせいきち》は、震災後当時の様子を日記風に記録している（神奈川県立歴史博物館所蔵）。当時筑摩は、連合艦隊とともに中国の大連《ダイレン》・旅順《リヨジユン》・青島《チンタオ》など巡航任務中で、関東州近くの裏長山列島《ウラチヨウザン》付近で投錨《とうびよう》していたところ、九月一日船橋無線所からの電信を受信して、関東地震の発生と甚大な被害が発生したことを知った（外国の地名の読みについては、慣用的な表現を採用した）。翌二日に艦隊に帰国命令が出されると、筑摩は全速力で広島県軍港をめざし、五日午前七時十五分に呉に入港した。その間家族が横須賀に居住していた大庭は、相ついで入ってくる京浜地方全滅の電信情報を聞くと、「留守宅ノ心配一方ナラザリキ」という気持ちになり、釣床に入っても「震災地方ノ不安事情襲ヒ来リ寝モヤラズ」と家族の安否を案じて寝ることもできなかった。七日午前十時に東京へ出航の命令が下り午後三時に出港となった。出航に先立ち、大庭は被災地の物資欠乏を案じて灯火用具などの私物を買い入れている。翌朝、軍艦筑摩は香川県高松《たかまつ》港で関東地方罹災民救助のための慰問《いもん》品、白米や味噌などの食料品、衣類や日用品、薬剤類といった輸送品、そのほか医師や看護婦などの救護班員九〇名、陸軍兵士一〇〇名を乗せて出港した。翌九日午後三時半、横須賀港沖で一旦停泊し、横須賀に家族がいる兵士をタッカーに乗り込ませ上陸させた。大庭もその一人だった。上陸した大庭が目にしたのは、新聞や電信で知ってはいたものの「今実地目撃スルニ当リ、発スベキ言葉モナカリキ。工廠《こうしょう》軍需庫ノ破壊、倒潰、山崩、埋没。道路ハ亀裂シ、帰宅途中ノ山崩レ通行モナラズ」という惨状であった。悪路を乗り越えようやく自宅に戻ると「突然帰宅ニ夢心地セル妻子ト面会、互イニ無事ナルヲ喜」び、「暗闇ナル夜ナリシモ未来ニ光輝《こうき》燦然《さんぜん》タリキ」と家族の安全を心から喜んだのである。翌朝、大庭は横須賀港からすでに横浜港内に停泊している筑摩に帰艦し、家族の無事を上官へ報告した。その後筑摩は、再び罹災者の搬送や救助物品の輸送に従事している。大庭のように家族の安否を確認することができた者は、どれ

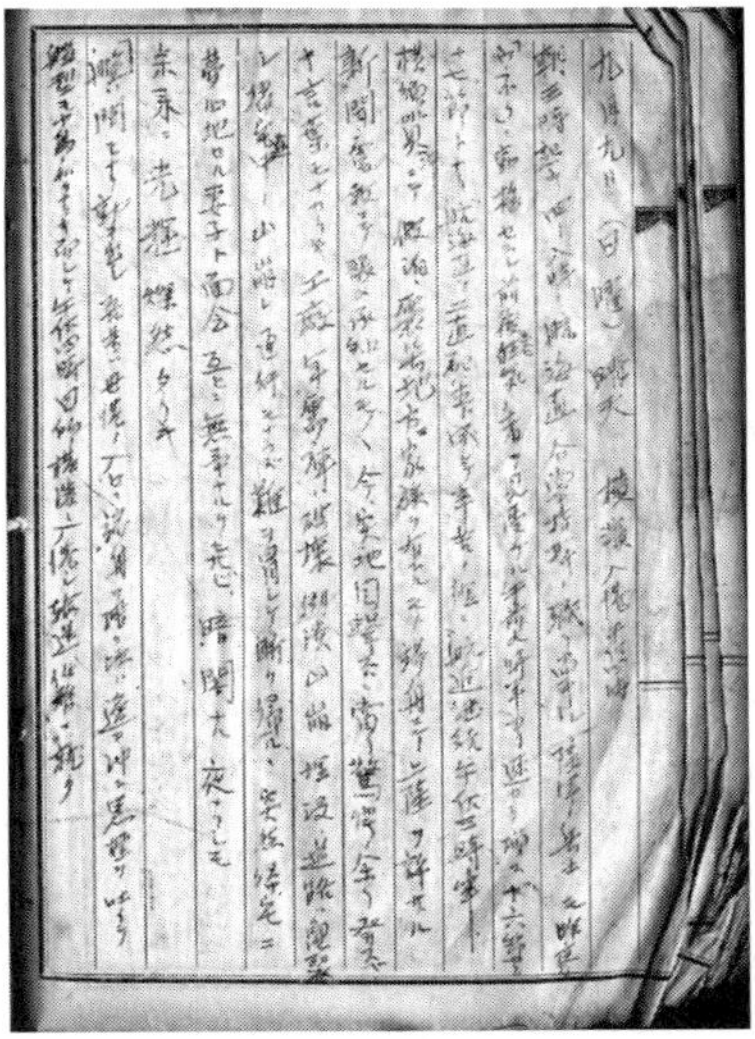

図72　大庭清吉震災日誌

だけいたであろうか。

警察の活動　軍人に比べ警察官の方が勤務地に家族と同居している場合が多いであろうから、震災当時の神奈川県の警察官のなかには、本人ばかりか家族や自宅が罹災した警察官が少なくなかった。そのため震災直後の神奈川県警察の活動能力は格段に低下していたといえよう。流言蜚語が飛び交い、食料の略奪行為などが見られても、救援部隊の到着までは組織的な警察活動がなされず、安河内《やすこうち》県知事ですら「警察権が破壊された今、執行能力が無いから駄目であろう」（横浜市・一九二六）と述べるほどに、地震発生直後は無秩序な状態であった。しかし、九月三日の群馬県からの応援警察官をはじめ、十月三十日までに兵庫・山梨・愛知・静岡・大阪・滋賀・岐阜・三重の各府県から延べ一〇二九名もの警察官が派遣され、罹災民の救護、警備・治安維持に従事したのである（神奈川県警察部・一九二六）。他府県からの応援警察官の助力を得ることによって、神奈川県警察は組織を再構成して、警備や死傷者の救護、暴利販売など経済的取締り、流言蜚語の取締り、略奪行為や刑事犯の検挙、震災被害の実地調査などの任務を果たすことができたのである。

戒厳令施行中に神奈川県内で検挙された犯罪件数は一七三〇件、そのうち八〇％が窃盗犯で、その多くは焼け残った倉庫などから食料品などの物資を窃盗したもので、この背景には食料や物資の絶対的不足と、一部の救援物資の供給がなされなかったことや、震災後に物価が騰貴したことなどの事情があり、犯罪の発生はやむにやまれない事情もあった。

神奈川県西部の小田原町では、地震により「全町家屋ノ倒潰」し「堅牢無比ナル」小田原城の石垣や櫓《やぐら》も第一震で崩壊し、その後二千数百戸が焼失するというありさまであった。地震発生後、小田原警察署は「第一人命救助ヲ主トシ、第二火災ノ防止・財産ノ保護等」を任務とし、警察署長は署員に「警察官ガ民衆ノ保護者タル実ヲ挙グルハ此ノ秋ヲ措イテ他ニナキヲ諭示」した（小田原市・一九九三）。警察にとってこの大きな自然災害の発生を民衆掌握の絶好の機会と捉えていたことは興味深い点である。

軍隊と警察　震災後に罹災地の警備任務にあたった警察と軍隊とは当初からスムーズな連携がなされたわけではない。とりわけ震災まもないころには警察も軍隊も限られた人員しか動員できず、互いに出動を求めるような情況であった。九月七日に開催された神奈川方面警備隊と震災救護事務局や横浜市長など行政担当者との協議では、「警察と軍隊との協同一致の行動」は「現在の情況に於ては殆んど各個別々の感がある」と警備隊参謀長が述べ、警察の活動と軍隊の活動とを整理することを求めた。そのさい県警察部長は「目下警察官は千名の定員中、出動し得べきもの九百名だけであり、その中完全に勤労し得るものは僅かに五六百名である」と、警察動員力の低下を理由に行政側は兵力の増員を求めた。これに対し司令官は「軍隊は約千二百名であるから、之が配置に関しては具体的の協議」をするには、「警察力も増加せられたし」と反論したが、行政側は「警察は増加の余地なし」と即断した（横浜市・一九二七）。このように戒厳令施行当初の警備に際しては、警察と軍隊ともに動員数に限りがあり、効率的な連携について模索しながらの警備であった。

(3) 道府県の救援

関東地震発生の一報　関東地震の発生を近県では地震動により直接感知したが、場所の特定や京浜《けいひん》地方に甚大な被害が生じているという情報は現代社会のように短時間で伝えられるものではなかった。群馬県では、大きな地震動を感じたものの、深夜に東京電灯株式会社からの専用電話にて連絡を受けるまでは京浜地方の大被害を知ることはできなかった（群馬県・一九二三）。長野県では地震動の感知後、直ちに長野測候所に震源を問い合わせたものの測候所では確認できず、結局、当日夕方高崎《たかさき》方面から信越《しんえつ》線で到着した旅行者の話で京浜方面で大きな被害が出ていることを知ることとなった。直ちに県知事は赤十字社長野支部に救護班の派遣を要請し、情報把握のため県職員の上京を命じている（長野県・一九二三）。また、関西でも、震災後に東京との無線が不通になるなど異変を感じてはいたが、関東地震発生を知るのは、約一二時間後の午後十一時三十分、神奈川県警察部長が横浜港沖に停泊中のコレア丸から大阪府知事・兵庫県知事などに宛てて発信した無線電報であった。「本日正午、大地震起り、引き続き大火災となり、全市殆ど、火の海と化し、死傷者何万なるやを知らず、交通、通信機関不通、水、食料なし、至急救済を乞う」（西坂・一九二六）と、被害の甚大さを伝えて早急な救援活動を求めたものである。大阪府は第一報の電文だけでは詳細が不明であるため、神奈川県と電信往復を重ね情報を収集するとともに、臨時の組織を設置して救援活動に着手した。その他の道府県の多くは九月二日に入ってから、電信や新聞号外などで関東地震発生の情報を知ると、すぐさま救援活動を開始する。救援活動の内容は、救援物資の輸送、負傷者救護班の派遣、避難民の受け入れ、義《ぎ》捐金品《えんきんぴん》の募集、警備要員（警察官など）の派遣というものである。なかでも最も大規模な活動を実施したのは、関西・中国・四国の府県からなる関西府県連合震災救護事務所であった。

図73　大阪へ海路避難した人々

関西府県連合震災救護事務所　九月五日に大阪府知事の提唱で、大阪・京都・兵庫・滋賀・奈良・和歌山・高知・愛媛・徳島・香川の二府八県の知事が大阪に会合した。その結果、協同して京浜地域への救援事業を実施するため、各府県から人員と経費を供出し、大阪に関西府県連合震災救護事務所を、被災地である東京市と横浜市にそれぞれ出張所を設置することを決定した（大阪府・一九二四）。設置から二日後には広島・山口・岡山・福井・石川・島根・鳥取の七県が連合震災救護事務所に加入するが、九月二十二日までに福井・広島・香川・山口の四県が脱退したので、最終的には二府一一県からなる連合組織である。関西府県連合震災救援事務所の活動は、京浜地域への救援物資の調達、その物資を組織的に海上輸送すること、また医療救護班を派遣し負傷者の治療手当に従事することが主要な内容で、また、京浜から避難してきた被災者の収容と救護、京浜への上京者の制限など人々の移動を管理することも含まれていた。

震災により住居を失ったり、経済的支柱である父兄などを喪った人々は、縁故を頼り地方に避難するしかなかった。その総数は明らかでないが横浜市が震災後二ヵ月余り後に実施した調査では、一一万四三〇一人が横浜市から神奈川県を含むすべての道府県へ避難していたことがわかる。震災時の横浜市の人口推定が四四万一六〇〇人であることから、人口の四分の一がどこかしらへ避難したことになる(横浜市・一九二六a)。避難した人々に対する住居の斡旋や、長旅による疲労や病気への治療、生活の糧を得るための就職斡旋といった活動も救護事務所の役割の一つであった。

救援物資 救援物資には米や醬油・味噌・漬物といった食料品、衣服や寝具、履き物などの衣料品、バケツやマッチといった日用品など、緊急に罹災者の不足を満たすためのものが多かった。また、負傷者のための衛生材料なども優先して東京府や神奈川県内に送られた。

火災により家屋を失い、雨露をしのげない罹災者を収容するためのバラック小屋の建設も関西府県連合により東京と横浜で実施された。バラック小屋の規模は、一棟が木造平屋で長さ二七メートル、奥行き七・二メートルで、面積は一九四・四平方メートル、約六〇坪の広さを持つ施設で、床は板張りの上に筵《むしろ》または茣蓙《ござ》敷き、出入り口二ヵ所、窓は一〇ヵ所という造作であった。総計一八〇万円もの巨費が投じられて、東京三〇〇棟と横浜二〇〇棟の合計五〇〇棟、付属便所二五〇棟が大林組の請負いで建設された。横浜の二五〇棟は市内各地約五〇ヵ所に十月二十七日に完成し、関西府県連合震災救護事務所横浜出張所から神奈川県と横浜市に引き渡された。なかでも横浜市中村町揮発倉庫跡地には五二棟が集合して建築され、「関西村」と通称が付けられたほど大規模である。

図74　関西村と呼ばれたバラック住宅群

バラック小屋のほかにも、関西府県連合震災救護事務所の活動のなかで特筆すべき大きな事業は医療救援であった。横浜市中村町に一〇〇〇人収容の仮病院を建設し、罹災者の救助や治療にあたったのである。病院は、バラック建物ではあるが八〇坪の病室一三棟と便所一三棟や渡り廊下からなる大規模なもので、十月一日に仮開院している。開院時は内科と外科の医師二二人、看護婦一〇一人、薬剤師七人、事務職員ほか四六人という体制であった。当初より三ヵ月間の活動予定であったので、十二月二十日に病院施設は神奈川県に譲渡され、県では引き続き「関西二府六県連合寄贈神奈川県臨時病院」との名称で診療活動を継続した。譲渡されるまでに初診再診を含めて病院を利用した患者数は延べ三万八九二名を数えた。

こうした関西府県連合震災救護事務所の活動は、京浜地域の被災者の救援に大きな役割を果たしたのであるが、その経費もじつに二一六万五六一八円という莫大なものであった。大正十年度の神奈川県歳入歳出決算額が約三八一万円であったことからみても、その金額の大きさが見て取れるであろう。一方、経費のなかに含まれないものもあった。それは一般市民からの義捐の金品や物資である。これらを金額に直すことが難しいので、総額は不明であるが、義捐物品の多さからみても経費に勝るとも劣らないだけの市民からの援助があったと思われる。

震災事情報告会　このような関西府県の官民をあげた救援に対して、東京と神奈川の府知事、東京や横浜の両市長などは関西府県に書簡を送り深い感謝の意を表し、あるいは職員を派遣して知事の代理として謝意を表した場合もあった。神奈川県は十一月に「親しく感謝の意を表すると共に災害の実況を高覧に供する」ため関西の府県で震災事情報告会を開催した。十一月九日に奈良県公会堂にて開催され、神奈川県社会課職員の報告の後、「飛行船より見たる横浜及東京」「横浜市大震火災の実況」などの映画四本を上映した（奈良県・一九二三）。映し出された震災前と震災後の横浜の姿の違いに参加した人々は何を思ったのであろうか。

関西府県連合震災救護事務所以外にも、官民あげての救援活動がみられ、なかでも恩賜《おんし》財団済生会、日本赤十字社、愛国婦人会は医療活動に、財団法人協調会、大震災善後会、南満州鉄道株式会社、宗教団体もさまざまな救援活動に従事した。また、海外からも義捐金品の寄贈や救援事業が多数行われた。

(4) 関東大震災からの復興

震災の経済的影響　関東大震災は県内の産業界へ重大な被害を与えた。なかでも最も影響が大きかったのは横浜港の機能停止であった。横浜港は桟橋をはじめ税関や保税倉庫などの港湾施設が壊滅的に倒潰・焼失され、貿易商社や金融業の多くが被災し営業停止となったため、横浜の貿易活動は完全にストップしてしまった。主力貿易品の蚕糸や絹布といった絹製品は、貿易商社や港湾施設にて保管中の在庫品が焼失あるいは汚損し、また高座《こうざ》郡などの製糸工場が被災して商品価値がなくなった繭玉《まゆだま》などを含めると、それらの被害額は当時の価格で一億円以上であったという（横浜市・一九二六b）。横浜港から生糸《きいと》製品を輸出できなくなり、生糸相場も大きく下落したため、横浜に出荷する全国の蚕糸業者や養蚕家にとっても大きな打撃であった。これまで横浜へ出荷していた蚕糸業者のなかには神戸港へと出荷先を変更するものが相つぎ、ますます横浜の貿易業は衰退することは明らかであった。

一方、震災以前に五七二五を数えた横浜市内の工場のうち二六九三工場が焼失し、ほかに形ばかり残存しても全く操業できない工場も少なくなかった（横浜市・一九二六b）。焼失した工場の半分近くは飲食物関係の工場で、精穀（米麦）が最も多く、主食である白米の供給ができない状態であった。幸い焼失を免れた精米工場でも電力が途絶したため精米器が運転できず、玄米はあっても白米の供給が困難であった。商業についても多数の商業店舗が倒潰焼失したことから、生活物資の多くは配給に頼らざるをえない状況が続いた。こうした工場や商店の営業停止は当然のことながら、従業員らの解雇となり、震災は大量の失業者を発生させることになったのである。

横浜市の復興　横浜市の復興は、横浜の政財界の強力な牽引力により推進されたといっても過言でない。九月七日には市内の蚕糸業者が会合し、蚕糸貿易の復活に全力を尽くすことを決議し、横浜を代表する貿易商の原富太郎《はらとみたろう》を会長に選んだ。一方、市議会も震災対策と復興策を検討するため、十一日に緊急市会を開催し、横浜市復興に関する決議を採択した。帝都復興事業のなかに横浜市を含めること、横浜港を急速に修築し貿易の復興を図ること、横浜市の都市計画事業を国家予算にて実施することなど、横浜港の早急の復旧と貿易の早期再開こそが横浜市の復興の基本であるという内容であった。政府は、帝都復興院を設置し帝都復興計画を策定するなかで、復興事業のなかに横浜も含めることを明言したこともあって、横浜市当局と財界は一致協力して横浜市の復興にあたる必要から、九月三十日に横浜市復興会を発足し、会長には原富太郎が就任した。横浜市復興会は、市財政・市事業・港湾・都市計画・運輸交通・生業・貿易・工業・金融の各部ごとにさまざまな課題と施策を議論し実行したのである。また十二月十六日には横浜市復興会は市民大会を開催し、京浜運河の開設と鶴見川《つるみがわ》から新山下《しんやました》までの防波堤の築造を求める決議を行った。市民大会の席上、挨拶に立った平沼亮三《ひらぬまりょうぞう》横浜市会議長は、震災の程度は東京よりも横浜の方がはるかに甚大であるにもかかわらず、「復興院評議会が満場一致を以て京浜運河及防波堤の速成を決議したるに、何事ぞ、彼の老人輩を以て組織せる復興院審議会は、復興を復旧と解釈して、之を否定し去らんとは」と復興院評議会による復興事業計画の縮小に対する批判をし、それならばと「宜しく与論の力を以て之が完成を期せざるべからざる」と述べた。横浜市復興会の代表は、市民大会の決議文をもって首相ら政府首脳や貴衆両院議長などへ陳情活動を展開している。大正十五年（一九二六）九月三十日に至り事業の大成を得たとし横浜市復興会は解散した。

復興の果てに　一方、横浜市は震災復興を契機に大横浜建設事業を立ち上げている。その骨子は隣接町村の編入による市域の拡大（昭和二年〈一九二七〉実施、面積約三倍、人口一・二六倍）、横浜港に大防波堤の築造（大正十五年第四期築港工事計画策定）、貯木場の建設（新山下に設置）、山下町や山手居留地の永代借地権の買収（大正十四年〈一九二五〉から実施）、貿易振興策、外国人招致の施策（昭和二年ホテルニューグランド営業開始）などであった。これらの諸事業の完成と一部の着工を期して、昭和四年（一九二九）四月二十四日に横浜市は新装なった野毛山《のげやま》公園にて復興祝賀式を開催した。当日は官庁・議会関係者のほか復興功労者、震災救援者なども招待され、総勢八五〇〇人余りの参加者があった。復興式の前日には、昭和天皇が横浜市を行幸《ぎょうこう》し、県庁をはじめ県立高等女学校・生糸検査所・商工奨励館・横浜市立小学校・奉迎式会場（横浜公園内運動場）・震災記念館を巡幸した。昭和十年（一九三五）三月から五月には、震災の瓦礫を埋めて造成した山下公園を会場に、復興記念横浜大博覧会が開かれた。横浜市と神奈川県の震災復興を全国に示す一大イベントで、東京や近県などから三二二万人を超す観覧者が詰めかけるなど成功裏に幕を閉じた。

横浜市以外にも横須賀・小田原・藤沢《ふじさわ》・鎌倉《かまくら》などで市町村ごとの復興会が結成され、それぞれ地域の復興を目指すが、横浜市とは異なり政府の復興計画に含まれることはなかったため、具体的な復興事業は市町村の自力的な努力によるしかなかった。震災復旧事業の資金として地方債の発行が認められたが、その負債はその後の市町村財政の大きな負担となっていったのである。

コラム5　関東大震災——死者・行方不明者は一〇万五〇〇〇人

関東大震災には、有名な数字や出来事があるが、根拠となると知られていないばかりか、誤って伝えられていることがある。死者・行方不明者一四万二〇〇〇人という数もその一つである。

この数の根拠は、東京大学地震学教室の今村明恒氏がまとめた『震災予防調査会報告』一〇〇号甲にある、東京市、横浜《よこはま》市、横須賀《よこすか》市と府県別の被害の集計表である。その表を見ると、すぐに不可解な点に気づく。それは、東京府の行方不明者数から東京市の数を引くと、東京府下で約三万八〇〇〇人もの行方不明者が発生したことになるという点である。そこで、市町村ごとにまとめられた元のデータに立ち返り、さらに、国が国勢調査方式で行った被害の調査結果を調べて、死者・行方不明者数を数え直してみた。要因別の内訳も作ったが、総数は一〇万五〇〇〇人にしかならない。

『震災予防調査会報告』一〇〇号戊の火災編によれば、東京市での死者数約六万人のうち四万二〇〇〇人は火災によって性別不詳となった身元不明者の遺体の数である。一方、東京府の集計の行方不明者数約三

死者・行方不明者合計
33,067
26,623
665
107,519
60,120
1,342
411
20
443
5
0
0
0
142,807

巻第4号,

表14　死者・行方不明者数の再検討結果と今村の集計とその合計

府県	要因別死者・行方不明者数推定値				死者・行方不明者合計	今村(1925)の集計	
	住家全潰	住家焼失	住家流失・埋没	工場等の被害		死者	行方不明者
神奈川県	**5,795**	**25,201**	**836**	**1,006**	**32,838**	**29,065**	**4,002**
（うち横浜市）	1,977	24,646	0	0	26,623	23,440	3,183
（うち横須賀市）	495	170	0	0	665	540	125
東京府	**3,546**	**66,521**	**6**	**314**	**70,387**	**68,215**	**39,304**
（うち東京市）	2,758	65,902	0	0	68,660	59,065	1,055
千葉県	**1,255**	**59**	**0**	**32**	**1,346**	**1,335**	**7**
埼玉県	**315**	**0**	**0**	**28**	**343**	**316**	**95**
山梨県	**20**	**0**	**0**	**2**	**22**	**20**	**0**
静岡県	**150**	**0**	**171**	**123**	**444**	**375**	**68**
茨城県	**5**	**0**	**0**	**0**	**5**	**5**	**0**
長野県	**0**	**0**	**0**	**0**	**0**	**0**	**0**
栃木県	**0**	**0**	**0**	**0**	**0**	**0**	**0**
群馬県	**0**	**0**	**0**	**0**	**0**	**0**	**0**
合計	**11,086**	**91,781**	**1,013**	**1,505**	**105,385**	**99,331**	**43,476**

諸井・武村『関東地震による被害要因別死者数の推定』（日本地震工学論文集第4平成16年）より作成.

万九〇〇〇人は、家族や友人などから警察に捜索願があった数で、死者数とかなり重複しているだろうというのである。こんな事情も調べずに、後世、誰かが今村氏の表から単純に死者数と行方不明者数を足し合わせた数字が一四万二〇〇〇人で、その数が公的文書や理科年表、さらには子供たちの教科書に至るまであらゆる書物に採用されているのである。

火災の影響を考慮しない結果生まれたおかしな話はほかにもある。それは地盤の悪い下町《したまち》では揺れの周期が長かったため、土蔵が共振を免がれてほとんど揺れによる被害を受けなかったというものである。しかしながら、『震災予防調査会報告』一〇〇号丙上にある元のデータを見ると、ほぼ全区焼失した京橋《きょうばし》、日本橋《にほんばし》、深川《ふかがわ》、本所《ほんじょ》の下町の各区の被害の集計表は空欄となっている。この表から、後世、被害数をゼロと見なして作り出された話が上記の〝土蔵の話〟である。何故空欄かを考えると、おそらく、土蔵は揺れで潰れた。その後、火が入り跡形もなく崩れ去って被害数の勘定もできなかったのであろう。その証拠に、同じ表にある焼け跡残存数は、各区とも総数に比べ極端に少ない数字になっている。土蔵が耐火構造であることを考えると、地震でもし潰れなかったとすれば、もっと焼け跡に残っていたはずである。また安政二年（一八五五）の安政江戸《あんせいえど》地震のときには、下町で多くの土蔵が潰れた記録がある。

このほか、地震の規模を示すマグニチュードが七・九であるという根拠やその確からしさ。強い揺れが五分間も続いたという原因が、本震直後の規模の大きい余震群によることなど、最近になって、検証された事実がたくさんある。いずれも当時の貴重なデータが残されていたからこそできたことである。

阪神・淡路大震災

1　大都市の崩壊・大規模化する被害

(1)　発生の瞬間

二つの記事

二つの新聞記事がある。

一つは、昭和四十九年（一九七四）六月二十六日付『神戸新聞』の夕刊一面トップ記事、もう一つは、平成七年（一九九五）一月八日付の同じく『神戸新聞』朝刊一面コラム「正平調」である。

前者は、阪神《はんしん》・淡路《あわじ》大震災の発生する二一年前の記事だ。「神戸にも直下地震の恐れ」「臨海部に破砕帯《はさいたい》」「地震帯、市街へ延長も推定」という大型見出しが付いている。破砕帯というのは「断層破砕帯」つまり、断層のことを指す。大阪市立大学表層地質研究会が、神戸市の依頼で実施した「地震と地質調査」の結果を報じたもので、臨海部に新たな破砕帯が確認され、六甲山麓《ろっこうさんろく》に東西に広がる神戸市街地の直下で、建造物を破壊する大地震が発生する可能性を明確に指摘している。

神戸・大阪は、関東などと違い、地震の起きない都市だと、長く言われ続けてきた。しかし「それは安全ということではなく、逆に地震のエネルギーが蓄積されているということで、緊急性をもって、都市計画を見直し、防災対策をとるべきだ」と、この報告書は警告していた。

後者のコラムは、大震災発生の、わずか一〇日前のものだ。

これは、その前年の十二月、東北地方に被害を出した「三陸はるか沖地震」の余震が続いていることを例に、地震への備えを訴えている。このなかで、これも、その前年秋から、阪神間北部の町・兵庫県猪名川《いながわ》町で続発していた群発地震にも触れ「神戸は地盤が安定しているというが、いつM七級の大地震が起きても不思議でない」という専門家の見方を、警告として記述し、不測の事態に備え「用心に越したことはない」と結んでいた。

市民の反応

こうした「警告ニュース」に対する市民の反応は、どうだっただろうか。

大阪市立大学の調査については、記事の大きさの割には、それほど強い反響はなかったと記憶している。ニュースの送り手にしても一〇〇年、二〇〇年単位の可能性として、切迫感のあるリアリティーを感じなかったというのが実感だった。多くの市民も、同じような受け止め方をしたと考えていいだろう。

この記事に付して、工学関係の研究者の談話も掲載されている。「地質関係者は十万、百万年単位の地殻変動をもとに災害警告を出すが、都市計画や大型プロジェクトは百年ぐらいを単位として考え

● □は気象官署以外で気象庁が観測した震度４以上の観測点
● 神津島は臨時観測点
⊗は震源
1995年1月17日05時46分51.9秒
淡路島
北緯34°36'
東経135°02'
深さ16km
マグニチュード　7.3

図75　各地の震度

る。断層がいまにも変動するのではないかと考える人も多いかもしれないが、そんなことはない」とコメントしている。

地震情報に神経質であるはずの研究者の受け止め方が、大型プロジェクトに絡んだ政治的発言だったとする見方もあるが、こんなふうであったのだから、一般の現実感は、さらになかったとしても不思議ではない。

これに対して、平成七年のコラムに対しては、少なからず反応があった。「どう備えたらいいか」などの問い合わせもあった。それは、阪神間の人たちが、猪名川の群発地震を不気味に受け止めていたという現実があったからだと考えられる。

震災後「あの記事で、テレビや洗濯機、ピアノ、たんすなどをワイヤで固定して助かった」という声が、新聞社に何件か届いた。地震発生への現実感と地震被害への想像力が強まるのに比例して、警告や予測ニュースに対する反応も強くなる。

行政、企業の対応

こうした情報、ことに断層調査についての行政、企業の反応は、きわめて低調、鈍感というより、むしろ積極的に否定する姿勢が垣間見られたほどであった。

それまで、神戸は地震の少ないところと言われ続けており、従来の防災対策は、土砂災害・風水害・高潮対策などが中心で、地震対策はほぼゼロに等しい状態だった。

報告を受けた神戸市では、そのとき、コメントを出し「都市計画を見直し震災時の避難場所設定など総合的な防災対策を立てる」との方針を表明した。しかし、それ以降、特段の対策が進められたという痕跡はない。高度成長からバブル期を迎えつつあった行政、企業は、空港など大型プロジェクトの推進に支障をきたしたり、生産性の足を引っ張るような防災対策には、積極的でなかったというより、無視もしくは拒否するのに近い対応だったといえる。

一般感覚として、地震情報が、いわゆる「予言」に近い情報から、純粋科学情報に移行しつつあった時代だったのだが、行政も企業も「予言時代」そのままの対応をしたのであった。それは、コラムが掲載されたときにも変わらぬ感覚だったといっていい。市民は、家具の固定といった、きわめて狭い範囲の防衛策であったとはいえ、生活レベルでの対応を始める兆《きざ》しがみえるが、行政、企業は、そうした具体的防御策への想像力を全く欠いていた。

その一方で、大阪市立大学の調査結果が発表されて以降、地質学者らを中心に、研究会や講演会が開かれるようになった。

なかでも、メディアに注目されたのが、昭和五十五年（一九八〇）一月十七日、神戸で開かれた気象学会の講演で、このとき、神戸大学の地質学教授が「神戸大地震」による都市破壊を警告している。ちょうど一五年後のその日、阪神・淡路大震災（兵庫県南部《なんぶ》地震）が起こるのだが、もちろん、そんなことは誰も予測はしていない。それぞれの分野で、警告を看過した大きなツケを背負うことになるのだが、ことに行政にとっては、その責任論まで、追及されたのであった。

20秒のカタストロフィー

平成七年（一九九五）一月十七日午前五時四十六分。北緯三四度三六分・東経一三五度〇二分、淡路島北端部の海底一六キロを震源とする巨大地震が発生した。マグニチュード七・三（当初発表は七・二。平成十三年〈二〇〇一〉四月に修正）。淡路島西部寄りを南北九キロにわたって走る野島《のじま》断層が、大きな破断を起こした。断層のズレは国土地理院の調査で、最大で縦約一・三メートル、横約一・七メートルと記録されている。

播磨灘《はりまなだ》での早朝の漁を終え、帰港しようとしていた漁師の多くが「鯨の潮に吹き上げられるような」衝撃を受け、島の南北に何キロにもわたって土煙が激しく沸き起こるのと、稲妻のような光跡を目にしたと語っている。

同時に、震源からの破断による衝撃波は、明石《あかし》海峡を渡り、神戸市の西部から東部へ、さらに阪神間から兵庫・大阪府県境にまで達した。そして、六甲山南麓、つまり神戸市街地直下をほぼ東西に貫く、当時は「未知の」といわれた断層を、一気に破壊した。

この間、およそ二〇秒。一瞬のカタストロフィーであった。

一旦は、震度六と発表された揺れは、その後の状況を勘案し、地域によっては最大震度である「七」と修正された。

その、強烈な揺れの状況は、NHK神戸放送局の局内カメラが鮮明に捕らえていた。

宿直の記者が、なすすべもなく、上下、前後、左右に翻弄されていた。これほど生々しく地震の揺れを直接捕らえた映像は、これまでになかったものだ。もちろん、想像を超える規模で家屋が倒壊し、多数の犠牲者が出たのだが、そんな瞬間は撮りようがないから、この繰り返し放映されたビデオは、映像時代の同時記録として地震の恐怖を伝え、震災への備えを強く促す貴重な資料となった。

そのとき……

そのとき、私（筆者）は、震源から六〇キロほど西に離れた兵庫県西部の中心都市、姫路《ひめじ》市の自宅二階で朝の浅い眠りの中にいた。

突然の振動に揺り起こされた。窓の外が、稲妻が走ったように何度か光った。はじめて体験する強い揺れだった。倒れるかと思いつつ妻のベッドとの間の空間に身を伏せた。

「山崎《やまざき》断層が動いた」。とっさに、そう思った。県西部を東西に走るよく知られた断層で、一〇〇〇・二〇〇〇年単位でマグニチュード七級の大地震を起こすと推定されていた。

しかし、違った。姫路の震度は四。といっても、いつも当地の震度は実感より一程度小さい。公式震度計が、強固な岩盤上に設置されていて、市民の多くは、実感と発表震度に違和感を抱く代物だ。実態は震度五弱といったところだろうか。それでも、この程度では家屋に損傷は起こらない。

当時、新聞の一面コラムを担当していた私は、揺れの収まった後、きょうのテーマは、この地震にでもするかと、のんびり、仕事のことを考えていた。職場のある神戸が、壊滅状態になっていることを知ったのは、かなり時間が経ってからであった。

「一撃」の瞬間

地震の一撃を受けた瞬間のことについては多くの被災者が書き、語り伝えている。筆者の取材も含めて、次に紹介する。

［屋外状況］まず、屋外の状況はどうだったか。取材中の記者二人を乗せて走行中のタクシーの話から始める。

国道二号線の兵庫区と中央区の境辺りだった。三〇メートル先の交差点に信号待ちの四トントラックが止まっていた。その後につけようとブレーキを踏んだ途端、閃光とともにゴーッという地鳴りのような轟音が地下から「吹き上げて」きた。

スーッと体が垂直に沈み込んだ。その縦揺れに続いて、今度は横揺れだ。車が、左右に振り回される。全身が、かき回されたようだ。車の天井に何度も頭を打ちつけられた。道路が大きく波を打っているのがわかる。前のトラックは、ジャンプを繰り返すように何度も跳ね飛んでいた。着地のたびに、ダーン、ダーンとすさまじい地響きが起こった。路上では「道路にカエルのようにはいつくばり「トランポリンをしているように」翻弄されたという、新聞や牛乳配達途中の人の証言もある。

強烈な一撃の後、何度かの余震が続いたがようやく落ち着いた二人の記者は、タクシーのライトの向こうに、信じられない光景を目にする。

「四階建のビルが傾いている。文化住宅が崩れている。停電で真っ暗闇の中で、そこだけが切り取った影絵のように見える。物音一つせず、恐ろしいほどの静寂。死に絶えたような街の一角を目の当たりにして、足がすくんだ」、「道路の左右の民家が軒並み倒壊している。電柱という電柱が傾き、電線が垂れ下がっている。二階部分が道路にせり出している家があるかと思えば、壁が崩れ、柱が曲がって飛び出して原形をとどめない家もある」(神戸新聞社編著『神戸新聞の一〇〇日』プレジデント社)。そんな光景が、淡路から、明石、神戸、阪神、大阪へと一気に広がっていく。街が、まるで「ドミノ倒し」にあったように破壊されていった。

[屋内状況] 屋外からそう見えた、その時の建物内部の状況を、次にみてみよう。

震災直後に書かれたいくつもの手記に、家屋が倒壊するさまざまな「音」が記録されている。共通しているのが「ゴーッ、ゴーッ」「バリッ、バリッ」「バキッ、バキッ」である。地鳴りと、木造家屋が破壊される音だ。文字に表されない音といった人もいる。「ガン、ゴン、ガン、ゴン」「ゴ、ゴ、ゴー、ゴト、ゴト、ドスン」「ドーン、ドーン」という表現もあった。

「シュワッ、シュワッ」「カラカラ、カラカラッ」。ビルの中で、ロッカーや本棚が倒れたすさまじい轟音が収まったのと同時に聞こえた音だ。倒壊だけはかろうじて免れたビルのしなり続ける音と、窓ガラスが割れて路上に落ちる音である。不思議な静寂の中で、不気味に響いたという。

就寝中の人は、持ち上げられた後、たたきつけられるように床や畳の上に落とされた。多くが、頭から逆さまに、後頭部を引き込まれるように転落したと書いている。倒れたからだの上に、ドサッ、ボタッと屋根瓦が落ちて砕けた。「天井がやけに低く感じた」との手記もあるが、それは、まだ生存空間があったということだ。

ドアや窓は、ゆがんでほとんど開かない。蹴破って外へ逃れた者が、余震による全壊から、かろうじて命を守ったが、大半の犠牲者は、倒壊家屋の下敷きとなり圧死した。

地震の一撃は、当然のことながら、建物ばかりでなく、地上の構造物すべてを襲う。高速道路が倒壊し、地下鉄の一部も崩落した。公共交通機関も、レールや駅舎の破壊で止まった。道路に生じた段差は、車社会の動きを止めた。人工島を中心に激しい液化現象が生じ人の出入りを阻んだ。企業や役所の大型コンピューターの多くが機能不全を起こし生産ラインもストップする。電気・水道・ガス――。空気と同じように、いつでも使えると錯覚していた都市生活者の「三種の神器」も、パイプ破損、電線切断のため、一部、安全策もあったが、全面供給停止に追い込まれた。

一瞬にして生産、流通、暮らしがマヒした暗黒の街のあちこちで、幾条もの炎と煙が立ち上り始めた。

(2) 被害の実態

被災のエリア

淡路島北端部で起きた断層破壊の衝撃は、北は、震源地から七〇〇キロ以上も離れた東北地方南部や新潟まで、南は九州南部にまで達した。宇都宮《うつのみや》や鹿児島で震度一を観測、広範囲な揺れが記録されている。

最大震度は当初、神戸《こうべ》市・洲本《すもと》市の六だったが、後の被害状況を参考に、神戸市須磨《すま》区鷹取《たかとり》付近から中央区三宮《さんのみや》付近、芦屋《あしや》市芦屋駅付近を経て西宮《にしのみや》市夙川《しゆくがわ》付近に至る細長く連なる地域と、宝塚《たからづか》市、旧津名《つな》郡（現淡路市）の一部が震度七に修正された。この帯状のエリアは「震災の帯」と呼ばれ、ここを中心に甚大な被害が集中した。

地震発生から八日目の一月二十四日、政府は、激甚災害の指定を行い、被害把握の進んだ市町から順次、災害救助法の適用指定を行った。兵庫県内では、神戸・尼崎《あまがさき》・西宮・芦屋・伊丹《いたみ》・宝塚・川西《かわにし》・三木《みき》・明石・洲本の一〇市と、当時の津名・淡路・北淡《ほくだん》・一宮《いちのみや》・東浦《ひがしうら》・五色《ごしき》・西淡《せいだん》・三原《みはら》・緑《みどり》・南淡《なんだん》の一〇町（津名・淡路・北淡・一宮・東浦は合併して現在は淡路市に。五色は洲本市に。西淡・三原・緑・南淡も現在は南あわじ市）。大阪府では、大阪、豊中《とよなか》、池田《いけだ》、吹田《すいた》、箕面《みのお》の五市であった。

人的被害——犠牲者六四三四人

［〝圧死〟の実態］　地震発生から三時間余りが経った午前九時二十分、兵庫県警が第一回の被害状況を発表した。

「死者八人、生き埋め百八十九人以上、不明三十三人」。

「やはり死者が出ているのだ」というのが被災地外側の反応だった。それが、戦後最悪の数字になることは、その時点では予測もできなかった。

午前十時五十五分、警察庁発表。「死者七十四人、負傷者二百二十八人」だった。

それが、正午になって「死者二百三人」と急増する。午後六時、一〇四二人。午後九時、一三一一人。十八日午前零時四十五分の発表は「死者千六百八十一人、行方不明者千十七人、負傷者六千三百三十四人」。

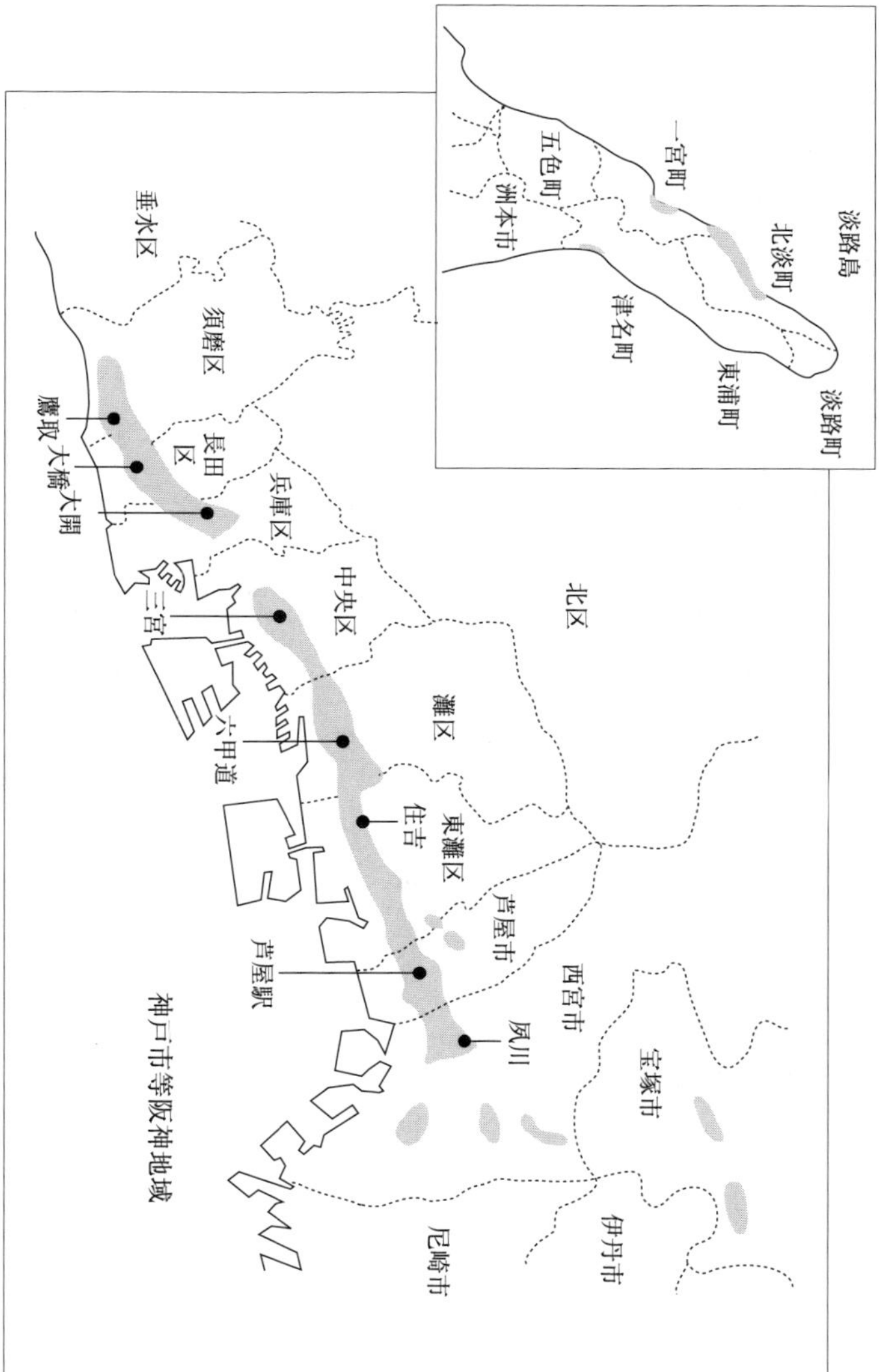

図76　震度７の地域（淡路の町名は，合併前の旧町名）

対応の遅れを非難された当時の村山富市《むらやまとみいち》首相が「エーッ」と絶句したといわれるのが、この急激な死者数の増加である。午後になって、ようやく事態の深刻さに日本中が気付いたのである。いかにも「小出し」のようにみえるが、検死などを経て、確認数だけ発表したことや、重傷者が亡くなったり、挫滅症候群《ざめつしょうこうぐん》（クラッシュ・シンドローム。重量物で圧迫され、遮断されていた血流が救出後に急激に流れることによって急死する病状）が増えたことなどによって、この結果になった。

「死者はどこまで増えるのか」と、地元紙が慨嘆したように、死者数は日ごとに数百人単位で増え続けた。

兵庫県警が震災一年後の平成八年（一九九六）一月にまとめた「阪神・淡路大震災警察活動の記録」によると、この時点での死者五四七一人のうち三二六六人が地震発生の十七日午前五時四十六分から同六時までの間に亡くなっていたことが、検死の結果判明している。また、午前六時から正午までの死亡者は一三九七人、正午以降深夜零時までが四一一人、十八日以降が二九〇人、不明一〇七人となっている。

つまり、発生から一四分以内でほぼ即死状態だった人は約六〇％となる。地震発生時、ほとんどの人が就寝中だったため、犠牲者の大半は、倒れた家屋の下敷きとなった「圧死」である。被災エリアの病院の八六％が倒壊を含む被害を受け、治療の空白が生じたことも見逃せないが、昼間の発生で「火災死」が大半だった関東大震災と際立った対比をみせた。また、高架橋の落下などによる死者が、十数人いるが、これが昼間の発生であれば、死亡形態も大きく変わることになるはずだ。

表15　阪神・淡路大震災の概要

人的被害	死　者		6,434名	
	行方不明者		3 名	
	負傷者	重　傷 軽　傷	10,683名 33,109名	
		計	43,792名	
施設関係等被害	住家被害	全　壊 半　壊	104,906棟 144,274棟	(186,175世帯) (274,181世帯)
		一部破壊	390,506棟	
		計	639,686棟	
	非住家被害	公共建物 その他	865棟 3,983棟	
	文教施設		941ヵ所	
	道　路		7,245ヵ所	
	橋　梁		330ヵ所	
	河　川		774ヵ所	
	がけ崩れ		347ヵ所	
	ブロック塀等		1,480ヵ所	
	水道断水		約130万戸	(ピーク時) (厚生省調べ)
	ガス供給停止		約86万戸	(ピーク時) (資源エネルギー庁調べ)
	停　電		約260万戸	(ピーク時) (資源エネルギー庁調べ)
	電話不通		30万回線超	(ピーク時) (郵政省調べ)

「阪神・淡路大震災について（第106報）（平成14年12月26日，消防庁）」のデータを基に，同庁が18年５月19日，一部修正をした最終数値.

図77　火災の被害　夜に入っても火勢はいよいよ強く兵庫，長田区の住宅密集地を焼き尽くした．1995年１月17日午後７時，神戸市中央区のビーナスブリッジから．

一方、ここで注目すべきは、午前六時から正午までに亡くなった人が二五％いるということだ。大震災はほとんどが即死という通説があるが、この二五％のうち何人かは助かる可能性がある。彼らをいかに救命するかが、今後の災害で死者を減らすための重要なポイントとなる。一般的な救急医療とは別に、大規模災害医療体制の構築が求められるのはこのためだ。

その後、犠牲者の数はどうなったか。震災一〇年後の平成十七年（二〇〇五）時点での消防庁のデータでは六四三三人、その後、平成十八年にさらに一人追加され、最新データでは、六四三四人となっている。重傷者が亡くなったり、被災後、数ヵ月あるいは年単位で、さまざまな形で追い詰められ、自ら命を絶つ人もいる。こうした「関連死」も、震災犠牲者に数えている。ほかに、行方不明者三人、重傷者一万六八三人、軽傷者三万三一〇九人と記録され、戦後最悪の被害となった。

［死者の発生場所］　死者は、震度七の「震災の帯」に集中した。確認された死亡場所の約九割が屋内。神戸市東灘《ひがしなだ》・灘《なだ》・長田《ながた》・兵庫・須磨の各区と西宮市では、家屋の倒壊率と比例して数百から一〇〇〇人を超す大量の犠牲者が出た。平成十五年、兵庫県がまとめたデータでは、神戸市四五六四人、西宮市一一二六人、芦屋市四四三人、宝塚市一一七人、淡路の旧北淡町三九人、である。このうち西宮市では仁《に》川の大規模地滑りで三四人が亡くなった。このほか大阪府で二八人、京都府で一人の死亡が記録される。

警察庁による死亡者の年齢別調査では、最も多いのが六十歳代一九・三％。ついで七十歳代一八・七％、五十歳代一四・八％、八十歳代一三・四％……などである。六十歳以上の高齢犠牲者が過半数を超える。男女別では女性の死者が六〇％だった。高齢化社会を直撃したことを物語ると同時に、災害弱者をあらためて浮き彫りにした。

建物被害——全半壊住居二五万棟、三一万人が避難

建物被害も、兵庫県に集中したが、大阪・京都・滋賀・奈良・和歌山・徳島・香川・岡山・広島にまで広がっているのが特徴だ。

消防庁の平成十八年（二〇〇六）のデータでは、全壊一〇万四九〇六棟、半壊一四万四二七四棟、一部破壊三九万五〇六棟である。約二五万棟（四六万世帯）が全半壊し、六三万棟を超える住家が被害を受けた。大半が木造家屋である。

図78　同一方向へ倒れ込む二階建の民家　1995年１月18日午後，神戸市東灘区西岡本．

一方、オフィスビルなど非住家の被害は、公共建築物八六五棟を含め四八四八棟が倒壊などの被害を受けた。こちらは大半が鉄骨、コンクリート系建造物である。

［木造家屋被害］「震災の帯」と呼ばれた神戸市の須磨・長田・兵庫・中央・灘・東灘の各区にまたがる地域は、南北を海と山に挟まれ、東西に長くサンドイッチ状に伸びた市街地の、その細長い芯の部分にあたる。古くからの民家が肩を寄せ合うように建ち、人情豊かなまちを形成していた。いわゆる「インナーシティー」で、当然のように、古い木造住宅も密集している。

被災直後の街を歩くと、不思議な感覚に襲われる。いつもとは違う視線で風景が見えてくるからだ。普通は見えない海や山並み、遠くのビルが直接目に飛び込んでくる。木造住居の二階ベランダが、目の高さのところまで落下している。

多くの住居は、一階部分が崩れ落ち、その瓦礫《がれき》の上に、二階部分がストンと落ちたように乗っかっているのである。

この二階建一階部分の崩壊というパターンのほか、日本建築学会員らの調査で、屋根の重い構造的アンバランスによる平屋の倒壊、筋交《すじかい》の不備・不足による建屋の変形・倒壊、老朽化による全壊、柱の根元の腐食などによる崩壊などが倒壊理由としてあげられる。全壊家屋の多かったのは、西宮市、神戸市長田区・灘区・東灘区・兵庫区・須磨区などの順で、それぞれ約二万五〇〇〇棟に及ぶ。

木造被害のレベルは、倒壊・大破・中破・小破・軽微の五段階に分類され、上位三レベルの住民を中心に、避難を強いられた。ピークの一月二十四日には、避難所は一〇〇〇ヵ所を超え、最高三一万人が学校や公的施設、野外テントなどで厳しい避難生活に入った。

図79　震源地付近で露出した野島断層　1995年1月，兵庫県津名郡北淡町小倉（現在・淡路市小倉）．

［コンクリート、鉄骨系］　コンクリート、鉄骨系の建物被害は四六九〇棟に及び、このうち倒壊、大破したものだけで一〇〇〇棟を超す。ことに、神戸市中央区三宮付近に被害が集中し、この地区だけで被害棟数の六六％を占める。近代都市で、これだけの被害が出たのは初めてで「空前、未曾有の大惨事」と建築専門家は述べている（朝日新聞「阪神・淡路大震災誌」）。

　ビルの倒壊形態は、全面崩壊したり、そのまま道路上に横倒しとなったり、隣接ビルに横倒しに寄りかかったものをはじめ、神戸市役所旧庁舎のように中層建造物の中間部分の階が押し潰されぺちゃんこになったもの、高層の中間部が「く」の字状におじぎしたもの、一階部分が崩壊し傾いたもの、天井部分が崩落したものなどがあった。異様な形に変形したビルが街の至るところに見られた。

倒壊被害は免れたものの、壁面に典型的な「Xクラック」や、横一文字の破断を生じたり、斜めに破断する「剪断《せんだん》」、支柱が圧力で押し潰される「圧壊《あつかい》」などの破壊が多数発生した。

一般的に、建築時期によって被害の大小が決まったとされている。すなわち、①昭和四十六年（一九七一）の建築基準法施行令改正以前、②同四十六年以降五十六年（一九八一）の新耐震設計法施行まで、③同五十六年以降、の三段階に分けて、古い順に被害が大きかったといわれる。確かにその傾向はあるが、新しい設計が必ずしも安全ではなかったという事例も報告されている。また阪神の事例を踏まえ、①公的機関・病院など建物の用途に応じた耐震設計が必要、②使用者・利用者と設計者の間で耐震についての共通認識を深めるべき、といった提言が、日本建築構造技術者協会から出され、注目されている。

火災被害——二九四件、全焼七〇三六棟

［発生］　神戸市消防局の本部管制室には、一一九番着信電話の回線が一一八回線用意されている。地震の一撃を受けた直後、この回線すべてのランプが、ほぼ同時に点滅した。救急要請と火災通報だ。自動火災報知のサイレンもけたたましく鳴り響いた。

「(神戸市) 灘区方面に五ヵ所の煙。中央区一ヵ所、長田区方面は火炎による雲が発生したような状況で、無数の炎を確認」。

自動火災監視カメラが作動しないため、市役所二四階展望台に駆け上がった消防局員からの報告は、最も懸念していた同時多発火災が発生したことを告げた。

普段なら「二十台の消防車が集結して取り囲み一斉放水して鎮圧に当たる大規模火災」(神戸市消防局広報誌「雪」)が、無数に発生したのだった。

[規模・状況] 消防庁の記録では、震災火災は総数二九四件。うち兵庫県が二六〇件、大阪府が三二件、京都府・奈良県各一件。全焼七〇三六棟、半焼九六棟、部分焼・ボヤ三三三棟である。関東大震災以来の火災被害となった。

発生日時をみると、当日一月十七日の午前中に集中し、全域で一九七件を数える。焼失面積一万平方メートルを超える一四件の大規模火災もすべてその日に発生した。

発生地域は、淡路以外の「震災の帯」に集中している。

焼失面積(単位平方メートル)をみると、神戸市では長田区三〇万二七三二、兵庫区一二万九五五八、須磨区九万七九、灘区六万五二三四、東灘区三万二八一一、中央区一万四四二六など。ほかに西宮市七七八四、芦屋市三五七七などとなっているが、長田の被害が突出している。被災地全域の焼失面積は八三万五八五八平方メートル、甲子園球場のグラウンドほぼ六〇面が焼けたことになるが、その被害の九七%が神戸だった。

水道管破壊による消火活動のマヒも、火災規模を拡大させる大きな原因となった。

［原因］　神戸大学が、被災七市の八四件の火災原因について分析した結果、電気関係三八%、ガス関係一八%、電気＋ガス一一%、石油ストーブ九%、その他二四%、となっている。

関東大震災の大火災の主原因は、昼食の仕度の火によるものだったが、阪神・淡路は、電気であった。火災は、地震発生直後は少ないものの、時間経過とともにしだいに増えていることがわかった。衝撃で停電した電気が復旧するのと比例して、火災は増えていった。十九日以降急減するのだが、それでも、二十五日まで毎日、平均一・三件発生した。通電による器具の過熱、ショート事故であった。電気は、暗い被災地を温かく包んだが、一方で都市に突きつけられた刃にもなった。

ライフライン被害——停電二六〇万、断水一三〇万、ガス停止八六万戸

上下水道・電気・ガス・電話。生活や産業活動を支えるため、網の目のように張りめぐらされた都市の基盤装置は、ライフラインと呼ばれる。この、いわば「血管」に、広範囲にわたって無数の穴があき、機能不全を起こすと、都市は命を失う。その怖さが、都市の脆弱さを伴って、初めて現実となった。

［水道］　兵庫、大阪を中心に、九府県六八市町に被害が広がり、被災地全域で約一三〇万戸が最長三ヵ月も断水した。

神戸市では、本山《もとやま》浄水場が取水不能になるなど貯水・浄水・配水場が相つぎ損傷、送水不能に陥ったほか、配水管が一四三九ヵ所で破損。給水管破損による漏水も、公道下で一万二四八六ヵ所、宅地内で五万五五五一ヵ所に上った。西宮市の漏水は道路、宅地内合わせて二万八〇〇〇ヵ所以上、芦屋市では同二五〇〇ヵ所。この三市だけでも水道管破損は一〇万ヵ所近くにも上る。

パイプの破損は、継ぎ手部分に集中し、漏水の六三％を占めた。「伸縮耐震継ぎ手」という新部品を使用していたところの被害は、ほぼゼロだった。

兵庫県などの「暮らしのデータ」によると都市住民一日の水使用量は二二〇リットル。目的別の割合は、①風呂・シャワー二七％、②洗濯二一％、③炊事一七％、④トイレ一五％、⑤掃除散水など一一％、などとなっている。飲料水確保のめどは、比較的早くついたが、断水で最も支障を生じたのがトイレと風呂の問題だった。都市の暮らしのもろさが、ここに集中した。「何日も風呂に入っていない」という悲鳴や、水洗トイレの不衛生さを訴える声が、地元メディアに何度も載った。

［電気］　関西電力は二一の発電所を所有しているが、水力・原子力発電所の被害はなかったものの、火力の一〇発電所が被災した。とくに震源に最も近かった神戸・東灘のガスタービン発電所は地盤の液状化による建物設備の陥没、機械基盤の不等沈下で操業不能となった。送電・配電設備も各所で被災。電柱は三一九基が倒壊したのをはじめ、折損・傾斜・焼失合わせて七八六九基が損傷、さらに激しい揺れで六一八八ヵ所に及ぶ架線の断線、混線被害が生じた。

この結果、広範囲にわたり電力供給が断たれた。ほぼ一週間で電力は回復したが、この間、ピーク時には二六〇万戸に及ぶ空前の大停電が発生した。

［ガス・電話］　大阪ガスのまとめでは、製造設備や高圧導管による幹線の被害はなかったものの、

地域間あるいは家庭向けの中・低圧導管に被害が集中した。中圧導管で一〇六ヵ所、低圧導管は二万六四五九ヵ所が破損した。低圧導管被害の大半は、ネジによる接合部分で、ネジのないポリエチレン管の被害はなかった。

ピーク時には八六万戸が被害を受け、ガスのない暮らしを、最長三ヵ月近くも強いられる結果となった。

電話については、地震発生時の電源停止により三〇万回線が不通となった。加入者ケーブルも被災地内全一四四万三〇〇〇回線のうち、一九万三〇〇〇回線が家屋倒壊などにより切断された。発生直後、神戸方面へ三〇〇〇万を超す通話が殺到、通常ピーク時の五〇倍に達するなど、著しい輻輳《ふくそう》状態が五日間続いた。災害対策の中枢部、兵庫県庁の通信網もマヒ状態で、近隣自治体への連絡に一昼夜かかったところもあったほか、独自で設置した最新の「兵庫衛星通信ネットワーク」も、初動時に全く機能しなかった。

道路・鉄道被害——高速道路も倒壊、駅舎も崩壊

阪神間の交通網は、東西に細長く広がる市街地の真ん中を、幾本にもわたって重なるように伸びている。「日本の動脈」の中で最も細い部分だが、日本の物流の大半が、ここを通過する。兵庫県を経由する物流の年間取引額は約二六兆円。被災地ルートが、そのほとんどをカバーしているのだが、この動脈が、ずたずたに切り裂かれた。まず、道路の被害からみてみよう。

［高速道路］　最も衝撃的な被害は、阪神・淡路大震災を象徴する映像の一つとなった阪神高速道路

三号神戸線の高架橋倒壊だ。

高架橋は、一本足の橋脚によって支えられており、その形状が「茸」（ドイツ語でピルツ）に似ていることから「ピルツ橋」と呼ばれる。長さ二二メートルの桁を継いで橋の路面が作られており、その

図80　駅舎がつぶれて停車中の車両が脱線　1995年１月17日午前10時半，伊丹市西台の阪急伊丹駅．

図81　高架が崩れ阪神電車は脱線．周囲の建物も押しつぶされた　1995年１月18日，神戸市灘区大石東町．

下を三五メートルおきに立てられた一本の支柱で支える構造だ。このピルツ橋が、神戸市東灘区深江本町付近で六三五メートルにわたって北側に向かって横倒しとなった。一六本の「茸の足」が折れ、崩壊したのだった。

日本の高速道路は大丈夫だ——海外で大地震が発生し、高架の道路が無残に倒壊した映像が流れるたび、日本の道路関係者が「自信」を持って何度もそんな「安全宣言」を発していた。「阪神・淡路」の一年前、一九九四年に米西海岸を襲ったノースリッジ地震のさいにも「設計基準が違う」ことを理由に、専門家の同様の談話が各メディアに載った。だが、そんな「安全神話」は一瞬にして崩れ去った。阪神高速の倒壊は、災害史上最も衝撃的な現場の一つとなった。

名神高速、中国自動車道でも、橋脚破損・橋桁落下など、甚大な被害が出たほか、一般道路も、淡路・神戸・阪神・大阪はむろんのこと、激甚被災地以外でも、至るところで亀裂・段差が発生し、通行不能に陥った。

一方、とくに目立ったのが、高速道路の橋脚破損である。押し潰されるような力によって橋脚が縦長の提灯状に「圧壊」されたもの。前後左右の揺れで「曲げ破壊」されたもの。途中から斜めにずり落ちるように裂ける「剪断破壊」したもの。高速橋脚の多くが、この三パターンで破壊された。いずれも「想定外」といわれたが、これほど広範囲で破壊が起これば、想定外とは言いがたい。倒壊は言うに及ばず、こうした破壊は、都心の道路全体が凶器に変わることを物語っている。ただ、交通量が少ない早朝の発生だったため、幸い人的な被害は少なかった。

［鉄道］　高速道路と同じく、山陽新幹線の高架橋も倒壊を含む多大な被害を受けた。被害は、西宮・尼崎・伊丹市に集中した。被災橋脚は七〇八本にも達し、一二一本が取り替えられた。橋桁落下が八ヵ所、横ずれは一〇ヵ所。橋脚破壊で、約三〇メートルにわたりレールが宙に浮いたところもあった。始発列車の運行直前だったため奇跡的に大惨事は免れた。

ＪＲ在来線は、東海道線の住吉《すみよし》－灘駅間で高架橋が落下し、まず、この区間を中心に不通となった。駅舎・ホーム・高架部の破損も神戸－阪神間で続発し、関西で最も利用客の多いこの区間が、四月まで不通となった。車両破損は一五八両に上る。

私鉄はどうか。

阪急の伊丹駅舎、阪神の石屋《いしや》川車庫、地下鉄の高速神戸では大開《だいかい》駅舎がそれぞれ倒壊し脱線も続発した。大開駅では、地上部の国道二八号線が東西一〇〇メートル、幅三〇メートルにわたって最大四メートル陥没した。神戸の人工島、ポートアイランド、六甲アイランドへ通じる新交通システム二路線も、橋脚破損などで運行不能となり島は〝孤島〟となった。脱線などによる私鉄の損傷車両は二五三両に上った。

地震に強い地下鉄という「安全神話」は、ここでも崩壊した。

産業被害――壊滅的な地場産業

被災地の産業構造は、基本的には重厚長大型の大型装置産業と新旧の地場《じば》産業からなっている。平成六年（一九九四）の域内総生産は一二兆六四四億円。日本の産業拠点を形成しているが、このエリアに展開する工場・オフィスビル・生産設備が壊滅的被害を受けた。また全国港湾の中で輸出入シェアのほぼ一割を占めていた神戸港のコンテナバース・岸壁の大半が使用不能となり、海の物流も止まった。兵庫県・神戸市の「産業復興計画」のデータから被害実態を、次にまとめる。

［大型装置産業］　まず、鉄鋼。高炉の破損で「消えることのない火」が消え、生産ラインもストップし、最長二ヵ月間、操業不能に陥った。被害額一五〇〇億円と推定される。

一般機械は会員社四〇七の九割が建物、機械設備の破損被害を受け、再建には最長一年かかった。被害総額五〇〇億円。電気機械も、設備被害のほか神戸港の機能停止で輸出がストップ、損害は四、五〇〇億円。造船・重機はクレーン倒壊などで五〇〇億円の被害。

化学プラントでは、ケミカルタンクの傾斜や配管亀裂による被害が目立った。神戸市東灘区で、被災翌日の十八日、ＬＮＧタンクに亀裂が入っていることがわかり、周辺住民約七万人に避難勧告が出された。爆発被害は防がれたが、こうした危険物施設の破損は、都市被災のさいには、二次災害の観点から見逃すことのできない被害である。

消防庁の記録では、危険物被害は、兵庫県を中心に、大阪・京都・香川の四府県に広がっている。この地域には五万二四〇六の危険物施設があり、一二五八施設（九三・二％は兵庫県）が被害を受けた。このうち、火災が発生したのは五施設、貯蔵物の漏洩が一五〇件に上っている。

［ファッション・流通］　ファッション都市神戸を支える繊維産業も港の被災で輸出が停滞。流通ルート変更による損失、取引先専門店の多くが全半壊したことによる販売ルートのマヒなど、甚大な被

害が発生した。スーパーマーケットは、大小二〇以上の店舗が全半壊。一部破損は一〇〇店舗近くにも上り、被害総額は一〇〇〇億円に達した。

輸出入停滞による被害を受けた貿易業界だが、社屋の被害も大きく神戸貿易協会加盟四八九社のうち、九四社が全半壊、七二社が一部損壊となった。

小売業でも、神戸市内商店街店舗の三分の一、小売市場店舗の二分の一が、倒壊・火災などによって失われた。他市町の商店街・小売市場の全半壊比率は、芦屋市六九％、宝塚市三五％、西宮市二五％、伊丹市一二％、旧淡路町六％などである。ことに、神戸市長田区の菅原通商店街、大正筋商店街といった地域のシンボル的商店街の被害が大きな関心を集め、そこから、復興へのうねりを起こすことになった。

［地場産業］　この長田区と須磨区に展開するケミカルシューズ業界は、神戸を代表する地場産業だが、密集した工場配置や老朽化などもあって、壊滅的被害を受けた。業界加盟一九二社のうちじつに一六〇社が、また、一六〇〇社ある材料、加工などの関連会社の九割が、それぞれ全半壊または焼けた。ケミカルシューズ街は消失。被害総額は三〇〇〇億円、業界全体の年間売上高の約三倍にあたる。商品不足により、被災数ヵ月の間に、全国の問屋一五社が倒産した。

「灘五郷《なだごごう》」で知られる、日本有数の酒どころも、空前の被害を受けた。

神戸市灘区から西宮に至る十二、三キロの海岸線には、大小五一社の酒造メーカーが立地、清酒の全国出荷量三割を誇っていた。観光資源でもある古い木造蔵や、四季醸造の最新工場などが集積し、独特の歴史的・文化的景観を形成していたが、そんな風景が一瞬にして消滅した。ことに、資料館・博物館として活用していた木造、あるいはレンガ蔵の被害は目を覆うばかりで、ほとんどが復元不能の状態であった。

この「日本の酒蔵」では、約八割の社屋が全半壊した。業界の被害総額は二〇〇〇億円とされる。日本酒消費量が漸減するなか、生産設備を失った中小メーカーの廃業も目立った。

心の被害

阪神・淡路大震災が刻んだ多くのキーワードのなかで、とりわけ、よく知られるのが「ボランティア」と「トラウマ」である。どちらも新しい概念ではないが、この震災を機に、広く認知される言葉となった。ボランティアについては後述するが、ここでは、トラウマについて書いておきたい。

トラウマは、災害・事故に遭遇するなど強い衝撃を体験した後に起こる心の傷「心的外傷」のことをいう。その、心の傷のために起こる症状が「心的外傷後ストレス障害（Post-Traumatic Stress Disorder)」つまり「PTSD」である。

震災現場では、さまざまな衝撃的現場に遭遇する。まず激しい揺れに対する恐怖心。有感余震は、その年、平成七年末までに四〇六回記録している。そのたび、一撃に遭遇したときの怖さがよみがえり、強い精神的ショックを受ける。地震に関係のない振動や音にも同じ反応が生じ、不安定な心の状態が続く。

わが家の倒壊、家族や知人の死といった突然の悲劇。火災の猛炎、消防車のサイレンに対する恐怖感。瀕死の人を助けられなかった痛恨の念も心に傷を残した。倒壊・火災現場にいた一般人はむろんのこと、医師や看護師、救急救命士の多くが、この症状に苦しんだ。

家族を失った孤独感や喪失感、企業倒産やリストラ、解雇あるいは商売の破綻。それが震災によるものであれば、心の傷はより大きくなる。自ら死を選ぶ人もいた。失われた風景に執着し続けるのも、一種の症状だ。

震災は、建物倒壊、火災など物理的被害のほか人間の心をも壊す、いわば「心の被害」も発生させたことを忘れてはならない。

精神科医らが中心となり「心のケア」が始められたが、大惨事に対応したこうした試みは、わが国で初めてのことだろう。ケアは学校現場などで、震災後一〇年以上を経てもなお続いたが、そのことは、心の傷がいかに深かったかをあらためて物語っている。

被害総額一〇兆円――大規模化の背景

以上、震災被害の概略をみてきた。被害が集中した兵庫県内の直接的被害総額は九兆九二六八億円。ほぼ一〇兆円だ。フロー面の損害を合わせると一二兆ともいう。これほどまでに被害が大規模化し「都市破壊」をもたらした背景は何か。大都市直下型という逃れえない地理的条件はあるが、もちろん、大規模化は、そんな自然的側面だけではない。

まず「無防備性」があげられる。何百年も地震のない、いわゆる地震空白地帯に住む人々の意識の中に、防御に対する構えが育たなかった。「空白地帯こそ危険地域」といわれるようになったのは、阪神以降のことで、そのことは、市民一人ひとりの過失と片付けるわけにはいかない。発展途上の地震予知研究ではあったが、警告を真の警告にまで高めることができなかった関係者。警告を正面から受け止めなかったというより無視しようとした行政。こうした対応が「災害元禄《げんろく》」を作り出した。その無防備空間が不意を突かれ、崩壊した。

大都市におけるコミュニティーの崩壊もあげねばなるまい。直撃直後の大混乱の中で、まず地域そのものが救援、救出活動をしなければならない状況に追い込まれたとき、機能するのがコミュニティーの濃密度だ。厳しい見方だが、その弱さも指摘された。淡路の郡部と神戸の市街地で死亡率に大きな差が出たのも事実である。

救急・救援施設の脆弱さや対応の不十分さもあげられる。先にも述べたが、災害医療体制、同時多発火災への対応は、結果的にみて十分とは言いがたかった。自衛隊などへの救援要請の遅れも指摘された。

高速道路や新幹線橋脚といった巨大土木構造物が「想定外」と表現されながら、もろくも倒壊してしまった。巨大な地震エネルギーもさることながら、「倒れぬはずの橋脚」が倒れたわけで、設計の甘さ、あるいは一部で批判された「手抜き工事」の影響もあろう。

なにより、成長主義の都市政策が問われなければならない。急を要したインナーシティー対策よりも、生産優先の新規投資に総力をあげた。その結果、脆弱な都市構造が、さらに増幅され、破壊を拡大した。

こうした都市政策の流れは、被災後も、変わることなく続けられた。それが、復興過程において、大きなバリアとなって立ちふさがったのである。

〔註〕被災データは、兵庫県、神戸市など各自治体、兵庫県警、警察庁、市町消防署・局、消防庁、関西電力、大阪ガス、道路公団、ＪＲ、各私鉄などがまとめ公表した記録による。それぞれ若干の差異はあるが最も妥当と考えられる数字を選択した。

2 復旧から復興へ

(1) 人間の救済・救援と住まい再建

ボランティア

［被災直後の支援］ 1で述べたとおり、被災直後の避難所は約一〇〇〇ヵ所、ピーク時には三一万人が家を離れ不自由な暮らしを強いられた。親戚・知人宅などに避難した人を含めると、避難者はさらに増えるが、いずれにしても、人口三〇万規模の大都市が一気に壊滅したのに等しい。崩壊し、まだ炎と煙の立ち上る街に、震災翌日から、救援のボランティアが続々被災地入りした。自衛隊、他都道府県の警察・消防、医療関係機関、学校・自治体職員らいわば職業上の救援部隊のほか、学生を中心にした若者、会社員、各種団体など、全国からあらゆるグループのメンバーが結集した。ピーク時には一日二万人にも達した。全体の正確な数は不明だが、個人の自発的参加、組織参加など合わせてトータル一〇〇万人といわれる。日本の災害史上、空前の支援が展開され「ボランティア元年」と称された。

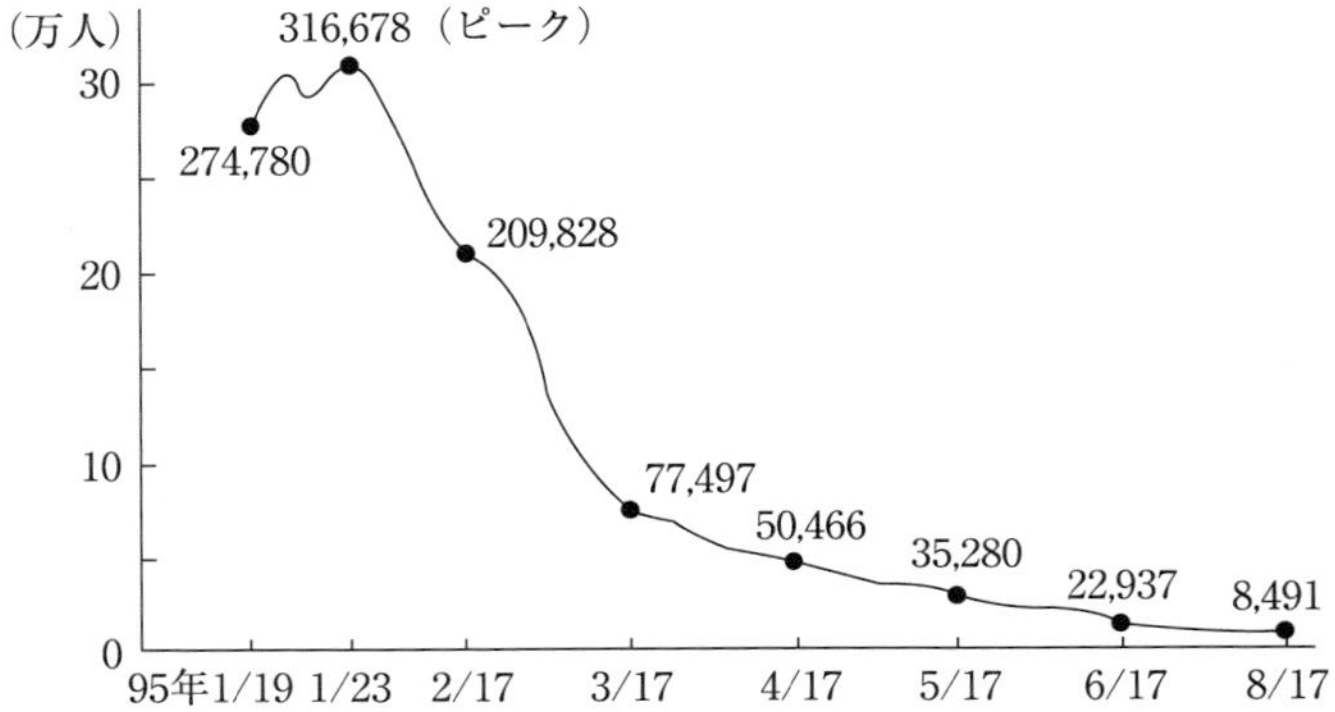

図82　避難所の避難者数（兵庫県まとめ）

彼らはまず、避難所となった学校で、教職員らとともに、被災者の世話にあたった。野宿のテント村などにも足を伸ばす。当初は、ボランティアの入りやすい東部の被災地に活動が集中し「避難所格差」も生じたが、一〇〇〇ヵ所の避難所へ順次入り込み、内外からの支援物資や水・食料などを配分、被災者の要望を聞くなど細かな支援を続けた。

食料・水などの支援物資は、被災一両日は東西からの交通網がほぼ完全にマヒし、配給が混乱したが、一般車両の乗り入れ禁止など厳しい交通規制によって、順次、行き渡るようになった。バイクなどによるボランティアの活動も大きく寄与した。

食料は当初、おにぎり中心だったがしだいに弁当などに移行し、さらに炊き出しボランティアも登場して、食料メニューも多彩になった。しかし思わぬ問題も出た。一律配布だったために、食材制限のあるアレルギー体質の被災者への配慮が欠けた。支援のボランティアたちの進言で、幾分の改善をみたが、さまざまな人々が暮らす大都市での、きめ細かい救援態勢の必要性も、あらためて認識されることとなった。

〔恒常支援から組織化へ〕　被災者救援は、こうした緊急対応からしだいに変質していく。避難所から仮設住宅へ。さらに仮設から恒久住宅へ。被災者が動くたびに、ボランティアも動いた。引っ越し、情報伝達、独居者の見回り、生活・医療補助など、彼らのフィールドは次々と広がっていった。

当初「できることからやろう」とするボランティアグループの活動は、時間の経過につれて特定分野、得意分野を中心にした組織的活動に移行する傾向が強まった。こうしたグループが次々と組織化されてＮＰＯ・ＮＧＯへと発展していったのだが、神戸市の調査では、ＮＰＯ法人認定数は二〇一、個人ボランティア登録数は二五一三人（登録団体一二〇二）となった。震災後のまちづくり、医療・福祉、経済活性化、災害救援、文化・芸術などの支援に関わり「新しい公」の役割を担っていった。

仮設住宅と孤独死

〔住まいの復興〕　家を失った被災者は、自らを「震災難民」と呼んだ。親戚・知人を頼って、県外に移る人々も多かった。被災者へ部屋を提供するという申し出も相つぎ、分散生活を選択する家族も増えた。

しかし、住み慣れた地域を離れたり、家族ばらばらの暮らしを強いられる人々は、たとえば、遠距離通勤・通学を続けるなど、新たな環境の中で被災生活を送らなければならなかった。もちろん、大半の被災者は、食料・水と同時に「住まい」の提供を切望したのは言うまでもない。

こうした「震災難民」の緊急支援として、兵庫県は三つの住宅対策をとった。仮設住宅の建設、公

図83　芦屋市・高浜仮設住宅

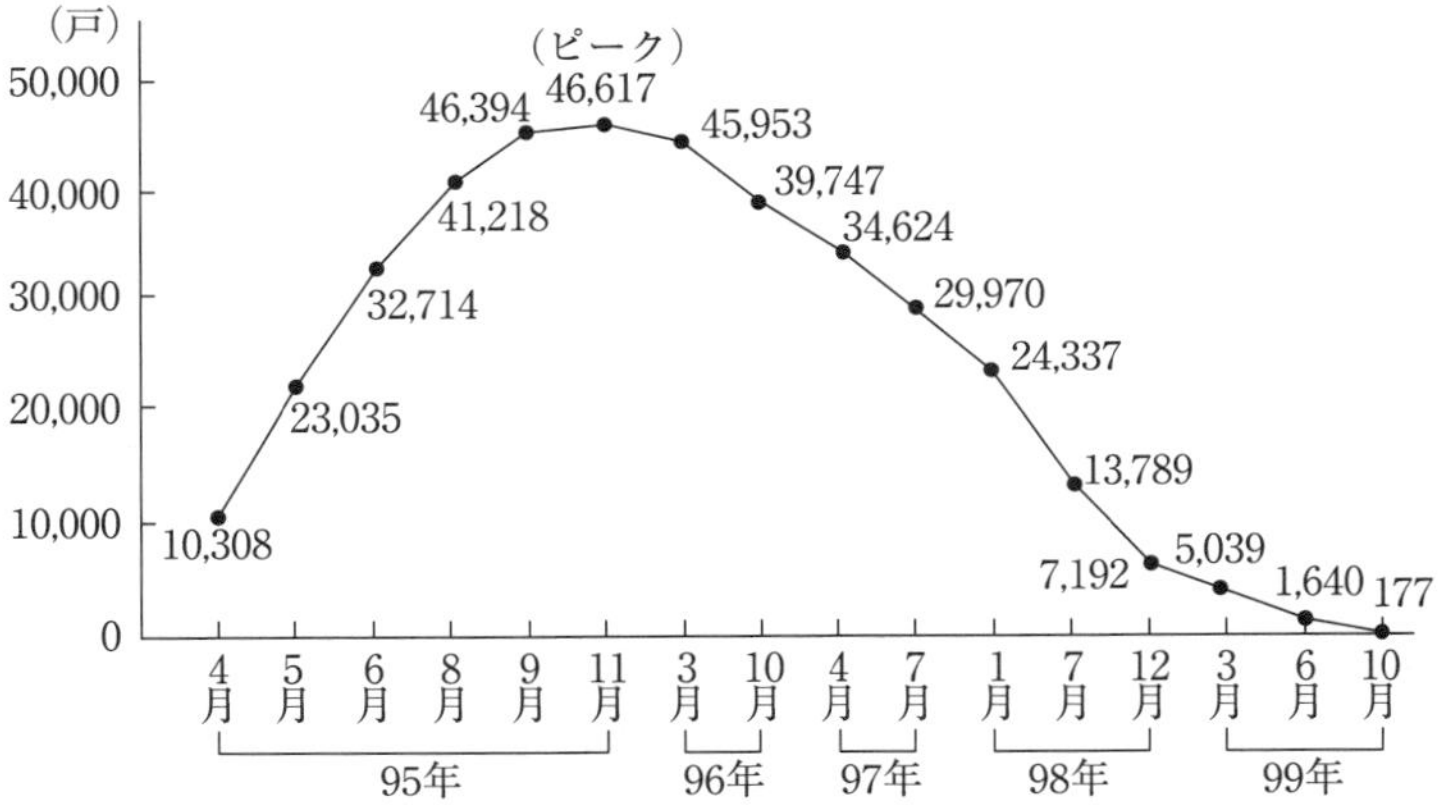

図84　仮設住宅入居世帯数（契約数）の推移（兵庫県まとめ）

営住宅などの空家への優先入居、復興住宅の新設である。

仮設住宅は、2K、1K（単身用）を基本に設計され、被災三日目の一月十九日、一次分二九六一戸が発注された。以後、八月十一日までに、神戸・阪神地域のほか、加古川《かこがわ》・姫路市など広範囲にわたって計四万八三〇〇戸が建設された。希望者は抽選のうえ同年末までに、ほぼ、入居を終えた。仮設住宅の入居は、ピーク時には兵庫県外も含め四万七九一一世帯となった。

一方、復興住宅の建設については「インフラ整備計画」「産業復興計画」とともに「緊急復興三ヵ年計画」の三本柱の一つとなった「ひょうご住宅復興三ヵ年計画」の中に盛り込まれた。これは、災害復興公営住宅三万八六〇〇戸の建設をはじめ、公団・公社・民間などを含め、総計一二万五〇〇〇戸を供給するというものである。

［増える関連死］　しかし、いかに緊急避難とはいえ、その中に将来の暮らしにつながるなんらかの「希望の種」がない限り、せっかくの仮設や復興住宅も、絶望を増幅させる場になってしまう。

「ぽつりぽつりと人が死ぬ／仮設の街で人が死ぬ……枯葉のように人が死ぬ」（「仮設のレクイエム」梁勝則）。

こんな詩が生まれるほど、仮設住宅で、一人暮らしの中高年者が、だれにも看取られずに相つぎ死んだ。兵庫県警のまとめでは、五年間で二三三人となった。病死も多かったが、メディアでその死が報じられるたびに「精神的ストレスが大きく影響した」という医師のコメントが何度も載った。彼らにとっては、希望のない「孤独の空間」であったのだろう。従来の居住地域とはほとんど関係のない

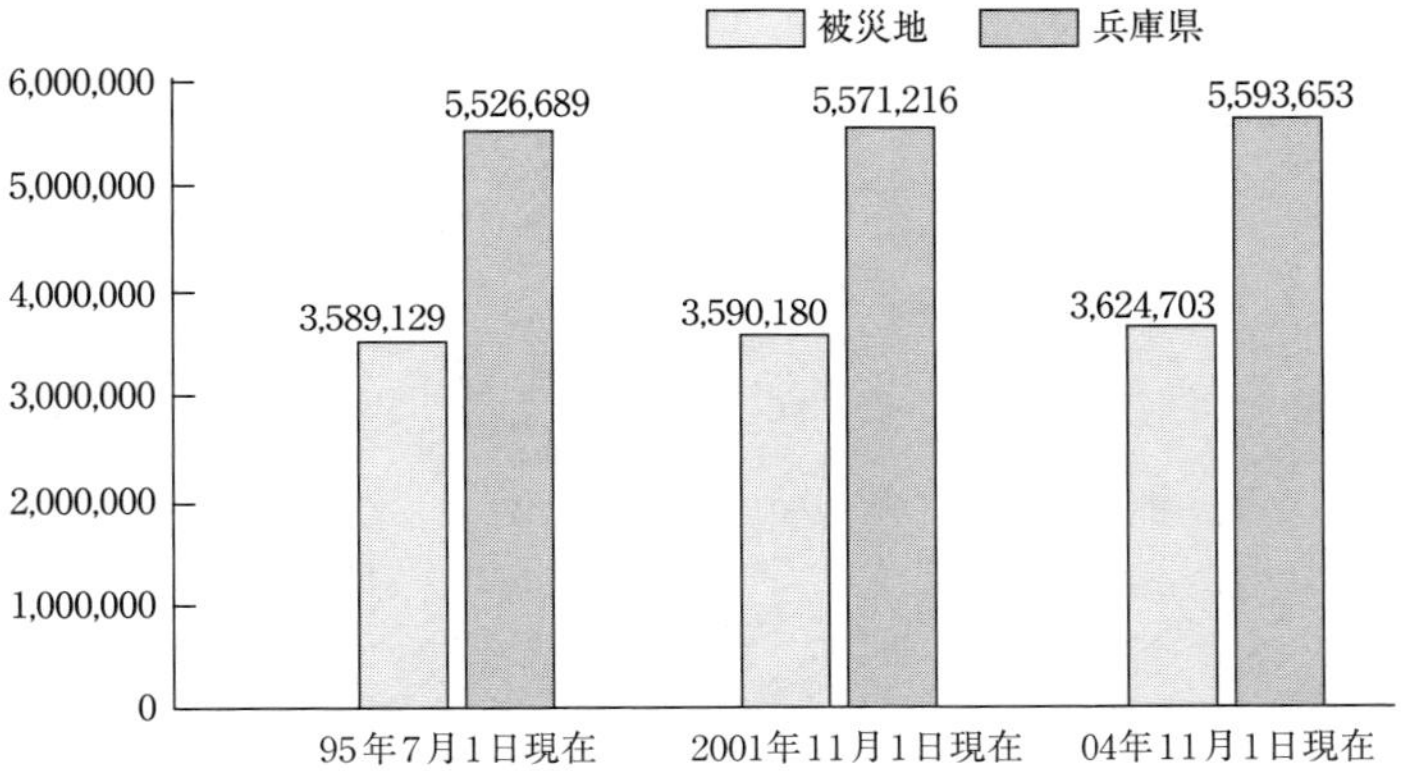

図85　人口の動向

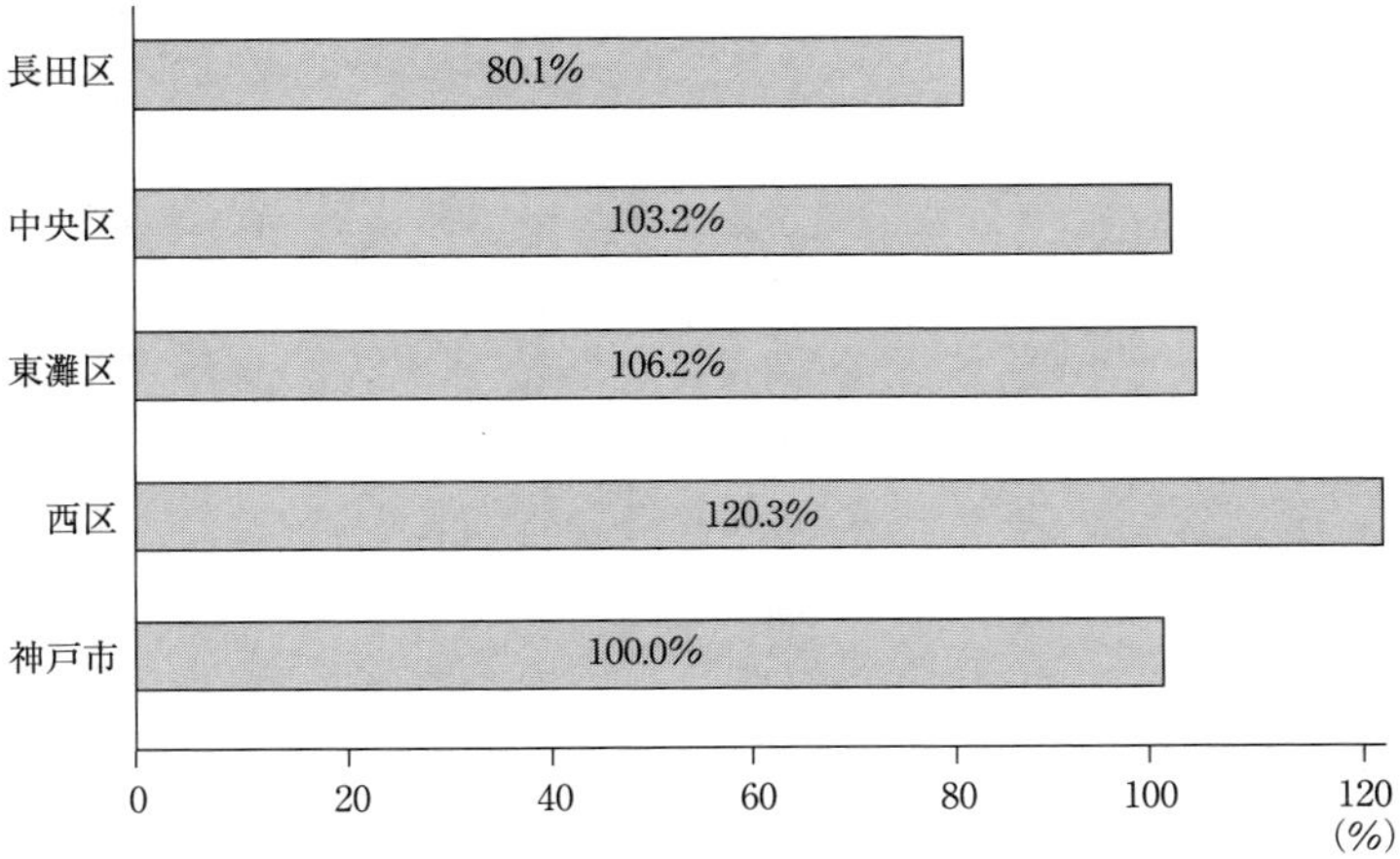

図86　神戸市内の人口の状況（対震災前比%）（兵庫県推計人口（H16.11.1／H7.1.1）による）

割り振りで新しい仮設住宅に住むことになった人々には、被災生活は、より厳しいものとなった。
仮設住宅の孤独死のほか、生活急変による病状悪化で亡くなった人や自殺者などを含めて「震災関連死」と呼ぶ。神戸新聞社の調査では、最終的に九〇五人に上った。いずれも住環境の激変が大きく影響している。

成熟都市における被災後の住宅問題をどうするか。孤独死の問題をはじめ、希望居住地のミスマッチによる空家の出現。さらには、一時、供給過剰現象も出現し、無駄遣い批判も飛び出すなど、住宅問題の複雑さがあぶり出された。少なくとも「住むところだけを提供する」といった画一的発想ではなく、自主再建を目指す人も相当数あり、彼らの支援も含めた多様な「住まい再建メニュー」の必要性が浮き彫りになった。

こうした問題を抱えながら、平成十一年（一九九九）暮れには、仮設住宅からの移行の見通しが立ち表向きは一応、仮設解消が図られた。

瓦礫の撤去

仮設住宅の建設とともに、被災直後の最重要課題は、瓦礫の撤去であった。
全半壊した約二五万棟のうち、一〇万九〇〇〇棟が解体処分の対象となった。そのために発生した災害廃棄物、つまり瓦礫の総量はじつに一四二九万八〇〇〇トンにものぼった。たとえば全長一〇メートルの一〇トン積みトラックがあったとしよう。これにすべての瓦礫を積み込むと一四二万九八〇〇台が必要で、これを一列に並べると一四二九万八〇〇〇メートル。ほぼ一万四〇〇〇キロだ。日本列島を一周すると、約八〇〇〇キロといわれるから、瓦礫を積んだトラックの列は、列島を一周半する。都市破壊がもたらす瓦礫は、途方もない量となる。

このうち、可燃物は二三四万一〇〇〇トンで、八六％が焼却処分、埋め立て一〇％、リサイクルは四％だった。また、不燃物一一九五万七〇〇〇トンのうち、四五％が再生され、残りは埋め立てられた。

これらの処理は、被災自治体内では不可能で、姫路市など兵庫県内自治体をはじめ、大阪・川崎・横浜市や、滋賀・京都・和歌山など他府県が、要請を受け入れ、数百〜一万トン規模で委託処理を行った。

瓦礫処理は三年余りを要し、一七〇〇億円を費やして、一応の完了をみたのは平成十年三月であった。

義援金の配分

被災者に、全国から寄せられた義援金《ぎえんきん》は、その年の八月末までに一七八五億七四九五円に達した。ちなみに、雲仙普賢岳《うんぜんふげんだけ》噴火災害（平成三年）は約二三〇億円、北海道南西沖《なんせいおき》地震（同五年）は約二六〇億円で、災害規模の違いもあって、桁違いの額となった。関東大震災では、いわゆる公的救助費を上回る義援金が寄せられたが、そんな救援伝統は続いている。

配分をめぐってさまざまな議論はあったが最終的にはおおむね以下のようになった（カッコ内は一件あたり金額、総額、単位＝万円）。

表16　義援金配分状況

		配分額（万円）	被災者支給済額	
			件　数	金額（万円）
死亡者・行方不明者見舞金		10	5,802	5億8,020
住家損壊見舞金		10	450,451	450億4,552
重傷者見舞金		5	11,086	5億5,430
要援護家庭激励金		30	49,160	147億4,800
被災高校生等教科書購入費助成		2	53,233	17億3,931
被災児童・生徒新入生助成		保幼 1 小 2 中 5 高 5		
被災児童特別教育資金		100	461	4億6,100
住宅助成金	持家修繕助成	30	71,423	214億2,674
	賃貸住宅入居助成		84,013	251億2,267
生活支援金	当初分	10	372,330	372億3,300
	追加分	5	371,515	185億7,575
市町交付金	住宅再建		43,333	129億9,540
	その他		5,127	9,306
計			1,517,934	1,785億7,495

1999年8月31日現在，兵庫県まとめ．

　死亡者・行方不明者見舞金（一〇、五億八〇二〇）、住家損壊見舞金（一〇、四五〇億四五五二）、重傷者見舞金（五、五億五四三〇）、要援護家庭激励金（三〇、一四七億四八〇〇）、被災高校生等教科書購入費助成・被災児童生徒新入生助成（一―五、一七億三九三一）、被災児童特別教育資金（一〇〇、四億六一〇〇）、修繕・入居費等住宅助成（三〇、四六五億四九四一）、生活支援金（当初一〇・追加五、五五八億八七五）、住宅再建等市町交付金（総額一三〇億八八四六）。

単純平均すると、一世帯あたり四〇万円となるが、生活支援にどこまで寄与したか、現金支給をこれだけにとどめたことに対し疑問の声もあがった。

(2) 都市の救済

つながる「動脈」

［ライフライン］ 電気・ガス・水道・電話のうち、最も早く復旧したのは電気だった。関西電力は本店、神戸支店などに非常災害対策本部を設置、六〇〇〇人態勢で復旧作業にあたった。東京電力など全国電力会社の応援も得て、一月二十三日夕には復旧した。無人の家への通電は中止したが、被災地は六日ぶりに明るい夜を迎えた。復旧・復興費二三〇〇億円。

続いて、電話が、八〇〇億円をかけて一月三十一日に復旧したが、ガス・水道・下水道は先に述べたように、地下パイプの修復に手間どり、それぞれ四月十一日、同十七日、同二十日になりようやく全被災地での使用が可能となった。復旧・復興費はガス一九〇〇億円、水道五四一億円、下水道六九八億円だった。

とくにガスは、漏出による二次災害防止のため、慎重な手作業での修

表17 ライフラインの被害と復旧状況

	被災状況など	復旧・復興費	完全復旧
電　気	停電　260万戸	2,300億円	1月23日
ガ　ス	停止　85万7000戸	1,900億円	4月11日
水　道	断水　127万戸	541億円	4月17日
下水道	被害　260km	698億円	4月20日
電話(NTT)	交換機系　28万5000回線 加入者系　19万3000回線	800億円	1月31日

兵庫県推計．復旧はいずれも1995年．

表18　主な鉄道の被害と復旧状況

鉄　　道		被害区間	損害，復旧費	全線開通
JR	新幹線	姫路－京都	1,070億円	4月8日
	在来線	姫路－高槻ほか		4月1日
阪神電鉄		全　線	455億円	6月26日
阪急電鉄		全　線	455億円	6月12日
神戸電鉄		全　線	87億円	6月22日
山陽電鉄		全　線	54億円	6月18日
神戸市営地下鉄		全　線	40億円	2月16日
ポートライナー		全　線	19億円	7月31日
六甲ライナー			15億円	8月23日
神戸高速鉄道		全　線	140億円	8月13日
北神急行電鉄		全　線	4億円	1月18日

開通はいずれも1995年，各電鉄まとめ．

復作業が続いた。大阪ガスの六〇〇〇人を中心に、全国のガス事業者や日本ガス協会などからの応援を合わせ、約一万人態勢で昼夜の作業にあたった。

［鉄道］　被災地の鉄道網は、ＪＲ在来・新幹線をはじめ、阪急《はんきゅう》・阪神・神戸・山陽・北神《ほくしん》急行の各電鉄、神戸市営地下鉄、新交通ポートアイランド・六甲アイランド線、神戸高速鉄道の一一路線が走っている（被災会社数は一五社）。いずれもが全線で被災し、路線の総延長六四〇キロが不通になった。

このうち、北神急行が十八日に運転再開したのを皮切りに、二日後には、ほぼ半分が復旧、二十三日には、福知山《ふくちやま》線―北神急行経由で大阪から神戸市街地への迂回ルートが開かれた。三十日には姫路方面からのＪＲ路線もつながり、神戸駅まで開通した。

西、北方面から神戸の都心へつながる路線は、徹夜の作業で比較的早くつながったが、被災地と大阪を結ぶ阪神間ルートの復旧作業は難航した。ようやく、二月二十日には、さまざまな交通機関を乗り継ぎながらも、鉄道での、この区間の往来が可能となった。

しかし、ＪＲの全面開通は、在来線が四月一日、新幹線は同八日まで待たねばならなかった。阪急・阪神・山陽・神戸電鉄は六月中に復旧を終え、最も遅れた新交通六甲アイランド線も八月二十三日に開通した。

神戸―大阪間の鉄道利用者は一日約四五万人、ピーク時には一時間約一二万人を数える。乗り継ぎ期の代替バスは、累計一四五三万人を輸送した。

復旧に要した費用（直接損害額）は貨物を含むＪＲの一〇八七億円を筆頭に、阪神四五五億円、阪急四五五億円、神戸高速一四〇億円など、総額二三五六億円。これに、不通期間の減収分一一五四億円を加えると、じつに三五〇〇億円を超える損害を受けたことになる。

［道路］　最大の被害は、阪神高速道路三号神戸線の倒壊だったが、大まかに三つの復旧手段がとられた。①倒壊高速道路（阪神高速三号神戸線）の撤去・再建、②損壊橋脚・桁の修復、取り替え、③一般道路面の修復、である。一般道の修復などは、比較的小規模工事で推移したが、問題は倒壊した三号神戸線の再建であった。

この区間は、道路公害訴訟の起きたところで、これを機に道路そのものの撤去、あるいは地下化などが一部から提案されたこともあって、再建議論が続いた。結果は元どおりの復元となったが、橋脚の形を一本足のピルツ橋からT字型に変え、新工法の防音壁を取り付ける計画が決まった。

表19　道路の復旧状況

阪神高速道路（神戸線）	1996年９月30日
（湾岸線）	1995年９月１日
（北神戸線）	1995年２月25日
名神高速道路	1995年７月29日
第二神明道路	1995年２月25日
中国自動車道	1995年７月21日

兵庫県まとめ．

撤去工事は「倒壊原因の詳細な調査を免れるために一気に撤去を図った」という批判が出るほどのスピードで進んだ。そんな思惑もあったのかもしれないが、当初、三年といわれたこの倒壊道路の復元工事は、平成八年（一九九六）九月三十日に完了。一年八ヵ月ぶりに三号神戸線は開通した。

なお、他の道路については、第二神明が被災後一ヵ月余の平成七年二月二十五日、中国自動車道が同年七月二十一日、名神高速が同二十九日、阪神高速湾岸線が九月一日に、それぞれ開通し、都市間の動脈はつながったが市街地の路地などには何年にもわたって段差が残った。なお、被災地内の一般道路は、平成八年八月十日、国道四三号線の通行規制が解かれ、全面通行が可能となった。「暮らしの道」が、元どおり機能するまでに一年七ヵ月かかった。

［港湾］神戸港は、東西約二〇キロの間に、一一六キロに及ぶ水際線が伸びている。この間に突堤・コンテナバース・倉庫用地などが展開しているが、水際線のほぼ全域が破損した。人工島ポートアイランドは液状化で泥田のようになった。岸壁は、最大二メートル沈下し、同時に、最高二メートル海に押し出された。二三九あるコンテナバースは、九バースしか使用できない壊滅的被害を受けた。

総額約一兆円という巨費をかけた復旧工事が進められた。いくつかの新港建築工費にも匹敵する額で、およそ二年後に、ハードの修復はほぼ終えたが、物流ルートは激変し、他港に逃げた貨物は、容易に神戸へは戻ってこなかった。何年間も、六割、七割復興といわれ続け、港の活気は戻らなかった。

震災以前には、神戸港のコンテナ取扱量は世界四位であったが、ランクは落ち続けた。被災一〇年目には、コンテナ船の入港数はようやく九割まで回復したものの、世界ランキングは三十二位にとどまっていた。

不況下の経済再生

バブル崩壊後、神戸経済も、数年にわたって不況にあえいでいた。「兵庫の統計」によると、兵庫県の鉱工業生産指数は、平成二年（一九九〇）を一〇〇とすると、震災の同七年までは八五・九前後と、全国平均を少し下回る数値で推移し、被災時は七〇台に急落した。

一方、被災市町内で、年間経済活動により提供された製品・サービスの生産額の合計、いわゆる「域内総生産」は、平成五年度を一〇〇とすると、十四年度（二〇〇二）には九四・七に落ち込んでいる。全国平均では一一・一％の伸びを示しているのとは対照的な結果である。構造転換による工場撤退や不況もさることながら、被災地経済が、震災の影響を大きく、長く引きずっていることを示している。

神戸・阪神の産業構造はなお重厚長大型である。これら鉄鋼・機械など大企業は緊急対応の結果、神戸製鋼が二月二十四日に高炉稼動にこぎつけたのをはじめ、著名企業が比較的早く震災からの立ち直りをみせ、その後、震災前年の指数を回復していくのだが、問題は、地場を中心にした中小企業の動向だ。

ケミカルシューズは、業界の調査によると被災半年後には神戸の一九一社のうち、一八四社が操業を再開した。多くが、火災で社屋を焼失したため、従業員を半減させたうえ、仮設工場での操業だった。しかし、生産額は、震災前の五割、生産高も平常の四三％にしか達せず、厳しい経営環境が続いた。不況による消費減も追い打ちをかけた。それでも新技術、アイデアを駆使し、新しい機能、新しいデザインを付加した新商品を開発して伝統の灯を守った。

商店街や小売市場はどうか。神戸市の調査では、およそ一万六〇〇〇店舗のうち、被災一年後には約七六％、一年半後には約八〇％の店舗が営業を再開している。しかし、残りの店舗のうちおよそ二〇〇〇店舗は、廃業か、再開未定で、厳しい現実をみせつけた。

神戸新聞社の平成十七年調査では、被災地商店街は四七三の登録数があったが、震災後一〇年で四二二となり、五一ヵ所の商店街が消えている。小売業の減少は全国的な傾向だが、神戸市内の減少率を見ると、全国平均を毎年一〇〜四ポイント下回っている。

百貨店、スーパーでは、被災後一年を経て業績をアップしているところもあり、ここでも、自力復興が可能な大企業と、そうでない中小零細企業との間に明確な対比があることがわかる。支援のありようを、厳しく問うていることになる。

揺らぐ生活基盤——難航した区画整理

住まいの再建は、先述のように、①仮設・復興住宅、②自主再建という、ほぼ二つのルートをたどったが、広範囲にわたって倒壊、焼失したまちの再建にあたっても、二つの手法がとられた。「復興土地区画整理事業」と、「復興市街地再開発事業」である。区画整理は、事業地区内の土地所有者が一定の土地を出し合い、道路などの公共用地や宅地を整備し直す手法、再開発は自治体などが計画区域内の土地所有者から土地の提供を受け、高度利用してビルを建設する手法である。

区画整理の対象地は、神戸市の新長田駅北地区（五九・六ヘクタール）をはじめ、西宮市の西宮北口駅北東地区（三一・二ヘクタール）、旧北淡町の富島《としま》地区（二〇・九ヘクタール）など、「震度七」エリアを中心に一八地区二五三・九ヘクタールという広大な地域に及んだ。対象世帯数は、小規模都市一つ分にあたる一万八〇七二世帯・四万一〇七七人（一〇年後に約二五〇〇世帯・七六〇〇人減少）であった。

市街地再開発は、全国でも過去最大規模となる神戸市の新長田駅南二〇・一ヘクタールをはじめ神戸・西宮・宝塚に及ぶ六地区三三・四ヘクタールに計六二のビルを建設する計画だった。

被災地の各自治体は、震災直後に、こうした事業の推進計画を立てた。歴史的にみても各種の災害の後、しばしば採られた政策であったため、行政側としては、何のためらいもなく区画整理と、再開発構想を打ち出した。ところが、住民にとっては寝耳の水の計画であった。とくに「住まい」に絡む区画整理については、多くの市民は、なんら事前折衝もなく、突然の提案と受け止めた。しかも、これは区画整理事業の根幹をなすものだが、所有地の二〇％以上にも及ぶ公共用地（十数メートルの広幅員道路など）の提供、つまり「減歩」を強いられるとあって、住民は強く反発した。

このため、計画はしばしば中断し、家の建たない更地のままの空間が、市街の至るところに広がった。暮らしの場の再建は、容易ではなかった。

行政側の姿勢は、法律一辺倒だったが、家を失ったうえに土地まで取られるという被災者の心情を考慮しない区画整理事業を災害後に適用するのは、無理がある、というより不適切だったというほうがいいかもしれない。

それでも、住民側のアドバイザーとして多数の専門家、研究者らが参加し、協議を重ねた結果、地域ごとに、道路幅や減歩率を大幅に削減して、より適切な案が作られ、少しずつではあるが事業計画は進んだ。

被災一〇年後、神戸新聞社がまとめたデータによると、区画整理は一八地区のうち一〇ヘクタール以下の比較的小規模エリアの一三地区が、事業終了を意味する「仮換地指定率一〇〇％」になったが、なお、大規模被災エリアの五地区は八〇・九〇％と未達成だった。

市街地再開発については、六地区のうち五地区では、難航したものの計画どおり計四二棟のビルが完成した。しかし、最大の神戸・新長田駅南については、計画四〇棟のうち二〇棟しか建てられておらず、被災一〇年を経ても進捗率五〇％の状態が続いた。

事業が完成した地区でも、人口・店舗・事業所数の回復は、容易なことではなかった。震災後、最高一四万人減少した被災地人口は平成十三年には元に戻ったが、神戸の御菅《みすげ》東（四二％）、芦屋の西部第一地区（六五％）など、区画整理や市街地再開発対象地区の中には一〇年を経ても回復率の悪い地区も目立ち極端なまだら模様を描いた。インナーシティー問題は、震災を経てさらに深刻化した。

集合住宅の問題も複雑だった。たとえば、全半壊の被害を受けた入居数一〇戸以上の分譲マンションは一七二棟あったが、建て替えか、補修かをめぐる合意形成が困難を極めた。訴訟も相つぎ、再建は遅れたが、それでも、このうち一〇九棟が合意にこぎつけ、順次、建て替えが進んだ。被災一〇年目には、一〇五棟までが再建を果たしたが、なお四棟が途上にあった。

(3) 復興への模索

復興検証

［復興十年委員会報告］「復旧」とは、被災前の、元の状態に戻ること。「復興」とは、元の状態に、少しでもプラスアルファがつくこと。街が、失ったものを取り戻すのが復旧で、さらに元気な街になることを復興という。被災後「がんばろう阪神・淡路」「がんばろう神戸」というスローガンが被災地のあちこちに登場したが、そうした考え方にたち、単なる復旧でなく復興を目指すというのが合言葉となった。

その、復興状況はどうだったか。官民で組織した「復興十年委員会」が被災一〇年の平成十七年（二〇〇五）一月、健康福祉・社会・産業・防災・まちづくりなど六分野にわたる五四のテーマについて復興状況を検証、発表した。

まず、委員会が成果としてあげているのは次のとおり。

①従来の枠組みを超え新たな制度や仕組みをつくった（家屋の公費による解体、九〇〇〇億円規模の復興基金による生活再建支援金制度の創設、災害救援専門ボランティア制度の創設など）、②既存制度の特例運用に道を開いた（一六本の特別立法による減税など税の特例措置、災害公営住宅の大量供給、災害復旧の特例融資、雇用保険での生活支援特例など）、③震災を教訓に先導的政策を実現した（共同居住など新

しい住まいの提案・提供、防災教育の展開、高規格道路網など多重総合交通体系の整備、神戸東部新都心での「人と防災未来センター」のほか「WHO神戸センター」など国際機関の集積)。成果のほか、復興のための制度的・財政的保障の不備や被災高齢者の自立支援対応不足など課題についても言及している。また、倒壊した高速道路の地中化など、新しい都市道路のあり方についても提言があったが、残念ながら生かされなかったとのコメントも述べられた。

空前のボランティア活動をつなぎ、纏め上げ、新しいシステムに発展させるきっかけを作ったこと、結果はどうあれ、住まいの重要性を浮き彫りにしたことなど、評価すべきことも多い。あるいは、都市の装置、ハードの復興という建築土木関連復興などについては確かに、予想を超える速さで進んだことは事実である。

また、復興、復活を祈る光の祭典「ルミナリエ」が開催され、歳末行事として多くの人を集めた。イタリアの祭典を導入したものだが、観光イベントになるのか、祈りの祭りとして定着するのか、今後の課題でもある。

厳しい復興批判

こうした見方に対し、批判もある。復興手法に対する批判は、震災以前から続く、たとえば神戸市の都市政策そのものをめぐる批判に端を発している。

山を削り海を埋め立て、造成地を売り出す――これが、神戸市の取り続けた都市経営手法であった。「株式会社神戸市」とも呼ばれた公共デベロッパーとしての手法は、高度成長期からバブル期に至り、それなりの成果はあげたが、当初から環境問題、土地神話への飽くなき欲求などといった側面から強く批判もされていた。大型プロジェクト・開発優先の姿勢は、一方で、インナーシティー問題への取り組みを遅らせた。さらに、バブル崩壊もあり開発市政に行き詰まり感も出て、市政批判の高まりもみせていた。

そこへ、震災である。インナーシティー問題は、先に述べたとおり、そのまま被害の大規模化を招いたのだが、とくに神戸市のとった復興手法は、従来からの「開発優先型」の印象は免れなかった。これについて「神戸黒書」(市民がつくる神戸市白書委員会編)は、避難所や仮設住宅で多くの被災者が暮らすなか、なぜ、あえて神戸空港建設促進を打ち出すのか、と厳しい批判を展開した。

一方、膨大な復旧・復興経費はどう使われたのか。使用目的別配分についても、さまざまな批判が起きた。

[投下資本の行方] インフラ破壊などおよそ一〇兆円といわれる直接被害に対し、約一六兆三〇〇〇億円の資金が投じられたと、復興委員会は推測している。この配分について、公式な集計は出ていないが、国、県、神戸市の震災予算を分析、検証したデータがある(池田清「被災地は再生したか」『世界』二〇〇五年二月号)。

これによると、まず国では、生活再建施策二五・二%、インフラ等施設復旧と防災対策六八・六%、経済復興施策六・四%(平成六―十一年度)。

兵庫県では、仮設住宅等生活救援対策一二・一%、産業・基盤整備等復興対策七八・五%、公共施設

等復旧対策九・三％（平成六補正―十六年度）
神戸市では、生活支援六・六％、復興対策六三・一％、災害復興三〇・三％（平成六―十六年度）。
予算細目についての統一性には欠けるが、大まかな傾向はわかる。つまり、生活関連より、インフラなどの復旧に数倍の投資が行われたということである。投資の対象が違うから数字だけでの比較に問題はなくはないが、それでも「生活復興」より、いわゆる「開発復興」に大きくシフトしている様子が読み取れる。復興過程において、家を失い、職を失い、健康をも失った相当数の被災者から発せられた「暮らし無視」という異議と軌を一にするデータでもある。

人間の復興・減災への挑戦

［公的支援と個人補償］　生活復興か、開発復興か。復興過程で絶えず発せられた厳しい問いかけであった。それは、道路や港湾、さらには空港建設による都市基盤・都市装置の充実策など、巨費を投じたきわめて迅速な復旧、計画立案が進んだことに比べて、被災者の暮らしが容易に回復しなかったことへの苛立ちと、強い不満の表明でもあった。

また、憲法を被災地に生かす試みとして、いわゆる「生存権」がクローズアップされ、この理念を欠いた政府や自治体の憲法感覚が人間復興を遅らせたとの指摘も出た。

生活復興とは、言い換えれば、暮らしを元に戻すための支援を充実させることである。被災直後の当座の生活を支える資金、壊れた家屋の再建を図るための資金、企業の破壊・倒産などによる解雇、リストラ対象者への生活再建資金などなどの資金支援を公的に行うことによって、直接、被災者の立ち直りを促すことが震災直後から求められていた。ことにインナーシティーにおける生活保護者の予想外の急増ぶりは、こうした支援の必要性をより鮮明に浮かび上がらせた。いわば「人間復興」を目指す支援こそが最優先されるべきだという考え方である。

しかし、道路など都市インフラ復旧・復興に対する公的資金による集中的投資は行われたが、生活復旧・復興への公的支援は、ほとんど考慮されたフシがない。

壊れた民家の瓦礫撤去や、路上に崩壊した擁壁補修といった公的性格の強い個人的被害についてだけ、例外的に「個人被害への公的支援・資金提供」を行っただけであった。これは、個人財産への公的支援は認められないという、国の基本原則をきわめて厳格に解釈したためであった。

確かに、さらに大きな都市災害が起こり、家屋被害数が予想外に増えれば、その個人補償のため、国家予算並み、あるいはそれ以上の規模の公的資金が必要となる危惧はある。このため、政府や地元自治体ですら「公的支援」を避け続けた。しかし既存の「災害救助法」の運用次第では、個人への公的資金の投入が可能であるとの指摘は、当初から法律専門家の中で多くあった。積極的な法解釈に踏み込むかどうかが問われたのだったが、それはかなわなかった。

被災地で日増しに強まった「公的支援を」の声に、ようやく平成十年（一九九八）五月「被災者支援法」が成立した。被災者自立支援金として、世帯あたり三七・五万—一五〇万円を支給することが決定した。所得や年齢制限などが厳しく規定され、支給対象は被災者の三一％にすぎず、国際的にはなお少ないが、それでも「個人補償はしない」という従来の国の姿勢を変えた意義は大きい。

また自然災害で被災した住宅を対象に、平成十七年、兵庫県が全国に先駆け創設した「住宅再建共済制度」の行方も注目される。

生活復興か開発復興かの議論は、今後予想される都市直撃災害の復興過程で必ず大きな争点になるであろうが、これを、個人補償を国際水準にまで引き上げるための出発点とするべきであろう。そうした支援の思想が広まれば「人間の復興」も、そう遠い将来ではなく、実現できる。

［減災の思想］ 個人補償は、防災の観点からみても重要である。たとえば、家屋倒壊を防ぎ、耐震補強を積極的に促すための抜本的な支援も必要だ。いわば事前補償となるかもしれないが、個々の家屋被害を減らすことによって、多くの命を救うと同時に社会的損失を大幅に減少させることも可能である。

阪神・淡路大震災以降、急速に広がりをみせたテーマに「減災の思想」がある。一人でも多くの命を助け、一戸でも多くの家・建物を守り、一ヵ所でも多くの都市装置の破壊を防ぎ、一円でも多く経済損失を軽減する……。そうした考えに立ち、来たるべき震災に備えて被害を少しでも減らすための試みと新しいシステムを確立すべきだ、というものである。そのための公的支援、予算支出をどうするのか。個人補償の先に、この新しい課題を解決する足がかりを見つけることができる。

復興プロジェクトの虚実

［二つの構想］ 人間をどう復興させるか。厳しい問いかけを内包しながら、復興計画は進められた。二十世紀末から二十一世紀へという時代的背景の中で、異色のプロジェクトも立案されたが、そのう

ち、二つのテーマを取り上げ、復興とは何かを考えてみたい。

一つは、兵庫県などが中心となり提案した「エンタープライズゾーン」構想である。当時、中国で大きな成果をあげていた「経済特別区」にならい、神戸港など被災地の一角に特区を設けるというものだ。

税の減免、大幅な規制緩和をテコに、内外の企業を集積し、これを起爆剤に被災地経済を復旧させ、さらに一歩進んだ先進経済ゾーンを構築するというものだった。当時、沖縄にも同様の構想があり、地元自治体、経済界が中心となって政府への働きかけを重ねたが国は「一国二制度」は認められないというかたくなな姿勢に終始した。

中央省庁は「全国一律・平等」という発想から抜け出ることはなく、被災地もこれを打ち破ることができなかった。復興の切り札と目されたエンタープライズゾーンは、幻に終わった。

もう一つは、総理府で組織された「阪神・淡路復興委員会」が提言した、いわゆる「上海長江プロジェクト」である。日中貿易の拠点であった神戸港と中国の結びつきをより深め、復興に寄与する計画で、上海・長江流域の各港との物流をさらに活発にさせようというものだった。その後の日中間の経済交流の活発化を考えると、先見性のある構想だったといえるが、日中政府、自治体間の意思疎通を欠き、経済界への支援体制も整わぬうちに構想は立ち消えとなってしまった。

いずれのプロジェクトも「神戸だけに認めるわけにいかない」という、政府の姿勢があった。そこだけが発展の可能性を独占する施策は、制度の平等性という観点から、とうてい容認できないとの考えである。

あるいは当然のことかもしれないが、しかし、その後、形を変えた「特区構想」を全国規模で募集することになった経緯をみると、平等主義の変質は十分に予想されたことであった。それを先取りできなかったところに、官による復興の限界もみえた。

「復興モニュメント」たとえ市政に瑕疵《かし》があったとしても、自然災害によって崩壊した都市、地域、人を救援するのは、国の重要な責務の一つである。その実行にあたっては従来、おおむね、既存の制度の中だけで考えられてきた。だが、そんな枠を越えた対応も当然必要だ。被害が甚大であればあるほど、復旧・復興過程における「例外救援」の必要性が増すことを、阪神・淡路大震災ははっきりと示している。

この「一歩を踏み出す救援」の中にこそ、いわば「ポストモダン」の思想が息づいているといってもいい。それは、たとえば「エンタープライズゾーン」であるとか、生活復興への特例公的支援、あるいは先述のように、復興十年委員会がいみじくも反省した「道路の地中化」などが実現しているとすれば、これからの新しい都市像が浮かび上がり、被災者のみならず国民の前にも、その姿がはっきり見えてくる。これからも確実に起こりうる大震災の被害を受けても「人間復興」を基軸とした十分な救援態勢が実感でき、その先に新しいまちの姿が見えてくるなら、被災者、被災地は厳しい中にも希望は見出せる。

こうした新しい都市の姿や、人間、生活を再建・復興する異例の仕組みそのものが「復興モニュメント」になるはずだ。被災地の存在を内外に示し、復興のあり方、復興のあるべき姿を、新しい充実したまち自体がアピールすることになる。

「稲むらの火」を持ち出すまでもなく、災害を語り継ぐことは、被害の軽減を図る重要なファクターである。伝承とは、語り継ぐことだけではない。「語り部《かたべ》」には、人間だけでなく、ポストモダンの思想が息づき、新しい姿でよみがえった都市そのものもなるべきである。

こうした総合的な立ち直りこそが「復興」の本質であろう。

＊　＊　＊

「阪神」の歴史的位相

震災から二年八ヵ月が過ぎた神戸に、ＥＵ（欧州連合）の主要メディアのジャーナリスト約二〇人がやって来た。日本の記者と意見交換をする会議がもたれたのだが、彼らがとくに関心を寄せたのは、いうまでもなく、阪神・淡路大震災の復旧・復興状況であった。

地元メディアの代表として神戸新聞社が基調報告をし、現地視察を行ったが、この来神でＥＵ記者が驚いたことが四点あった（平成九年〈一九九七〉十月十五日『神戸新聞』社説「ＥＵ記者が神戸で驚いたこと」)。

まず第一は、まち並みや道路が見事に復興していること。フランス記者は「わが国では十年かかる」といった。

第二は、それまでの復興に四兆円が集中投下されたこと。その巨額さに圧倒された。

第三は、まちや道路が驚異的な速さでよみがえっているのに対し、その時点でまだ三万近い仮設住宅が残り、多数の被災者が厳しい生活を続けていることと、被災者の生活がなお好転していないこと。その事実を知ったとき、彼らは一斉に「ノー」と首を振った。

第四は、復興過程で被災地域の首長たちが何百回と上京し「復興陳情」を繰り返したこと。八割五分自治といわれるデンマークなどは、三割自治の日本が理解できなかった。

これらは、復興の表と裏、光と影の乖離《かいり》が大きすぎることと、被災地域独自の政策で復興が進まなかったことへの驚きであろう。たとえばフランスでは「表」――まちの復興も当然重要課題となるが、まず「裏」――暮らしの復興支援に取りかかるだろうという。そして、地域の首長が復興の指揮をとり、足りない部分は国家が担う――そんなヨーロッパ分権国家の基本理念「補完性の論理」が働くはずだと、EU記者はいった。

それが、集権国家と分権国家の違いであろう。集権国家では表の「見えるところ」に、分権国家では裏の「見えないところ」に、まず光を当てる。被災者の、そんな一般感情を踏まえて、社説は、そう結論づけた。

地元首長が、被災地−東京間の往復を繰り返した「復興陳情」は、日本の財政運営の、ある種のいびつさを物語る結果となった。霞ヶ関の手加減が、地方の生命線を左右するという構図は、明治以来続いてきた集権システムが作り上げてきたものである。復興対策で隔靴掻痒の感を強くした要因も、そんなところにある。

震災は、分権未成熟の日本の実情をあぶり出したといえる。

また一方で、いわゆる成熟都市における問題点も表面化した。高齢化の進展、インナーシティーの衰退、都市内の地域間格差、コミュニティーの脆弱さなどである。極端な被害格差や「まだら模様」と長く言われ続けた復興格差を生じたのは、こうした都市の矛盾が震災で浮き彫りにされた結果である。

支援が不十分といわれるなかで「自力復興」が声高に叫ばれたが、ここには、バブル崩壊後のいわゆるグローバル化に伴う経済合理主義の影を読み取ることができる。勝ち組と、負け組。つまり勝者と敗者という、厳しい峻別の感情が強く現れた結果といってもいい。人も企業も自立するものが勝者で、他は敗者となる。そんな容赦のない世相も垣間見えた。ボランティアなどの努力で、この容赦ない世相が、少なからず和らいだのが救いであった。

災害は、時代そのものを炙《あぶ》り出す。阪神・淡路大震災も例外ではない。集権システムや都市の矛盾、経済環境……。日本の置かれた歴史的位相が、くっきりと浮かび上がった。

災害に立ち向かい復興を実のあるものにするには、まず、こうした時代の矛盾や不合理な状況を直視し、克服しなければならないことを、阪神・淡路大震災は語りかけている。そして、復旧・復興には、なによりも人間の心を癒す温かいまなざしを忘れてはならないことも告げている。

コラム6　地震から文化財を守るために

平成十六年（二〇〇四）十月二十三日、新潟県中越《ちゅうえつ》地震が起き、被災地から文化財・歴史資料を救出するための組織である新潟歴史資料救済ネットワーク（新潟救済ネット）の結成が呼びかけられた。十一月五日に新潟大学人文学部に事務局を置くことがきまり、救出活動が始まった。

すでに、新潟県文化行政課・新潟県立文書館・新潟県立歴史博物館・十日町《とおかまち》情報館・長岡《ながおか》市立中央図書館文書資料室・小千谷《おぢや》市教育委員会社会教育課は動き出していた（矢田・二〇〇五、新潟大学人文学部地域文化連携センター・二〇〇五）。

新潟救済ネットのはじめの取り組みは、小千谷市教育委員会・新潟県立歴史博物館とともに小千谷市の旧縮《ちぢみ》問屋A家の二棟の蔵から文化財・歴史資料を救出することであった。十一月二十日、二十九日の両日、延べ六一人で二トントラック四台分の資料を新潟県立歴史博物館に運び入れた。運び入れた資料のクリーニングと目録作成作業は、十二月十一日から翌年三月十二日までの計四回、延べ一一一人の参加者で行った。小千谷市A家から救出した資料は、点数一五六五点、個数九一七六個であった。

山古志《やまこし》からの民具・歴史資料・文書の救出も行った。山古志の雪解けを待ち、五月二十一、二十二日の両日、長岡市・新潟県立歴史博物館などと協力し、延べ一〇五人の参加者で、四トントラック三台、二トントラック六台分の民具と約二〇〇箱の文書などを運び出した。

平成七年一月十七日の阪神・淡路大震災（兵庫県南部《なんぶ》地震）以後、兵庫県・宮城県など全国各地で地震の被災地から文化財・歴史資料を守る取り組みが行われている。新潟救済ネットの事務局を担当して感じたことは、指定・未指定をとわず日本列島には多くの文化遺産が存在し、また、それをなんとか守っていきたいと願う多くの人々が存在することである。

図87　山古志からの文化財救出作業

地震被害から生命・生活を守り、元に戻すことは重要なことで、そのために病院・消防署・自治体のそれぞれの組織は存在している。生命が守られ、生活が復興すれば、次は地域を元どおりに戻さねばならない。復興のときに地域の文化も元どおりに戻さねばならない。そうであるならば、地震が起こったときに文化財・歴史資料の救出に動き出す必要がある。生命・生活と同じく文化を守る組織が自治体には必要である。ボランティア団体だけではなく、自治体の中にも地域文化を守るためにどこにでも出かけていく組織が必要である。

あとがき

一読するには時間のかかる大部な分量になってしまったが、これでも対象とした災害はきわめて限られている。ご先祖さまが被害を受けた災害について述べられていないと思われた読者も多いのではないかと思う。

本書の出版構想が持ち込まれたのはたしか二〇〇四年の初めごろだったと思う。各時代を一人で執筆することを建前にしたいという編集部の話であった。しかしながら、私自身の頭の中では災害史というのは、歴史学だけで解析可能な領域ではなく、他の学問分野との協力の上に成立可能な領域だと考えていたから、理学・工学系の研究者の参加を構想した。これは歴史系出版社としては考慮外ということであった。

ひとつだけ編集部と了解がついていたことは、災害の被害を中心としたものではなく、その後につづく復興を中心的課題にするということであった。そもそも、この点については、私なりの前史がある。二〇〇一年に佐倉市にある国立歴史民俗博物館展示について外部からの公募という企画があり、私は災害史展示の企画でそれに応募した。二年の共同研究を経て、三年目の二〇〇三年に「ドキュメント災害史」という展示を実現させた。この展示の副題を、協議の末に「地震・噴火・津波、そして復興」とした。地震・噴火・津波についての分析は理学・工学の専門家に参加していただき、それぞれの専門分野からの解説をお願いした。また最後の「そして復興」というところで、歴史学が災害史で果たすべき役割を位置づけるつもりであった。しかし、そのとき災害史を手掛けている歴史系の研究者は人選も難しいほどに少なかった。

このたびの『日本災害史』は、実はこの歴博の災害展以来の課題を引きずっているといってよい。人々は災害の被害をどのように克服してきたか、時代の知恵や力をどのように活かしたか、あるいは復興過程でどのような問題を派生させたか、などを考えようとしたのにはこうした背景がある。このような領域に軸足を置いた通史としての災害史はいままでなかったので、曲がりなりにもここに災害史を編集できたことはそれなりの意義があるのではないかと思う。各時代を担当された執筆者は悩ましい課題をクリアして、それぞれ新しい視角を提起したと思う。そして、災害展以来、多少の前進を示すことができた点は、歴史学以外の立場から本書の企画に参加していただき、考古学の発掘成果からの古代村落の分析、土木史の専門家による河川災害史、同時代史としての阪神・淡路大震災のジャーナリストによる分析などを加えることができたことである。さらに、コラムでは理工系の研究者による歴史学とは異なる災害分析視点が明示され、また、城郭の石垣修復のための発掘と保全、新潟中越地震での文化財救出などの最新の話題や、歴史学周辺で起きている実践的話題をも提供することができた。

とはいえ、語るべき題材があり、分析する必要のある問題を抱えた数多くの災害を積み残している。

本書は災害史の口火を切ったにすぎない。多くの人が災害史に興味をもち、また、この分野の必要性を考え、残しておくべきと感じた問題をそれぞれのスタイルで記録するきっかけになれば、編者の意図が果たせたと考えている。

二〇〇六年七月

北原糸子

参考文献

古代の災害

1

小鹿島果編『日本災異志』五月書房、一九八二年、初刊一八九三年

寒川　旭「地震考古学」（大塚初重・白石太一郎・西谷正・町田章編『考古学による日本歴史』16自然環境と文化、雄山閣出版、一九九六年）

辻誠一郎「開発と植生の変化」（大塚初重・白石太一郎・西谷正・町田章編『考古学による日本歴史』16自然環境と文化、雄山閣出版、一九九六年）

平川　南「環境と歴史学」（『歴博』七五、一九九六年）

安田政彦「『続日本紀』の地震記事」（『続日本紀研究』三〇〇、一九九六年）

細井浩志「『続日本紀』における自然記事―祥瑞・天文記事より見た『続紀』の史料的性格に関する一試論―」（『史淵』一三四、一九九七年）

津田博幸「歴史叙述とシャーマニズム―『日本書紀』を中心に―」（『日本文学』四八―五、一九九九年）

能登　健「災害の復旧」（佐原眞・都出比呂志編『古代史の論点』1環境と食糧生産、小学館、二〇〇〇年）

細井浩志「八世紀における朝廷の記録保存と天文異変」（『日本歴史』六二七、二〇〇〇年）

安田政彦「『日本後紀』災害記事に関する若干の考察」（『ヒストリア』一七四、二〇〇一年）

伊藤和明『地震と噴火の日本史』岩波新書、二〇〇二年

細井浩志「『日本紀略』後篇の史料的構造と『新国史』の編纂過程について―天文異変・地震記事による『紀略』後篇の検討―」(『史学雑誌』一一一―一、二〇〇二年)
宮瀧交二「『環境史』・災害史に踏み出した日本古代史研究」(『歴史評論』六二六、二〇〇二年)
北條勝貴「環境問題と日本文化」(方法論懇話会編『日本史の脱領域―多様性へのアプローチ―』森話社、二〇〇三年)
宮瀧交二「『更級日記』所収「竹芝伝説」を科学する」(『埼玉の文化財』四四、二〇〇三年)
榎本福寿「日本書紀の災異関係記述を読む―日本書紀の文献学をめざす試み―」(『日本史研究』四九八、二〇〇四年)
安田政彦「『続日本後紀』の災害記事」(続日本紀研究会編『続日本紀の諸相』塙書房、二〇〇四年)
下山　覚「災害と復旧」(上原真人・白石太一郎・吉川真司・吉村武彦編『列島の古代史―ひと・もの・こと―』2暮らしと生業、岩波書店、二〇〇五年)
宮瀧交二「村落と民衆」(上原真人・白石太一郎・吉川真司・吉村武彦編『列島の古代史―ひと・もの・こと―』5村と社会集団、岩波書店、二〇〇五年)

2

三浦佑之「イケニエ譚の発生―農耕と縄文と―」(同『神話と歴史叙述』若草書房、一九九八年、初出一九九二年)

2―(1)

小島憲之『上代日本文学と中国文学』上、塙書房、一九六二年
山内清男「縄文土器の改定年代と海進の時期について」(『先史考古学論文集』新一、一九六九年)
山本武夫「気候と歴史」(気候と人間シリーズ4『気候と文明、気候と歴史』朝倉書店、一九七八年)
藤井昭二・藤則雄「北陸における後氷期以降の海水準変動」(『第四紀研究』二一―三、一九八二年)
吉野正敏「歴史時代における日本の古気候」(『気象』二六、一九八二年)

阪口　豊「日本の先史・歴史時代の気候」（『自然』三九—五、一九八四年）
藤　則雄「過去二万年間における沖積低地の古環境変遷」（古文化財編集委員会編『古文化財の自然科学的研究』同朋舎出版、一九八四年）
阪口　豊『尾瀬ヶ原の自然史』中公新書、一九八九年
安田喜憲『気候と文明の盛衰』朝倉書店、一九九〇年
田中　卓「新たに世に出た『宝亀三年太政官符』」（『田中卓著作集』10古典籍と史料、国書刊行会、一九九三年、初出一九五七年）
置田雅昭「大和政権下の自然と人間」（大塚初重・白石太一郎・西谷正・町田章編『考古学による日本歴史』16自然環境と文化、雄山閣出版、一九九六年）
荒井秀規「古代人の開発と定住」（中村修也編『日本書紀の世界』思文閣出版、一九九八年）
白川　静『白川静著作集』4甲骨文と殷史、平凡社、二〇〇〇年、初刊一九七二年
鈴木秀夫『気候変化と人間—一万年の歴史—』大明堂、二〇〇〇年
北條勝貴「中国六朝の『亀経』と神祇官卜部の亀卜法」（東アジア怪異学会編『亀卜—歴史の地層に秘められたうらないの技をほりおこす—』臨川書店、二〇〇六年）

2—(2)
神田典城「日本神話における出雲—出雲風土記と中央神話体系—」（『国文学　解釈と鑑賞』四四—一、一九七九年）
穂積裕昌「古墳時代の湧水点祭祀について」（同志社大学考古学シリーズⅣ『考古学と信仰』一九九四年）
高木智見「古代中国の儀礼における三の象徴性」（『東洋史研究』六二—三、二〇〇三年）
北條勝貴「古代日本の神仏信仰」（『国立歴史民俗博物館研究報告』一四八、二〇〇八年）

3－(1)
栗原清一『横浜の伝説と口碑』下、横浜郷土史研究会、一九三〇年
今泉隆雄「飛鳥の須弥山と斎槻」(同『古代宮都の研究』吉川弘文館、一九九三年、初出一九九二年)
石田英一郎『新版河童駒引考―比較民族学的研究―』岩波書店、一九九四年、初刊一九四八年
笹本正治『蛇抜・異人・樹霊―自然災害と伝承―』岩田書院、一九九四年
北條勝貴「伐採抵抗伝承・伐採儀礼・神殺し―開発の正当化／相対化―」(増尾伸一郎・工藤健一・北條編『環境と心性の文化史』下 環境と心性の葛藤、勉誠出版、二〇〇三年)
3－(2)
青木和夫「古記の作者」(同『日本古代の政治と人物』吉川弘文館、一九七七年、初出一九六六年)
森　浩一「溝・堰・濠の技術」(同編『古代日本の知恵と技術』大阪書籍、一九八三年)
京都市埋蔵文化財研究所『昭和五十八年度京都市埋蔵文化財調査概要』同所、一九八五年
京都市埋蔵文化財研究所『昭和五十九年度京都市埋蔵文化財調査概要』同所、一九八七年
西山良平「山城国葛野郡班田図」(金田章裕・石上英一・鎌田元一・栄原永遠男編『日本古代荘園図』東京大学出版会、一九九六年)
北條勝貴「行基と技術者集団」(井上薫監修『行基事典』国書刊行会、一九九七年)
大川裕子「秦の蜀開発と都江堰―川西平原扇状地と都市・水利―」(『史学雑誌』一一一―九、二〇〇二年)
森部　豊「関中涇渠の沿革―歴代渠首の変遷を中心として―」(『東洋文化研究』七、二〇〇五年)
3－(3)
井上満郎「平安時代の秦氏の研究」(『日本歴史』三四〇、一九七六年)

森　浩一「溝・堰・濠の技術」（同編『古代日本の知恵と技術』大阪書籍、一九八三年）
井上満郎『渡来人―日本古代と朝鮮―』リブロポート、一九八七年
川尻秋生「内閣文庫所蔵『広隆寺縁起』について」（『千葉県立中央博物館研究報告』人文科学一、一九八九年）
追塩千尋「道昌をめぐる諸問題」（同『中世の南都仏教』吉川弘文館、一九九四年、初出一九九二年）
北　康宏「広隆寺薬師仏の伝来について」（『文化史学』五〇、一九九四年）
鶴間和幸「古代巴蜀の治水伝説の舞台とその背景―蜀開明から秦李冰へ―」（森田明編『中国水利史の研究』国書刊行会、一九九五年）
加藤謙吉「秦氏と土木・建築技術」（同『秦氏とその民―渡来氏族の実像―』白水社、一九九八年a）
加藤謙吉「秦氏の成立とその歴史的意義」（同『秦氏とその民―渡来氏族の実像―』白水社、一九九八年b）

中世の災害

1―(1)
寒川　旭『地震考古学』中央公論社、一九九二年
藤木久志『飢餓と戦争の戦国を行く』朝日新聞社、二〇〇一年
峰岸純夫『中世災害・戦乱の社会史』吉川弘文館、二〇〇一年
矢田俊文『日本中世戦国期の地域と民衆』清文堂出版、二〇〇二年
1―(2)
河角龍典「沖積層に記録される歴史時代の洪水跡と人間活動―大阪府河内平野池島・福万寺遺跡の事例―」（『歴史地理学』四二―一、二〇〇〇年）

水野章二『日本中世の村落と荘園制』校倉書房、二〇〇〇年
辻　広志「野洲川の流れと堆積」（高橋正隆ほか編『日本文化のかなめ』サンライズ出版、二〇〇一年）
藤木久志『飢餓と戦争の戦国を行く』朝日新聞社、二〇〇一年
水野章二「人と自然の関係史素描－中世後期の環琵琶湖地域を中心に－」（『民衆史研究』六一、二〇〇一年）
峰岸純夫『中世災害・戦乱の社会史』吉川弘文館、二〇〇一年
高橋　学『平野の環境考古学』古今書院、二〇〇三年
水野章二「人と自然の関係史素描－中世前期の環琵琶湖地域を中心に－」（村井康彦・西川幸治編『環琵琶湖地域論』思文閣出版、二〇〇三年）
木戸雅寿「水系をめぐる中世集落とその関わり」（『琵琶湖博物館研究調査報告』二一、二〇〇四年）
水野章二編『中世の景観と環境』思文閣出版、二〇〇四年

2－(1)

鶴岡静夫『古代仏教史研究』文雅堂銀行研究社、一九六五年
稲葉伸道「新制の研究－徳政との関連を中心に－」（『史学雑誌』九六－一、一九八七年）
笹本正治『中世の災害予兆』吉川弘文館、一九九六年
山下克明『平安時代の宗教文化と陰陽道』岩田書院、一九九六年
松本卓哉「律令国家における災異思想－その政治批判の要素の分析－」（黛弘道編『古代王権と祭儀』吉川弘文館、二〇〇〇年）
水野章二『日本中世の村落と荘園制』校倉書房、二〇〇〇年
久野修義「中世日本の寺院と戦争」（歴史学研究会編『戦争と平和の中近世史』青木書店、二〇〇一年）

峰岸純夫『中世災害・戦乱の社会史』吉川弘文館、二〇〇一年
藤沢典彦「近世仁王経碑の歴史的背景」（『帝京大学山梨文化財研究所研究報告』一〇、二〇〇二年）
井原今朝男『中世寺院と民衆』臨川書店、二〇〇四年
今堀太逸「国土の災害と悪鬼神　災害と俗信」（院政文化研究会編『院政文化論集第五巻生活誌』森話社、二〇〇五年）
2－(2)
『伊香郡誌』伊香郡教育会、一九〇三年
佐竹昭広『酒呑童子異聞』平凡社、一九七七年
3－(1)
上田弘一郎『水害防備林』産業図書、一九五五年
伊藤安男・青木伸好『輪中』学生社、一九七九年
安藤万寿男『輪中――その形成と推移』大明堂、一九八八年
金田章裕『微地形と中世村落』吉川弘文館、一九九三年
3－(2)
大山喬平『日本中世農村史の研究』岩波書店、一九七八年
水野章二「大国・川合荘」（網野善彦ほか編『講座 日本荘園史6』吉川弘文館、一九九三年）
3－(3)
島田次郎編『日本中世村落史の研究』吉川弘文館、一九六六年
黒田日出男『日本中世開発史の研究』校倉書房、一九八四年
村岡幹生「尾張国大成荘の国人と築堤」（『ヒストリア』一二二、一九八九年）

松浦茂樹『国土づくりの礎』鹿島出版社、一九九七年
原田信男『中世村落の景観と生活』思文閣出版、一九九九年
高橋　学「古代後半～中世初頭における河原の出現」(吉越昭久編『人間活動と環境変化』古今書院、二〇〇一年)
高橋　学『平野の環境考古学』古今書院、二〇〇三年
畑　大介「治水・利水に携わった中世の人々と技術」(『中世諸職』シンポジウム「中世諸職」実行委員会、二〇〇三年)
久保純子「利根川中下流域における歴史時代の河道変遷」(『国立歴史民俗博物館研究報告』一一八、二〇〇四年)
橋本道範「近江国野洲郡兵主郷と安治村」(『琵琶湖博物館研究調査報告』二一、二〇〇四年)
滋賀県教育委員会・滋賀県文化財保護協会『里井B遺跡』二〇〇五年

4

『京都の歴史』2、京都市、一九七一年
西尾和美「室町中期京都における飢饉と民衆―応永二十八年及び寛正二年の飢饉を中心として―」(『日本史研究』二七五、一九八五年)
宇佐美龍夫『新編　日本被害地震総覧』東京大学出版会、一九九六年
大村拓生「10～13世紀における火災と公家社会」(『日本史研究』四一二、一九九六年)
西山昭仁「元暦二年(一一八五)京都地震の被害実態」(『月刊　地球』二三―一二、二〇〇一年)
藤木久志『飢餓と戦争の戦国を行く』朝日新聞社、二〇〇一年
福島金治「災害より見た中世鎌倉の町」(『国立歴史民俗博物館研究報告』一一八、二〇〇四年)

5

高谷重夫『雨乞習俗の研究』法政大学出版局、一九八二年
水野章二『日本中世の村落と荘園制』校倉書房、二〇〇〇年
峰岸純夫『中世災害・戦乱の社会史』吉川弘文館、二〇〇一年

近世の災害

1

上田和枝・宇佐見龍夫「有史以来の地震回数の変遷」(『歴史地震』六、一九九〇年)
北原糸子「災害絵図研究試論」(『国立歴史民俗博物館研究報告』八一、一九九九年。のちに、北原糸子『近世災害情報論』塙書房、二〇〇三年に収録)

2

「酒匂川大口土手沿革史」(『二宮尊徳全集　十四巻』二宮尊徳偉業宣揚会、一九二八年)
真田秀吉『日本水制工論』岩波書店、一九三二年
土木学会編『明治以前　日本土木史』岩波書店、一九三六年
伊藤　信『宝暦治水と薩摩藩士』鶴書房、一九四三年、一九八六年に郷土出版社から復刻
岐阜県編・発行『岐阜県治水史』上巻、一九五三年
毎日新聞社編『吉野川』毎日新聞社、一九六〇年
徳島県史編さん委員会編『徳島県史』第4巻、徳島県、一九六五年
毎日新聞新潟支局編『母なる信濃川』北陸建設弘済会、一九七〇年
小出　博『利根川と淀川』中公新書、一九七五年

徳島県板野郡松茂町誌編纂委員会編『松茂町史《中巻》』松茂町誌編纂室、一九七六年
大石慎三郎『江戸時代』中公新書、一九七七年
著者不詳『百姓伝記』延宝八年から天和二年の間（古島敏雄校註『百姓伝記　下』岩波文庫、一九七七年）
大熊　孝『利根川治水の変遷と水害』東京大学出版会、一九八一年
大谷貞夫『近世日本治水史の研究』雄山閣出版、一九八六年
大熊　孝『洪水と治水の河川史——水害の制圧から受容へ』平凡社、一九八八年
木曾三川〜その流域と河川技術編集委員会、（社）中部建設協会編『木曾三川〜その流域と河川技術』建設省中部地方建設局、一九八八年
知野泰明「酒匂川にみる近世治水技術に関する研究－文命堤を中心に－」（『土木史研究』一〇、土木学会、三三〜四〇頁、一九九〇年）
知野泰明「徳川幕府法令と近世治水史料における治水技術に関する研究」（『土木史研究』一一、土木学会、四九〜六〇頁、一九九一年）
木曾三川流域誌編集委員会、（社）中部建設協会編『木曾三川流域誌』建設省中部地方建設局、一九九二年
『吉野川百年史』建設省四国地方建設局徳島工事事務所、一九九三年
大熊孝・知野泰明ほか『川を制した近代技術』第五章「近世文書にみる治水・利水技術」平凡社、一二〇〜一四二頁、一九九四年
知野泰明・大熊孝「近世治水における堰に関する研究－その技術的な変遷について－」（『土木史研究』一四、土木学会、九三〜一〇八頁、一九九四年）
佐藤常雄・大石慎三郎『貧農史観を見直す』講談社現代新書、一九九五年

大谷貞夫『江戸幕府治水政策史の研究』雄山閣出版、一九九六年
高崎哲郎『天、一切ヲ流ス　江戸期最大の寛保水害・西国大名による手伝い普請』鹿島出版会、二〇〇一年
信濃毎日新聞社出版局編『寛保2年の千曲川大洪水「戌の満水」を歩く』信濃毎日新聞社、二〇〇二年

3－(1)

荻原進編『浅間山天明噴火史料集成』Ⅰ～Ⅴ、群馬県文化事業振興会、一九八五～九五年
大石慎三郎『天明三年浅間大噴火』角川選書、一九八六年
児玉幸多・大石慎三郎・斉藤洋一編『天明三年浅間山噴火史料集』上・下、東京大学出版会、一九八九年
長野県『長野県史』通史編第六巻近世三、一九八九年
群馬県『群馬県史』通史編第六巻、第五章第二節「天明浅間山噴火」一九九二年
菊池勇夫『飢饉』吉川弘文館、二〇〇〇年
飯島千秋「天明－寛政期の『金納御手伝』普請」（『信濃』五四－四、二〇〇二年）
渡辺尚志『浅間山大噴火』吉川弘文館、二〇〇四年
北原糸子「噴火災害と復興――幕府普請役の仕事と熊本藩細川家御手伝普請」（『災害教訓の継承に関する専門調査会』編『1783　天明浅間山噴火報告書』中央防災会議、二〇〇六年）
安井真也「天明三年浅間山噴火の経過と災害」（『災害教訓の継承に関する専門調査会』編『1783　天明浅間山噴火報告書』中央防災会議、二〇〇六年）

3－(2)

川路聖謨著、藤井貞文・川田貞夫校注『長崎日記・下田日記』東洋文庫（初版）、一九六八年（一九八六年一三版）
平井平次郎著・森義男編『下田年中行事』長倉書店、一九七四年

羽鳥徳太郎「静岡県沿岸における宝永・安政東海地震の津波調査」(『地震研究所彙報』五二、一九七七年)
森　義男『プチャーチンと下田』下田史談会、一九七七年
下田市史編纂委員会編『下田市史』資料編3・4(幕末開港、上・下)、下田市教育委員会、一九九〇年
土屋喜敬「嘉永東海地震における災害と復興－豆州下田を事例に－」(卒業論文発表概要)(『地方史研究』四四－四、一九九四年)
松浦武四郎著・秋葉實編「下田日誌」(『松浦武四郎選集』一、北海道出版企画センター、一九九六年)
北原糸子「下田港の被害と復興」(中央防災会議「災害教訓の継承に関する専門調査会」編『1854 安政東海地震・安政南海地震報告書』中央防災会議、二〇〇五年)

3－(3)

武者金吉『日本地震史料』毎日新聞社、一九五一年(明石書店、一九九五年復刻版)
東京大学地震研究所編『新収 日本地震史料』第五巻別巻二－一、別巻二－二、一九八五年
東京大学地震研究所編『新収 日本地震史料補遺』別巻、一九八九年
鈴木棠三・小池章太郎編『藤岡屋日記』第七巻、三一書房、一九九〇年
「安政二乙卯年十月二日江戸大地震」(鈴木棠三・小池章太郎編『藤岡屋日記』第一五巻、三一書房、一九九五年)
石井良助・服部弘司編『幕末御触書集成』第四巻、岩波書店、一九九七年
北原糸子『地震の社会史』講談社学術文庫、二〇〇〇年
近世史料研究会編『江戸町触集成』第一七巻、塙書房、二〇〇二年
北原糸子『近世災害情報論』塙書房、二〇〇三年
北原糸子「災害の社会像」(中央防災会議「災害教訓の継承に関する専門調査会」編『1855 安政江戸地震』中央防災

会議、二〇〇四年）

4—(1)

北条秀雄『新収　浅井了意』笠間書院、一九七四年
浅井了意「かなめいし」（谷脇理史・岡雅彦・井上和人校注・訳、新編『仮名草子集』日本古典文学全集六四、小学館、一九九九年）
市古夏生「出版文化としての仮名草子」（『仮名草子集』月報五四、一九九九年）
北原糸子「災害絵図研究試論」（『国立歴史民俗博物館研究報告』八一、一九九九年）
中央防災会議「災害教訓の継承に関する専門調査会」編『1662　寛文近江・若狭地震』中央防災会議、二〇〇五年

4—(2)

西村暉希「島原大変大地図」（『長崎県地学会誌』三三・三四合併号、一九八一年）
東京大学地震研究所編『新収　日本地震史料』第四巻別巻、一九八四年
関原裕一・小野菊雄・小林茂「島原大変時における島原藩の幕府報告図について」（『九州地方における自然災害の歴史地理学的研究』昭和五十九・六十年科学研究費補助金研究成果報告書、一九八六年）
神代古文書研究会編『大岳地獄物語』国見町教育委員会、二〇〇一年
北原糸子『災害ジャーナリズムむかし編』歴史民俗博物館振興会、二〇〇一年
太田一也「寛政四年肥前国島原山焼図」（『予防時報』二一〇、二〇〇二年）
国立歴史民俗博物館展示図録『ドキュメント災害史』二〇〇三年

4—(3)

松代藩文化施設管理事務所（真田宝物館）展示図録『善光寺地震——松代藩の被害と対応』長野市教育委員会、一九九九

八年
北原糸子「近世災害情報論―善光寺地震情報はどのようにつたえられたか―」(『国立歴史民俗博物館研究報告集』九六集、二〇〇二年。『近世災害情報論』塙書房、二〇〇三年に収録)
赤羽貞幸「善光寺地震と災害の全貌」(赤羽貞幸・北原糸子編『善光寺地震に学ぶ』信濃毎日新聞社、二〇〇三年)
降幡浩樹「善光寺地震と災害情報」(赤羽貞幸・北原糸子編『善光寺地震に学ぶ』信濃毎日新聞社、二〇〇三年)
国立歴史民俗博物館展示図録『ドキュメント災害史』二〇〇三年

4―(4)

内田　實『広重』岩波書店、復刊一九七八年
ヘンリー・スミス『名所江戸百景』岩波書店、一九九二年
『藤岡屋日記』第一五巻、三一書房、一九九五年
宮田登・高田衛監修『鯰絵――震災と日本文化』里文出版、一九九五年
『江戸町触集成』第一六巻、塙書房、二〇〇一年
『江戸町触集成』第一七巻、塙書房、二〇〇二年
原信田實・北原糸子「地震の痕跡と『名所江戸百景』の新しい読み方」(『年報　人類文化研究のための非文字資料の体系化』一号、神奈川大学21世紀COEプログラム研究推進会議、二〇〇四年)
原信田實「新釈『名所江戸百景』」『浮世絵芸術』一五〇、二〇〇五年

コラム3

Iida, K., 1958, Magnitude and Energy of Earthquakes accompanied by tsunami and tsunami energy, J. Earth Sci., Nagoya Univ., 6, 101-112.

宇佐美龍夫『新編　日本被害地震総覧』東京大学出版会、一九八七年、四三四頁

近代の災害

1

東京市政調査会編・亀卦川浩著『自治五十年史』良書普及会、一九四〇年（復刻版、文生書院、一九七五年）
古田　愛「明治二十三年窮民救助法に関する一考察」（『日本史研究』三九四号、一九九五年）
北原糸子『磐梯山噴火－災異から災害の科学へ－』吉川弘文館、一九九八年
長妻廣至『補助金の社会史』人文書院、二〇〇一年

2－(1)

島根県立図書館蔵、旧浜田県引継文書「雑款」
山口県地方史学会編『佐藤信寛手控』佐藤栄作、一九七五年
東京大学地震研究所編『新収　日本地震史料』第五巻別巻一、一九八五年
宇佐見龍夫『新編　日本被害地震総覧』東京大学出版会、一九九六年

2－(2)

震災予防調査会『震災予防調査会報告』二、一八九四年
岐阜県『岐阜県治水史』岐阜県、一九五三年
明治財政史編纂会編纂『明治財政史』第三巻、吉川弘文館、一九七一年
山口地方史学会編『佐藤信寛手控』佐藤栄作、一九七五年
横山真一「濃尾震災後の民衆運動」（駒澤大学『史学研究』一一号、一九八一年）

重松正史「初期議会における地方政治状況－濃尾震災前後の岐阜県政－」(『歴史学研究』五七七、一九八八年)
服部　敬『近代地方政治と水利土木』思文閣出版、一九九五年
飯塚一幸「濃尾震災後の土木費国庫補助問題」(『日本史研究』四二一、一九九六年)
宇佐見龍夫『増補　日本被害地震総覧』東京大学出版会、一九九六年
山崎有恒「内務省の河川政策」(高村直助編『川と道の近代』山川出版社、一九九六年)
北原糸子『磐梯山噴火－災異から災害の科学へ－』吉川弘文館、一九九八年a
北原糸子「ノルマントン号事件と義捐金問題」(『メディア史研究』七、一九九八年b)
上林好之『日本の川を蘇らせた技師デ・レーケ』草思社、一九九九年
国土政策機構編『国土を創った土木技術者たち』鹿島出版会、二〇〇〇年
村松郁栄・松田時彦・岡田篤正『濃尾地震と根尾谷断層帯』古今書院、二〇〇二年
土木学会編『古市公威とその時代』土木学会、二〇〇四年
中央防災会議『災害教訓の継承に関する専門調査会議』編『1891　濃尾地震報告書』中央防災会議、二〇〇六年

3

『明治十八年公文録　内務省七月第二』所収「野蒜築港事業ノ件」国立公文書館所蔵
工学会著・発行『明治工業史　土木編』一九二九年
西川　喬『治水長期計画の歴史』水利科学研究所、一九六九年
古島敏雄校註『百姓伝記(上)』岩波文庫、一九七七年
片平六左『陸前野蒜港記』東北港運協会広報委員会、一九八二年
鈴木　哲「序説　技術の大・中・小技術システムに関する研究」(『土木計画学研究論文集4』土木学会、一九八六年)

一七三〜一八〇頁
利根川百年史編集委員会編『利根川百年史』建設省関東地方建設局、一九八七年
大熊　孝『洪水と治水の河川史――水害の制圧から受容へ』平凡社、一九八八年
知野泰明・大熊孝「新潟平野における治水技術の変遷に関する研究」（『土木学会論文集』四四〇／Ⅳ－一六、一九九二年、一三五〜一四四頁
松浦茂樹『明治の国土開発史　近代土木技術の礎』鹿島出版会、一九九二年
野呂界雄：郷土の歴史地誌「立田輪中物語」（一一九）、「広報たつた」七頁、一九九三年
山本三郎『河川法全面改正に至る近代河川事業に関する歴史的研究』日本河川協会、一九九三年
「復刻版　起業公債幷起業景況第三回報告」明治十三年発布、東北建設協会、一九九九年
知野泰明「野蒜築港と石井閘門－その建設経緯と土木技術史的意義について－」（『月刊　文化財』二〇〇二年、六月号）
大熊　孝『技術にも自治がある――治水技術の伝統と近代』農山漁村文化協会、二〇〇四年
4－(1)
横浜市編『横浜市震災誌』第二冊、横浜市役所、一九二六年a
横浜市編『横浜市震災誌』第三冊、横浜市役所、一九二六年b
神奈川県編『神奈川県震災誌』神奈川県、一九二七年
O・M・プール『古き横浜の壊滅』有隣堂、一九七六年
横浜市立横浜商業高等学校編『Y校百年史』Y校百年史編集委員会、一九八二年
神奈川県立歴史博物館編『博物館だより』一六一、二〇〇二年
武村雅之『関東大震災　大東京圏の揺れを知る』鹿島出版会、二〇〇三年

4—(2)
神奈川県警察部編『大正大震火災誌』神奈川県警察部、一九二六年
内務省社会局編『大正震災志』内務省、一九二六年
横浜市編『横浜市震災誌』第二冊、横浜市役所、一九二六年a
横浜市編『横浜市震災誌』第三冊、横浜市役所、一九二六年b
横浜市編『横浜市震災誌』第四冊、横浜市役所、一九二七年
南足柄市編「生沼良蔵日記」(『南足柄市史　四　資料編近代』南足柄市、一九九一年)
小田原市編「小田原警察署管内震災情況誌」(『小田原市史　史料編近代2』)小田原市、一九九三年
4—(3)
群馬県編「大震災突発当時ニ於ケル群馬県ノ活動一斑」(『大正十二年大震災関係書類』群馬県立文書館所蔵、一九二三年)
長野県編「関東震災救援報告(第一回)」(『大正十二年公文編冊　震災関係綴一』)長野県立歴史館所蔵、一九二三年
奈良県編『大正一二年九月　震災救援ニ関スル書類　庶務課』奈良県立図書館所蔵、一九二三年
大阪府編『関東地方震災救援誌』大阪府、一九二四年
西坂勝人『神奈川県下の大震火災と警察』大震火災と警察発行所、一九二六年
横浜市編『横浜市震災誌』第二冊、横浜市役所、一九二六年a
長野県編『大正十二年長野県震災誌』長野県、一九二九年
4—(4)
横浜市編『横浜市震災誌』第三冊、横浜市役所、一九二六年b

コラム5

武村雅之『関東大震災——大東京圏の揺れを知る』鹿島出版会、二〇〇三年

武村雅之『1923年関東地震による旧東京市内での各種構造物の被害と震度——〝土蔵の話〟は本当か』日本建築学会構造系論文集577号、二〇〇四年

諸井孝文・武村雅之『関東地震（1923年9月1日）による被害要因別死者数の推定』日本地震工学会論文集第4巻、二〇〇四年

阪神・淡路大震災

神戸新聞、朝日新聞、毎日新聞、読売新聞、産経新聞、日本経済新聞

「世界」「中央公論」

消防庁、気象庁、兵庫県・神戸市等自治体ホームページ

直接被害の全体状況、避難所避難者数の推移、被災・市・町人口推移、仮設住宅入居世帯状況、ボランティア動向、義援金配分状況、鉱工業生産指数（以上兵庫県、一九九五年度以降各年）

神戸市財政の動向、神戸市各区人口推移、神戸市大型小売店販売額（以上神戸市、同右）

商店街・小売市場売上業況（神戸商工会議所・神戸市、同右）

神戸港輸出入全国シェア（神戸税関、同右）

朝日新聞社『大震災その時の朝日新聞』一九九五年

内橋克人・鎌田慧『大震災復興への警鐘』岩波書店、一九九五年

遠藤勝裕『阪神大震災——日銀神戸支店長の行動日記』日本信用調査出版部、一九九五年

貝原俊民『大震災100日の記録――兵庫県知事の手記』ぎょうせい、一九九五年
関西電力株式会社「阪神・淡路大震災復旧記録」一九九五年
神戸新聞社『神戸新聞の100日』プレジデント社、一九九五年
産業復興会議「産業復興計画」一九九五年
中井久夫「1995年1月・神戸――阪神大震災下の精神科医たち」一九九五年、『昨日のごとく――災厄の年の記録』（一九九六年）みすず書房
三木康弘『震災報道いまはじまる』藤原書店、一九九五年
三木康弘・中元孝迪『コラムニストがみた阪神大震災――神戸新聞「正平調」の一〇一日』神戸新聞総合出版センター、一九九五年
神戸市消防局『広報誌・雪』一九九五～二〇〇〇年
神戸大学震災研究会『阪神大震災研究』シリーズ1～5、神戸新聞総合出版センター、一九九五～二〇〇二年
朝日新聞社『阪神・淡路大震災誌』一九九六年
大阪ガス株式会社「阪神・淡路大震災被害・復旧記録」一九九六年
甲南大学『甲南大学の阪神大震災』神戸新聞総合出版センター、一九九六年
神戸市水道局「阪神・淡路大震災水道復旧の記録」一九九六年
コープこうべ「阪神・淡路大震災コープこうべ活動の記録」一九九六年
市民がつくる神戸市白書委員会『神戸黒書』労働旬報社、一九九六年
消防庁編「阪神・淡路大震災の記録」1、2、3、別巻資料編（一九九六年）
ディビッド・マス『トラウマ』講談社、一九九六年

阪神・淡路大震災鉄道記復興録編集委員会「よみがえる鉄路――阪神・淡路大震災鉄道復興の記録」一九九六年
兵庫県「阪神・淡路大震災誌（土木施設の地震災害記録）」一九九六年
兵庫県「阪神・淡路大震災・兵庫県の1年の記録」一九九六年
兵庫県警「阪神・淡路大震災警察活動の記録――都市直下型地震との闘い」一九九六年
吉田和男『阪神復興』PHP研究所、一九九六年
内閣府「防災白書」（一九九六年度以降各年）
斎藤浩志『学校防災』神戸新聞総合出版センター、一九九七年
阪神高速道路公団「大震災を乗り越えて――震災復旧工事誌」一九九七年
日本赤十字社兵庫支部「阪神・淡路大震災――被災地支部の現場から」一九九七年
外岡秀俊『地震と社会』上・下、みすず書房、一九九七～九八年
加藤恵正・山本誠次郎『阪神大震災からの都市再生』中央経済社、一九九八年
立命館大学震災復興研究プロジェクト『震災復興の政策科学』有斐閣、一九九八年
阪神・淡路産業復興推進機構『フォーラム・神戸の進路』神戸新聞社、一九九九年
神戸市「阪神・淡路大震災神戸復興誌」二〇〇〇年
神戸新聞社『大震災問わずにいられない――神戸新聞報道記録』神戸新聞総合出版センター、二〇〇〇年
兵庫県「住まい復興の記録――ひょうご住宅復興三カ年計画の足跡」二〇〇〇年
阪神・淡路大震災と埋蔵文化財シンポジウム実行委員会『震災を超えて』エピック、二〇〇一年
吉本和弘『消防隊員が見た阪神・淡路大震災』自費出版、二〇〇二年
神戸市復活・活性化推進懇話会「復興の総括・検証報告書」二〇〇四年

柳田邦男『阪神・淡路大震災——新しい市民社会のために』岩波書店、二〇〇四年
生活復興県民ネット「人の力と熱意を信じて——生活復興県民ネット活動記録集」二〇〇五年
兵庫県「フェニックス兵庫——創造的復興10年の歩み」二〇〇五年
復興10年委員会「復興10年総括検証・提言報告」二〇〇五年

コラム6
『シンポジウム　新潟県中越地震からの文化遺産の救出と現状　資料集』新潟大学人文学部地域文化連携センター、二〇〇五年
矢田俊文編『新潟県中越地震　文化遺産を救え』高志書院、二〇〇五年
『歴史評論』六六六号〈特集／災害と資料保存〉、二〇〇五年
DVD『山古志民俗資料館収蔵品救出プロジェクトの記録』新潟大学人文学部地域文化連携センター・新潟歴史資料救済ネットワーク、二〇〇六年
矢田俊文編『新潟県中越地震と文化財・歴史資料—一年間のとりくみ—』新潟大学人文学部地域文化連携センター、二〇〇六年

編者略歴

一九三九年　山梨県に生れる

津田塾大学卒業、東京教育大学大学院文学研究科日本史専攻修士課程修了

現在　立命館大学歴史都市防災センター教授

〔主要著書〕

安政大地震と民衆　都市と貧困の社会史　近世災害情報論　日本歴史災害事典（編）

日本災害史

二〇〇六年（平成十八）十月十日　第一刷発行
二〇一二年（平成二十四）十月一日　第四刷発行

編　者　北《きた》原《はら》糸《いと》子《こ》

発行者　前田求恭

発行所　株式会社　吉川弘文館
郵便番号一一三―〇〇三三
東京都文京区本郷七丁目二番八号
電話〇三―三八一三―九一五一〈代表〉
振替口座〇〇一〇〇―五―二四四番
http://www.yoshikawa-k.co.jp/

印刷＝藤原印刷株式会社
製本＝誠製本株式会社
装幀＝清水良洋

ISBN978-4-642-07968-6

執筆者紹介（生年／現職）―執筆分担

北原糸子（きたはら いとこ）　→別掲　災害と復興、近世の災害[1][3][4]、近代の災害[1][2]

北條勝貴（ほうじょう かつたか）　一九七〇年生れ／上智大学文学部准教授　古代の災害[1][2][3]

能登　健（のと たけし）　一九四六年生れ／群馬大学非常勤講師　古代の災害[4]

鎌田浩毅（かまた ひろき）　一九五五年生れ／京都大学大学院人間・環境学研究科教授　コラム1

水野章二（みずの しょうじ）　一九五四年生れ／滋賀県立大学人間文化学部教授　中世の災害

寒川　旭（さんがわ あきら）　一九四七年生れ／産業技術総合研究所招聘研究員　コラム2

知野泰明（ちの やすあき）　一九六五年生れ／日本大学工学部准教授　近世の災害[2]、近代の災害[3]

都司嘉宣（つじ よしのぶ）　一九四七年生れ／元東京大学地震研究所准教授　コラム3

金森安孝（かなもり やすたか）　一九五二年生れ／仙台市博物館副館長　コラム4

寺嵜弘康（てらさき ひろやす）　一九五七年生れ／神奈川県立歴史博物館学芸部専門学芸員　近代の災害[4]

武村雅之（たけむら まさゆき）　一九五二年生れ／名古屋大学減災連携研究センター教授　コラム5

中元孝迪（なかもと たかみち）　一九四〇年生れ／兵庫県立大学特任教授（元神戸新聞論説委員長）　阪神・淡路大震災

矢田俊文（やた としふみ）　一九五四年生れ／新潟大学人文学部教授　コラム6

索　　引

あ 行

か　行

さ　行

た　行

な　行

は　行

ま　行

や　行

ら　行

わ　行

図版一覧

伊藤安男『治水思想の風土』古今書院，1994年，による　*122*
図25　伊勢国大国荘周辺図　*123*
図26　堤遺跡台形堤防跡　滋賀県野洲市提供　*133*
図27　里井Ｂ遺跡周辺図　*134*
図28　里井Ｂ遺跡　滋賀県埋蔵文化財センター提供　*135*
図29　太郎焼亡と次郎焼亡　『京都の歴史』２，京都市，1971年，による　*141*
図30　兵庫津遺跡で見られる液状化現象の痕跡　撮影・寒川旭　*157*
図31　明治29年７月水害における浸水区域・破堤地点概略図　大熊孝『洪水と治水の河川史――水害の制圧から受容へ』平凡社，1988年，による　*173*
図32　明治の横田切れ－水害絵巻－　新潟県土木部所蔵　*174*
図33　雪中の洪水　『北越雪譜』より　*175*
図34　輪中　岐阜県海津町　*184*
図35－１　大垣市万石の水屋と家財蔵　*185*
図35－２　大垣市馬瀬の水屋にある上げ舟　*185*
図36　「輪中絵図」　*186*
図37　大樗川口洗堰図　鹿児島県立図書館所蔵　*187*
図38　酒匂川の流域概要　知野泰明「酒匂川にみる近世治水技術に関する研究－文命堤を中心に－」『土木史研究』10，土木学会，1990年(作成・知野泰明)による　*189*
図39　岩流瀬堤の図　『新編相模国風土記稿』より　*189*
図40　吉野川下流部　小出博『日本の河川－自然と社会史－』東京大学出版会，1970年，による　*192*
図41　浅間山天明噴火のかわら版　三井文庫所蔵　*198*
図42　鎌原村観音堂石段下出土人骨　群馬県立歴史博物館『天明の浅間焼け』1995年，より　*199*
図43　天明３年浅間山噴火の噴出物到達範囲　作成・安井真也　*200*
図44　18世紀後半，大名手伝川々普請　飯島千秋「天明－寛政期の『金納御手伝』普請」『信濃』54－4，2002年，表１から作図　*202*
図45　植野・広瀬桃木堰絵図　『1783浅間山天明噴火』中央防災会議，2006年，図３－５より引用　*204*
図46　下田港への津波浸水域　羽鳥徳太郎「静岡県沿岸における宝永・安政東海地震の津波調査」『地震研究所彙報』52号，1977年，より引用　*211*
図47　安政江戸地震の江戸市中の震度分布　『1855　安政江戸地震』中央防災会議，2004年，図１－１(作成・中村操)より引用　*221*
図48　地震鯰絵　*231*
図49　寛文地震の震源断層とその周辺の震度　『1662　寛文近江・若狭地震』中央防災会議，2005年，図１－１(作成・小松原琢)より引用　*233*
図50　かなめいし『仮名草子集』　*236*
図51　「肥前温泉災記」　松平文庫所蔵(島原図書館内)　*244*
図52　信州地震大絵図・漂蕩之図　東京都立中央図書館所蔵　*248*
図53　『安政風聞集』築地本願寺再建図　国立公文書館所蔵　*257*
図54　『名所江戸百景』鉄砲洲築地門跡　神奈川大学所蔵復刻版より　*258*
図55　日本列島周辺海域に起きた歴史津波　*261*
図56　仙台城本丸跡の石垣変遷　仙台市教育委員会提供　*265*
図57　恤救規則による救済　『帝国統計年鑑』６回～19回による　*274*
図58　備荒儲蓄金救済額　『帝国統計年

鑑』6回〜19回,『明治財政史』第10巻による　*274*
図59　災害土木費　長妻廣至『補助金の社会史』人文書院,2001年,表2-4,による　*275*
図60　中央儲蓄金　『明治財政史』第10巻による　*277*
図61　「唐鐘浦より嘉久志浦迠　浦絵図」浜田市・中村昭美所蔵,浜田市教育委員会提供　*284*
図62　濃尾地震で地上に現れた断層写真　ミルン・バートン『1891 The Great Earthquake of Japan』より　*288*
図63　大森房吉による濃尾地震震度分布図　村松郁栄・松田時彦・岡田篤正『濃尾地震と根尾谷断層帯』古今書院,2002年,図1-3より引用　*288*
図64　濃尾地震の避難小屋の情景　ミルン・バートン『1891 The Great Earthquake of Japan』より　*298*
図65　新潟平野の河川と放水路　作成・大熊孝　*307*
図66　明治以降の北上川下流河道の変遷　建設省北上川下流工事事務所「'90事業概要」による　*309*
図67　デ・レーケ肖像　国土交通省木曽川下流河川事務所提供　*312*
図68　信濃川の大正11年完成のベア・トラップ堰　建設省北陸地方建設局長岡工事事務所『信濃川大河津分水誌』より　*323*
図69　静翁寺石井家墓碑表(右)と裏(左)　*330*
図70　崩壊した横浜山下町,残る建物は露亜銀行　神奈川県立歴史博物館提供　*337*
図71　堀江まさ子「悲しみの極み」　神奈川県立歴史博物館所蔵　*338*
図72　大庭清吉震災日誌　神奈川県立歴史博物館所蔵　*345*
図73　大阪へ海路避難した人々　神奈川県立歴史博物館提供　*349*
図74　関西村と呼ばれたバラック住宅群　神奈川県立歴史博物館提供　*351*
図75　各地の震度　*362*
図76　震度7の地域　*371*
図77　火災の被害　神戸新聞社提供　*374*
図78　同一方向へ倒れ込む二階建ての民家　神戸新聞社提供　*376*
図79　震源地付近で露出した野島断層　神戸新聞社提供　*377*
図80　駅舎がつぶれて停車中の車両が脱線　神戸新聞社提供　*383*
図81　高架が倒れ阪神電車は脱線.周囲の建物も押しつぶされた　神戸新聞社提供　*383*
図82　避難所の避難者数　*393*
図83　芦屋市・高浜仮設住宅　神戸新聞社提供　*395*
図84　仮設住宅入居世帯数の推移　*395*
図85　人口の動向　*397*
図86　神戸市内の人口の状況　*397*
図87　山古志からの文化財救出作業　*421*